本书是2014年度国家社科基金一般项目"国内六家鲁迅纪念馆的历史和现状研究（1951—2016）"（项目编号：14BZW104；项目结项号：20201149）的结项成果。

谨以此书献给为六家鲁迅纪念馆的建立和发展做出过贡献的人们！

鲁迅研究文丛

薪火相传

国内六家鲁迅纪念馆的历史和现状研究

（1951-2016）

葛 涛 | 著

光明日报出版社

图书在版编目（CIP）数据

薪火相传：国内六家鲁迅纪念馆的历史和现状研究：
1951——2016 / 葛涛著 . -- 北京：光明日报出版社，
2023.10

ISBN 978 - 7 - 5194 - 7545 - 1

Ⅰ.①薪… Ⅱ.①葛… Ⅲ.①鲁迅博物馆—介绍—
1951-2016 Ⅳ.①G269.261

中国国家版本馆 CIP 数据核字（2023）第 189865 号

薪火相传：国内六家鲁迅纪念馆的历史和现状研究：1951——2016
XINHUO XIANGCHUAN：GUONEI LIUJIA LUXUN JINIANGUAN DE LISHI HE
XIANZHUANG YANJIU：1951——2016

著　者：葛　涛

责任编辑：郭玫君　　　　　　　责任校对：房　蓉　乔宇佳

封面设计：中联华文　　　　　　责任印制：曹　净

出版发行：光明日报出版社

地　　址：北京市西城区永安路 106 号，100050

电　　话：010 - 63169890（咨询），010 - 63131930（邮购）

传　　真：010 - 63131930

网　　址：http：// book. gmw. cn

E - mail：gmrbcbs@ gmw. cn

法律顾问：北京市兰台律师事务所龚柳方律师

印　　刷：三河市华东印刷有限公司

装　　订：三河市华东印刷有限公司

本书如有破损、缺页、装订错误，请与本社联系调换，电话：010-63131930

开　　本：170mm×240mm

字　　数：413 千字　　　　　　印　　张：23

版　　次：2024 年 3 月第 1 版　　印　　次：2024 年 3 月第 1 次印刷

书　　号：ISBN 978 - 7 - 5194 - 7545 - 1

定　　价：99.00 元

目 录
CONTENTS

绪　论

一、研究背景

2001 年 1 月 8 日至 11 日，上海鲁迅纪念馆作为中华人民共和国建立的第一个人物类纪念馆，与《中国文物报》联合举办了"全国人物类博物馆、纪念馆现状与发展前瞻"学术研讨会，这也是国内首次举行全国性的人物类博物馆、纪念馆的学术研讨会，不仅是为纪念上海鲁迅纪念馆建馆 50 周年，也是为了对新中国人物类纪念馆建立 50 年来的历史进行回顾和总结，并对全国人物类纪念馆的未来发展进行讨论。

吕建昌在提交这次会议的论文中指出："人物类纪念馆、名人故居作为一种文化机构，也是党和国家的方针政策的宣传窗口，它必须紧跟党中央方针政策的精神来开展工作。因此，就这一角度而言，我国人物类纪念馆、名人故居半个多世纪的发展，较为敏感地反映了新中国成立以来各个时期党和国家政策的某个方面。"吕建昌因此把新中国人物类纪念馆从 1949 年到 2000 年的历史划分为两个阶段："第一阶段从 1949 年到 1979 年，时间为 30 年；第二阶段从 1980 年到 2000 年，时间为 20 年。"在第一阶段的前半段（1949—1965），"20 世纪 50 年代，党和国家的工作重点是开展社会主义革命和建设，宣传工作的重点是共产主义理想、革命英雄主义、革命传统和爱国主义教育，在兴建一批革命史博物馆、纪念馆的同时，也先后建立了一批革命英雄人物的纪念馆和历史上的民族英雄人物纪念馆等"。从 1966 年到 1976 年，已经建成的 38 个人物类博物馆、纪念馆都受到"文革"的冲击，陷入停滞期。从 1980 年开始，特别是中共中央宣传部在 1984 年发出《关于加强革命传统教育的意见》，提出要"有计划有重点地在各地陆续建立进行革命传统教育的设施和基地"；"有步骤地建设或充实革命博物馆、纪念馆，建立或修葺烈士纪念碑（亭、塔）、革命历史人物故居或活动旧址"；"应该从为新中国成立献身的英雄人物和英雄集体中，从历史上的爱国志士、文化名人中，选择一部分贡献突出、已有定论者，有重点地逐步兴建这类纪念设施"。人物类纪念馆、名人故居迎来了迅速发展的时期，从1980年到2000年，国内建立人物类纪念馆、名人故居共177个。①

从2000年以来，随着国家经济实力的增强，以及开展爱国主义教育的需要，如中共中央宣传部在2004年发出了《关于加强和改进爱国主义教育基地的意见》，国内陆续兴建或扩建了一大批人物类博物馆、名人故居。国家文物局博物馆司司长段勇在由上海鲁迅纪念馆举办的"2013年中国人物类博物馆、纪念馆陈列艺术学术研讨会"上致辞时指出：截至2011年年底，中国人物类博物馆、纪念馆总数已有近400家，占全国博物馆总数的1/10，成为国内博物馆领域的一个重要的组成部分。②

需要指出的是，从1949年到1979年，国内共建立了7个中国现代文化名人的纪念馆、名人故居，除了徐悲鸿纪念馆（1954年建立，1966年因修地铁而拆除，1973年易地复建）和黄宾虹纪念馆（1959年建立）之外，其余5个都是鲁迅纪念馆：上海鲁迅纪念馆（1951年建立）、绍兴鲁迅纪念馆（1953年建立）、北京鲁迅博物馆（1956年建立）、广州鲁迅纪念馆（1959年建立）、厦门鲁迅纪念馆（1976年建立）。另外，上海鲁迅纪念馆不仅是上海市解放后建立的第一个人物类纪念馆，也是新中国建立的第一个人物类纪念馆，绍兴鲁迅纪念馆是浙江省解放后新建的第一个人物类纪念馆，北京鲁迅博物馆是北京市解放后新建的第一个人物类纪念馆，广州鲁迅纪念馆是广东省解放后新建的第一个人物类纪念馆，由此可以看出国家非常重视纪念鲁迅，在鲁迅生活过的城市基本上都建立了鲁迅纪念馆。

可以说，国内六家鲁迅纪念馆在新中国建立的人物类纪念馆中具有特殊的政治地位和文化地位，不仅作为国家的重要文化机构承担了纪念鲁迅、宣传鲁迅的任务，而且也见证了新中国人物类纪念馆的发展历程。

二、新中国博物馆学的有关概念

新中国虽然从1949年建立之后就开始改造旧中国的博物馆，建设新中国的

---

① 吕建昌：《人物类纪念馆、名人故居与现代人文精神》，《"人物类博物馆、纪念馆现状与发展前瞻"学术研讨会论文集》，上海鲁迅纪念馆编，上海：百家出版社，2002年出版，第20页。

② 段勇：《在"2013年中国人物类博物馆、纪念馆陈列艺术学术研讨会"上的致辞》，《2013年中国人物类博物馆、纪念馆陈列艺术学术研讨会论文集》，中国博物馆协会陈列艺术委员会、上海鲁迅纪念馆编，上海：上海社会科学院出版社，2013年出版，第1页。

博物馆，但是受到不断变化的政治环境的影响，新中国的博物馆学的理论建设比较滞后，直到 1983 年才由文化部文物局组织国内有关专家编写了《中国博物馆学概论》。这本书梳理了新中国博物馆的发展历史，明确了新中国博物馆的性质和任务，并对新中国博物馆学的有关概念做了界定，建构了新中国博物馆学的内容体系。

该书引用国家文物事业管理局在 1979 年颁布的《省、市、自治区博物馆工作条例》，指出新中国博物馆的性质和任务：新中国博物馆"是文物和标本的主要收藏机构、宣传教育机构和科学研究机构，是我国社会主义科学文化事业的重要组成部分"。"博物馆通过搜集收藏文物、标本，进行科学研究，举办陈列展览，传播历史和科学文化知识，对人民群众进行爱国主义教育和社会主义教育，为提高全民族的科学文化水平，为我国社会主义现代化建设做出贡献"。①

该书对新中国博物馆作为宣传教育机构所承担的任务做出了如下阐释：

我国人民正在建设自己的国家，我们不但要建设高度的社会主义物质文明，还要建设高度的社会主义精神文明。博物馆应当把建设社会主义精神文明当作自己的光荣任务。博物馆应利用文物、标本，组织形象化的陈列、展览，开展宣传教育活动，以马克思主义世界观、方法论和共产主义道德教育群众，使人民认识自己的历史和创造力量，发扬爱国主义精神和为现代化建设贡献一切的革命精神。我国的博物馆，已成为党和国家重要的宣传教育阵地。所以，博物馆也是宣传教育机构。

作为宣传教育机构，博物馆必须发挥进行思想政治教育和传播科学文化知识的作用。博物馆要把普及科学文化知识和进行思想政治教育作为一项经常性的任务。要充分利用文物和标本，运用陈列、展览、讲座、报告会、出版物等向人民群众宣传社会主义、传播历史和科学文化知识；向教育、生产和科研等部门提供实物资料。各个博物馆应从实际出发，开展各种活动，把广大人民群众，特别是青少年吸引到博物馆来。博物馆既要满足人民群众求知的需要，也要满足人民群众艺术欣赏的需要，丰富人民群众的科学文化生活。②

该书对纪念类博物馆做出了如下的定义：

纪念类博物馆是纪念重要历史人物和重要历史事件的专业博物馆。它们一

---

① 文化部文物局主编：《中国博物馆学概论》，北京：文物出版社，1985 年出版，第 29 页。

② 文化部文物局主编：《中国博物馆学概论》，第 32 页。

般以特定的纪念性遗址、遗迹的原貌作为自己存在的条件，有别于其他博物馆，而成为一个具有自己特点的博物馆类型。

纪念馆的特点，在于它所纪念的对象都是属于我国历史上已经肯定的重大历史事件和杰出人物，这些事件和人物都在不同程度上推动了历史车轮的前进。

目前，我国纪念馆大多数是在有关这些重大历史事件或人物的活动遗址或地点上建立的，而且一般是通过反映历史原貌的复原陈列和辅助陈列来介绍历史事件的真实情景和历史人物的工作、生活、斗争的情况。人们在参观时能产生"如临其境，如历其事，如见其人"的感受。

这类新型的纪念性博物馆建立的目的和作用，就在于保存这些极为珍贵的历史的、革命的遗址、遗物；通过纪念性建筑及其内部的原状陈列或者伟大人物的活动事迹，形象地、真实地向广大人民群众进行革命传统教育和爱国主义、社会主义教育。

这种纪念性博物馆的任务，除了通过原状陈列及辅助陈列，以进行革命传统教育之外，还必须认真地保护好纪念性的建筑，不使遭受任何损毁；同时，要把调查征集作为经常性的重要工作之一。凡与纪念对象、人物有关，或与纪念建筑相联系的重要事件有关的文物、纪念物和资料，均应深入调查、征集，或访问、记录，以便不断充实和改进陈列内容。①

该书对于新中国博物馆的藏品征集、陈列展览、科学研究、群众教育等各项业务工作也做了界定。如指出博物馆各项业务工作之间的关系：

总之，博物馆既是文物和标本的主要收藏机构，又是宣传教育机构和科学研究机构，这三重性能是密切联系、不可分割的。搜集保管文物、标本，为进行宣传教育和开展科学研究准备了物质基础；开展宣传教育工作是收藏文物、标本和进行科学研究的主要目的，宣传教育工作又为搜集保管和科学研究工作提出了任务，促进了这些工作的开展；而搜集保管和宣传教育工作又都必须建立在科学研究的基础之上，科学研究又推动了搜集、保管和宣传教育工作。博物馆这三重性能的辩证统一，构成了博物馆的全部业务工作，是博物馆客观规律的科学反映。②

该书对于博物馆的陈列工作，做了如下的阐释：

陈列是博物馆向人民群众进行宣传教育的主要手段，是博物馆工作的中心环节，是衡量博物馆工作质量的重要标志。博物馆通过科学地组织文物、标本，

---

① 文化部文物局主编：《中国博物馆学概论》，第45—46页。
② 文化部文物局主编：《中国博物馆学概论》，第34页。

构成形象化的陈列，与广大人民群众相联系，向人民群众传播历史和科学文化知识，进行爱国主义和社会主义教育，发挥博物馆的社会作用。

我国博物馆以为人民服务、为社会主义服务作为自己的宗旨。举办陈列就是为了给人们以影响、教育，起到有助于形成人们的共产主义世界观的作用。

我国博物馆的主要特征就是建立在实物基础上的陈列的教育作用，就是通过举办丰富的反映不同内容的陈列，使人民获得知识，开阔眼界，提高科学文化水平，激发人民群众进行社会主义革命和建设的热情。所以，博物馆的陈列是培养人民社会主义的道德风尚和建设社会主义精神文明的重要阵地。①

该书对于博物馆的群众教育工作，做了如下的阐释：

群众教育工作是博物馆联系群众的桥梁。一个博物馆陈列开放以后，群众教育工作即处于博物馆工作的一线，成为对社会的经常性的主要活动。群众教育工作的任务是，以陈列展览为主要阵地，通过讲解说明及其他形式，向观众宣传辩证唯物主义和历史唯物主义、社会主义和爱国主义思想，传播科学文化知识，以提高他们的政治思想觉悟和科学文化水平，激发他们为社会主义现代化建设而奋斗的积极性。②

该书对于博物馆的科学研究工作，做了如下的阐释：

博物馆的科学研究工作应该有明确的目的，绝不能为研究而研究。它的目的，主要是从博物馆本身业务需要出发，研究和探索陈列内容所需要体现的客观事物发展的规律及其重大问题，并把研究成果体现在陈列中。这种科学研究又是以馆藏文物、标本为主，结合其他文物资料来进行的。科学研究的成果主要体现在陈列展览上。博物馆专业学科的研究方向，应该是面向博物馆的全部业务活动，其最终目的是保证各项业务活动的科学质量，不断提高博物馆工作的水平。③

该书的出版具有重要的意义：一方面浓缩了新中国博物馆学的历史精华，是在对新中国成立以来的博物馆工作进行总结的基础上撰写的；另一方面作为新中国博物馆学的权威著作，影响着中国博物馆在未来几十年中的发展方向。因此，该书的有关理论和概念对于研究国内六家鲁迅纪念馆从 1951 年到 2016 年的历史仍然具有重要的参考价值。

---

① 文化部文物局主编：《中国博物馆学概论》，第 122 页。
② 文化部文物局主编：《中国博物馆学概论》，第 167 页。
③ 文化部文物局主编：《中国博物馆学概论》，第 196 页。

三、本课题国内外研究现状述评

通过梳理学术史，可以看出国内学术界对于本课题的研究还处于比较薄弱的阶段，国外学术界目前还没有学者发表过关于这一课题的研究成果。

1. 在著作方面，目前还没有一本研究鲁迅纪念馆与传播鲁迅关系的专著出版。

为了纪念鲁迅并弘扬鲁迅精神，国家从 1951 年开始陆续建立了六家鲁迅纪念馆。在六家鲁迅纪念馆中，上海鲁迅纪念馆、绍兴鲁迅纪念馆、北京鲁迅博物馆的规模较大（以下简称"三大"鲁迅纪念馆），有专门的研究人员和研究刊物；广州鲁迅纪念馆、厦门鲁迅纪念馆和南京鲁迅纪念馆（2006 年建立）的规模很小，后两个馆甚至没有专职工作人员，分别只有一位兼职工作人员。目前"三大"鲁迅纪念馆已经分别编印或出版了各馆的《大事记》，但是这三本书并不是研究著作。

2. 在论文方面，目前国内外学者从宏观角度研究六家鲁迅纪念馆与传播鲁迅关系的文章只有一篇。

虽然国内已经发表了近百篇涉及六家鲁迅纪念馆业务工作的相关文章，但是这些文章大都是"三大"鲁迅纪念馆的业务人员介绍各馆业务工作的文章，主要有如下文章：

关于文物征集和保管工作，叶淑穗的《建馆三十年来的文物工作》[1] 和杨燕丽的《鲁迅博物馆文物收藏史略》[2] 两文分别介绍了北京鲁迅博物馆建馆以来征集和保管文物的历史状况；上海鲁迅纪念馆保管部（虞积华执笔）的《四十年来的征集保管工作》[3] 介绍了上海鲁迅纪念馆建馆 40 年来的征集和保管鲁迅文物的情况；徐晓光的《与古为役，守先待后》[4] 介绍了绍兴鲁迅纪念馆建馆 60 年来的文物征集和保管工作的情况。

关于鲁迅展览工作，陆晓燕的《为提高展览的质量而努力》[5] 和李文儒的

---

[1]　叶淑穗：《建馆三十年来的文物工作》，《鲁迅研究动态》，1986 年"建馆 30 周年专辑"。

[2]　杨燕丽：《鲁迅博物馆文物收藏史略》，《中国博物馆》，1998 年第 3 期。

[3]　上海鲁迅纪念馆保管部（虞积华执笔）：《四十年来的征集保管工作》，《四十纪程》，上海鲁迅纪念馆编，1991 年，铅印本，第 39～48 页。

[4]　徐晓光：《与古为役，守先待后》，《一木一石：绍兴鲁迅纪念馆建馆六十周年纪念集》，绍兴鲁迅纪念馆编，杭州：西泠印社出版社，2013 年出版，第 92～97 页。

[5]　陆晓燕：《为提高展览的质量而努力》，《鲁迅研究动态》，1986 年"建馆 30 周年专辑"。

《〈鲁迅生平〉陈列艺术之研究》① 分别介绍了北京鲁迅博物馆历年鲁迅生平陈列的变化情况以及设计鲁迅生平基本陈列的一些经验；上海鲁迅纪念馆陈列部（张妙法执笔）的《历史的回顾——我馆基本陈列 40 年》② 和王锡荣的《当前人物类博物馆陈列设计的几个问题》③ 两文分别介绍了上海鲁迅纪念馆设计的鲁迅生平陈列的变化情况以及设计鲁迅生平陈列的成功经验；赵国华的《绍兴鲁迅纪念馆陈列变迁史话》④ 介绍了绍兴鲁迅纪念馆建馆以来的鲁迅生平陈列的变化情况；黄乔生的《博物馆临时性展览工作浅识》⑤ 和王鲁燕的《人物博物馆专题展览刍议》⑥ 两文分别介绍了北京和上海两家鲁迅纪念馆近年来举办的一些和鲁迅有关的专题展览的经验。

关于鲁迅研究工作，黄乔生的《北京鲁迅博物馆的学术道路》⑦、上海鲁迅纪念馆研究室（周国伟执笔）的《科学研究在纪念馆建设中的意义——建馆四十年研究工作管窥》⑧ 分别介绍了北京鲁迅博物馆和上海鲁迅纪念馆建馆以来在鲁迅研究领域所取得的一些成果。

关于社会教育工作，邱作健的《略论人物博物馆的宣教工作》⑨ 和吴美华的《博物馆教育与学校教育的有效结合》⑩ 两文主要介绍了上海鲁迅纪念馆宣教工作的一些成功经验；王惠敏的《展览中的群众工作》⑪ 介绍了北京鲁迅博物馆建馆 30 年来在群众教育工作方面的一些成功经验。

---

① 李文儒：《〈鲁迅生平〉陈列艺术之研究》，《中国博物馆》，1997 年第 2 期。
② 上海鲁迅纪念馆陈列部（张妙法执笔）：《历史的回顾——我馆基本陈列 40 年》，《四十纪程》，第 49—66 页。
③ 王锡荣：《当前人物博物馆陈列设计的几个问题》，《2013 年中国人物类博物馆、纪念馆陈列艺术学术研讨会论文集》，中国博物馆协会陈列艺术委员会、上海鲁迅纪念馆编，上海：上海社会科学院出版社，2013 年出版，第 8—15 页。
④ 赵国华：《绍兴鲁迅纪念馆陈列变迁史话》，《一木一石：绍兴鲁迅纪念馆建馆六十周年纪念集》，第 103—108 页。
⑤ 黄乔生：《博物馆临时性展览工作浅识》，《鲁迅研究月刊》，2007 年第 9 期。
⑥ 王鲁燕：《人物博物馆专题展览刍议》，《新中国人物博物馆 60 年学术研讨会论文集》，上海鲁迅纪念馆编，上海：上海社会科学院出版社，2011 年出版，第 409—416 页。
⑦ 黄乔生：《北京鲁迅博物馆的学术道路》，《鲁迅研究月刊》2016 年 10 期。
⑧ 上海鲁迅纪念馆研究室（周国伟执笔）：《科学研究在纪念馆建设中的意义——建馆四十年研究工作管窥》，上海鲁迅纪念馆编：《四十纪程》，1991 年，铅印本，第 29—38 页。
⑨ 邱作健：《略论人物博物馆的宣教工作》，《新中国人物博物馆 60 年学术研讨会论文集》，上海鲁迅纪念馆编，上海：上海社会科学院出版社，2011 年出版，第 87—94 页。
⑩ 吴美华：《博物馆教育与学校教育的有效结合》，《上海鲁迅研究》，2009 年第 4 期。
⑪ 王惠敏：《展览中的群众工作》，《鲁迅研究动态》，1986 年"建馆 30 周年专辑"。

关于国际文化交流工作，王超的《名人类文化遗产的合作与交流：以鲁迅的文化遗产为例》① 和瞿斌的《浅谈上海鲁迅纪念馆在中日友好文化交流中的作用》② 两文分别介绍了北京鲁迅博物馆和上海鲁迅纪念馆以鲁迅为媒介来推动中外文化交流的一些经验。

总的来说，这些文章不仅没有在宏观上对六家鲁迅纪念馆的业务工作进行总结，而且对于相关问题的研究还不够深入。

从宏观角度撰写的相关文章除了笔者的论著之外主要有如下文章：缪君奇的《鲁迅题材展览》③ 一文介绍了国内几家鲁迅纪念馆和其他机构主办的鲁迅展览的概况，施晓燕的《鲁迅纪念机构》④ 一文介绍了包括国内六家鲁迅纪念馆在内的一些纪念鲁迅的机构的概况，但是这两篇文章都不是研究性论文。

另外，具有一定研究深度的论文主要有如下文章：崔雨薇的《文化研究视域下的北京鲁迅博物馆》⑤ 运用文化研究理论对鲁迅博物馆的建筑和展览进行解读，钱旭初的《多义性文化空间》⑥ 一文运用文化研究理论对国内五家鲁迅纪念馆（无广州鲁迅纪念馆）的建筑空间进行分析，但是因为两位作者都不是鲁迅纪念馆的工作人员，不了解鲁迅纪念馆内部的运作机制，只从表面现象进行分析，因而在研究结论上存在一些偏差。另外，刘欣的《略论鲁迅博物馆的基本陈列》⑦ 运用文化研究理论选择北京鲁迅博物馆设计的几个鲁迅生平陈列进行研究，分析这些鲁迅生平陈列通过塑造鲁迅形象所表达出的政治影响，但是用国外的文化研究理论解读鲁迅生平陈列存在着为了理论而选择研究内容的问题，不可避免地存在一定的研究偏差，或者说是存在着误读现象。

总之，关于本课题的研究还需要进一步深化，要从宏观角度对六家鲁迅纪念馆60多年来在国内外传播鲁迅的历史和现状进行总体研究。

---

① 王超：《名人类文化遗产的合作与交流：以鲁迅的文化遗产为例》，《国际博物馆（中文版）》，2010 年第 2 期。

② 瞿斌：《浅谈上海鲁迅纪念馆在中日友好文化交流中的作用》，《新中国人物博物馆 60 年学术研讨会论文集》，上海鲁迅纪念馆编，上海：上海社会科学院出版社，2011 年出版，第 357—364 页。

③ 缪君奇：《鲁迅题材展览》，《鲁迅社会影响调查报告》，周令飞主编，北京：人民日报出版社，2011 年出版，第 149—162 页。

④ 施晓燕：《鲁迅纪念机构》，《鲁迅社会影响调查报告》，周令飞主编，北京：人民日报出版社，2011 年出版，第 129—148 页。

⑤ 崔雨薇：《文化研究视域下的北京鲁迅博物馆》，《文化研究年度报告（2011）》，陶东风主编，北京：社会科学文献出版社，2012 年出版，第 160—172 页。

⑥ 钱旭初：《多义性文化空间》，《鲁迅研究月刊》，2013 年第 10 期。

⑦ 刘欣：《略论鲁迅博物馆的基本陈列》，《鲁迅研究月刊》，2016 年第 11 期。

四、本课题的研究价值和意义

鲁迅被誉为中华民族的"民族魂",为中华民族留下了丰厚的文化遗产。六家鲁迅纪念馆作为国家设立的纪念鲁迅的专门机构,几十年以来为传播鲁迅、研究鲁迅做了大量的工作,但是目前还没有一部全面研究这六家鲁迅纪念馆与传播鲁迅关系的著作,本课题的研究成果可以在一定程度上填补这一学术空白。

博物馆的业务工作可以大致分为征集和保管文物的工作、展览工作、社会教育工作、研究工作四大部分。本课题主要研究六家鲁迅纪念馆举办的展览与传播鲁迅的关系,学术研究工作与传播鲁迅的关系,社会教育工作与传播鲁迅的关系,同时也兼及保管与征集文物的工作与传播鲁迅的关系。

另外,中国共产党第十八次全国代表大会会议报告指出要"建设优秀传统文化传承体系,弘扬中华优秀传统文化",习近平总书记也在 2012 年 11 月 29 日参观国家博物馆时发出了实现中华民族伟大复兴的"中国梦"的号召。可以说,鲁迅提出的通过"立人"来建立"人国"的思想与当前倡导的"中国梦"的理想是一致的,而鲁迅纪念馆就是传承鲁迅精神的专门机构,因此本课题通过对六家鲁迅纪念馆在国内外传播鲁迅的历史和现状的研究,总结出国家通过六家鲁迅纪念馆传播鲁迅的成功经验和一些失败的教训,不仅可以为当前占有国内全部博物馆总数近 1/10 的人物类博物馆的建设提供研究参考,而且也可以为在 21 世纪"建设优秀传统文化传承体系,弘扬中华优秀传统文化",增强全民族的文化自觉和文化自信,实现中华民族伟大复兴的"中国梦"提供研究参考。

第一章

上海鲁迅纪念馆的历史和现状研究（1951—2016）

上海解放后，华东军政委员会文化部文物处在 1950 年 6 月开始筹建鲁迅纪念馆。鲁迅纪念馆的馆址设在大陆新村 10 号（包括大陆新村 9 号的鲁迅故居），并于 1951 年 1 月 7 日正式实行内部开放。这是中华人民共和国成立之后建立的第一个人物类纪念馆。1952 年 12 月 20 日，华东军政委员会文化部正式将鲁迅纪念馆移交给上海市文化事业管理局（简称上海市文化局）管辖，鲁迅纪念馆也由此更名为上海鲁迅纪念馆。1956 年 10 月，上海鲁迅纪念馆在鲁迅公园（虹口公园在 1956 年 10 月更名为鲁迅公园）新建了馆舍，并负责管理大陆新村 9 号鲁迅故居和鲁迅公园内的鲁迅墓。1997 年，上海鲁迅纪念馆因业务发展的需要，开始对原来的馆舍进行改扩建，并于 1999 年 10 月 19 日建成新的馆舍。上海鲁迅纪念馆的各项业务工作也随着新馆舍的落成而有了飞跃式发展，并于 2001 年被中共中央宣传部命名为全国爱国主义教育示范基地，在 2008 年被国家文物局评为首批国家一级博物馆，逐渐成为"鲁迅精神文化遗产宣传、文物典藏、学术研究中心，上海市重要红色旅游景点之一"[1]。

一、藏品征集和保护工作的历史与现状

1. 鲁迅墓的修建和保护

鲁迅纪念馆在 1951 年 1 月 8 日正式对外开放之后，华东军政委员会文化部为了方便观众瞻仰鲁迅墓，又于 1952 年年初计划在鲁迅纪念馆附近的虹口公园新建鲁迅墓，并拟把虹口公园改为鲁迅公园。[2] 1952 年 3 月，上海市成立了鲁迅墓迁葬委员会，由陈毅市长担任主任委员，黄源、唐弢担任秘书长。黄源把鲁迅墓园设计图送到政务院审阅。不久，上海市副市长潘汉年转达了政务院对

---

① 上海鲁迅纪念馆编印：《上海鲁迅纪念馆简介》，铅印本，2016 年印刷。

② 上海鲁迅纪念馆编：《六十纪程（1951—2011）》，上海：上海社会科学院出版社，2011 年出版，第 7 页。

新建鲁迅墓园的意见："新建鲁迅墓需准备具体意见，工程缓办。"潘汉年按照中央的意见做出如下指示："原机构应改组，准备工作由新设机构负责进行。"上海市文化事业管理局在接到上述指示之后决定："工程缓办，准备工作暂停。"①

　　鉴于万国公墓中的鲁迅墓年久失修，上海市文化事业管理局在 1955 年 3 月对鲁迅墓进行了维修。随着鲁迅逝世 20 周年的临近，上海市委宣传部、华东军政委员会文化部等单位在 1955 年 10 月决定为了纪念鲁迅逝世 20 周年，在虹口公园中新建鲁迅墓和鲁迅纪念馆。黄源专门赴北京，托中共中央宣传部副部长周扬转请毛泽东为鲁迅墓题写碑文，并得到毛泽东的同意。② 11 月 19 日，上海市委宣传部将毛泽东题写的"鲁迅先生之墓"手迹原件转交上海鲁迅纪念馆保存。11 月 24 日，上海市文化事业管理局向文化部上报了《关于在上海筹备鲁迅墓园及扩充鲁迅纪念馆的初步建议》："建议迁墓仍组织委员会，墓园图样请文化部就现有的设计图进行审阅，如需重新设计，可组织委员会另搞，争取明年 9 月 25 日之前完成迁墓工作；虹口公园改名鲁迅公园；鲁迅邻屋 6、7、8 号三幢民房争取迁让，明年扩充陈列室 3 至 5 间。"③

　　1956 年 1 月初，国务院做出决定："对上海虹口公园重新规划，进行改建，并迁鲁迅墓，建纪念馆于公园内。全部工程要求在 20 周年纪念日前完工。"④ 上海市政府接到国务院的意见之后，在 1 月中旬成立了由上海市市长陈毅担任主任委员的"鲁迅先生坟墓迁建委员会"，聘请华东军政委员会和上海市有关领导、鲁迅家属及鲁迅生前友人等担任委员，同时还成立了由著名建筑设计大师陈植、张惠中等 9 人组成的"鲁迅墓设计委员会"。1 月 26 日，上海市文化事业管理局制订了"鲁迅公园规划设计"草案，提出了设计原则、设计范围、设计项目和业务要求。"鲁迅先生坟墓迁建委员会"责成上海市建筑规划管理局、上海市政工程局、上海市民用建筑设计院、同济大学等单位对虹口公园做出总体规划，以及鲁迅墓、鲁迅纪念馆新馆的设计图纸。⑤ 4 月，上海市文化事业管理局派专人携带鲁迅公园的总体规划、鲁迅墓及鲁迅纪念馆的设计图纸和部分模型去北京请示国务院的意见。6 月初，国务院批准上述各项基建工程的设计图

---

① 上海鲁迅纪念馆编：《六十纪程（1951—2011）》，第 8 页。
② 上海鲁迅纪念馆编：《六十纪程（1951—2011）》，第 13 页。
③ 上海鲁迅纪念馆编：《六十纪程（1951—2011）》，第 14 页。
④ 上海鲁迅纪念馆编：《六十纪程（1951—2011）》，第 14 页。
⑤ 上海鲁迅纪念馆编：《六十纪程（1951—2011）》，第 14 页。

纸，并拨款人民币 90 万元用于修建鲁迅墓和新建鲁迅纪念馆。①

　　为了能在鲁迅逝世 20 周年之前完成上述工程，上海市提前进行了修建工程。5 月 2 日，由中国雕塑工厂上海工作室曾洛夫等负责进行鲁迅墓地前设立的鲁迅雕像（萧传玖创作）的放大工程，把原座高 1.6 米的鲁迅雕像，放大到高 2.1 米，从而使得鲁迅像显得更加高大。5 月 4 日，上海市园林管理处绿化工程队开始对虹口公园进行扩建，增植大批鲁迅喜爱的树木，移植草皮、扩大湖面、堆土山、筑路，新建多座亭桥。7 月 2 日，上海市第一建筑工程公司施工的鲁迅纪念馆新馆（陈植主持设计的两层混合结构的楼房，建筑面积共 2660 平方米）开始施工，鲁迅纪念馆新馆位于虹口公园的东部，南北东三面为展览室，西面为柱廊，建筑采用马头式山墙和筒瓦白墙，具有江南民居的建筑风格。7 月 19 日，上海市第一石料生产合作社施工的鲁迅墓开工，鲁迅墓位于虹口公园的中部偏西北方向，建筑面积 1600 多平方米。8 月下旬，园林工人将万国公墓鲁迅墓地所有树木移植到虹口公园，并将周恩来、许广平在鲁迅逝世 10 周年时在鲁迅墓前所栽种的两株桧柏也移植到鲁迅雕像正前的草坪上，并设立说明石碑。9 月 8 日，苏州雕刻能手顾根土等开始在鲁迅墓前的石碑上雕刻毛泽东题写的"鲁迅先生之墓"。上述工程均在 10 月 10 日之前顺利完工。②

　　另外，有关机构在 9 月 21 日开始在万国公墓准备鲁迅墓的起墓工作，9 月 24 日正式起墓，在 9 月 25 日重新按照原尺寸制作红色绒布黑色字体的"民族魂"旗帜（原来是白色绒布黑色字体）。10 月 14 日上午 8 时，鲁迅灵柩迁葬仪式在万国公墓礼堂举行，巴金、金仲华代表上海人民向鲁迅灵柩重新献上"民族魂"旗帜。仪式之后，茅盾、周扬、许广平、巴金、靳以、金仲华等 10 人把鲁迅灵柩抬上灵车，从万国公墓迁移到虹口公园鲁迅墓安葬。上午 9 时，在虹口公园鲁迅墓地隆重举行了鲁迅迁葬仪式，宋庆龄、柯庆施、茅盾、周扬等中央及上海市领导，鲁迅亲友，各界代表，驻沪外国使领馆代表等共 2000 多人参加。③

　　鲁迅墓建成之后，与附近的鲁迅故居、鲁迅纪念馆一起成为国内外各界人士参观、学习鲁迅的圣地。1961 年 3 月 4 日，国务院将鲁迅墓列为第一批全国重点文物保护单位，从而将对鲁迅墓的保护纳入国家层面。④

---

① 上海鲁迅纪念馆编：《六十纪程（1951—2011）》，第 15 页。
② 上海鲁迅纪念馆编：《六十纪程（1951—2011）》，第 17 页。
③ 上海鲁迅纪念馆编：《六十纪程（1951—2011）》，第 18 页。
④ 上海鲁迅纪念馆编：《六十纪程（1951—2011）》，第 31 页。

　　上海鲁迅纪念馆承担了鲁迅墓地的管理和维护工作。1959年3月下旬，上海鲁迅纪念馆聘请上海第一医药模型厂的技术人员来鲁迅墓地整修鲁迅白水泥塑像。① 1961年9月19日，为纪念鲁迅诞辰80周年，经上级决定，上海鲁迅纪念馆聘请上海离心机铸厂和上海机床厂将鲁迅墓地白水泥座像翻铸成铜像，同时还将鲁迅铜像左右过道各拓宽一米，周围种上天鹅绒草坪和瓜子黄杨，从而使鲁迅铜像所在的广场更美观。1963年2月，上海鲁迅纪念馆在听取专家意见后，决定对鲁迅墓后的土山加高，并增添树木，另外还在墓碑后建筑一道挡土墙，在挡土墙和墓碑之间筑一条斜形排水沟，从而可以更好地保护鲁迅墓地。同年4月，鲁迅纪念馆拟订了鲁迅墓、鲁迅故居的标志说明和保护范围以及保护管理制度草案，报经上级批准后，正式施行，从而进一步加强对鲁迅墓地和鲁迅故居的保护。② 1985年7月，鲁迅纪念馆聘请专业公司对鲁迅墓碑正面大片泛黄及花岗岩石嵌缝处风化起壳的问题进行维修，从而较好地保护了鲁迅墓地的安全。

　　此后，上海鲁迅纪念馆还不定期地对鲁迅墓地进行维修和保护，如1988年5月7日至23日，对鲁迅墓进行整修，修复了鲁迅墓出现的破损。1996年6月10日至18日，为纪念鲁迅先生逝世60周年，对鲁迅墓地、鲁迅铜像进行了清洗、除锈。③ 1997年2月26日至3月3日，对鲁迅墓进行维修、加固，铺平石板近20块。2003年6月2日，召开"鲁迅墓地绿化整治专家论证会"，提出对鲁迅墓地的整体绿化规划进行设计，并付诸实施。④ 值得一提的是，上海市园林局、虹口区政府、上海鲁迅纪念馆在1996年6月6日举行为鲁迅墓前的两棵广玉兰悬挂上海市古树名木保护铭牌的揭牌仪式，这两棵古树由中国平安保险上海公司出资保护⑤，从而在经费方面保障这两棵古树得到有效的保护。

　　2. 鲁迅故居的保护

　　1950年，华东军政委员会文化部筹建鲁迅纪念馆时，考虑到鲁迅所居住的9号房屋已经改动过内部的建筑格局，于是参考邻近的房屋的内部结构，恢复了9号房屋的内部建筑格局，并在许广平的指导下对鲁迅故居的陈设进行复原展览。1952年5月，华东军政委员会文化部决定，为保护鲁迅故居，只在鲁迅诞辰或逝世的纪念日时对集体组织的观众短暂开放几天，平时只对内部客人开放。

① 上海鲁迅纪念馆编：《六十纪程（1951—2011）》，第27页。
② 上海鲁迅纪念馆编：《六十纪程（1951—2011）》，第39页。
③ 上海鲁迅纪念馆编：《六十纪程（1951—2011）》，第82页。
④ 上海鲁迅纪念馆编：《六十纪程（1951—2011）》，第134页。
⑤ 上海鲁迅纪念馆编：《六十纪程（1951—2011）》，第82页。

1959 年 5 月，上海鲁迅故居被列为上海市文物保护单位，并划定了保护范围。①
1963 年 4 月，鲁迅纪念馆制订鲁迅墓、鲁迅故居的标志说明和保护范围以及保护管理制度草案，对鲁迅故居开始制度化、规范化的保护。

1989 年 3 月，鲁迅纪念馆在对鲁迅故居进行一次较大规模的维修之后，决定鲁迅故居正式对外开放，以满足国内外观众的要求，同时采用售票参观的方式控制每天观众的数量。此后，鲁迅纪念馆还陆续增加防火、防盗的技术设备，加强对鲁迅故居的安全保护，另外，平均每 5 年要对鲁迅故居进行一次维修，确保鲁迅故居的建筑安全和消防安全。

3. 鲁迅文物藏品的征集与保管

文物藏品是一个纪念馆各项业务发展的基础。鲁迅纪念馆由时任华东军政委员会文化部文物处副处长的唐弢主持筹建，唐弢本人也是一位藏书家，所以他对鲁迅纪念馆征集藏品的工作比较重视，为鲁迅纪念馆的藏品征集工作做出了重要的贡献。在鲁迅纪念馆几代工作人员的不懈努力下，鲁迅纪念馆的藏品在 2016 年已经有 8 万多件，成为国内重要的鲁迅文献资料和中国现代文学资料的收藏中心。

（1）筹备建馆到"文革"前（1950—1966）的藏品征集和保管工作

这一时期是鲁迅纪念馆的建立和初步发展时期。鲁迅纪念馆建立之后，开始向社会各界人士广泛征集有关鲁迅的文物及文献资料。此后，一些鲁迅的友人及其家属纷纷响应鲁迅纪念馆的号召，捐赠了一批珍贵的鲁迅手迹。1961 年 5 月，时任上海市新闻出版局副局长的丁景唐主持制定了一份关于上海市旧书店收购与出售革命历史文物的规定，其中有一项内容规定了上海市旧书店收购到的鲁迅各种文物（手稿和书刊等）应首先对口供应上海鲁迅纪念馆和北京鲁迅博物馆。这为鲁迅纪念馆从上海的旧书店收购有关鲁迅的文物提供了制度保障。从鲁迅纪念馆编辑的《六十纪程（1951—2011）》一书中可以看出，鲁迅纪念馆这一时期所征集的鲁迅文物及有关文献资料主要来源如下：许广平的捐赠，鲁迅友人及其家属的捐赠，从文物商店及旧书店购买，上级机关及有关部门调拨。

①许广平、周海婴捐赠的物品

1950 年 10 月中旬，许广平专程赴沪整理鲁迅的遗物时，负责筹备鲁迅纪念馆的唐弢向许广平提出建议："将鲁迅的家具、衣被等用品全部捐献给国家，留在上海；鲁迅手稿除《毁灭》译稿等留在上海，其余暂存北京图书馆；鲁迅收

---

① 上海鲁迅纪念馆编：《六十纪程（1951—2011）》，第 27 页。

藏的版画、故居的案头原存放的工具书、鲁迅逝世消息报道以及纪念鲁迅的报刊等留在上海。"① 这是鲁迅纪念馆所接收的第一批捐赠文物，共计1157件，其中有不少文物后来被定级为国家一级文物或国家二级文物，奠定了鲁迅纪念馆藏品的基础。另外，鲁迅纪念馆工作人员在清理鲁迅遗物时还发现了陈赓手绘的鄂豫皖根据地战争形势的草图，柔石在狱中写给鲁迅的信和瞿秋白致鲁迅的长信各一封，鲁迅《海上述林》校样两册及《花边文学》校样数页，以及鲁迅零星的手迹多张等珍贵的文献。

1954年7月，周海婴夫妇来上海鲁迅纪念馆参观时，捐赠了鲁迅用过的一把锤子，这把锤子后来也作为鲁迅的遗物成为馆藏珍贵的文物。②

②鲁迅友人的捐赠

鲁迅纪念馆筹建期间，为了举办鲁迅展览，曾经向鲁迅的友人征集过有关鲁迅的手迹及文献资料，巴金等捐赠了鲁迅的文稿《立此存照》（三），冯雪峰、唐弢等捐赠了一些鲁迅著译的书刊。鲁迅纪念馆在建馆之后，继续向鲁迅的友人征集有关鲁迅的文献，并获得了丰硕的成果。

1954年，胡今虚捐赠了鲁迅在1933年10月7日写给他的一封书信。③ 1960年8月16日，郑振铎家属捐赠了鲁迅分别在1935年9月11日、11月4日和1936年10月2日致西谛（郑振铎）的书信三封。④ 1961年7月，原《申报·自由谈》的编辑张梓生捐赠了鲁迅为他题写的《秋夜偶成》诗轴一幅。⑤ 1963年10月6日，时任浙江省文联主席的黄源捐赠他1936年从鲁迅那里借阅的俄文杂志《我们的成就》，后来又在1964年11月10日复函上海鲁迅纪念馆，表示将原寄存在鲁迅纪念馆的鲁迅手稿《故事新编》捐赠给鲁迅纪念馆。⑥

③鲁迅纪念馆工作人员捐赠的藏品

鲁迅纪念馆不仅向鲁迅的友人及社会各界人士征集鲁迅的藏品，还发动本馆的职工以及鲁迅纪念馆的筹建人员捐献有关鲁迅的藏品。

1951年12月，曾任鲁迅纪念馆第一任负责人的曾岚（应修人夫人）捐赠了应修人1919、1922、1923年日记三册。⑦ 1958年10月1日，时任鲁迅纪念馆

---

① 上海鲁迅纪念馆编：《六十纪程（1951—2011）》，第4页。
② 上海鲁迅纪念馆编：《六十纪程（1951—2011）》，第10页。
③ 上海鲁迅纪念馆编：《六十纪程（1951—2011）》，第12页。
④ 上海鲁迅纪念馆编：《六十纪程（1951—2011）》，第30页。
⑤ 上海鲁迅纪念馆编：《六十纪程（1951—2011）》，第33页。
⑥ 上海鲁迅纪念馆编：《六十纪程（1951—2011）》，第40页。
⑦ 上海鲁迅纪念馆编：《六十纪程（1951—2011）》，第6页。

副馆长的谢旦如捐赠鲁迅借书单一页，日本普罗作家同盟答词（江口焕手写）三页，以及鲁迅逝世9周年和10周年的《时代日报》特刊各一份。① 1959年9月，谢旦如再次捐赠鲁迅在1936年10月为编印《乱弹》开列的借书单和"左联"机关刊物《前哨·文学导报》1至8期合订本1册。②

④日本友人捐献的藏品

鲁迅生前有不少的日本友人。一些日本友人如内山完造兄弟在得知鲁迅纪念馆征集鲁迅藏品的消息之后，陆续捐献了一些鲁迅的手迹。

鲁迅纪念馆筹建时期曾经向王宝良借用内山完造寄存在他那里的鲁迅的一幅诗轴《赠邬其山》用于鲁迅展览。在鲁迅纪念馆的动员之下，王宝良致函内山完造，内山完造同意把这幅诗轴捐献给鲁迅纪念馆。1951年8月3日，王宝良代替内山完造将这幅诗轴捐献给鲁迅纪念馆。③ 1953年，内山完造来北京访问时，又将鲁迅赠给他的诗稿《我的失恋》（四首之四）一幅通过许广平转赠给上海鲁迅纪念馆。④ 这是鲁迅所留下的唯一一幅有关散文诗集《野草》的手迹，非常珍贵。

1961年，内山嘉吉通过来华访问的日中友协代表团团长转给许广平两幅鲁迅的诗轴，并请许广平转交给上海鲁迅纪念馆。这两幅诗轴都是鲁迅在1931年题赠内山嘉吉夫人内山松藻的，一幅是诗轴《无题》（大野多钩棘），另一幅是录欧阳炯《南乡子》词的墨迹。⑤

⑤有关单位调拨的藏品

鲁迅纪念馆建立之后，有关单位支持鲁迅纪念馆的藏品征集工作，陆续调拨了一些重要的鲁迅手迹及遗物给鲁迅纪念馆。

1951年夏，上海市煤气公司应鲁迅纪念馆的请求，通过查阅档案找到了鲁迅生前用过的煤气灶，并捐赠给鲁迅纪念馆。鲁迅纪念馆把这个煤气灶安装在鲁迅故居原来的位置，从而有助于恢复鲁迅故居的原貌。⑥

1960年6月，上海博物馆调拨给上海鲁迅纪念馆三封鲁迅书信，其中鲁迅分别在1934年11月11日、1936年7月26日致内山完造的日文书信两封是上海市第一看守所从所没收的物品中检出交给上海博物馆的，鲁迅在1932年10月

① 上海鲁迅纪念馆编：《六十纪程（1951—2011）》，第24页。
② 上海鲁迅纪念馆编：《六十纪程（1951—2011）》，第25页。
③ 上海鲁迅纪念馆编：《六十纪程（1951—2011）》，第6页。
④ 上海鲁迅纪念馆编：《六十纪程（1951—2011）》，第8页。
⑤ 上海鲁迅纪念馆编：《六十纪程（1951—2011）》，第37页。
⑥ 上海鲁迅纪念馆编：《六十纪程（1951—2011）》，第5页。

25 日致许寿裳书信一封，是上海博物馆向吕缪盛购买的。①

同月，上海历史纪念馆筹备处也调拨给上海鲁迅纪念馆两封书信，这两封信是鲁迅分别在 1928 年 10 月 31 日、1935 年 12 月 23 日致赵景深的。② 此外，上海文化出版社在 1965 年 10 月 23 日把该社所保存的带有鲁迅签章的北新书局版税收据 196 张捐赠给上海鲁迅纪念馆。③

⑥社会各界人士捐赠的藏品

鲁迅纪念馆建立之后，通过广泛宣传，成功地从社会各界人士征集到了一批重要的鲁迅手迹和文献资料，进一步丰富了鲁迅纪念馆的藏品。

1957 年 10 月 6 日，黄裳捐赠了鲁迅的手稿《立此存照》（四），这幅手稿与许广平此前捐赠的《立此存照》（一、二）手稿和巴金捐赠的《立此存照》（三）手稿构成了一个系列，虽然鲁迅的《立此存照》手稿只保留了这四篇，其余几篇的手稿未能保存下来，但这个不完整的手稿系列，也已经是很宝贵的国家一级文物了。④

1958 年，刘克清捐赠了鲁迅分别在 1934 年 12 月 26 日和 1935 年 1 月 9 日、3 月 23 日、4 月 2 日致许寿裳的书信四封，鲁迅诗稿《教授杂咏》（三、四）两首、《无题》"惯于长夜过春时"各一件，鲁迅 1930 年开给许世瑛的书单。⑤

1959 年 4 月 23 日，陆澹安捐赠鲁迅在 1935 年 10 月 17 日致西谛（郑振铎）书信一封。⑥

值得一提的是，丁景唐在 1961 年 3 月 27 日转交了周颂棣捐赠的鲁迅录李长吉《南园十三首》之七诗轴一幅，吴朗西捐赠的鲁迅手绘《死魂灵》封面设计图一幅，这两幅鲁迅手迹都是丁景唐动员他们捐献给上海鲁迅纪念馆的。⑦ 此外，丁景唐还在 1962 年 7 月 15 日，捐赠了鲁迅于 1927 年 11 月 16 日在光华大学演讲后留影一幅，以及鲁迅逝世 10 周年群众祭扫鲁迅墓的照片 12 幅。⑧

1963 年 5 月 9 日，上海鲁迅纪念馆在得知天津作家方纪保存有鲁迅的手抄茅盾《答国际文学社问》手稿之后，主动致函方纪征求意见。方纪不仅同意捐

---

① 上海鲁迅纪念馆编：《六十纪程（1951—2011）》，第 32 页。
② 上海鲁迅纪念馆编：《六十纪程（1951—2011）》，第 33 页。
③ 上海鲁迅纪念馆编：《六十纪程（1951—2011）》，第 42 页。
④ 上海鲁迅纪念馆编：《六十纪程（1951—2011）》，第 21 页。
⑤ 上海鲁迅纪念馆编：《六十纪程（1951—2011）》，第 25 页。
⑥ 上海鲁迅纪念馆编：《六十纪程（1951—2011）》，第 27 页。
⑦ 上海鲁迅纪念馆编：《六十纪程（1951—2011）》，第 31 页。
⑧ 上海鲁迅纪念馆编：《六十纪程（1951—2011）》，第 37 页。

赠这幅鲁迅手稿，而且来函表示"不要报酬、不要宣扬，此乃分内之事"①。

⑦从旧书店、文物商店及有关藏家所购买的藏品

鲁迅纪念馆建馆之后就从上海的一些旧书店购买了一些鲁迅手迹，如1957年从上海旧书店购买了鲁迅在1934年10月13日致合众书店的一封书信②，1959年9月，从上海旧书店购买了鲁迅在1934年4月16日致陶亢德书信和鲁迅书赠黄振球诗轴《无题》"烟水寻常事"各一件。③

1961年，在丁景唐主持制定上海市旧书店售卖革命文物的制度之后，上海鲁迅纪念馆又先后从上海的旧书店收购了鲁迅题赠许寿裳的《凯绥·珂勒惠支版画选集》（1972年，丁景唐在旧书店发现该书后，指示鲁迅纪念馆收购），厦门大学出版的《波艇》杂志，1906年的《中国矿产志》和《中国矿产志全图》，以及许多鲁迅著译的版本。④

此外，上海鲁迅纪念馆还从个人手中购买一些文献资料。如1962年3月17日，谢旦如捐赠瞿秋白翻译《静静的顿河》的一段译稿和胡也频手迹13种50页，上海鲁迅纪念馆付款100元答谢捐赠者，这也是鲁迅纪念馆考虑到捐赠者的实际利益，转变无偿捐赠的方式，开始采用付款感谢捐赠者，以此来补贴捐赠者。⑤ 在1963年2月7日，上海鲁迅纪念馆按照上海旧书店的估价，付款1782.65元从已故副馆长谢旦如的家属那里购买了谢旦如所收藏的二三十年代的重要书刊。⑥

⑧文物保护工作

1951年8月1日，华东军政委员会文物处发函给鲁迅纪念馆，指出：必须加强文物保护工作，"鲁迅遗物一律不得使用"⑦。此后，鲁迅纪念馆陆续采取一些措施来保护这些藏品。

1953年7月，上海鲁迅纪念馆对馆藏的鲁迅手迹、藏书等鲁迅遗物，以及重要文献资料全部照相保存，为这些重要的文物留下影像资料，从而有利于保护这些文物。⑧ 1955年3月，上海鲁迅纪念馆开始自行复制鲁迅遗物中的床顶

---

① 上海鲁迅纪念馆编：《六十纪程（1951—2011）》，第39页。
② 上海鲁迅纪念馆编：《六十纪程（1951—2011）》，第23页。
③ 上海鲁迅纪念馆编：《六十纪程（1951—2011）》，第29页。
④ 丁景唐：《"把鲁迅的还给鲁迅"——我为鲁迅纪念馆征集文物》，《四十纪程》，上海鲁迅纪念馆编，1991年铅印本，第20页。
⑤ 上海鲁迅纪念馆编：《六十纪程（1951—2011）》，第37页。
⑥ 上海鲁迅纪念馆编：《六十纪程（1951—2011）》，第38页。
⑦ 上海鲁迅纪念馆编：《六十纪程（1951—2011）》，第6页。
⑧ 上海鲁迅纪念馆编：《六十纪程（1951—2011）》，第9页。

罩、围巾、茶几布等棉织用品，并委托有关工厂复制印花毛巾被、枕套等，然后用这些复制品替换原物在鲁迅故居进行陈设，以及保护鲁迅的遗物。

1956 年 10 月 19 日，上海鲁迅纪念馆的新馆舍在虹口公园内落成，但是限于种种条件，新馆舍只有陈列展览厅和电影放映厅，没有建设文物库房和办公用房。随着征集的藏品不断增加，上海鲁迅纪念馆决定把大陆新村 10 号中的几个房间作为文物库房，并把一些旧家具改造成橱柜用于存放文物。这样设施简陋的文物库房和橱柜在上海潮湿的气候环境下，对于以纸质为主的鲁迅遗物来说，所起到的保护作用较小。另外，上海鲁迅纪念馆在新馆建成之后，向上级申请增加了 10 个人员编制，并因此在 12 月设立了一室四组的内设机构：办公室、征集保管组、陈列研究组、群众工作组和行政组。[1] 上海鲁迅纪念馆由此才有专职的人员从事文物的征集与保管工作。

1957 年，上海鲁迅纪念馆为保护鲁迅文物，决定对鲁迅生平陈列中的展品进行调整，改变在展览中较多使用鲁迅文物的方式，用复制品或代用品来替换部分文物。

另外，上海鲁迅纪念馆在 1963 年 2 月 15 日，按照国家文物事业管理局颁发的《关于博物馆和文物工作的几点意见》和《关于加强博物馆、文物机构的一级藏品保管、编目工作的几点意见》，对馆藏文物进行评估，确定了一级藏品文物，并编写了馆藏一级文物的目录报送上级有关部门。[2] 这也是上海鲁迅纪念馆首次对馆藏文物进行分类、编目，为今后保管和使用文物打下了良好的基础。

1965 年 5 月，上海鲁迅纪念馆根据上级的备战要求，将馆藏一级品装箱集中保管，并请美术设计公司绘制了鲁迅故居、鲁迅墓的详细图样，以备这些建筑被战争损毁后可以原样重建。[3]

（2）"文革"期间及 20 世纪 70 年代末期（1966—1979）的藏品征集和保管工作

"文革"爆发后，上海鲁迅纪念馆受到很大的冲击，并于 1967 年 4 月 1 日闭馆。但是在"文革"期间及 70 年代后期，上海鲁迅纪念馆的业务工作，如筹备新的鲁迅生平陈列、征集鲁迅文物的工作没有完全停止，其中征集鲁迅文物的工作还取得了不少的收获。

上海的红卫兵在"文革"期间到一些文化界人士家中查抄反革命资料时，

---

① 上海鲁迅纪念馆编：《六十纪程（1951—2011）》，第 19 页。
② 上海鲁迅纪念馆编：《六十纪程（1951—2011）》，第 38 页。
③ 上海鲁迅纪念馆编：《六十纪程（1951—2011）》，第 42 页。

有时会把查抄到的鲁迅手迹以及有关文献上交给各单位的革委会，然后再由各单位的革委会转交给上海鲁迅纪念馆收藏。

　　1970 年 1 月，经有关领导批准，川沙县档案馆革委会将红卫兵从川沙县洋泾公社建平中学教师卢新民家中抄来的 12 张鲁迅丧仪照片，转交给上海鲁迅纪念馆收藏。① 1970 年 2 月 6 日，上海文艺出版社革委会将赵家璧上交的鲁迅书信 49 封（包括鲁迅致赵家璧书信 45 封，鲁迅致郑伯奇书信 3 封，鲁迅致陶亢德书信 1 封）和鲁迅编印的《凯绥·珂勒惠支版画选集》两本转交给上海鲁迅纪念馆收藏。② 1970 年 7 月 4 日，上海解放出版社革委会将鲁迅在 1929 年 5 月 4 日致舒新城的一封书信转交上海鲁迅纪念馆收藏。③ 1971 年 2 月 24 日，上海市文献研究所革委会按照上海市革委会第一办公室的决定，将从孔另境家中抄来的 4 封鲁迅书信［包括鲁迅在 1933 年 2 月 5 日致西谛书信、鲁迅在 1933 年 7 月 18 日致施蛰存书信、鲁迅在 1935 年 11 月 1 日和 1936 年 7 月 22 日致孔若君（孔另境）书信］，转交上海鲁迅纪念馆收藏。④ 1971 年 5 月 19 日，上海师范学院革委会将从杨晋豪家中抄来的鲁迅在 1936 年 3 月 11 日致杨晋豪的一封书信，转交上海鲁迅纪念馆收藏。⑤ 1972 年 4 月 8 日，有关部门将从陶亢德家中抄来的鲁迅在 1934 年 5 月 25 日致陶亢德书信一封，转交给上海鲁迅纪念馆收藏。⑥

　　另外，还有一些鲁迅的友人保存了一些鲁迅的手迹，他们因为担心这些手迹可能在"文革"中遭到破坏，所以也捐赠给上海鲁迅纪念馆收藏。

　　1970 年 1 月 12 日，徐讦的夫人葛福灿（上海市淮海路小学退休教师）在红卫兵抄家时机智地将家中保存的鲁迅录郑思肖的《锦钱余笑》和李贺的《绿章封事》两幅墨迹保存下来，不久后就捐赠给上海鲁迅纪念馆。⑦ 1970 年 6 月，上海邮电学校教师钱丽生将鲁迅文稿《〈诗论〉题记》两页捐献给上海鲁迅纪念馆。⑧

　　1972 年 3 月 8 日，马海飞将鲁迅文稿《势所必至，理有固然》《镰田诚一墓记》各一件，以及鲁迅在大陆新村寓所会客室门前照片一幅捐赠给上海鲁迅

---

①　上海鲁迅纪念馆编：《六十纪程（1951—2011）》，第 44 页。

②　上海鲁迅纪念馆编：《六十纪程（1951—2011）》，第 44 页。

③　上海鲁迅纪念馆编：《六十纪程（1951—2011）》，第 44 页。

④　上海鲁迅纪念馆编：《六十纪程（1951—2011）》，第 46 页。

⑤　上海鲁迅纪念馆编：《六十纪程（1951—2011）》，第 46 页。

⑥　上海鲁迅纪念馆编：《六十纪程（1951—2011）》，第 47 页。

⑦　上海鲁迅纪念馆编：《六十纪程（1951—2011）》，第 44 页。

⑧　上海鲁迅纪念馆编：《六十纪程（1951—2011）》，第 44 页。

纪念馆。① 1972 年 3 月 31 日，钱君匋将鲁迅在 1928 年 7 月 17 日给他的一封书信捐赠给上海鲁迅纪念馆。②

值得一提的是，上海鲁迅纪念馆在"文革"结束之后，对这些在"文革"中所征集到的鲁迅书信的原来的收藏者，都进行了表彰，并回赠有关纪念品，以感谢他们的捐赠。如在 1981 年，为表彰和感谢赵家璧捐赠的鲁迅书信，上海市文管会授予赵家璧捐献奖状，上海鲁迅纪念馆也赠给赵家璧《鲁迅全集》和鲁迅编印的画册重印本各一套。③

到 20 世纪 70 年代末，上海鲁迅纪念馆还先后征集到 3 封鲁迅书信。1978 年 2 月，复旦大学《鲁迅日记》注释组（部分成员如虞积华是从鲁迅纪念馆借调）在访问陈此生时，成功地征集到鲁迅致陈此生书信一封，并转交给上海鲁迅纪念馆收藏。④ 4 月，虞积华在长沙访问罗皑岚时，成功地征集到鲁迅在 1928 年 11 月 4 日致罗皑岚书信一封，并带回上海鲁迅纪念馆收藏。⑤

另外，鲁迅友人的家属也向上海鲁迅纪念馆捐赠鲁迅的手迹，陈子英之子陈德懋在 1979 年 3 月 28 日捐赠了鲁迅在 1928 年 12 月 30 日致陈子英的一封书信。⑥

"文革"期间，上海鲁迅纪念馆按照上级的备战要求，将馆藏的一、二级文物分类装箱，运往安徽后库妥善保管。⑦ 直到 1979 年 4 月 15 日才将这些存放于安徽后库的藏品全部运回馆内。

"文革"结束之后，各行各业都在拨乱反正。1977 年 10 月，国家文物事业管理局在苏州召开全国文物保管工作座谈会，对全国文物的保管工作做出布置。上海鲁迅纪念馆在这次会议之后不久就重新恢复了征集保管组的建制，使在"文革"中遭到一定破坏的文物征集和保管工作，重新走上正轨。⑧ 1978 年 1 月 6 日，上海鲁迅纪念馆按照国家文物事业管理局在 1977 年 5 月 11 日颁发的 (77) 文物字第 38 号文件的要求，对馆藏一级品进行复选、调整，编订《一级藏品简目》报上海市文化局，上海鲁迅纪念馆借此也摸清了馆藏文物的数量和

---

① 上海鲁迅纪念馆编：《六十纪程（1951—2011）》，第 46 页。
② 上海鲁迅纪念馆编：《六十纪程（1951—2011）》，第 46 页。
③ 上海鲁迅纪念馆编：《六十纪程（1951—2011）》，第 44 页。
④ 上海鲁迅纪念馆编：《六十纪程（1951—2011）》，第 53 页。
⑤ 上海鲁迅纪念馆编：《六十纪程（1951—2011）》，第 53 页。
⑥ 上海鲁迅纪念馆编：《六十纪程（1951—2011）》，第 54 页。
⑦ 上海鲁迅纪念馆编：《六十纪程（1951—2011）》，第 43 页。
⑧ 上海鲁迅纪念馆编：《六十纪程（1951—2011）》，第 52 页。

种类，为今后更好地保护和使用鲁迅文物打下了良好的基础。①

（3）20 世纪 80—90 年代（1980—1999）的藏品征集和保管工作

进入 20 世纪 80 年代以后，因为散佚在外的鲁迅手迹及有关文物已经很少了，所以上海鲁迅纪念馆开始转变征集方式，对于捐赠者进行表彰并回赠有关纪念品。另外，王锡荣在 1995 年担任上海鲁迅纪念馆副馆长，主持上海鲁迅纪念馆的工作，由此上海鲁迅纪念馆的各项业务工作都有了明显的变化。1997 年，上海鲁迅纪念馆利用重新改建、扩建新的馆舍的时机，开始扩大文物和文献资料的征集范围，决定在 1999 年落成的新馆舍中建立"朝华文库"，以专库的形式收藏与鲁迅有过直接交往的文化界人士的文献资料，同时也开始广泛搜集鲁迅研究学者的文献资料。

上海鲁迅纪念馆在 20 世纪 80 年代征集到的有关鲁迅的文物主要是三张鲁迅照片和鲁迅送给吴朗西的两本画册，此外还有一张"左联"会址的照片。

1980 年 7 月 7 日，曾在上海会见过鲁迅的杉本勇乘随日本历史和文化友好访华团参观上海鲁迅纪念馆，介绍他与鲁迅的友谊，并捐赠鲁迅送给他的英文签名照片。1986 年 10 月，蒋抑卮的女儿蒋思一捐赠鲁迅、许寿裳等 7 人摄于日本东京的照片一幅，上海鲁迅纪念馆回赠《〈死魂灵〉一百图》《引玉集》《艺苑朝华》的重印本各一套。② 1987 年 8 月 20 日，朱安的侄子朱吉人捐赠鲁迅留日期间的照片和朱安照片各一幅，上海鲁迅纪念馆回赠《鲁迅全集》一套，并发给捐赠证书。③ 同年 10 月 7 日，吴朗西一家三人捐赠鲁迅赠给他的《凯绥·珂勒惠支版画选集》和《〈死魂灵〉一百图》各一本，上海鲁迅纪念馆颁发给捐赠证书。④ 1989 年 4 月，许幸之捐赠了一张挂有中华艺术大学校牌的照片，这张照片是上海鲁迅纪念馆工作人员在访问许幸之时听说他收藏有这张照片，所以就主动征集。这张照片具有重要的史料价值，据此确认了"左联"成立大会的会址。⑤

上海鲁迅纪念馆在 20 世纪 90 年代征集到的有关鲁迅的文物主要有两篇文稿、三封书信。

1995 年 4 月 7 日，新加坡实业家佘亦村把 1994 年 9 月 9 日在北京嘉德国际

---

① 上海鲁迅纪念馆编：《六十纪程（1951—2011）》，第 53 页。
② 上海鲁迅纪念馆编：《六十纪程（1951—2011）》，第 68 页。
③ 上海鲁迅纪念馆编：《六十纪程（1951—2011）》，第 69 页。
④ 上海鲁迅纪念馆编：《六十纪程（1951—2011）》，第 69 页。
⑤ 上海鲁迅纪念馆编：《六十纪程（1951—2011）》，第 72 页。

拍卖公司"1994 秋季拍卖会"上拍得的鲁迅手稿《以夷制夷》和《言论自由的界限》捐给上海鲁迅纪念馆，这两篇文章均写于 1933 年 4 月 17 日，发表在《申报·自由谈》，后收入《伪自由书》。① 1996 年 3 月，上海古籍出版社退休编辑徐穉香捐赠鲁迅在 1934 年 7 月 31 日致陶亢德书信和鲁迅在 1936 年 2 月 10 日致黄萍荪书信各一封，以及其他重要史料。② 1998 年 3 月 24 日，上海鲁迅纪念馆从日本东城书店购买到鲁迅在 1936 年 3 月 20 日致内山完造的一封书信。③

另外，华东师范大学陈涵奎教授在 1996 年捐赠了鲁迅于 1926 年 12 月 24 日在厦门大学亲笔题字送给德国教授艾锷风的英文版《阿 Q 正传》一本，这本书他已经珍藏了 40 多年，最终还是决定捐给国家，由上海鲁迅纪念馆保存。④ 上海古籍出版社退休编辑徐穉香又在 1998 年 1 月下旬捐赠了 1936 年出版的《海上述林》（上、下册）一套。

上海鲁迅纪念馆 20 世纪 90 年代扩大征集文物和文献资料的范围，主要采取了如下三个措施：

①设立"朝华文库"。上海鲁迅纪念馆设立"朝华文库"，主要目的是"收藏鲁迅友人、同时代人以及著名鲁迅研究专家的藏书、文稿。初步拟定设立 20 位名人专库，由巴金题写总库名，并请当代文化界前辈题写分库名"⑤。经过上海鲁迅纪念馆工作人员的辛苦努力，"朝华文库"一库在 1999 年 9 月 25 日随着上海鲁迅纪念馆新馆舍的落成也正式建成了，主要有"陈望道专库""许广平专库""曹靖华专库""巴人专库""汪静之专库""黄源专库""陈学昭专库""赵家璧专库""李霁野专库""力群专库""曹聚仁专库""钱君匋专库""李桦专库""张望专库""唐弢专库""杜宣专库"。鲁迅纪念馆通过设立"朝华文库"，不仅征集到了大量的文物和文献资料，极大地丰富了上海鲁迅纪念馆的馆藏，而且，"朝华文库"本身也是一个构思巧妙的展览，可以对鲁迅生平陈列起到补充的作用。此外，上海鲁迅纪念馆与捐赠者签订了捐赠协议，承诺在各位库主的重要诞辰时刻举办纪念活动或学术活动，出版各位库主的文集或纪念集，由此也可以带动上海鲁迅纪念馆的学术研究工作和出版工作。

②征集著名鲁迅研究专家的文献资料。1996 年，上海鲁迅纪念馆共举行三

---

① 上海鲁迅纪念馆编：《上海鲁迅纪念馆馆藏文物珍品集》，上海：上海古籍出版社，1996 年出版，第 10 页。
② 上海鲁迅纪念馆编：《六十纪程（1951—2011）》，第 81 页。
③ 上海鲁迅纪念馆编：《六十纪程（1951—2011）》，第 94 页。
④ 上海鲁迅纪念馆编：《六十纪程（1951—2011）》，第 86 页。
⑤ 上海鲁迅纪念馆编：《六十纪程（1951—2011）》，第 89 页。

次文物捐献仪式来表彰丁景唐、朱正、彭定安、林非等 16 位著名鲁迅研究专家，他们一共捐献了 33 件文物和 127 件资料，填补了上海鲁迅纪念馆藏品的空白。

③采访并拍摄与鲁迅有过交往的文化界人士。进入 90 年代，上海鲁迅纪念馆感到与鲁迅有过交往的文化界人士的年龄都已经比较大了，需要抢救性地采访他们并留下采访的影像资料，所以从 1995 年开始，陆续采访并拍摄了夏征农、王尧山、赵家璧、赖少其、胡一川、欧阳山、陈广、黎锦明、刘仑、任钧、金性尧、郑育之等与鲁迅有过直接交往的老前辈的音像资料，并征集了大量的文物资料。① 1996 年，上海鲁迅纪念馆又拍摄了杜宣、袁雪芬、王元化、陈荒煤、楼适夷、臧克家、端木蕻良、戈宝权等 40 多位文化界前辈与鲁迅研究专家的采访录像，获得了许多有关鲁迅研究的音像资料。② 上海鲁迅纪念馆通过这项工作为鲁迅研究和传播工作保存了一批重要的影像资料，具有重要的文化价值。

上海鲁迅纪念馆在 20 世纪 80 年代的文物保护工作，主要是 1982 年在馆舍的东面扩建了一栋二层的小楼（709 平方米），用作文物库房和办公用房。1984 年，上海鲁迅纪念馆的文物库房从大陆新村 10 号搬迁到新落成的文物库房，上海鲁迅纪念馆的文物保护工作由此也达到了一个新的阶段："存放文物的橱柜，改用钢制密码文件柜，以后又安装了防盗、防火报警装置，添置了空气去湿机，一些贵重文物用木盒盛装，以调节保管的小气候。"③ 但是，这个文物库房还不能满足保存鲁迅文物的需要。1993 年，上海鲁迅纪念馆按照上级的要求，在陈列展厅中安装了 CR 红外报警器，进一步加强对陈列所使用的珍贵文物的保护。1999 年，上海鲁迅纪念馆新馆落成，同时建设了恒温恒湿的标准化文物库房，从而使馆藏的文物得到了专业化的保护。

（4）21 世纪以来的藏品征集和保管工作

进入 21 世纪之后，上海鲁迅纪念馆在鲁迅文物征集方面的主要成果是征集到鲁迅书写的两幅诗轴、一封鲁迅书信，此外，还征集到冯雪峰、许寿裳等鲁迅友人的一批文献资料。

2005 年 12 月 13 日，王锡荣带领上海鲁迅纪念馆保管部人员赴无锡从一位私人藏家手中购买了鲁迅在 1932 年 10 月 13 日致合众书店的一封书信，这封书信此前未曾发表过，是鲁迅的佚信。④ 2008 年 9 月 25 日，日本友人古西旸子捐

---

① 　上海鲁迅纪念馆编：《六十纪程（1951—2011）》，第 79 页。
② 　上海鲁迅纪念馆编：《六十纪程（1951—2011）》，第 81 页。
③ 　上海鲁迅纪念馆保管部：《四十年来的征集保管工作》，《四十纪程》，第 40 页。
④ 　上海鲁迅纪念馆编：《六十纪程（1951—2011）》，第 155 页。

赠一幅鲁迅诗轴，这是鲁迅在 1935 年 12 月 14 日录唐代诗人刘长卿的五言绝句《听弹琴》，赠给田中庆太郎的女婿增井经夫。在增井经夫去世后，这幅诗轴由其女儿古西旸子保存下来，并捐献给上海鲁迅纪念馆。[1] 2011 年，曹漫之夫人在曹漫之逝世 10 周年之际，将鲁迅书写的《悼丁君》诗轴捐献给上海鲁迅纪念馆。这幅珍贵的手迹是曹漫之在 20 世纪 70 年代初用一幅徐文长的精品画作与浙江省有关机构交换的，一直珍藏在家中。上海鲁迅纪念馆的工作人员在 1986 年曾经登门拍摄过这幅手迹，并收入《鲁迅诗稿》之中。此后，上海鲁迅纪念馆的工作人员一直做曹漫之的工作，希望征集这幅手迹，经过长达 25 年的努力，终于成功地征集到这幅珍贵的鲁迅手迹。

另外，上海鲁迅纪念馆充分利用各种资源，继续征集鲁迅友人的文献资料，在 2001 年先后建立了"朝华文库"的二库，包括"丁景唐专库""裘沙、王伟君专库""史莽专库""杨涵专库""杨可扬专库""邵克萍专库"，后来又陆续建立了"冯雪峰专库"（2008 年）和"许寿裳专库"（2009 年），至此，"朝华文库"的建设工作也暂时告一段落，共建立 23 个专库，藏品 5 万多件，为上海鲁迅纪念馆未来的业务发展打下了良好的基础。

上海鲁迅纪念馆对新征集到的文献资料，特别是"朝华文库"中收藏的文献资料，进行鉴定，如在 2007 年 7 月 17 日，对馆藏 200 多本民国时期的图书和文献资料进行鉴定，共鉴定出国家二级文物 7 件，国家三级文物 110 件，一般文物 4 件；在 2008 年 4 月 9 日、22 日，两次举办"朝华文库"收藏文献资料的鉴定会议，共鉴定出国家二级文物 169 件，国家三级文物 3684 件，一般文物 497 件。上海鲁迅纪念馆通过对文献资料的鉴定，确定文献资料的文物级别，从而可以按照上海鲁迅纪念馆的文物管理规定对这些文献进行保护和使用。

4. 小结

上海鲁迅纪念馆从建馆之初只有寥寥无几的藏品到现在拥有 8 万多件珍贵的藏品，其中很多的文物都是鲁迅家属、亲友以及社会各界人士无私捐献的，这一方面体现了上述人士对鲁迅先生的热爱，对上海鲁迅纪念馆的大力支持；另一方面，这些藏品也凝聚着上海鲁迅纪念馆几代工作人员的辛苦付出。例如，从 20 世纪 50 年代就在上海鲁迅纪念馆从事文物征集和保管工作的史伯英先生为了征集鲁迅的《悼丁君》诗轴，努力了 20 多年，直至退休仍然继续做曹漫之家属的工作，最后终于征集到这幅珍贵的国家一级文物。可以说，没有藏品捐献者的无私奉献，没有上海鲁迅纪念馆工作人员的辛苦工作，上海鲁迅纪念馆

---

[1]　上海鲁迅纪念馆编：《六十纪程（1951—2011）》，第 167 页。

就不会有这么多的珍贵藏品。

回顾上海鲁迅纪念馆从 1951 年建馆以来至 2016 年期间的文物征集和保管的历史，可以看出经过几十年的努力，鲁迅的文物乃至鲁迅友人的文献资料，大部分都已经入藏纪念馆和档案馆等机构，流散在社会上的已经很少了，在这样的背景下，上海鲁迅纪念馆不仅转变了文物征集的方式，拓展文献征集的范围，而且也做好已征集到的文物和文献资料的保管和利用工作，在保护好藏品的同时，努力挖掘出藏品的价值，服务于学术研究工作和陈列展示工作，为国内人物类纪念馆的藏品征集与保管工作探索出一条新的道路。

二、展览工作的历史与现状

1. 鲁迅故居的复原展览

1950 年 8 月，华东军政委员会文化部文物处副处长唐弢委派文物处干部王稼冬和秘书朱友瑞负责鲁迅纪念馆的筹建工作。经过多方努力，王稼冬在 9 月 15 日办好了鲁迅原住的大陆新村 9 号及邻屋 10 号的租赁工作，并聘请工程队对 9 号和 10 号的房屋进行维修改造。为了尽可能恢复鲁迅在 9 号居住时的房屋原状，王稼冬要求工程队参考相邻的几栋未改变原来内部结构的房屋恢复 9 号房屋原来的建筑格局。10 月下旬，9 号及邻屋 10 号维修改造工程完工，王稼冬等人接收许广平捐献的文物资料共 1157 件（套）（其中包括鲁迅手迹、书籍、家具、衣被、杂件等物品），并在许广平的指导下，对 9 号鲁迅故居的陈设进行复原摆设，此外，按照修旧如旧的原则维修了部分鲁迅使用过的家具，大致恢复了鲁迅故居的原貌。12 月中旬，10 号房屋中的鲁迅展览也布置完成。1951 年 1 月 7 日，鲁迅纪念馆请在上海的各级领导及鲁迅友人莅临视察，1 月 8 日鲁迅故居和陈列室正式对外开放，免费参观。①

考虑到鲁迅故居的空间有限而前来参观的观众较多的情况，华东军政委员会文化部在 1952 年 5 月做出决定："为保护文物，鲁迅故居改经常开放为在鲁迅诞辰和逝世纪念日有组织地开放，平时供对内参观。陈列室部分照常开放。"② 由此开始，直到 1989 年 3 月，鲁迅故居只在鲁迅诞辰或逝世的纪念日面向集体参观的观众短暂开放几天（开放时间在不同的年份有变化，如 1964 年 10 月 19 日开放一天，1965 年 10 月 19 日开放两天，1976 年 9 月 25 日开放一周），不再向前来参观的散客开放。这一措施虽然起到了保护鲁迅故居的作用，但是

---

① 王稼冬：《追忆上海鲁迅纪念馆的筹建经过》，《四十纪程》，第 23—28 页。

② 上海鲁迅纪念馆编：《六十纪程（1951—2011）》，第 8 页。

却使广大热爱鲁迅的普通观众无法参观鲁迅故居，亲身感受鲁迅的生活场景。

同年 12 月 19 日，许广平、王冶秋等 11 人组成的中华全国政治协商会议华东视察组来鲁迅纪念馆参观。许广平在参观时针对鲁迅故居的陈设情况提出修改意见："故居内非鲁迅生前之物一律去掉，包括说明牌、鲁迅遗容照片等。"①从复原鲁迅故居原貌的角度说，许广平的上述意见还是正确的。1953 年上半年，上海鲁迅纪念馆将鲁迅故居内非鲁迅生前使用之物撤下，基本保持了鲁迅故居的原貌。

1959 年 5 月，上海鲁迅故居被列为上海市文物保护单位，由此被纳入文物保护的范围。② 不久，上海鲁迅纪念馆从北京鲁迅故居门前拓印了郭沫若的题字"鲁迅故居"，并制成门牌置于上海鲁迅故居门前。③

1964 年 3 月初，上海鲁迅纪念馆为了进一步明确鲁迅故居内的陈设情况致函许广平请教故居二楼鲁迅工作室中的陈设情况。许广平在 3 月 9 日回信说："据我的回忆，二楼工作室摆木刻的镜台上面，除了现有木刻陈设外，再没有放别的东西。不过，在靠躺椅的部分（见示意处），台子上有时放一些鲁迅临时要看的书籍和杂志，等到看完以后，他就立刻分别归类，包扎收藏，案上井井有条，并不散乱。"④ 1964 年 11 月初，上海鲁迅纪念馆又函请许广平再次来沪指导鲁迅故居的陈设。许广平 11 月 8 日在鲁迅故居中向上海鲁迅纪念馆的工作人员详细地介绍了鲁迅故居中摆放的物品的情况："鲁迅在世时，天井里右侧种着一棵桃树。楼下餐厅的一只梳妆台式样的架子，是上面用来挂帽子和衣服，架子下面放雨伞。二楼储藏室挂着的篮子，是放水果用的。秋白离沪赴江西时到大陆新村辞行，鲁迅将床铺让给秋白夫妇睡，我们就睡在储藏室的地板上。二楼卧室书桌上的插笔的龟，原来是花店里插花用的，买来后，海婴将鲁迅的毛笔插了上去。三楼客房，雪峰、秋白、曹靖华、周建人的女儿都住过。"⑤11 月10 日，许广平回到北京后又致函上海鲁迅纪念馆，对鲁迅故居二楼陈设及底层会客室长桌和座椅的位置做了补充说明，并附示意图，指出鲁迅在客人来访时常坐在背对大门的椅子上，这纠正了上海鲁迅纪念馆此前摆放鲁迅座椅的错误。

1966 年 5 月"文化大革命"爆发后，上海鲁迅纪念馆在 1967 年 4 月 1 日闭

① 上海鲁迅纪念馆编：《六十纪程（1951—2011）》，第 8 页。
② 上海鲁迅纪念馆编：《六十纪程（1951—2011）》，第 27 页。
③ 上海鲁迅纪念馆编：《六十纪程（1951—2011）》，第 30 页。
④ 吴长华：《许广平与上海鲁迅纪念馆》，《上海鲁迅研究》第 3 期，上海：上海学林出版社，1990 年出版。
⑤ 吴长华：《许广平与上海鲁迅纪念馆》，《上海鲁迅研究》第 3 期。

馆。1969 年 9 月，驻上海鲁迅纪念馆的工宣队、军宣队为了"突出政治"的需要，对鲁迅故居的陈设进行了大量的改动，具体改动情况如下：

上海鲁迅故居调整、修改项目

一、鲁迅故居底层会客室

为了体现我们伟大领袖毛主席是鲁迅心中最红最红的太阳，拟充实和调整几项陈列如下：

1. 增加伟大领袖毛主席长征时期（遵义会议时期）穿军装的光辉形象。

2. 增加伟大领袖毛主席领导红军长征胜利到达陕北，鲁迅的回电："在你们的身上，寄托着人类和中国的未来。"

3. 鲁迅 53 岁的半身像移至饭厅陈列。

4. 书橱内鲁迅藏书不适宜展出的删去，充实一些马列主义的鲁迅藏书。

5. 删去南墙角鲁迅孩子海婴的照片和书橱上端的油画一幅（静物画）。

6. 删去叛徒瞿秋白的桌子。①

二、卧室兼工作室

这是鲁迅最后三年半战斗的场所。为了体现鲁迅晚年如何站在毛主席革命路线一边，以坚定的无产阶级革命立场，坚决捍卫抗日民族革命统一战线的政策，对周扬的投降主义和宗派主义进行严肃的斗争，拟在鲁迅工作的桌子上增加陈列如下：

1. 伟大领袖毛主席在陕北瓦窑堡就有关建立抗日民族统一战线问题的《论反对日本帝国主义的策略》这一光辉历史文献。

2. 鲁迅捍卫毛主席抗日民族统一战线的战斗论文手稿《答徐懋庸并关于抗日统一战线问题》。

3. 将鲁迅捍卫毛主席抗日民族统一战线所作的三篇论文：《答徐懋庸并关于抗日统一战线问题》《答托洛茨基派的信》《论我们现在的文学运动》一并陈列。

三、鲁迅故居三楼海婴卧室和后间客房

海婴卧室过去宣传鲁迅如何爱护孩子，给海婴以舒适的生活条件，

_____

① 后来平反。

这不符合培养无产阶级革命事业接班人的要求。后间客房则是宣扬了
鲁迅和叛徒瞿秋白以及大右派冯雪峰①等人的关系。为突出无产阶级政
治，要以政治倾向性为原则，我们意见鲁迅故居三楼前后两间不予展
出，仅开放底层和二楼。②

　　这一改动可以说使鲁迅故居面目全非。直到 1977 年 10 月 15 日，鲁迅故居
才重新恢复原貌，故居的三楼也对外开放。③

　　1981 年 8 月，上海鲁迅纪念馆在鲁迅故居前安装了上海市文管会统一设计
制作的市级文物保护单位大理石标志，按照上级文物机关的要求对鲁迅故居进
行规范化管理。

　　1989 年 3 月，上海鲁迅纪念馆为满足广大观众参观鲁迅故居的愿望，决定
从本月起重新对国内外观众售票开放，并由专职的讲解员为观众讲解导览。当
年共接待国内外观众 4000 多人，取得较好的社会效果，并通过售票和出售宣传
纪念品收获了一定的经济效益。④

　　另外，鲁迅故居内摆放的大都是鲁迅生前的遗物，具有珍贵的文物价值，
但是，鲁迅故居也发生过鲁迅遗物被盗的情况。1953 年 5 月 18 日，上海鲁迅纪
念馆工作人员发现鲁迅书桌上摆放的高尔基木雕像遗失，经调查，是 5 月 13 日
芬兰文化代表团一行 17 人来馆参观时被盗的。有关部门经过追查，也未能追回
这个雕像。⑤ 上海鲁迅纪念馆在 6 月根据照片复制了这个雕像，重新摆放在鲁迅
的书桌上。这件事也为上海鲁迅纪念馆的文物安全保护工作敲响了警钟，上海
鲁迅纪念馆开始加强鲁迅故居的保护工作，多次对鲁迅故居的建筑进行维修，
如在 1953 年 8 月粉刷鲁迅故居的墙壁，油漆鲁迅故居的门窗，调换鲁迅故居底
层的地板，并增设防潮层；在 1980 年秋季，对鲁迅故居进行维修、油漆门窗，
并且安装了报警器。

　　2. 鲁迅生平陈列的变化

　　（1）初创期：建馆后到"文革"前的鲁迅生平陈列

　　①1951 年的鲁迅展览

---

①　后来平反。

②　驻上海鲁迅纪念馆工宣队、军宣队：《上海鲁迅故居调整、修改项目》，油印，1969 年，
　　上海鲁迅纪念馆资料室藏档案资料。

③　上海鲁迅纪念馆编：《六十纪程（1951—2011）》，第 52 页。

④　上海鲁迅纪念馆编：《六十纪程（1951—2011）》，第 72 页。

⑤　上海鲁迅纪念馆编：《六十纪程（1951—2011）》，第 8 页。

　　1950 年 12 月下旬，华东军政委员会文化部文物处干部王稼冬等人在文物处副处长唐弢的指导下，把鲁迅故居的邻屋 10 号作为陈列室，布置鲁迅展览。第一陈列室是 10 号三楼的前间，主要展示鲁迅收藏的木刻版画，此外还展示了鲁迅当时存放木刻作品的橱柜；第二陈列室是二楼的房间，主要用平面柜展示鲁迅的一些遗物，另外也用镜框展出一些相关史料；第三陈列室是底楼的房间，主要展示鲁迅的部分手稿、著作和相关图片等。这个鲁迅展览的展品大多是许广平捐献的鲁迅的手稿、图书遗物等，此外还有巴金、黄源、孙用等捐赠的鲁迅手迹，以及冯雪峰、唐弢、杨霁云、谢旦如等捐赠的鲁迅著译的书籍、编辑的期刊，以及相关照片等文献资料。其中也有部分展品是从黄源（如《故事新编》手稿）和唐弢（如《鲁迅全集》初版本）处借用的。另外，鲁迅纪念馆在 12 月中旬，将大陆新村一弄的弄口改建成一个牌坊作为纪念馆的大门，这个牌坊在门柱顶部雕刻青云纹饰，两柱间钢筋水泥横梁的中央是雕刻周恩来题字"鲁迅纪念馆"的大理石。① 后来在 1978 年秋，上海鲁迅纪念馆报经上海市委同意拆除了这个牌坊，恢复了鲁迅故居弄堂口的历史原貌。②

　　1951 年 1 月 7 日，鲁迅纪念馆开始预展，华东军政委员会主席饶漱石，上海市市长陈毅、副市长潘汉年，鲁迅友人及文化界人士陈望道、冯雪峰、黄源、巴金、叶以群、郭绍虞、冯定、舒同、陈烟桥、孔另境、吴朗西、王士菁、周而复，以及苏联友人罗果夫等 70 多人前往参观、指导，唐弢负责接待、解说。1 月 8 日，鲁迅故居及陈列室开始对外开放，免费参观。③

　　这个鲁迅展览是鲁迅纪念馆制作的第一个鲁迅展览，限于准备时间较短（从筹备建馆到开放仅 6 个月），场地面积有限，藏品不足，以及人员较少（主要是王稼冬一个人承担了建馆的工作）并缺乏专业的纪念馆陈列人员等，所以只是采用镜框和橱柜相结合的展览手段，简单地罗列了有关鲁迅的藏品，没有形成展览的内容体系，因此还称不上是一个鲁迅生平的陈列。另外，考虑到政治的因素，对一些照片进行了修改，如鲁迅与宋庆龄、萧伯纳等 7 人的合影照片在展示时就删除了林语堂、伊罗生这两人，变成了 5 人合影照片。

　　文化部部长茅盾在 1951 年 4 月 29 日参观鲁迅纪念馆后提出建议："纪念馆的陈列方式，可以是编年体的——按照鲁迅先生生活顺序陈列遗物、著作、社会活动的照片、文献、记载等。"④ 1952 年 8 月，鲁迅纪念馆按照茅盾的建议对

---

① 上海鲁迅纪念馆编：《六十纪程（1951—2011）》，第 4 页。
② 上海鲁迅纪念馆编：《六十纪程（1951—2011）》，第 53 页。
③ 上海鲁迅纪念馆编：《六十纪程（1951—2011）》，第 5 页。
④ 陈列部：《历史的回顾——我馆基本陈列 40 年》，《四十纪程》，第 50 页。

鲁迅展览进行修改，用编年体的体例重新布置了鲁迅展览，并用专柜的形式突出介绍"左联""民权保障同盟会"等有关鲁迅的展品。这个展览初步具有鲁迅生平陈列的形式，展览的内容已经带有编年体加专题的雏形，为鲁迅纪念馆后来制作的鲁迅生平展览奠定了良好的基础。

1953 年上半年，上海鲁迅纪念馆再次修改鲁迅展览，这次修改主要是把鲁迅故居内非鲁迅生前之物全部撤下，在陈列室增加毛泽东、瞿秋白对鲁迅的评价和鲁迅逝世后各界的唁电，以及鲁迅丧仪的照片等展品。① 这次修改后的鲁迅展览突出了党和国家领导人对鲁迅的高度评价，如底楼第三展室在东西两面墙的挂镜线之上分别增加了用红色大字书写的毛泽东评价鲁迅的文字："鲁迅是新中国的圣人""鲁迅的方向就是中华民族新文化的方向"。

为了扩大鲁迅展览场地的面积，上海鲁迅纪念馆在 1954 年春向上海市房地产管理局申请调拨鲁迅故居邻屋 6、7、8 号民房作为展览场地。另外，上海鲁迅纪念馆为了解决展览场地不足的困难，充分利用大陆新村一弄弄口的墙壁建成一个画廊，并在同年的 9 月 25 日使用 23 个玻璃镜框，在画廊中展出了鲁迅生平的图片，这个鲁迅图片展不仅在一定程度上弥补了原来鲁迅展览的不足，还直接面向广大观众，从而扩大了鲁迅展览的影响。② 后来随着上海鲁迅纪念馆新馆的建成，上海鲁迅纪念馆报经上海市委同意，在 1961 年 8 月 12 日拆除了这个画廊。

②1956 年的鲁迅生平陈列

为纪念鲁迅逝世 20 周年，上海市于 1956 年 10 月 10 日在虹口公园内建成了上海鲁迅纪念馆的新馆。上海鲁迅纪念馆原来设立在大陆新村 10 号的鲁迅展览由此撤销，上海鲁迅纪念馆新的鲁迅生平陈列于 10 月 19 日正式对外开放。唐弢在 1956 年 3 月开始编写这个鲁迅生平陈列的大纲，他考虑到新建的专业展览大厅有 1600 多平方米（原来在大陆新村 10 号的展览室的面积仅 100 多平方米），所以极大地扩充了鲁迅生平陈列的内容，从而可以充分利用新展览大厅的空间。新的鲁迅生平陈列"改变了过去没有把鲁迅遗物、生平活动、照片、文物等融为一体的陈列方式，按编年的手法，全面地反映了鲁迅的一生，内容共40组，分为四个部分：第一部分，1881—1906 年，鲁迅出生至日本仙台医专求学；第二部分，1906—1918 年，鲁迅在日本东京从事文学工作至赴北京教育部工作；第三部分，1918—1927 年，鲁迅从'五四'至 1927 年的文学和教学活

① 上海鲁迅纪念馆编：《六十纪程（1951—2011）》，第 9 页。
② 上海鲁迅纪念馆编：《六十纪程（1951—2011）》，第 10 页。

动；第四部分，1927—1936 年，鲁迅定居上海后的文学活动和逝世后的纪念活动。陈列形式是假墙上挂镜框，辅以壁龛和陈列柜（主要展示实物）"①。

这个鲁迅生平陈列在整体上是以鲁迅的文学活动和社会活动为中心来叙述鲁迅的一生，用丰富的展品（如鲁迅手稿、鲁迅著译的初版本、民国期刊、美术作品等）对鲁迅的代表性作品做了重点的展示，塑造出作为伟大文学家的鲁迅形象。总的来说，这个鲁迅生平陈列作为鲁迅纪念馆制作的第一个鲁迅生平陈列，展品较为丰富，在展览内容方面还算是较为成功的。这个鲁迅生平陈列在内容方面的不足之处在于，没有突出上海的特色，即没有能够重点突出展示鲁迅在上海时期的文学活动和社会活动，另外在展览形式方面的不足在于，缺乏专业的展览人员进行形式设计，展示方法较为简单，展线过长。

③1961 年的鲁迅生平陈列

在"大跃进"时期，上海鲁迅纪念馆为纪念鲁迅诞辰 80 周年，发动本馆职工修改鲁迅生平陈列。全体工作人员以党员为中心分别组成六个陈列大纲撰写小组，从 1958 年就开始筹备新的鲁迅生平陈列，历经三年、先后七易其稿，终于在 1961 年 9 月 23 日对外开放新的鲁迅生平陈列。新的鲁迅生平陈列最大的变化就是不再按照鲁迅的文学活动阶段进行分期，而是按照中国革命史的阶段进行分期，另外，新增加了鲁迅手稿、照片、墨迹、实物等 400 余件，在内容方面突出展示鲁迅在上海时期的文学活动与社会活动：全部展览共分为 27 组，其中上海部分有 19 组，占全部展示内容的 55% 以上。鉴于上述展览内容方面的变化，上海鲁迅纪念馆工作人员改变了此前鲁迅生平陈列所采用的编年体的内容体系，开始采用编年与专题相结合的内容体系，即展览内容从整体上来说还是采用编年体来展示鲁迅的一生，但是展示鲁迅在上海时期的文学活动和社会活动时采用专题式的展览体系，从而可以较为详细、全面地展示鲁迅在上海时期的情况。例如，鲁迅在上海时期的文学活动设立了"开始掌握马克思主义的思想武器""提倡文艺大众化，探讨文字改革""发扬民族艺术传统，提倡新兴木刻"等专题，从而可以使用较为丰富的展品集中展示上述专题的内容。

另外，上海鲁迅纪念馆为了提高这次鲁迅生平陈列的艺术水平，特地聘请了上海美术设计公司承担设计和施工任务。因此，这次鲁迅生平陈列虽然仍然采用镜框、假墙、展柜等展示方法，但是在展示设计水平方面有了明显的提高："形式上采取假墙和陈列柜组合，以假墙为主；镜框和壁龛相结合，以镜框为主，增设了中心柜，并改革了以前挂镜框和版面的方式，使陈列室没有挂镜线

---

① 陈列部：《历史的回顾——我馆基本陈列 40 年》，《四十纪程》，第 50—51 页。

出现，因此整洁美观。"①

总的来说，上海鲁迅纪念馆 1961 年的鲁迅生平陈列在展览的内容和形式方面比 1956 年鲁迅生平陈列有了明显的进步，明确位于上海的鲁迅纪念馆在展览内容上应突出鲁迅在上海时期的特点，与绍兴鲁迅纪念馆和北京鲁迅博物馆的鲁迅生平陈列在展览内容方面形成较为明显的差异，从而塑造出上海鲁迅纪念馆的鲁迅生平陈列所应该具有的上海特色。

（2）异化期："文革"时期的鲁迅生平陈列

1966 年 5 月 16 日，"文化大革命"爆发，上海鲁迅纪念馆也受到了较大的冲击，于 1967 年 4 月 1 日闭馆，直至 1975 年 12 月 17 日才重新开馆。在"文革"期间，上海市革委会和上海市写作组为了发挥鲁迅在"无产阶级文化大革命"中的作用，决定重新开放鲁迅生平陈列，并在 1971 年 12 月指示上海鲁迅纪念馆联合复旦大学和华东师范大学的有关师生组成上海鲁迅纪念馆陈列开放筹备领导小组，负责重新编写鲁迅生平陈列大纲。经过近两年的努力工作，上海鲁迅纪念馆在 1973 年 9 月 25 日布置完成了新的鲁迅生平陈列，然后按照上级"边开放边修改"的方式试行对外开放，但每天参观人数控制在 1500 人以内，只接受有组织的参观，不接受个别观众参观。上海鲁迅纪念馆接受来馆参观的工、农、兵等各界群众所提出的修改意见，在 1974 年 10 月对鲁迅生平陈列的内容做了一些修改，如"增加了鲁迅批孔扬法的材料，增加了'文化大革命'后出版的部分鲁迅版本，调整了鲁迅著作的外文版本，修改了部分说明文字"②。由此，这个鲁迅生平陈列的内容基本定型，此后只做了较小的修改。1975 年 12 月 17 日，经上级批准，上海鲁迅纪念馆重新对外开放。上海鲁迅纪念馆 1974 年 10 月编写的《鲁迅生平陈列大纲》的内容如下：

大厅一：鲁迅浮雕头像

大厅二：陈列说明

鲁迅的一生，是革命的一生，战斗的一生。他在文化战线上，坚定地执行毛主席的革命路线，为中国人民的解放事业立下了不朽的功绩。

鲁迅生平陈列，力求以毛主席对鲁迅的崇高评价为指针，以阶级

---

① 陈列部：《历史的回顾——我馆基本陈列 40 年》，《四十纪程》，第 51 页。
② 上海鲁迅纪念馆：《鲁迅生平陈列大纲》（1974 年），油印，上海鲁迅纪念馆藏档案资料。

斗争、路线斗争为纲，表现鲁迅一生的战斗历程，重点在上海光辉的
十年。

序厅

毛主席语录（刻字）

鲁迅是中国文化革命的主将，他不但是伟大的文学家，而且是伟
大的思想家和伟大的革命家。……鲁迅的方向，就是中华民族新文化
的方向。

毛泽东：《新民主主义论》

鲁迅肖像（油画，周安琪作）

第一部分：寻求救国救民的真理（1881—1918）

第二部分：从革命民主主义者向共产主义者转变（1919—1927）

第三部分：伟大的共产主义者（1927—1936）

刻苦学习马克思主义

抨击帝国主义、国民党反动派，粉碎反革命文化"围剿"

坚持马克思主义原则，批判机会主义路线

为无产阶级解放事业鞠躬尽瘁

第四部分：发扬鲁迅革命精神

结束语

毛主席语录：

鲁迅的两句诗，"横眉冷对千夫指，俯首甘为孺子牛"，应该成为
我们的座右铭。……一切共产党员，一切革命家，一切革命的文艺工
作者，都应该学鲁迅的榜样，做无产阶级和人民大众的"牛"，鞠躬尽
瘁，死而后已。

摘自毛主席《在延安文艺座谈会上的讲话》①

总的来说，上海鲁迅纪念馆按照上级的指示，紧密结合"文革"的政治形
势，以毛泽东对鲁迅的高度评价为指导思想，编写了这个鲁迅生平陈列大纲，
不仅以毛主席语录贯穿展览的首尾，而且通过单纯地突出鲁迅的革命活动，把
鲁迅塑造成为伟大的共产主义者。这无疑极大地歪曲了鲁迅的形象，使鲁迅生
平陈列偏离了正常的发展方向。

———————————

① 上海鲁迅纪念馆：《鲁迅生平陈列大纲》（1974 年），油印，上海鲁迅纪念馆藏档案资
料。

（3）转型期：20 世纪 80 年代至 90 年代初的鲁迅生平陈列

1976 年 10 月"文革"结束之后，上海鲁迅纪念馆在 1978 年 2 月 3 日开始闭馆修改鲁迅生平陈列，清除了鲁迅生平陈列中存在的极左政治错误，并于 1978 年 11 月 7 日重新开放鲁迅生平陈列。但是，随着政治形势的发展，这个鲁迅生平陈列也明显不适应当时的政治形势，亟须修改，所以上海鲁迅纪念馆又在 1981 年 4 月 12 日闭馆，开始重新制作新的鲁迅生平陈列，并以此作为纪念鲁迅诞生 100 周年的重要活动之一。

①1981 年的鲁迅生平陈列

上海鲁迅纪念馆 1981 年编写的《鲁迅生平陈列大纲》的内容如下：

序厅

鲁迅头像（浮雕，张松鹤作）

屏风

一、毛泽东文摘（刻字）

鲁迅是中国文化革命的主将，他不但是伟大的文学家，而且是伟大的思想家和伟大的革命家。……鲁迅的方向，就是中华民族新文化的方向。（毛泽东：《新民主主义论》）

二、鲁迅胸像（萧传玖作）

第一部分：寻求救国救民的真理（1881—1918）

第一组 少年时代

第二组 南京、日本求学

第三组 回国任教

第二部分：从革命民主主义者向共产主义者转变（1918—1927）

第一组 发出反帝反封建的呐喊

第二组 主张"韧"的战斗

第三组 新的思想飞跃

第三部分：伟大的共产主义者（1927—1936）

第一组 刻苦学习马克思主义

第二组 领导左翼文艺运动

第三组 粉碎反革命文化"围剿"

第四组 揭露帝国主义侵略和国民党政府的卖国罪行

第五组 倡导和扶植新兴木刻艺术

第六组 促进文化交流、培育友谊之花

第七组 与共产党人的深厚友情

第八组 拥护党的抗日民族统一战线政策

第九组 鞠躬尽瘁，死而后已

第四部分：永远活在人民心中

结束语

鲁迅的两句诗，"横眉冷对千夫指，俯首甘为孺子牛"，应该成为我们的座右铭。"千夫"在这里就是说敌人，对于无论什么凶恶的敌人，我们决不屈服，"孺子"在这里就是说无产阶级和人民大众。一切共产党员，一切革命家，一切革命的文艺工作者，都应该学鲁迅的榜样，做无产阶级和人民大众的"牛"，鞠躬尽瘁，死而后已。（毛泽东：《在延安文艺座谈会上的讲话》）

鲁迅生平年表

鲁迅著作出版年表

鲁迅著译署名录①

总的来说，1981年的鲁迅生平陈列大纲中的四大部分的标题与"文革"时期鲁迅生平陈列大纲中四大部分的标题近似，并且仍然以毛泽东对鲁迅的高度评价作为设计展览大纲内容的指导思想，但是在展览内容方面修正了"文革"时期鲁迅生平陈列中存在的极左政治错误，在展示鲁迅在上海时期时不再单纯地突出展示鲁迅的革命家形象，而是采用专题的形式展示鲁迅的文学活动和社会活动，塑造出文学家鲁迅、思想家鲁迅和革命家鲁迅的多维形象。

②1986年的鲁迅生平陈列

1986年，为了纪念鲁迅逝世50周年，上海鲁迅纪念馆考虑到政治形势的发展变化，特别是鲁迅研究新成果的不断出现，决定在1986年4月21日闭馆修改鲁迅生平陈列。上海鲁迅纪念馆1986年编写的《鲁迅生平陈列大纲》的内容如下：

第一部分：1881—1918

第一组 少年时代

第二组 南京求学

---

① 上海鲁迅纪念馆：《鲁迅生平陈列大纲》（1981年），油印，上海鲁迅纪念馆藏档案资料。

第三组 东渡日本

第四组 辛亥革命前后

第二部分：1918—1927

第一组 在新文化运动中呐喊

第二组 扩大文艺阵地

第三组 主张"韧"的战斗

第四组 从厦门到广州

第三部分：1927—1936

第一组 领导左翼文艺运动

第二组 反击文化"围剿"

第三组 抨击法西斯行径

第四组 甘当孺子牛

第五组 致力国际文化交流

第六组 与共产党的密切关系

第七组 鞠躬尽瘁，死而后已

第四部分：永远活在人们心中

结束语

鲁迅手迹：横眉冷对千夫指，俯首甘为孺子牛。①

　　对比 1981 年鲁迅生平陈列大纲和 1986 年鲁迅生平陈列大纲，可以看出，1986 年的鲁迅生平陈列大纲最明显的变化就是撤下了此前展览中贯穿展览首尾的毛主席语录，另外，还在一定程度上减少了对鲁迅政治活动的展示。具体到展览的内容，可以看出这次修改还有如下新增加的内容：在"与共产党的密切关系"这一组中，展示了瞿秋白和冯雪峰在上海时期送给鲁迅的纪念品：瞿秋白书赠给鲁迅的旧体诗和赠给鲁迅的镜子，冯雪峰赠给鲁迅的康克令金笔等，并新增了重返文坛的丁玲与鲁迅交往的有关内容，这也是鲁迅生平陈列之中首

---

① 上海鲁迅纪念馆：《鲁迅生平陈列大纲》（1986 年），油印，上海鲁迅纪念馆资料室藏档案资料。

次展示关于丁玲的照片和相关资料。① 在"鞠躬尽瘁，死而后已"这一组中，新增加了上海鲁迅纪念馆在 1984 年举办的鲁迅死因研讨会的相关资料，不仅展示了这次临床讨论会所作的死因鉴定书，还把鲁迅的 X 光胸片做成灯箱，从而纠正了社会上关于鲁迅死因的错误观点。

这次修改在展览形式方面最大的变化，就是为了在展览中使用更多的馆藏的文物和文献资料，改变此前展览使用的镜框与橱柜结合的形式，首次采用统一的大联柜的形式展示实物，从而可以使展览所使用的文物、文献资料等实物展品得到有效的保护。另外，在展览手段方面还首次引入了现代化设备，如制作了鲁迅在上海部分活动旧址的声光同步电动模型，方便观众直观地认识鲁迅在上海的活动情况。再如，首次设立了专门的放映厅，用于播放鲁迅著作改编的影视片，可以使观众通过影视更形象地了解鲁迅及其作品。

③1991 年的鲁迅生平陈列

1991 年 4 月，上海鲁迅纪念馆为了纪念鲁迅诞辰 110 周年，再次闭馆修改了鲁迅生平陈列，修改后的《鲁迅生平陈列大纲》的内容如下：

序厅

第一部分：1881—1918

第一组 少年时代

第二组 南京求学

第三组 东渡日本

第四组 辛亥革命前后

第二部分：1918—1927

第一组 在新文化运动中呐喊

第二组 扩大文艺阵地

第三组 主张"韧"的战斗

第四组 从厦门到广州

第三部分：1927—1936

第一组 领导左翼文艺运动

第二组 反击文化"围剿"

---

① 陈列部：《历史的回顾——我馆基本陈列 40 年》，《四十纪程》，第 55 页。

第三组 抨击法西斯行径

第四组 甘当孺子牛

第五组 致力国际文化交流

第六组 与共产党的密切关系

第七组 鞠躬尽瘁，死而后已

辅助陈列

部分鲁迅遗物

部分纪念活动与回忆研究书刊①

　　这次修改在内容方面主要把展览内容压缩在一层展厅之内，并突出鲁迅的爱国主义精神，从而加强对青少年进行革命传统和爱国主义教育；在展览形式方面，主要是在形式上把展览分为主要展览和辅助展览，展览的内容由四部分改为三部分，原来展览的前三部分作为主要陈列，原来展览的第四部分作为辅助陈列。这种修改的意义在于，主要展览的内容是展示鲁迅的一生，辅助展览的内容是展示鲁迅逝世后在国内外的影响，从而可以使观众更好地感受到鲁迅一生不平凡的经历。可以说，这样的设计思路试图把鲁迅生平部分的展览内容与鲁迅逝世后社会反响的展览内容区分开，意在淡化鲁迅逝世后的政治色彩对鲁迅生平展览的影响，是对以前鲁迅生平展览模式的一种有益的探索。

　　（4）高峰期

　　①1999年的鲁迅生平陈列

　　1998年，上海市政府鉴于上海鲁迅纪念馆原来馆舍的建筑出现危险，决定在原址重新扩建现代化的馆舍。新馆占地4212平方米，分为陈列、库房、交流、制作、办公五个区域，可以满足上海鲁迅纪念馆的各项使用功能。1999年9月25日，上海鲁迅纪念馆举行新馆落成典礼，同日，新的鲁迅生平陈列也在新建的展览厅中正式对外开放。这个鲁迅生平陈列由时任上海鲁迅纪念馆常务副馆长的王锡荣主持编写，展览大纲的主要内容如下：

"民族魂"

第一部分：新文学开山——文学成就

---

① 上海鲁迅纪念馆：《鲁迅生平陈列大纲》（1991年），油印，上海鲁迅纪念馆资料室藏档案资料。

1. 竭力画出国人的灵魂（小说）
2. 感应的神经，攻守的手足（杂文）
3. 地域边沿的"小花"（散文）

第二部分：新人造就者——培养青年
1. 扩大文艺阵线
2. 培养文艺新秀
3. 倡导新兴木刻

第三部分：文化播火人——致力中外文化交流
1. 别求新声于异邦
2. 人类最好是不隔膜、相关心

第四部分：精神界战士——战取光明
1. "路漫漫其修远兮，吾将上下而求索"
2. "真的猛士，将更奋然而前行"
3. "将切实奋斗者引为同志"
4. 终将热血荐轩辕

第五部分：华夏民族魂——深远的影响
1. 民众的悼念
2. "锲而不舍，跟着你的足迹"①

　　准确地说，上海鲁迅纪念馆这次制作的鲁迅生平陈列不再是对以前的鲁迅生平陈列进行局部修改与调整，而是从展览的内容体系到展览的形式都打破了以前的鲁迅生平陈列所常用的展览模式，不仅在国内的几家鲁迅纪念馆中是一个全新的鲁迅生平陈列，甚至在中国人物类纪念馆中都是一个全新的人物生平陈列。

　　这次鲁迅生平陈列在展览内容体系方面打破了国内外人物类纪念馆通常采用的编年体或编年体与专题相结合的展览体系，创新性地采用了专题式展览内

---

① 上海鲁迅纪念馆：《鲁迅生平陈列大纲》（1999年），铅印，上海鲁迅纪念馆资料室藏档案资料。

容体系，从鲁迅的生平业绩中选取了"新文学开山""新人造就者""文化播火人""精神界战士"这四个方面的突出成就作为四个专题，再加上鲁迅逝世后的"深远的影响"作为一个专题，用五个专题来集中展示鲁迅一生的主要贡献以及他在国内外的深远影响。可以说，这个鲁迅生平陈列重在塑造出作为文学家和思想家的鲁迅形象，明显淡化了革命家鲁迅的形象。

在展览的形式方面，上海鲁迅纪念馆结合馆藏鲁迅文物及文献资料多为纸质的特点，在纪念馆、博物馆的文物展览通常使用的"再现文物光彩"的展览理念的基础上，创新性地提出鲁迅生平陈列要"表现文物的内涵"，即通过丰富的展览手段最大限度地展示出文物的内在含义。如这次鲁迅生平展览为展示出鲁迅的散文诗《野草》的意境，展览设计人员和技术工程师在国内外首先研发出135度弧形投影电视放映系统播放根据《野草·题辞》制作的 MTV，"三台放映机并列同时播映，屏幕可以按照内容的需要，时而出现超宽银幕的大幅画面，时而出现三幅不同的画面，时而有左、中、右三幅画面轮流播映，通过复杂的视觉画面充分展现了《野草》的意境，使观众感觉是在欣赏到动态的《野草》"①。

另外，这次鲁迅生平陈列还采用声音加场景模型的形式来还原鲁迅生平中的重要场景。如观众在参观"鲁迅在花园庄旅馆避难"的场景时，按动按钮就会听到低沉的声音解说鲁迅当时的心情，并吟出鲁迅悼念"左联"五烈士的诗"惯于长夜过春时……"同时天幕上会出现用隐形发光画技术显现的"左联"五烈士的群像，这样观众通过声音和图像就会更好地体验到鲁迅当时的心情。②

上海鲁迅纪念馆是青少年教育基地、爱国主义教育基地，前来参观的观众以中、低文化层次的观众为主，其中有近30%是中小学生，上海鲁迅纪念馆在设计这个鲁迅生平陈列时，针对观众的实际情况，在序厅设置了一些电脑，学生可以在电脑上选择"鲁迅知识问答"专栏，参与回答关于鲁迅生平与创作的游戏，通过三级答题并且得分在90分以上，机器就会自动打印出一个兑奖的领奖条，然后凭领奖条到观众服务台领取小奖品。这种设计引导学生在参观展览时必须认真观看展览才能答出高分，并获得奖品。此外，针对不熟悉鲁迅生平的观众，或者希望继续了解鲁迅生平的观众，上海鲁迅纪念馆在电脑中设立了《鲁迅生平与创作》《不朽的民族魂》等专题片，不仅方便观众进一步了解鲁迅

---

① 王锡荣：《展现民族之魂——鲁迅生平陈列》，《上海鲁迅纪念馆》，上海鲁迅纪念馆编，上海：上海人民美术出版社，2001年出版，第51页。

② 王锡荣：《展现民族之魂——鲁迅生平陈列》，《上海鲁迅纪念馆》，上海鲁迅纪念馆编，上海：上海人民美术出版社，2001年出版，第51页。

的生平和业绩，也可以在一定程度上弥补专题式鲁迅生平陈列无法全面、系统地介绍鲁迅一生的不足。

②2011 年的鲁迅生平陈列

2008 年，上海鲁迅纪念馆考虑到 1999 年制作的鲁迅生平陈列已有近 10 年了，决定再次修改鲁迅生平陈列，以此作为纪念鲁迅诞辰 130 周年的重要活动之一。2011 年 9 月 25 日，新修改的鲁迅生平陈列正式对外开放。这次鲁迅生平陈列由时任上海鲁迅纪念馆馆长的王锡荣主持编写，大纲的内容如下：

"人之子"

第一部分：生命的路（以鲁迅足迹为线索，勾勒鲁迅生平）

第二部分：首在立人
1. 第一要著是改变国民的灵魂（立人思想）
2. 造就大群新的战士（培养新人）

第三部分：画出国人的灵魂
1. 为人生，并且要改良这人生（小说创作）
2. 中国大众的灵魂反映在我的杂文里（杂文创作）
3. 朝花夕拾（散文）
4. 我自爱我的《野草》（散文诗）

第四部分：保存者、开拓者、建设者
1. 择取中国的遗产（对中国传统文化的发掘、整理）
2. 人类最好是不隔膜、相关心（译介外国文艺、向世界介绍中国）
3. 新的木刻是刚健、分明（倡导中国新兴版画）

第五部分：精神界战士
1. 吾将上下而求索（追求真理）
2. 真的猛士，将更奋然而前行（对黑暗的抗争）
3. 将切实奋斗者引为同志（战友之情）
4. 无情未必真豪杰（亲情、师生之情、朋友之情）

第六部分：人之子

1. 终将热血荐轩辕（最后的日子）

2. 永生的"民族魂"（民众的悼念）

3. 锲而不舍，跟着你的足迹（纪念）①

对比 2011 年的鲁迅生平陈列和 1999 年的鲁迅生平陈列，可以看出 2011 年的鲁迅生平陈列在展览内容体系方面保持 1999 年鲁迅生平陈列所采用的专题式，不过新增了一些内容，展览也从五个部分变为六个部分：第一部分"生命的路"，借鉴 2010 年上海世博会的展览手段，用一个时长为 6 分 40 秒的专题片，以鲁迅所生活过的城市为线索，概括介绍鲁迅的一生；第二部分"首在立人"，新增加了介绍鲁迅"立人"思想的内容；第四部分"保存者、开拓者、建设者"，新增了鲁迅对中国传统文化遗产的挖掘、整理的贡献，以及他对提倡新兴木刻运动的贡献；第五部分"精神界战士"，新增了介绍鲁迅的亲情、师生之情、朋友之情的内容，从而突出作为"人之子"的鲁迅的形象。总的来说，这次鲁迅生平陈列是对 1999 年鲁迅生平陈列的修改提升，展览主题从"民族魂"修改为"人之子"，以"立人"思想为核心较为全面地展示了鲁迅作为一个"人之子"的不平凡的人生道路。

在展览形式方面，2011 年的鲁迅生平展览也有新的突破，如在序厅使用大玻璃实现了序厅与室外屋顶花园的通透，同时在室外的屋顶花园中用五色草搭建了鲁迅的胸像，这个在序厅内可以透过玻璃看到的鲁迅像与序厅内左右两侧巨幅的雕塑《呐喊》和《彷徨》，一起构成了一组构思巧妙的图案，"呐喊"和"彷徨"，不仅是鲁迅两本小说集的名称，也象征着鲁迅的一生中具有"呐喊"和"彷徨"这两种精神状态；在第一部分采用专题片的形式概括介绍鲁迅的一生经历，对整个鲁迅生平陈列起到提纲挈领的作用；在第二部分采用动漫的形式介绍鲁迅和许寿裳关于"立人"思想的对话，此外，还在国内外首次采用阴雕画的形式展现鲁迅在北平师范大学演讲时的形象，使观众在参观时感到鲁迅的目光一直在审视着自己；在第三部分，用沙画的形式展现鲁迅笔下的人物形象，此外，还用大量的鲁迅作品插图中的人物形象涂满一面高 4 米、长 15 米的圆弧形墙面，从中可以看出鲁迅头像的轮廓，寓意为这些人物形象都是鲁迅创

---

① 上海鲁迅纪念馆：《鲁迅生平陈列大纲》（2011 年），铅印，上海鲁迅纪念馆资料室藏档案资料。

造的。①

上海鲁迅纪念馆在 2011 年制作的鲁迅生平陈列正式展出后，在内容和形式方面都有重要的创新和突破，获得了业界的广泛好评，不仅在 2013 年获得了上海市精品展览奖，还获得了国内纪念馆陈列评比的最高奖项，在 2012 年被国家文物局评为"全国十大精品展览（2011—2012）"。可以说，上海鲁迅纪念馆经过多年的探索，2011 年终于设计出在内容和形式方面都具有创新性的鲁迅生平陈列，为国内人物类纪念馆的人物展览工作探索出一个成功的模式。

3. 专题展览

回顾上海鲁迅纪念馆举办专题展览的历史，可以看出在 20 世纪 50 年代到 70 年代之间举办的专题展览很少，总数不到 5 个。进入到 20 世纪 80 年代，上海鲁迅纪念馆举办的专题展览才逐渐多了起来。1999 年之后，随着上海鲁迅纪念馆新扩建的馆舍落成，设立了"奔流艺苑"展厅，由此有了专业的临时展览场地，可以常年举办各种展览，平均每年都要举行 10 多个，部分年份甚至举办了 20 多个。② 上海鲁迅纪念馆举办过的专题展览其中较为重要的有如下几个，但是因为没有搜集到这些专题展览相关的资料，只能参考《六十纪程（1951——2011）》一书简单介绍如下：

（1）"鲁迅与苏联"专题展览

1957 年 10 月 27 日，上海鲁迅纪念馆为了纪念"十月革命"40 周年，举办"鲁迅与苏联"专题展览，展期为期半个月。这也是上海鲁迅纪念馆首次举办专题展览。在展出的 100 多件展品中，有 40 余件是鲁迅的遗物，如鲁迅翻译《毁灭》的原稿、鲁迅翻译《死魂灵》所依据的德文本、瞿秋白遗著《海上述林》的校样等。1958 年 11 月 3 日，上海鲁迅纪念馆再次举办"鲁迅与苏联"专题展览，展期半个月，共展出文物、文献、实物、照片等 490 余件。可以说，上海鲁迅纪念馆通过举办这两个展览，主要是以鲁迅为例，表达出中苏友好源远流长的主题。

（2）"批林批孔"展览

1974 年 2 月，上海鲁迅纪念馆按照上海市革委会领导的指令与上海市青年宫、上海市工人文化宫联合举办"批林批孔"展览，为当时的"批林批孔"运

---

① 王锡荣：《超越与创新——上海鲁迅纪念馆陈列改建的探索》，《上海鲁迅研究》2012 年春季卷，上海：上海社会科学院出版社，2012 年出版，第 1—8 页。

② 上海鲁迅纪念馆：《历年陈列、展览一览表》，《六十纪程（1951—2011）》，205—228 页。下文所引用的展览观众人数均来自这个表格。

动服务。

（3）"左联文物史料展览"

1980年之后，上海鲁迅纪念馆利用丰富的馆藏资料，陆续举办了多个文献展览，如1980年3月2日至5月2日，举办"左联文物史料展览"，展品100多件，观众55337人次。

（4）"鲁迅与瞿秋白革命友谊文献展览"

1980年6月15日，上海鲁迅纪念馆举办"鲁迅与瞿秋白革命友谊文献展览"，展期一个月，观众5029人次。

（5）"鲁迅与内山完造友谊文献展览"

1985年1月11日，上海鲁迅纪念馆举办了"鲁迅与内山完造友谊文献展览"，展品100多件，展期两个月，观众9000人次。

（6）"许广平与鲁迅文献展览"

1988年9月25日至10月14日，上海鲁迅纪念馆举办了"许广平与鲁迅文献展览"，展品100多件，观众5000人次。

（7）"不朽的民族魂——鲁迅逝世60周年纪念展"

1996年10月19日，上海鲁迅纪念馆举办了"不朽的民族魂——鲁迅逝世60周年纪念展"，首次向观众展出了1936年拍摄的《鲁迅丧仪》片段。

（8）"斗士诚坚共抗流——鲁迅与反法西斯战争"展览

2005年9月2日至10月26日，上海鲁迅纪念馆为纪念抗日战争胜利60周年，举办了"斗士诚坚共抗流——鲁迅与反法西斯战争"展览，展览通过100多幅图片和数十件珍贵文物，展示了鲁迅对日本军国主义和德国法西斯的揭露与批判，从而用实物回击了社会上流传的鲁迅不抗日的错误观点。这个展览，观众有16496人次。

（9）"永远的民族魂——鲁迅丧仪文物史料展"

为了纪念鲁迅逝世70周年，上海鲁迅纪念馆在2006年10月18日至11月8日，举办了"永远的民族魂——鲁迅丧仪文物史料展"，全面展示了馆藏的有关鲁迅丧仪文献资料，观众5496人次。

（10）"鲁迅与国际友人展览"

为了配合上海世博会，上海市文物局、上海市人民对外友好协会主办，上海鲁迅纪念馆承办的"鲁迅与国际友人展览"，在2010年9月17日至11月10日举行。展览通过232张图片和35件文物，分别从文学活动、美术活动、社会活动等方面展示了鲁迅与外国友人的交往，突出了鲁迅为推动中外文化交流所做出的重要贡献。

（11）"灯火——鲁迅与文艺展"

2016 年 8 月 25 日至 11 月 30 日，上海鲁迅纪念馆为纪念鲁迅诞生 135 周年暨逝世 80 周年举办了"灯火——鲁迅与文艺展"，展品共 83 件实物（其中等级文物 16 件、艺术品 11 件、文物复制品 56 件）。展览内容分为五个部分：一、新生——文艺观念的形成与倡导；二、呐喊——文艺创作的探索与实践；三、择取——民族文艺的继承与弘扬；四、拿来——国外文艺的引进与吸收；五、论争——文艺批评的开创与推进，较为全面地展示出鲁迅的文艺观。另外，这个展览也紧密结合《习近平总书记在文艺座谈会上的重要讲话》的精神，通过展览来弘扬鲁迅的文艺观，从而影响当前的文艺创作。

（12）"朝华文库"库主系列展

上海鲁迅纪念馆在 1999 年扩建新馆舍之后，专门设立了"朝华文库"，以个人专库的形式，收藏与鲁迅有关的各界人士的手稿、藏书等文献资料。作为对捐献文库的各界人士的回报，上海鲁迅纪念馆会选择库主的重要诞辰举办纪念研讨会或纪念展览，如先后举办过"李霁野诞辰 100 周年纪念展"（2004 年），"陈望道诞辰 115 周年纪念展"（2006 年），"许广平诞辰 110 周年纪念展"（2008 年），"靳以诞辰 100 周年纪念展"（2009 年）。因为这些库主基本都与鲁迅有密切的交往，所以有关这些库主的展览，也可以说是鲁迅生平陈列的一个延伸或拓展，可以在某些细节方面弥补鲁迅生平陈列的内容。

4. 流动展览

上海鲁迅纪念馆举办关于鲁迅的流动展览主要有如下几个，但是因为没有搜集到这些流动展览相关的资料，只能参考《六十纪程（1951——2011）》一书简单介绍如下：

（1）"鲁迅生平图片"流动展

1958 年，上海鲁迅纪念馆按照国家文物事业管理局发出的纪念馆为广大工农兵服务的通知要求，制作了"鲁迅生平图片"流动展览到上海市的工厂、农村、学校、部队展出，从 4 月到 11 月共举办展览 100 多场，做辅导报告 4 次，放映《鲁迅生平》电影 3 次。①

（2）"伟大的革命家、思想家、文学家鲁迅"流动展览

1974 年 4 月，上海鲁迅纪念馆配合"文革"时期"批林批孔"运动的政治需要，制作了"伟大的革命家、思想家、文学家鲁迅"流动展览图片，一套 89 幅。从 1974 年 6 月至 1976 年 2 月，多次到上海市的工厂、农村、部队展览，很

---

① 上海鲁迅纪念馆编：《六十纪程（1951—2011）》，第 23 页。

受观众欢迎。如1975年9月3日至10月5日在金山县展出时，观众达到42000人次。① 1977年1月，上海鲁迅纪念馆设计的"伟大的文学家、思想家、革命家鲁迅"幻灯片，由上海科影制片厂制作完成，并面向全国各地发行，从而进一步促进了鲁迅在国内的传播。

（3）中华人民共和国赴日本鲁迅展

"文革"后期，国家文物事业管理局为了"通过展览驳斥苏修、日修等对我国无产阶级"文化大革命"和鲁迅的歪曲和攻击，扩大鲁迅的影响，宣传鲁迅的革命精神，进一步增强中日两国人民的友谊，促进两国的文化交流"②，决定接受日本有关方面（中日文化交流协会和日本经济新闻社）的邀请，赴日举办鲁迅生平展览。这个展览原来由北京鲁迅博物馆承担设计制作任务，但因为所设计的展览大纲被上级有关领导否定，所以国家文物事业管理局又决定由上海鲁迅纪念馆承担这次赴日展览的任务。上海鲁迅纪念馆在1974年12月参考本馆的鲁迅生平陈列编写了赴日鲁迅生平展览的大纲，具体内容如下：

"中华人民共和国赴日本鲁迅展"展览大纲

序馆

1. 毛主席对鲁迅的崇高评价

2. 鲁迅浮雕像

第一部分：寻求救国救民的真理（1881—1917）

第二部分：从革命民主主义者向共产主义者转变（1917—1927）

第三部分：伟大的共产主义者（1927—1936）

第四部分：纪念鲁迅、学习鲁迅

结束语：毛主席对鲁迅的两句诗"横眉冷对千夫指，俯首甘为孺子牛"的评价。③

这个展览大纲通过各级领导的审查之后，上海鲁迅纪念馆制作了赴日"鲁迅生平"展览，并在1975年8月12日在上海美术馆预展，准备1976年送北京

---

① 上海鲁迅纪念馆编：《六十纪程（1951—2011）》，第49页。

② 上海鲁迅纪念馆革命委员会：《关于准备去日本举办鲁迅生平展览的初步打算》，油印，上海鲁迅纪念馆资料室藏档案资料。

③ 上海鲁迅纪念馆编：《中华人民共和国赴日本鲁迅展》（展览大纲），油印，上海鲁迅纪念馆资料室藏档案资料。

审查。① 1976 年 5 月，"鲁迅生平"展览运往北京，在中国革命博物馆预展。国家文物事业局审查后，又邀请全国人大常委会委员长朱德、国务院副总理谷牧前往审查。② 1976 年 9 月 28 日，"中华人民共和国赴日本鲁迅展"展品由上海航运日本，上海市革委会的领导、周海婴及上海鲁迅纪念馆、北京鲁迅博物馆、绍兴鲁迅纪念馆的代表共 7 人组成的鲁迅展览代表团赴日。10 月 19 日，展览在仙台博物馆开幕，此后在东京、京都、名古屋、神户、广岛等地继续展出，为时四个月。展品在 1977 年 2 月运回上海。③

　　这个鲁迅展览也是新中国成立之后，首次在国外举办的革命文物展览，在日本引起了良好的社会反响。

　　（4）"鲁迅生平"流动展

　　1993 年，上海鲁迅纪念馆结合在 1991 年新修订的鲁迅生平陈列，制作了"鲁迅生平"流动展览，在上海各区县博物馆及复旦大学、华东师范大学等高校，宝山少年宫，金山石化总厂等单位流动展出，获得了较好的反响。仅 1993 年 7 月 11 日至 8 月 10 日，在上海嘉定县博物馆展出，观众就达 30000 人次。

　　（5）"鲁迅生平"专题展览

　　1998 年，上海鲁迅纪念馆利用闭馆改扩建馆舍的时间，制作了"鲁迅生平"专题展览，分为"空前的民族英雄""奠基中国新文学""为了造出大群新战士""人类最好是不隔膜、相关心""精神界战士""不朽的民族魂"六个专题。这个鲁迅专题展览可以说是 1999 年新馆舍建成之后采用专题方式制作的鲁迅生平陈列的基础或前身，而上海鲁迅纪念馆通过制作这个鲁迅专题流动展览不仅积累了制作经验，还可以通过实际展览来听取各界人士的意见。另外，这个鲁迅生平展览也较为成功，不仅到上海的各大中学校、各区县的博物馆进行展览，还走出上海到浙江、江苏等地展出。

　　（6）"中学课文鲁迅作品辅导展"

　　上海鲁迅纪念馆在 1999 年设计新的鲁迅生平陈列时，就已经充分考虑到该馆的观众有近 30% 是中小学生的情况，因此决定在 2000 年结合中小学语文课本中的鲁迅作品，面向中小学生制作"中学课文鲁迅作品辅导展"。该展览共 102 块版面，用图文并茂的形式，全面介绍中小学语文课本中收录的 20 篇鲁迅作品的写作背景、中心思想、艺术特色，另外还设立了 10 只标本展示鲁迅笔下的动

①　上海鲁迅纪念馆编：《六十纪程（1951—2011）》，第 50 页。
②　上海鲁迅纪念馆编：《六十纪程（1951—2011）》，第 51 页。
③　上海鲁迅纪念馆编：《六十纪程（1951—2011）》，第 51 页。

物和植物，以及 2 台电视机（用于播放有关鲁迅的专题片，以及鲁迅著作改编的影视作品）。这个展览对于中小学生理解鲁迅作品有明显的促进作用，很受中小学生的欢迎，从 2000 年 5 月 18 日至 7 月 8 日在上海鲁迅纪念馆展出期间，观众就有 16250 人次。此后，这个展览除在上海市的各区县博物馆、中小学巡展外，还到江苏省、安徽省、浙江省、天津市、吉林省、福建省、广东省等 10 多个省市展出。仅在天津文庙博物馆、天津市海河区文化馆展出期间（2001 年 9 月 25 日至 12 月 31 日），观众就达 40000 人次。

5. 小结

从 1951 年 1 月 7 日开放的展品数量不多、布置简单的鲁迅生平展览，到 2011 年 9 月 25 日开幕的使用大量新技术和新方法制作的"人之子"鲁迅生平陈列，回顾上海鲁迅纪念馆举办鲁迅生平陈列的历史，可以看出不同时期的鲁迅生平陈列在内容和形式方面都受到时代因素的深刻影响，所塑造的鲁迅形象、所传达的主题也有一个明显的变化过程：在 20 世纪 50 年代，鲁迅生平陈列注重塑造伟大的文学家鲁迅的形象；"文革"时期是对鲁迅政治利用的高峰期，鲁迅被推上了神坛，鲁迅生平陈列也随之塑造出伟大的共产主义者鲁迅的形象，传达出鲁迅是党的一个小兵的主题；在 20 世纪 80 年代，随着中国社会的转型，学术界提出了"回到鲁迅那里去"的研究口号，鲁迅生平陈列逐渐摆脱"左"的影响，尊重历史事实，塑造出文学家和思想家鲁迅的形象；从 20 世纪 90 年代以来，随着政府对纪念鲁迅活动的降温，鲁迅逐渐走下神坛，学术界兴起了研究人间鲁迅的热潮，鲁迅生平陈列也随之塑造出"民族魂"的形象；进入 21 世纪，鲁迅生平陈列开始塑造"人之子"鲁迅的形象。总的来说，上海鲁迅纪念馆作为政府设立的文化机构，承担着保存鲁迅文化遗产、面向公众宣传鲁迅的使命和任务，因此需要处理好保存鲁迅遗产与传播鲁迅精神的关系。上海鲁迅纪念馆对鲁迅的物质遗产保护得很好，但是在传播鲁迅精神方面不可避免地受到时代因素的制约。该馆历年来制作的鲁迅生平陈列主题的变化在很大程度上反映出政府和学术界对鲁迅形象定位的变化过程，其中既有成功传播鲁迅精神的经验，也有歪曲鲁迅形象的失败教训，只有在鲁迅生平陈列的设计和展示中坚守实事求是的基本原则，才能塑造出真实的鲁迅形象，从而才能完成面向公众传播鲁迅精神的使命和任务。

三、学术研究与图书出版工作的历史与现状

上海鲁迅纪念馆在 1951 年建馆之后，因为工作人员较少，所以没有设立专

门的研究部门。1956 年，上海鲁迅纪念馆在虹口公园建立新的馆舍之后，才设立了陈列研究组，但是该组的主要工作是进行陈列设计，因此所取得的鲁迅研究成果不多，主要是对一些鲁迅佚文进行整理并对鲁迅著译版本进行编目。1979 年，上海鲁迅纪念馆创办了馆刊《纪念与研究》（内部刊物），带动了该馆对馆藏鲁迅史料的整理和研究工作。1984 年，上海鲁迅纪念馆设立了研究组（不久改称研究室），安排几位年长的业务人员带领几位青年业务人员，专门从事鲁迅研究工作及编辑有关图书和馆刊《上海鲁迅研究》（《纪念与研究》在 1988 年改为以书刊形式公开出版发行的《上海鲁迅研究》）的工作，由此上海鲁迅纪念馆的鲁迅研究工作跃上了一个新的台阶，在鲁迅研究领域取得了一些重要的学术成果，形成了以鲁迅在上海时期的史料整理和研究，以及鲁迅作品整理和研究为主的研究特色。1999 年，上海鲁迅纪念馆改扩建之后，设立了"朝华文库"，包括了 24 位鲁迅友人以及著名木刻家、鲁迅研究专家的 23 个专库（其中裘沙、王伟君夫妇捐赠的物品收藏在一个库），新增加了大量的藏品，此后，上海鲁迅纪念馆的研究工作也逐渐从鲁迅研究扩展到"朝华文库"的 24 位库主研究，并取得了丰硕的学术成果。上海鲁迅纪念馆的研究工作主要集中在如下的几个方面。

1. 鲁迅佚文的整理与鲁迅著译的编目

人民文学出版社在 1956—1958 年出版了新版的《鲁迅全集》，但因为种种原因，有一些鲁迅的文章和书信没有被收入这套《鲁迅全集》之中。上海鲁迅纪念馆资料组结合馆藏和所掌握的鲁迅文章以及书信的资料，在 1961 年 9 月编成了《鲁迅佚文集》《鲁迅书信补遗》《鲁迅著译系年目录》这三种资料集的初稿，此后又利用新发现或搜集到的资料对这三种资料集进行了增订，并新编了《〈鲁迅全集〉未收著作》的资料集。1962 年 9 月，上述四种资料集在《中国现代文艺资料丛刊》第一、二辑上正式发表。这是上海鲁迅纪念馆公开发表的第一批鲁迅研究成果，展示出上海鲁迅纪念馆在搜集和整理鲁迅资料方面的学术水平。1963 年 5 月，上海鲁迅纪念馆又利用新发现的资料再次修订了《鲁迅著译系年目录》中一些史实错误，并新编写了《鲁迅笔名录》和《鲁迅篇名、笔名索引》这两本工具书。①

上海鲁迅纪念馆的学术研究在"文革"期间基本停顿。"文革"结束之后，上海鲁迅纪念馆吸收学术界新发现的资料，再次对《鲁迅著译系年目录》进行增订，并增补了《鲁迅笔名录》和《鲁迅著译篇名索引》，然后由上海文艺出

---

① 　上海鲁迅纪念馆编：《六十纪程（1951—2011）》，第 39 页。

版社在 1981 年 7 月出版。这本书把鲁迅创作和翻译的作品按照年、月、日的顺序进行编目，虽然存在一些史实方面的错误，但是在鲁迅研究领域中仍然是一本重要的工具书。

另外，上海鲁迅纪念馆利用馆藏的优势，并通过内山嘉吉从日本搜集了一些鲁迅的日文作品，在 1980 年 9 月编选了《鲁迅日文作品选》。上海鲁迅纪念馆请宋庆龄为该书题写了书名，并请唐弢为该书撰写了序言。该书在 1981 年 5月由上海文艺出版社出版，共收录了鲁迅的 13 篇日文作品（其中有 3 篇是鲁迅谈话），并附录了这 13 篇作品的中文译本。这是鲁迅的日文作品首次结集在国内出版，不仅填补了鲁迅作品出版的一个空白，而且也在一定程度上促进了中日文化的交流。

2. 鲁迅手稿的整理与出版

1959 年，上海市市长陈毅在视察上海鲁迅纪念馆时建议编辑出版一本《鲁迅诗稿》。上海鲁迅纪念馆利用馆藏的鲁迅手迹原件及一些鲁迅手迹的照片，以及在北京鲁迅博物馆和周海婴处搜集到的一些鲁迅手迹的照片，并从《鲁迅日记》手稿中翻拍了部分征集不到的诗稿，在此基础上编辑了《鲁迅诗稿》，收入鲁迅诗稿 40 题 45 首，并附录鲁迅手录的古诗 16 幅。1961 年，该书作为上海鲁迅纪念馆纪念鲁迅诞生 80 周年的献礼，由上海人民美术出版社出版，分线装本、普及本两种。这本书是鲁迅诗稿首次被结集出版，但是，受到当时政治环境的影响，诗稿上的一些受赠人被删掉了，这在一定程度上破坏了鲁迅诗稿的原貌。《鲁迅诗稿》在出版之后，很受欢迎，并多次重印。1963 年，《鲁迅诗稿》（普及本）在第三次印刷时做了修订，"这次修订，将从鲁迅日记中翻拍的5 件手迹改用原稿，修改《后记》，少数手稿进行加工编排，增加页码等"①。1974 年，《鲁迅诗稿》（普及本）进行第三次修订，"去掉从《鲁迅日记》上翻拍的 12 首诗；增加向日本友人征集到的鲁迅手稿照片 3 幅、诗稿上赠人的题款除许广平、许寿裳之外，其余全部去掉，损坏了鲁迅诗稿的原貌。调整后的《鲁迅诗稿》计 31 题 36 首"②。1976 年，《鲁迅诗稿》（普及本）进行第四次修订，撤下了郭沫若所写的序言。1981 年，《鲁迅诗稿》（普及本）进行第五次修订，不仅恢复了郭沫若的序言和诗稿上受赠人的名字，而且增加了新搜集到的鲁迅诗稿，共计 46 题 51 首（含新诗 6 首），至此，《鲁迅诗稿》较为完整地收录了已知的全部鲁迅诗稿。但是这次印刷的开本比较小，缩小了鲁迅诗稿的尺

---

① 上海鲁迅纪念馆编：《六十纪程（1951—2011）》，第 38 页。
② 上海鲁迅纪念馆编：《六十纪程（1951—2011）》，第 48 页。

寸。1991 年，上海鲁迅纪念馆为纪念鲁迅诞生 110 周年，再次对《鲁迅诗稿》进行修订，增补了一些新发现的鲁迅诗稿手迹。1998 年，上海鲁迅纪念馆为体现出鲁迅书法的独特魅力，又通过上海人民美术出版社出版了《鲁迅诗稿》的宣纸本，分为精装、特精装两种。可以说，上海鲁迅纪念馆经过 40 年的曲折历程之后，终于通过出版这部收录内容完整、印刷质量上乘的《鲁迅手稿》，显示出在鲁迅诗稿整理方面的学术水平。

此外，从 1985 年到 1993 年，上海鲁迅纪念馆还与北京鲁迅博物馆合作，整理两馆及北京图书馆等机构所收藏的鲁迅辑校古籍方面的手稿，陆续编辑出版了《鲁迅辑校古籍手稿》，这是鲁迅辑校古籍方面的手稿首次被全部结集出版，为保存鲁迅文化遗产，推动鲁迅与中国传统文化的研究做出了重要的贡献。

2012 年，时任上海鲁迅纪念馆馆长的王锡荣在对国内外鲁迅研究的状况进行全面考察之后，认为鲁迅手稿研究将会是整个鲁迅研究新的学术生长点，并作为首席专家，联合上海鲁迅纪念馆、上海交通大学、复旦大学、华东师范大学等机构的鲁迅研究学者成功申请了 2012 年度国家社科基金重大项目"《鲁迅手稿全集》文献整理与研究"（B 卷）。同时，北京鲁迅博物馆也获得了"《鲁迅手稿全集》文献整理与研究"（A 卷）的研究项目。"《鲁迅手稿全集》文献整理与研究"（B 卷）主要承担鲁迅创作手稿、翻译手稿的研究，鲁迅手稿理论研究，并编制鲁迅手稿篇名索引、鲁迅手稿研究论著索引等研究任务。王锡荣率领的研究团队，通过几年的辛苦工作，已经在鲁迅手稿研究领域取得了一系列的研究成果，从而把鲁迅手稿研究提升到一个新的高度，为鲁迅研究做出了重要的贡献。其中的一些研究成果还引起了中央有关领导的高度重视，并指示有关部门进一步加强对鲁迅手稿的保护和利用工作。这为鲁迅手稿在 21 世纪的保护和利用奠定了良好的基础。

3. 鲁迅著作初版本及鲁迅作序跋的著作的整理和影印

新中国成立之后，鲁迅著作的初版本一直没有重新影印出版，而从事鲁迅研究又非常需要查阅鲁迅著作的初版本，此外，也有一些读者希望阅读鲁迅著作的初版本。上海鲁迅纪念馆为纪念鲁迅诞生 110 周年，同时也为满足鲁迅研究者和一些读者的要求，决定利用丰富的馆藏影印出版一套鲁迅著作的初版本。1991 年 6 月，上海鲁迅纪念馆与上海文艺出版社联合影印出版了《呐喊》《彷徨》《故事新编》《野草》《朝花夕拾》五种鲁迅著作的初版本，受到了鲁迅研究者和一些读者的欢迎。此后，上海文艺出版社又在 1992 年陆续影印出版了《且介亭杂文》《且介亭杂文二集》《且介亭杂文末编》《集外集》《集外集拾遗》，最后一共出版了 25 种鲁迅著作的初版本。这套鲁迅著作初版本的影印出版，恢复了鲁迅著作的原貌，可以使读者通过鲁迅著作的初版本感受到鲁迅作品结集出版时的历史场景，不仅对于推动鲁迅研究有所帮助，而且对于鲁迅作品的传播也有帮助。

另外，上海鲁迅纪念馆在 1985 年联合上海书店出版了"鲁迅作序跋的著作选辑"丛书，这套丛书影印了《小小十年》《丰收》《打杂集》《八月的乡村》《生死场》《何典》《木刻创作法》等 15 种鲁迅为之作过序、跋或题记的著作，再次集中展示鲁迅对青年作家、青年木刻家的扶持与关爱。

4. 鲁迅的美术文献整理与出版

1961 年，为了纪念鲁迅诞生 80 周年暨中国新兴木刻运动 30 周年，北京鲁迅博物馆与上海鲁迅纪念馆联合编辑了《鲁迅收藏中国现代木刻选集》一书，收录了从鲁迅收藏的木刻作品中精选出的 93 件（97 幅）作品，由人民美术出版社在 1963 年 10 月出版。这也是两馆首次合作编选出版鲁迅收藏的美术文献。

1981 年 7 月，上海鲁迅纪念馆为纪念鲁迅诞生 100 周年，决定联合上海人民美术出版社用宣纸影印鲁迅编印的 10 种美术画册的初版本，包括《艺苑朝华》（五辑）、《梅斐尔德木刻士敏土之图》、《引玉集》、《木刻纪程》、《凯绥·珂勒惠支版画选集》和《〈死魂灵〉一百图》，限量发行，每种 850 部，并在扉页盖有"鲁迅诞辰一百周年纪念"章。这是新中国成立后，首次用宣纸影印出版鲁迅编印的 10 种美术画册，不仅可以为鲁迅研究者和美术研究者提供珍贵的研究资料，从而推动鲁迅研究，以及版画研究，而且，因为这套丛书是限量发行，所以也具有一定的收藏价值。同年 9 月，上海人民美术出版社为方便普通读者欣赏鲁迅编印的美术画册，将这套书易名为《鲁迅编印画集辑存》（1~4）出版了平装本。

此后，为了纪念鲁迅诞生 110 周年暨中国新兴木刻运动 60 周年，上海鲁迅纪念馆联合江苏古籍出版社在 1991 年出版了《版画纪程——鲁迅藏中国现代木刻全集》。该书分为《现代版画》《连续画》《个人专集》《多人合集〈木刻界〉》《散页作品》5 卷，收录了鲁迅所藏的 1700 多幅木刻作品，其中的一些木刻作品连原作者也没有保存下来，因此具有无比珍贵的价值。上海鲁迅纪念馆在编辑这套书时注意保留这些木刻杂志以及木刻作品集和散页作品的原貌，不仅保留了原来杂志、木刻作品中的序言、后记，还保留了木刻作者寄给鲁迅的信件以及各种文字，从而有助于美术研究学者通过这些珍贵的文献来研究中国新兴木刻运动。该书具有重要的文化价值和学术研究价值，因此在 1992 年 12 月荣获第六届中国图书奖一等奖，这也是国内图书出版领域的最高奖项。

此外，上海鲁迅纪念馆编辑的《鲁迅与书籍装帧》一书在 1981 年由上海人民美术出版社出版，并在1989年7月莱比锡国际图书展上获得荣誉奖。这也是上海鲁迅纪念馆编辑的图书首次获得国际奖项，促进了鲁迅在国外的传播。

5. 鲁迅著译版本的编目研究

1996年，周国伟撰写的《鲁迅著译版本研究编目》由上海文艺出版社出版。周国伟从1961年在上海鲁迅纪念馆资料组工作时就开始编制鲁迅著译的编目工作，历时30多年才完成了这本著作。该书分为如下9类："总类"（全集、专集）、"著作"、"翻译"、"艺术介绍"、"辑录、校勘"、"手稿集"、"鲁迅、瞿秋白合集"、"汇编本"、"汇编外文本"，收录了国内外从1903年到1993年出版的305种鲁迅著作，并对每种著作都做了文字较为详细的说明。这是鲁迅研究领域出版的第一本研究鲁迅版本的专著，使鲁迅著译版本的研究进入了一个新的阶段，具有重要的学术价值。另外，该书也因为资料所限，未能查到一些版本的版次，同时在图书分类方面也有不严谨的地方。丁景唐就在该书的《序》中指出："如限于篇幅，单篇成册的书，因数量较多未收；汇编本中的版本可能不全，外文版本还有待于补充等。"① 但这些瑕疵都不影响该书的学术价值。

6. 鲁迅在上海时期史料的整理和研究

上海鲁迅纪念馆在20世纪70年代末开始对鲁迅在上海时期的史料进行整理和研究，凌月麟在1979年4月撰写了《鲁迅在上海活动场所调查》一文。1980年2月，山东聊城师范学院薛绥之教授在上海举行《鲁迅生平史料汇编》（上海卷）的组稿会议，邀请上海鲁迅纪念馆的一些业务人员参加该书的编写工作。该书在1986年由天津人民出版社出版，收录了上海鲁迅纪念馆的业务人员撰写的如下文章：《鲁迅在上海居住和活动过的地方》（凌月麟）、《与鲁迅有关的上海部分书局（店）》（凌月麟）、《鲁迅与朝鲜友人交往的二三事》（虞积华）、《鲁迅丧仪及鲁迅墓》（朱嘉栋）、《鲁迅遗物介绍》（周国伟、朱嘉栋、郭凤珍、王寿松、史伯英）、《与鲁迅在上海有关的人物》（王观泉、包子衍、周国伟、虞积华等）、《上海鲁迅纪念馆简介》（周国伟）等，上述文章也是上海鲁迅纪念馆的业务人员首次成规模地对鲁迅在上海时期的史料进行整理和研究。

此后，上海鲁迅纪念馆的业务人员在撰写上述文章的基础上，继续进行调查和研究，陆续出版了《鲁迅在上海活动旧址图集》（署名上海鲁迅纪念馆编，实际上是凌月麟编辑的，上海教育出版社1981年出版）、《鲁迅纪念馆·鲁迅故居·鲁迅墓》（周国伟著，上海文化出版社1983年出版）、《寻访鲁迅在上海的

---

① 丁景唐：《序》，《鲁迅著译版本研究编目》，周国伟著，上海：上海文艺出版社，1996年出版，第5页。

足迹》（周国伟、柳尚彭合著，上海教育出版社1987年出版，2003年出版修订版）等图书。凌月麟编辑的《鲁迅在上海活动旧址图集》是一本图片集，首次通过实地调查，确认了鲁迅在上海时期活动过的一些场所，并以照片（大部分是当时的老照片，另外也有在调查时新拍摄的鲁迅活动旧址的照片）配合简洁的说明文字的形式整理成书。周国伟与柳尚彭合著的《寻访鲁迅在上海的足迹》是一本图文并茂的研究专著，作者在《鲁迅在上海活动旧址图集》的基础上，通过实地考察，走访一些知情人，查阅档案、旧报刊，确认了鲁迅在上海时期活动过的89处旧址的具体地点，并撰写了考证文章，梳理鲁迅在这些旧址活动的情况。该书不仅订正了一些回忆鲁迅文章中出现的地点错误，还通过考证找到了一些鲜为人知的旧址，为鲁迅在上海时期的活动状况的研究做出了重要的贡献。2003年，周国伟利用新发现的史料对《寻访鲁迅在上海的足迹》一书进行修订出版了修订本，改正了原书中的一些错误，如周国伟在1988年使用新发现的中华艺术大学校门的旧照片，确认"左联"成立大会的会址是在现在的多伦路201弄2号，不是冯雪峰、唐弢在1950年确认的多伦路145号，从而为确定"左联"成立大会会址的具体地点做出了重要的贡献。上海市有关部门后来就是按照周国伟的研究成果在多伦路201弄2号建立了中国左翼作家联盟成立大会会址纪念馆。

2010年，上海鲁迅纪念馆对鲁迅在上海时期的资料整理情况进行分析，认为此前学术界有关鲁迅在上海时期的资料存在如下的问题："一是收集范围尚有局限，例如，图像资料严重欠缺，日常生活史料较少；二是资料收集不够系统和完整，例如，几乎每一专题的资料都是择其要者，未能完善；三是研究、挖掘的深度还不太够，例如，鲁迅丧仪资料、家庭生活情况、住所及饮食起居情况等，尚未充分注意收集。"为此，上海鲁迅纪念馆组织全馆的业务人员编辑一套大型的"鲁迅在上海资料丛书"，"把鲁迅在上海的相关史料，尽量收入，力求完整。目前已列出九个专题：包括鲁迅谈上海、年谱长编、活动遗址、他人回忆、交友情况、论战情况、日常生活、媒体报道以及鲁迅丧仪资料等"①。

这套丛书的第一本就是缪君奇编著的《旧影寻踪——鲁迅在上海》（上海文化出版社2010年出版）。该书分为十一章："从景云深处到且介亭——鲁迅寓所""惟希望有新的青年起来——鲁迅与学校""徜徉在书坊之间——鲁迅与书

---

① 王锡荣：《"鲁迅在上海资料丛书"缘起》，《旧影寻踪——鲁迅在上海》，缪君奇编著，上海：上海文化出版社，2010年出版，第3页。

店、书局""斗士诚坚共抗流——鲁迅部分重要的活动场所"① 等，介绍了鲁迅在上海时期的一些活动旧址，不仅在前人研究的基础上，通过实地调查新找到了一些活动旧址，而且从报刊、画册中搜集了一些有关鲁迅活动旧址的老照片，从而较为全面地展示出鲁迅在上海活动旧址的情况。

这套丛书的第二本是王锡荣与高方英合编的资料集《回忆鲁迅在上海》。该书全面收录了国内外人士撰写的回忆鲁迅在上海时期的相关文章，总字数达到200万字，成为最全的回忆鲁迅在上海时期的资料文集。此外，这套丛书的其他专辑的编写工作也在进行之中，将陆续出版。上海鲁迅纪念馆通过这套丛书的出版，基本完成了鲁迅在上海时期相关史料的搜集整理工作，不仅进一步提升了本馆业务人员的研究水平，而且也为推动鲁迅在上海时期的相关研究提供了丰富的资料。

另外，上海鲁迅纪念馆收藏有鲁迅大量的遗物，进入20世纪80年代之后，上海鲁迅纪念馆开始对鲁迅的遗物进行整理和研究，陆续取得了一些重要的学术成果。

鲁迅的死因一直众说纷纭。上海鲁迅纪念馆决定聘请有关专家对馆藏的鲁迅先生胸部X光片进行研究，从而确认鲁迅的死因。1984年2月22日，上海鲁迅纪念馆委托上海市第一肺结核防治院组织"鲁迅先生胸部X光片读片会"，邀请20多位上海市著名的肺科、放射科专家一起对鲁迅胸部X光片进行分析。与会专家经过研讨，做出了如下结论："鲁迅先生不是直接死于肺结核病，而是死于左侧自发性气胸。"② 这也是首次从医学的角度确认了鲁迅的具体死因，纠正了此前有关鲁迅死因的各种猜测，为鲁迅生平研究做出了重要的贡献。

此后，上海鲁迅纪念馆的业务人员还发表了一些关于馆藏的鲁迅手迹、鲁迅遗物的文章。2016年，上海鲁迅纪念馆副馆长乐融撰写了《永恒的缅怀——鲁迅逝世前后追踪》一书，利用馆藏的鲁迅丧仪资料，以及纪念鲁迅逝世的书刊、照片等文献资料，首次全面系统地梳理了鲁迅逝世前几天的身体健康情况、鲁迅丧仪的详细经过，以及鲁迅逝世后的社会反响，不仅用馆藏的丧仪资料纠正了一些有关鲁迅丧仪情况的错误观点，而且通过对鲁迅逝世后在国内外引起的巨大反响的描述，揭示了社会各界纪念鲁迅的原因在于鲁迅不仅是中华民族的脊梁，也是中华民族之魂。

---

① 缪君奇编著：《旧影寻踪——鲁迅在上海》，第1页。

② 上海鲁迅纪念馆编：《六十纪程（1951—2011）》，第63页。

7. 鲁迅史料研究

上海鲁迅纪念馆有多位业务人员从事鲁迅史料研究，其中以王锡荣在鲁迅史料研究领域取得的研究成果最为突出。王锡荣的代表性成果就是人民文学出版社 1981 年版和 2005 年版《鲁迅全集》"日记部分"的注释内容。

1976 年 10 月，复旦大学中文系承担《鲁迅全集》"日记部分"的注释工作，借调上海鲁迅纪念馆的虞积华参加注释工作。1981 年，王锡荣在完成《鲁迅全集》"日记部分"的注释工作之后调入上海鲁迅纪念馆工作，不久又被借调到人民文学出版社参与《鲁迅全集》"日记部分"的定稿工作，并负责编制《鲁迅全集》索引卷。可以说，上海鲁迅纪念馆的业务人员为人民文学出版社 1981 年版《鲁迅全集》"日记部分"的注释工作做出了重要的贡献。

2005 年，时任上海鲁迅纪念馆馆长的王锡荣被人民文学出版社聘为《鲁迅全集》修订委员会委员，并担任新版《鲁迅全集》"日记部分"注释工作的两位专家之一。王锡荣吸收 1981 年以来国内外鲁迅史料研究的新成果，并结合自己多年的研究成果，对 1981 年版《鲁迅全集》"日记部分"的注释内容进行了修订，不仅订正了一些史料错误，而且新增加了一些注释内容，圆满地完成了 2005 年版《鲁迅全集》"日记部分"的注释工作。

此外，王锡荣在 1994 年 9 月在上海百家出版社出版了个人著作《鲁迅学发微》，收录了他从事鲁迅研究工作以来所发表的 40 篇有代表性的鲁迅研究文章。这些文章大都是史料考证方面的文章，用乾嘉学派的"实事求是"的考证方法，对有关鲁迅的一些问题进行考辨，显示出王锡荣在鲁迅研究领域的学术特点。2003 年 12 月，王锡荣的专著《鲁迅生平疑案》由上海辞书出版社出版，该书共有 17 篇考证文章，运用有关史料分别针对鲁迅生平研究中的 17 个疑案进行考辨，并得出自己的研究观点。因为该书中的一些文章，如《鲁迅与毛泽东见过面吗？》《鲁迅与许广平定情、同居究竟在何时？》《"一·二八"战争中鲁迅在干什么？》《鲁迅给中共中央致过贺电吗？》等，主要针对鲁迅研究领域争议较多的疑案进行考辨，所以在出版之后，引发了较大的社会反响，有助于澄清社会上流传的一些关于鲁迅的不实言论，帮助广大读者正确认识鲁迅生平中存在的一些疑案。

8. 出版鲁迅普及读物

上海鲁迅纪念馆为了向普通读者传播鲁迅，也组织业务人员编辑出版了一些鲁迅通俗读物。

1998 年 4 月，上海鲁迅纪念馆编著的《鲁迅小说合集》由百家出版社出版。该书收录了鲁迅的小说集《呐喊》《彷徨》和《故事新编》，其中的每篇小说都附有上海鲁迅纪念馆组织业务人员撰写的内容提要和注释文字，从而帮助读者准确地理解鲁迅每篇小说的主题和内容。

2001年1月，上海鲁迅纪念馆组织业务人员编选的《鲁迅文萃》（四卷）由百家出版社出版。该书精选了鲁迅的小说、散文、杂文和诗歌，同时每一篇作品后面都附录了"题注"文字，详细介绍这篇作品的主题与内容。

同年8月，王锡荣撰文、罗希贤绘画的连环画《鲁迅画传》由上海辞书出版社出版。同月，缪君奇执笔的《鲁迅画传》由上海书店出版社出版。这两本书一本是连环画版的鲁迅传，一本是图文本的鲁迅传，都是迎合"读图时代"的市场需要，用图片和通俗的文字相配合的形式展示鲁迅一生的主要经历。

2006年，王锡荣选编的《画者鲁迅》一书由上海文化出版社出版。该书把鲁迅创作的美术作品分为5类，按照"国画之部""篆刻之部""平面设计之部""线描之部""书刊设计之部"① 分类收录了相关的美术作品，并附有简短的介绍性文字。这是首次把鲁迅创作的美术作品收集在一起出版，有助于读者了解鲁迅在美术方面的成就。

2009年，王锡荣和乔丽华编选的《藏家鲁迅》由上海文化出版社出版。该书把鲁迅收藏的艺术品分为15类，按照"国画""书法""中国版画""外国版画""藏书票""西洋画""笺纸""风俗画""碑铭""汉画像""瓦当及砖刻""杂项""印章""剪纸及明信片""古钱币"分类收录了鲁迅收藏的物品，并附有简短的介绍文字。这本书首次把鲁迅的藏品收集在一起出版，有助于读者了解鲁迅的收藏爱好。

2011年，上海鲁迅纪念馆组织业务人员集体编写了面向中学生的通俗读物《鲁迅知识ABC》，用通俗生动的语言，介绍了"鲁迅的生平""鲁迅的笔名""鲁迅的书名艺术""鲁迅和报刊""鲁迅和社团""鲁迅的小说""鲁迅的杂文""鲁迅的日记""鲁迅的散文""鲁迅的诗歌""鲁迅的书信""鲁迅的翻译""鲁迅与美术""鲁迅的收藏品""鲁迅的活动足迹""全国六处鲁迅纪念馆""鲁迅相关影像资料""鲁迅墓""中学语文课本中的鲁迅作品简介"②。这本通俗读物的出版促进了鲁迅在中学生中的传播，不仅可以帮助中学生从多方面了解鲁迅，而且也可以帮助中学生更深入地了解语文课本所收录的鲁迅作品。

2014年，中国博物馆协会纪念馆专业委员会为发挥博物馆、纪念馆的爱国

---

① 王锡荣、乔丽华编：《藏家鲁迅》，上海：上海文化出版社，2006年出版。
② 上海鲁迅纪念馆编：《鲁迅知识ABC》，上海：中国福利会出版社，2010年出版，第1—2页。

主义教育功能，组织各地名人纪念馆共同撰写了"全国爱国主义教育基地青少年普及丛书"，通过讲述名人纪念馆故事的形式对广大未成年人进行爱国主义教育。上海鲁迅纪念馆宣教部主任吴美华撰写了《上海鲁迅纪念馆·鲁迅的故事》一书。该书分为五个部分："稽山镜水""上下求索""良师益友""情感深处""激越呐喊"，用通俗生动的语言讲述了鲁迅一生中的一些小故事，但这些小故事不是普通的生活小事，而是精选出的具有正能量的小故事，可以使当代青少年通过阅读这些小故事受到爱国主义教育。吴美华在该书的"后记"中指出："以故事的形式来写鲁迅是希望通过最真实的、最生动的生活小事，从细微处展现出鲁迅对当今社会的现实意义，以及能够与当今社会正能量相关的东西。"①

此外，值得一提的是，乔丽华撰写的《我也是鲁迅的遗物——朱安传》在2009 年出版。该书虽然是关于朱安的首部传记，但是其中有不少内容涉及鲁迅与朱安婚后的生活，可以使读者通过朱安的一生来观照鲁迅，从而增加对鲁迅的理解和认识。

9. 左翼文化研究

鲁迅在上海期间担任过"左联"执行委员，是"左联"的重要领导人，因此上海鲁迅纪念馆也注重左翼文化运动的研究。

1988 年 6 月，虹口区文化局决定恢复"左联"成立大会的会址，并委托上海鲁迅纪念馆制订"左联"成立大会会址的恢复方案以及"左联"文献史料展览的提纲。② 上海鲁迅纪念馆的周国伟、史伯英承担了上述工作，并在 1988 年9 月 2 日通过赴北京访问"左联"成员夏衍、许幸之等 10 多人，查清了"左联"成立大会会场的具体部位及参加的人数，并征集了一些有关"左联"的文献资料。周国伟、史伯英此行的最大收获就是在访问许幸之时得知"左联"成立大会的会址不是在多伦路 145 号，而应当是在现在的多伦路 201 弄 2 号，并且许幸之保存了一张中华艺术大学校门的老照片。1989 年 4 月，许幸之委托儿子把这张照片捐赠给上海鲁迅纪念馆，周国伟、史伯英根据照片进行实地调查，确认了许幸之的说法，从而纠正了冯雪峰在 1950 年确定的"左联"成立大会的会址在多伦路 145 号的错误，为"左联"会址的恢复做出了重要的贡献。

1989 年 7 月，上海鲁迅纪念馆邀请 40 多位"左联"成员撰写纪念"左联"成立 60 周年的文章，并把其中的 41 篇文章编成《"左联"纪念集》，该书由上

---

① 吴美华：《上海鲁迅纪念馆·鲁迅的故事》"后记"，南京：南京出版社，2014 年出版，第 223 页。

② 上海鲁迅纪念馆编：《六十纪程（1951—2011）》，第 70 页。

海鲁迅纪念馆和中国左翼作家联盟成立大会会址纪念馆联合署名，在 1990 年由上海百家出版社出版。这本书的出版不仅抢救性地保存了"左联"成员的回忆文章，而且也为"左联"研究提供了新的资料。

此后，上海鲁迅纪念馆作为协办单位，也多次参与举行关于"左联"的学术研讨会，并组织本馆业务人员撰写相关的研究文章。

2010 年，上海市委党史研究室与上海鲁迅纪念馆联合开展了"上海左翼文化研究课题"的研究工作，标志着上海鲁迅纪念馆开始对左翼文化进行深入的研究。王锡荣撰写的《"左联"与左翼文学运动》，乔丽华撰写的《"美联"与左翼美术运动》均作为"上海左翼文化研究丛书"之一由上海人民出版社出版。这两本研究著作分别对上海左翼的文学运动和美术运动进行梳理和研究，不仅挖掘了一些新的史料，而且也揭示了左翼文学运动和左翼美术运动的发展变化过程，进一步推动了左翼文化研究的深入开展。

10. "朝华文库"库主研究

1997 年，上海鲁迅纪念馆在征集赵家璧的资料的过程中，决定利用改扩建新馆舍的时机，设立"朝华文库"，为资料捐赠人设立个人的专库，以此来系统地征集一批鲁迅友人的资料，丰富馆藏。1999 年，上海鲁迅纪念馆新馆舍建成之后，"朝华文库"的建设进入了快速发展的轨道，仅用几年的时间就征集到 24 位文化名人的资料，并设立了 23 个专库（其中裘沙、王伟君夫妇是一个库）。

上海鲁迅纪念馆在筹建"朝华文库"的过程中就已经开始对首位捐赠资料的库主赵家璧进行研究并举办纪念座谈会。1998 年 10 月，上海鲁迅纪念馆与上海文艺出版社联合出版了《赵家璧纪念集》。该书收录了一些回忆赵家璧的文章以及一些研究赵家璧的论文。同年 12 月 4 日，上海鲁迅纪念馆与上海文艺出版社联合举行了"纪念赵家璧诞辰 90 周年座谈会"，邀请赵家璧的家属及亲友、学者等进行座谈，共同缅怀赵家璧。上海鲁迅纪念馆由此探索出表彰资料捐献者（以下简称"库主"）的成功模式：出版纪念库主的文集，举行纪念库主的座谈会或学术研讨会，利用库主捐献的资料举办纪念库主的展览等。

此后，随着库主的增加，上海鲁迅纪念馆基本上每年都要举办几次纪念库主的文化活动，如在 2004 年就举办了如下的活动："李霁野先生诞辰 100 周年纪念座谈会暨学术研讨会"；"孔另境诞辰 100 周年纪念座谈会暨《痛别鲁迅》新书发布会"，同时还举行"孔另境纪念展"；"吴朗西先生 100 周年诞辰纪念座谈会"，同时还出版了乔丽华撰写的《吴朗西画传》。

据统计，上海鲁迅纪念馆从 1998 年以来，编辑出版了"朝华文库"系列纪念集 20 种：《赵家璧纪念集》《许广平纪念集》《吴朗西先生纪念集》《曹聚仁先生纪念集》《巴人先生纪念集》《汪静之先生纪念集》《周文纪念集》《李霁野纪念集》《楼适夷同志纪念集》《陈学昭纪念集》《黄源纪念集》《陈望道先生纪念集》《曹靖华纪念集》《李桦纪念集》《钱君匋先生纪念集》《郑振铎纪念集》《内山完造纪念集》《杜宣纪念集》《百年可扬——杨可扬诞辰 100 周年纪念集》《明月在天——邵克萍诞辰 100 周年纪念集》。库主画传 5 种：乔丽华著《吴朗西画传》，李浩著《周文画传》，李浩著《许广平画传》，施晓燕著《赵家璧画传》，秦海琦著《唐弢画传》。库主影像专辑 2 种：乔丽华编《曹靖华影像》《巴人影像》。库主文集 10 多种：李浩编《许寿裳遗稿》（4 卷），施晓燕编《许寿裳家藏书信集》（2 卷），乔丽华编《黄源文集》（9 卷），施晓燕编《赵家璧文集》（5 卷），赵敬立编《李霁野文集》（11 卷，其中李浩编《李霁野文集·补遗卷》2 卷），乔丽华编《吴朗西文集》，秦海琦编《可扬谈艺录》（杨可扬著）、《铮铮刻刀写春秋——中国新兴版画概述》（邵克萍著）和《汪刃锋文稿·书信集》等。①

　　总的来说，上海鲁迅纪念馆通过举办纪念库主的相关文化活动或学术活动，不仅表彰了库主及其家属捐献资料的高尚精神，而且进一步带动了上海鲁迅纪念馆的藏品征集、学术研究、展览、社会教育等各项业务活动的开展，为国内人物类纪念馆的业务发展探索出一个成功的模式。

　　11. 创办学术刊物《上海鲁迅研究》

　　在"文革"结束之后，上海鲁迅纪念馆为了推动本馆的业务工作决定创办一个学术刊物作为馆刊。上海市文化局在 1979 年 1 月批准上海鲁迅纪念馆创办馆刊《纪念与研究》（内部发行）。上海鲁迅纪念馆编辑的《纪念与研究》第一辑在 1979 年的下半年印出，这一辑是"周总理与鲁迅"的资料专辑，此外，还设有"研究与考证"栏目，收录了本馆业务人员撰写的几篇史料考证方面的文章。从 1979 年到 1987 年，《纪念与研究》基本上是每年出版一辑，每辑都编排一个资料专栏，然后再刊登一些史料考证方面的文章。如第二辑设立了"鲁迅与'左联'资料汇编"专栏，第三辑设立了"反战、反法西斯大会资料汇编"专栏，第四辑设立了"鲁迅佚文录"专栏，第五辑设立了"茅盾论鲁迅"专栏，第六辑设立了"鲁迅胸部 X 光片资料"专栏等，此外，还设立了几次"馆藏一斑"专栏，刊登馆藏《鲁迅丧仪资料》《鲁迅收藏的木刻资料》等有关鲁迅的文献资料以及一些介绍鲁迅遗物的文章，因此，《纪念与研究》形成了注重

---

① 上海鲁迅纪念馆编：《上海鲁迅纪念馆学术研究出版介绍》，2016 年，铅印本，第 23—24 页。

有关鲁迅的资料整理与史料考证的办刊特点。但是，《纪念与研究》设立的栏目较少，不像是一个学术刊物，更像是一本资料集性质的图书。另外，《纪念与研究》是内部发行的学术刊物，所刊登的文章的作者也以本馆的业务人员为主，这些因素都影响到该刊在学术界的传播范围。

为了扩大《纪念与研究》在学术界的影响，上海鲁迅纪念馆在 1988 年决定将《纪念与研究》改名为《上海鲁迅研究》，交由上海学林出版社出版发行，每年出版一期。1988 年 9 月，上海鲁迅纪念馆编辑的《上海鲁迅研究》第一期正式出版。改版之后的《上海鲁迅研究》，在保留原来《纪念与研究》重视史料整理与研究的学术特色之外（如保留了"馆藏一斑""史料"等专栏），新增了一些栏目，如"论说与争鸣""书评""海外论坛"等，通过新增的栏目来刊登一些理论研究方面的文章，从而增加刊物的理论色彩。另外，《上海鲁迅研究》为增加刊物的学术影响力，还聘请丁景唐、王元化、方行、许杰、杜宣、陈沂、陈鸣树、罗竹风、赵家璧、夏征农、倪墨炎等著名学者担任刊物的学术顾问。此外，《上海鲁迅研究》的组稿范围进一步扩大，作者也从以上海本地的学者为主，逐渐扩大到全国，乃至国外的作者，明显地提升了刊物的稿源质量。《上海鲁迅研究》每一期都设立一个研究专题，集中刊登该馆当年举行的纪念鲁迅的学术活动中的有关发言或论文，如 1989 年出版的第二期刊登了"鲁迅定居上海 60 周年纪念大会暨学术讨论会纪实及发言要点"，1990 年出版的第三期刊登了"鲁迅与日本·留学归国 80 周年"专栏，1991 年出版的第四期刊登了"纪念馆四十年"专栏，以及"新时期鲁迅研究回顾"专栏，1996 年出版的第八期刊登了"纪念鲁迅先生逝世 60 周年"专栏和"纪念内山完造诞辰 110 周年"专栏。《上海鲁迅研究》通过设立上述专栏，不仅通过一组专栏文章来集中研讨一个有关鲁迅的议题，从而推动了鲁迅研究的深入发展，而且也借此表达出对鲁迅的"纪念"和"研究"。此外，随着上海鲁迅纪念馆网站在 2004 年开通，《上海鲁迅研究》也在网站上设立了"网上杂志"专栏，不仅刊登每一期刊物的目录，还精选其中的一些文章发布到网站上，从而扩大了刊物的传播范围。

2005 年，上海鲁迅纪念馆为进一步推动鲁迅研究，决定将每年出版一期的《上海鲁迅研究》，改为每年出版四期。每年出版四期，不仅可以加快文章发表的周期，而且也可以增加刊登文章的数量，从而扩大刊物在学术界的影响力。《上海鲁迅研究》2005 年第一期设立了"纪念""鲁迅思想研究""鲁迅同时代人研究""鲁迅比较研究""鲁迅研究回顾""史料·考证""鲁海漫谈""海外鲁研""网络鲁迅""书评""钩沉"等栏目，使该刊的内容也因此丰富多彩，成为名副其实的学术刊物。此后各期按照当期刊登文章的分类需要，对这些栏目进行相应的调整，并陆续增加了"鲁迅生平与作品研究""文苑史话""当代青年与鲁迅""鲁迅传播研究"等栏目，另外，还不定期设立"馆藏一斑""鲁迅与古文献整理"等栏目。《上海鲁迅研究》的改版取得了成功，在学术界的影响力越来越大，成为鲁迅研究学者发表鲁迅研究成果的重要平台。2012年，《上海鲁迅研究》与中国知网合作，将该刊从创刊以来每一期的文章都纳入中国知网的数据库，使国内外的研究者可以通过这个数据库检索、查阅、下载该刊所刊登的全部文章，从而克服了该刊作为"以书代刊"形式出版只能通过新华书店发行的不足，较大地促进了该刊在学术界的传播。

12. 举办鲁迅研讨会

20世纪80年代以来，上海鲁迅纪念馆在做好本馆各项业务的同时，多次在鲁迅诞辰或逝世逢五逢十的纪念日以及鲁迅定居上海的纪念日举办关于鲁迅的学术研讨会，发挥出引领上海乃至全国鲁迅研究方向的作用。

1986年10月14日，上海鲁迅纪念馆联合上海市文联、中国作协上海分会、上海市社科界联合会、上海市社科院文学研究所等机构，举办了上海市纪念鲁迅逝世50周年大会。这次会议是上海鲁迅纪念馆首次联合上海的有关机构举办全市性的纪念鲁迅的大会，为今后联合有关机构举行鲁迅研讨会打下了良好的基础。

1987年10月8日，为纪念鲁迅抵沪定居60周年，上海鲁迅纪念馆联合上海市文联、上海市社科界联合会等21个机构，共同举办了"鲁迅抵沪定居60周年纪念会暨学术讨论会"，包括一个由中央和上海市领导参加的纪念座谈会，一个有100多位上海学者参加的学术研讨会，一个"馆藏文物珍品展"。这次会议是上海鲁迅纪念馆发起组织的第一个全市性的鲁迅研讨会，共收到40多篇鲁迅研究论文，不仅推动了上海市的鲁迅研究，而且也为团结全市鲁迅研究学者筹建上海市鲁迅研究会创造了一个良好的机会。上海鲁迅纪念馆在会议之后就着手筹建上海市鲁迅研究会，但是因种种原因，最后未能成功。在20世纪90年代，上海鲁迅纪念馆在确定无法牵头组建上海市鲁迅研究会的情况下，决定不定期在上海鲁迅纪念馆举行上海市鲁迅研究学者沙龙，邀请上海市鲁迅研究学者参加沙龙，交流鲁迅研究信息，探讨鲁迅研究的热点话题，并为上海鲁迅纪念馆的业务活动出谋划策。上海鲁迅纪念馆通过举办上海市鲁迅研究学者的沙龙，把上海市的鲁迅研究学者组织起来，共同推进上海市的鲁迅研究工作。

1996年10月20—21日，为纪念鲁迅逝世60周年，上海鲁迅纪念馆与中国鲁迅研究会联合举办了全国鲁迅研讨会，会议的主题是"民族魂——世纪之交的鲁迅"，来自全国20多个省、市的120多位鲁迅研究学者参加会议。中宣部常务副部长翟泰丰在会上做了题为《学习发扬鲁迅精神，加强社会主义精神文明建设》的主题讲话，上海市委副书记陈至立做了题为《学习鲁迅，为人民奉献最好的精神食粮》的讲话，这两个大会讲话定下了这次会议的主题就是学习鲁迅，加强社会主义精神文明建设。与会学者围绕"鲁迅思想研究""鲁迅创作与作品研究""史料研究"以及"鲁迅研究之研究"的议题进行了学术研讨。这次会议是上海鲁迅纪念馆首次联合举办全国性的鲁迅研讨会，并且上海鲁迅纪念馆的多位业务人员提交论文参加会议，充分显示了上海鲁迅纪念馆在鲁迅研究领域的学术水平和学术组织能力。上海鲁迅纪念馆在会议结束之后，组织业务人员精选出50篇会议论文，编辑成会议论文集《浩气千秋民族魂》，并由上海百家出版社在1998年出版。上海鲁迅纪念馆此后还多次举办全国性的鲁迅研讨会，逐渐成为中国鲁迅研究领域的南方学术中心。

　　2007年10月19日，为纪念鲁迅定居上海80周年，上海鲁迅纪念馆与上海市文联、上海市作协等机构联合举行了"纪念鲁迅定居上海80周年大会暨学术研讨会"，这次会议的主题是"鲁迅与城市文化"，来自全国各省、市的鲁迅研究学者，以及来自日本、新加坡、马来西亚的学者共130多人参加了会议。鲁迅之子周海婴、上海市文联主席吴贻弓、上海市作协主席王安忆、上海市文物管理委员会副主任陈燮君、北京鲁迅博物馆馆长孙郁等在会议开幕式致辞。这次会议是上海鲁迅纪念馆首次联合举行大型的国际鲁迅研讨会，会议的主题紧密结合2010年在上海举行的世界博览会，探讨鲁迅对上海城市文化建设的描写与鲁迅对上海城市文化的影响。上海鲁迅纪念馆在会议之后，组织业务人员从会议论文中精选出65篇论文，编成《纪念鲁迅定居上海80周年学术研讨会论文集》，由上海社会科学院出版社在2009年出版。

　　2013年5月17日，上海鲁迅纪念馆主办了"鲁迅在台港澳地区的接受与传播"学术研讨会，来自国内各省市及港澳台地区的30多位学者围绕鲁迅在港澳台的传播与接受进行了深入的探讨。这是国内首次举办这一主题的研讨会，进一步推动了鲁迅在港澳台地区的传播与研究工作。

　　为纪念鲁迅先生诞辰135周年暨逝世80周年，上海鲁迅纪念馆在2016年10月13日主办了"纪念鲁迅诞辰135周年暨逝世80周年学术研讨会"，来自全国各地的40多位鲁迅研究学者围绕"鲁迅的纪念""鲁迅与艺术""鲁迅·城市·文化""鲁迅与左联"等议题进行了研讨，进一步推动了国内鲁迅研究的进展。

　　另外，上海鲁迅纪念馆是国内建立的第一个人物类纪念馆，因此上海鲁迅纪念馆在推动鲁迅研究进展的同时，也结合国内纪念馆的现状，多次举办全国性的纪念馆研讨会。

2001年1月8—11日，上海鲁迅纪念馆为纪念建馆50周年，联合《中国文物报》举办了"全国人物类博物馆、纪念馆现状与发展前瞻"学术研讨会。会议的主题是"强化特色、拓展优势，充分发挥人物类博物馆、纪念馆在城市、社区文化建设中的作用"。与会学者对国内人物类博物馆、纪念馆现状与发展进行了研讨。上海鲁迅纪念馆在会议之后，精选提交会议的论文编成《"全国人物类博物馆、纪念馆现状与发展前瞻"学术研讨会论文集》，由上海百家出版社在2002年出版。这次会议也是上海鲁迅纪念馆首次主办全国博物馆、纪念馆学术研讨会，为推动国内的博物馆、纪念馆建设做出了贡献。

2011年1月8日—9日，中国博物馆学会、上海市文化广播影视管理局、上海市文物局指导，上海鲁迅纪念馆、上海陈云故居、上海孙中山纪念馆、上海宋庆龄故居纪念馆和厦门陈嘉庚纪念馆联合举办了"新中国人物博物馆60周年学术研讨会"，来自国内各个人物类博物馆、纪念馆的代表围绕新中国人物博物馆60年的历史进行了研讨。上海鲁迅纪念馆作为中国首个人物博物馆，其60年的发展历程也在一定程度上反映出了中国人物博物馆的发展历程，因此上海鲁迅纪念馆为探索中国人物博物馆的发展道路做出了贡献。此外，上海市文物管理局局长朱永雷在会议上提出了中国人物类博物馆如何走向世界的话题，引起了与会代表的热烈讨论。上海鲁迅纪念馆也在思考未来如何代表中国人物类博物馆走向世界的问题。

13. 小结

回顾上海鲁迅纪念馆建馆以来的学术研究和出版工作，可以看出上海鲁迅纪念馆从20世纪80年代以来，不仅在鲁迅在上海时期史料的整理与研究领域取得了丰硕的学术成果，而且通过长期出版馆刊《上海鲁迅研究》，主办全市性、全国性乃至国际性的鲁迅研讨会，引导了上海市的鲁迅研究的发展方向，并且对全国的鲁迅研究也产生了重要的影响，已经成为国内南方鲁迅研究中心。值得一提的是，上海鲁迅纪念馆的业务人员还注重发挥团队的优势，共同承担一些大型的鲁迅研究项目，不仅通过研究项目锻炼了业务人员，使他们继承并发扬上海鲁迅纪念馆的鲁迅研究传统，逐渐成长为知名的鲁迅研究专家，而且也为推动国内的鲁迅研究做出了重要的贡献。总的来说，上海鲁迅纪念馆作为一个中小型人物类纪念馆，虽然该馆研究部门长期以来只有4~5位专职研究人员，但是该馆历届领导均是从事研究工作的专家，清醒地认识到人物类纪念馆的核心工作是学术研究，长期坚持把学术研究工作作为该馆的中心工作，通过学术研究工作带动纪念馆的文物征集和保管工作、展览工作、宣传教育工作，通过组织大型的研究项目带动全馆各部门的业务人员从事相关的研究工作，从而使该馆在中国博物馆协会在 2011 年组织的国家一级博物馆第一次运行评估中获得了优异的成绩，不仅多项考核指标超过了同类型博物馆的北京鲁迅博物馆，而且也在 10 家国家一级人物类纪念馆中排名第三，成为国内人物类纪念馆业务工作的领先者。

四、社会教育工作的历史与现状

回顾上海鲁迅纪念馆的历史，可以看出该馆从 1951 年建馆之后到 20 世纪 90 年代之前，所组织的社会教育活动只有 10 多次；进入 90 年代之后，上海鲁迅纪念馆作为"全国爱国主义教育基地"和"上海市青少年教育基地"，在获得上级稳定的专项业务经费之后，逐渐加强对青少年的教育活动，所组织的社会教育活动才逐渐多了起来；进入 21 世纪之后，上海鲁迅纪念馆配合国家及上海市组织的有关活动扩大了社会教育活动的范围，结合每年的鲁迅纪念日、国际博物馆日、中国文化遗产日，以及世界博览会等上海的一些重大社会活动，每年都组织了种类繁多的社会教育活动，较好地履行了"全国爱国主义教育基地"和"上海市青少年教育基地"的教育使命。

1. 1951—1989 年期间的社会教育活动

上海鲁迅纪念馆在 1951—1979 年期间不仅组织的社会教育活动较少，而且方法比较简单，主要是通过到工厂、农村、部队进行流动展览的形式进行社会教育工作。如上海鲁迅纪念馆还按照上级的要求在 1975 年举办了"鲁迅批林批孔"展览，在 1976 年 4 月于上海市青年宫布置了"学习鲁迅、痛击右倾翻案风"的图片展览，后来又到工厂、农村进行流动展览。这两个展览都是"四人帮"利用鲁迅展览来实现他们政治斗争的目的的，对于鲁迅的传播造成了负面影响。

1976 年 10 月 6 日，粉碎"四人帮"之后，上海鲁迅纪念馆在 11 月编写了《以鲁迅为榜样，砸烂"四人帮"》的宣讲稿，派工作人员到上海的一些工厂、农村进行了 40 多场宣讲，较好地完成了宣传粉碎"四人帮"重大历史意义的宣传教育活动。

上海鲁迅纪念馆在 20 世纪 80 年代所组织的社会教育活动，主要是在 1986 年为纪念鲁迅逝世 50 周年而与有关单位联合举办的两个活动：在 1986 年 7 月，与上海市电视台、文汇报社、共青团上海市委联合举办了"鲁迅文学知识竞赛"，这是面向全市青年的关于鲁迅的知识竞赛；在 1986 年 9 月 7 日，与上海红领巾理事会、上海市少儿图书馆、上海市电视台少儿节目组联合发起"少年鲁迅读、写、演"活动，这是面向全市的中小学生的系列活动，包括读鲁迅的作品，写关于鲁迅的作文，排演根据鲁迅作品改编的剧目等。① 在主办单位的共同努力下，这两次社会教育活动都取得了成功，不仅达到了纪念鲁迅、学习鲁迅的目的，而且也为上海鲁迅纪念馆后来组织类似的社会教育活动积累了经验。

2. 1990—1998 年的社会教育活动

进入 20 世纪 90 年代，国家陆续出台了一些加强爱国主义教育的政策。上海鲁迅纪念馆按照上级有关部门的要求，陆续组织了一些面向广大学生的爱国主义教育活动。1994 年 5 月，上海鲁迅纪念馆先后被上海市政府评为"上海市爱国主义教育基地"，被虹口区政府评为"上海市青少年教育基地"。此后，上海鲁迅纪念馆在上述两个基地的专项建设经费的支持下，组织了一系列丰富多彩的社会教育活动。

（1）设计"沿着革命烈士的足迹"青少年教育活动。

为了加强对全区中小学生的爱国主义教育，虹口区文化局、团委、教育局联合上海鲁迅纪念馆、中国左翼作家联盟成立大会会址纪念馆、李白烈士故居，在 1993 年 4 月至 5 月举办了"沿着革命烈士的足迹"系列参观活动，组织全区的部分中小学生参观李白烈士故居、鲁迅在上海的第一处住所景云里和第二处住所北川公寓、中国左翼作家联盟成立大会会址纪念馆、内山书店旧址、鲁迅藏书室、购买组合旧址（鲁迅举办木刻展览处）、鲁迅故居等革命遗址，并观看有关录像。上海鲁迅纪念馆通过组织全区广大中小学生参观虹口区革命先烈旧址的活动，不仅使全区广大中小学生受到爱国主义教育，而且也发挥出上海鲁迅纪念馆作为"上海市青少年教育基地"所承担的教育作用。② 总的来说，上海鲁迅纪念馆的这个活动取得了良好的教育效果，此后还多次举行。

（2）组织京沪浙中学生学习鲁迅知识竞赛。

为纪念鲁迅逝世 60 周年，在上海鲁迅纪念馆的策划组织下，上海鲁迅纪念馆与上海电视台、虹口区文化局、中国鲁迅研究会联合在 1996 年 10 月 4 日—13 日举办了北京、上海、绍兴三地鲁迅中学学生参赛的京沪浙中学生学习鲁迅知识竞赛。③ 上海电视台摄制的《民族魂——纪念鲁迅逝世 60 周年京沪浙中学生

---

① 上海鲁迅纪念馆编：《六十纪程（1951—2011）》，第 65 页。

② 上海鲁迅纪念馆编：《六十纪程（1951—2011）》，第 74 页。

③ 上海鲁迅纪念馆编：《六十纪程（1951—2011）》，第 84 页。

学习鲁迅知识竞赛》专题片也同时播出。这次关于鲁迅的知识竞赛，不仅首次组织京沪浙三省市的鲁迅中学参加竞赛，进一步促进了三省市的鲁迅中学的学生对鲁迅知识的学习，而且也通过竞赛专题片的播出，促进了上海市的广大中学生对鲁迅知识的学习，更好地发挥出上海鲁迅纪念馆的社会教育作用。

（3）借助广播、电视、网络等媒体，促进鲁迅在当代社会的传播

为了促进鲁迅在社会上传播，上海鲁迅纪念馆与有关广播电台、电视台联合制作关于鲁迅的专题节目、专题片，并结合网络媒体的兴起，与有关网络公司合作建立有关鲁迅的专栏，从而借助有关媒体发挥出上海鲁迅纪念馆的社会教育作用。

1991年9月，为了纪念鲁迅诞辰110周年，上海鲁迅纪念馆与上海市文联、上海市电视台合作拍摄了专题片《民族魂》，通过电视台的播出，使广大观众增加了对鲁迅的了解。

1997年3月，上海市电教馆为做好"上海市青少年教育基地"的宣传工作，制作了青少年教育多媒体光盘。上海鲁迅纪念馆作为"上海市青少年教育基地"之一，也积极配合这项工作，提供了有关鲁迅纪念馆、鲁迅故居、鲁迅墓的文字、照片和有关录像资料。上海市电教馆制作的这个青少年教育多媒体光盘面向全市中小学生播出，促进了鲁迅在全市中小学生中的传播。

同年8月2日，上海东方电视台开始与包括上海鲁迅纪念馆在内的上海市的20多家爱国主义教育基地合作，为这些基地免费播放广告，向观众介绍这些基地。上海鲁迅纪念馆也借此扩大了在全市的影响。

同年8月25日，上海鲁迅纪念馆与上海电台交通台《时光隧道》节目合作设立关于鲁迅的专题节目，每期45分钟，双周一期，共5期，较为全面介绍了上海鲁迅纪念馆的情况以及有关鲁迅的内容，从而促进了鲁迅在社会上的传播。

另外，上海鲁迅纪念馆与上海信息世界有限公司在1997年5月5日签约，共同制作"中华民族魂——鲁迅"信息库[1]，这也是上海鲁迅纪念馆发挥自身馆藏的优势和业务研究的优势，借助中文互联网传播鲁迅的开端，进一步促进了鲁迅在互联网中的传播。

（4）发起组织"上海鲁迅纪念馆之友"。

为纪念毛泽东《在延安文艺座谈会上的讲话》发表50周年，上海鲁迅纪念馆在1997年5月23日举行了"上海鲁迅纪念馆之友"成立大会，首批50位成

---

[1]　上海鲁迅纪念馆编：《六十纪程（1951—2011）》，第87页。

员分别来自上海市教育界、美术界、出版界及上海市文管委的基层单位。① 上海鲁迅纪念馆通过组织"上海鲁迅纪念馆之友"，可以团结关心支持鲁迅事业的社会各界力量，形成合力，共同做好传播鲁迅的工作。

（5）与上海市鲁迅中学结成共建单位

上海鲁迅中学社区教育委员会在 1995 年 3 月 27 日成立，上海鲁迅纪念馆是14 家成员单位之一。上海鲁迅纪念馆由此与上海鲁迅中学结成了共建单位，这两家单位都是用鲁迅的名字命名的，都肩负着继承鲁迅遗产，弘扬鲁迅精神的使命，因此双方的合作也越来越多。上海鲁迅中学不仅把上海鲁迅纪念馆作为新生入学教育的场所，而且也把上海鲁迅纪念馆作为中学语文课本中鲁迅作品的现场教学的课堂。上海鲁迅纪念馆也多次组织上海鲁迅中学的学生参加纪念馆主办的一些纪念鲁迅的活动，从而发挥出上海鲁迅纪念馆的社会教育作用。

3. 1999—2016 年的社会教育活动

1999 年 9 月 25 日，上海鲁迅纪念馆改扩建的新馆舍落成，上海鲁迅纪念馆的硬件设施有了极大的改善，建筑面积从原来的 1600 多平方米扩大到 5000 平方米，新增加了现代化的文物库房、"树人堂"报告厅、"奔流艺苑"临时展厅等专业场地，上海鲁迅纪念馆的社会教育活动也随着场地的改善而有了明显的变化。

另外，上海鲁迅纪念馆按照有关文件，在 2004 年 1 月 10 日对团体参观的学生实行免费开放，在 2008 年 3 月 10 日，又作为上海市首批全民免费开放的四个博物馆之一，正式实行免费对外开放。上海鲁迅纪念馆的观众数量在免费开放之后有了极大的增加，每年都在 30 万人以上，其中青少年观众的数量也明显增加，从 20 世纪 90 年代占全年观众总数的 30%左右增加到占全年观众总数的60%左右。② 上海鲁迅纪念馆针对观众特别是青少年观众设计了一系列丰富多彩的社会教育活动，取得了良好的社会教育效果。此外，上海鲁迅纪念馆在 2000年 12 月 8 日，被共青团上海市委命名为"上海市 18 岁成人仪式教育基地"，在2010 年 11 月 5 日，被虹口区教育局命名为"虹口区学生校外教育基地"，这两个基地的建立有助于上海鲁迅纪念馆更多地举办面向中小学生的爱国主义教育活动。

（1）组织"中学生鲁迅文学社"

2000 年 1 月 6 日，上海鲁迅纪念馆和虹口区教育学院共同倡议，由虹口区

---

① 上海鲁迅纪念馆编：《六十纪程（1951—2011）》，第 87 页。

② 上海鲁迅纪念馆编：《六十纪程（1951—2011）》，第 176 页。

中学生自发组织的"中学生鲁迅文学社"在上海鲁迅纪念馆成立，吸引了一批喜欢鲁迅作品的中学生参加。① 为了帮助这些中学生进一步了解鲁迅、学习鲁迅，上海鲁迅纪念馆在 2000 年 8 月 12 日—13 日，组织"中学生鲁迅文学社"的 40 多位中学生赴绍兴进行主题为"追寻鲁迅的足迹"的考察活动。这些中学生通过实地考察鲁迅的活动场所，加深了对鲁迅的理解，为今后"走近鲁迅"、学习鲁迅打下了良好的基础。

2001 年 8 月 12—14 日，上海鲁迅纪念馆承办的"全国中语会中学生文学社研究中心第十届年会"在上海东虹大酒店举行，"中学生鲁迅文学社"的成员在会议期间进行题为"学习鲁迅、走近鲁迅"的专场演出，全面展示了他们一年来学习鲁迅所取得的各项成果，受到了参会的全国各地的语文教学专家和老师的好评。

此后，上海鲁迅纪念馆与鲁迅中学等机构在 2003 年 11 月 27 日共同发起组织"上海市中学生文学社团联谊会"，上海 59 家中学生文学社的指导老师和学生共 70 多人参加了在上海鲁迅纪念馆举办的联谊会成立大会，并交流展示了各个文学社所办的文学刊物。② 上海鲁迅纪念馆通过这项活动，进一步扩大了鲁迅在中学生文学社团中的影响。

（2）继续组织"鲁迅杯"上海市中学生鲁迅课本剧比赛

上海鲁迅纪念馆在 2003 年发起第一次鲁迅课本剧比赛并获得成功之后，又陆续组织了几次面向全市中学生的鲁迅课本剧比赛。

2004 年 11 月 13 日—12 月 12 日，上海鲁迅纪念馆与上海市学联、上海电影家协会、虹口区学联联合在"树人堂"报告厅举行"2004 年上海市中学生课本剧比赛"，来自全市 42 所中学的学生参加。松江二中学生表演的课本剧《药》获得课本剧表演一等奖，东辉职业学校学生表演的《李尔王》获得经典人物塑造一等奖。③

2005 年 10 月 29 日，上海鲁迅纪念馆与共青团上海市委、上海市学联、上海市作协、共青团虹口区团委联合在"树人堂"报告厅举行了 2005 年"鲁迅杯"上海市中学生课本剧大赛决赛。由此开始，上海市中学生课本剧比赛被命名为"鲁迅杯"上海市中学生课本剧大赛，基本每两年举办一次④，成为上海鲁迅纪念馆社会教育活动的品牌活动。

---

① 上海鲁迅纪念馆编：《六十纪程（1951—2011）》，第 107 页。
② 上海鲁迅纪念馆编：《六十纪程（1951—2011）》，第 138 页。
③ 上海鲁迅纪念馆编：《六十纪程（1951—2011）》，第 150 页。
④ 上海鲁迅纪念馆编：《六十纪程（1951—2011）》，第 155 页。

2007 年 11 月 10 日，上海鲁迅纪念馆与共青团上海市委、上海市学联、上海教育电视台、共青团虹口区团委联合在"树人堂"报告厅举行了 2007 年"鲁迅杯"上海市中学生课本剧大赛，共有 120 所中学参加，松江二中的《铁屋子的呐喊》获得一等奖。① 上海电视台对比赛进行了转播，扩大了这次比赛的社会影响。

2013 年 12 月 15 日，上海鲁迅纪念馆与共青团上海市委、上海市教育委员会、上海教育电视台联合主办的"演绎名家经典，飞扬青春梦想"——2013 年"鲁迅杯"上海市中学生课本剧大赛决赛在"树人堂"报告厅举行，中华职业学校的《殷夫》剧目荣获大赛一等奖，此外还首次评选出最佳男、女主角，最佳编导，以及优秀组织奖等奖项，激励中学生演出精彩的课本剧。

在举行课本剧比赛之外，上海鲁迅纪念馆还不定期组织获奖的鲁迅课本剧到一些中学进行演出，从而促进了鲁迅在中学生中的传播与影响。

（3）组织中学生"寻访鲁迅在上海的足迹"的活动

上海鲁迅纪念馆在以前组织中学生"沿着革命烈士的足迹"活动的基础上，设计了面向本市青少年的"寻访鲁迅在上海的足迹"活动。2009 年 8 月 6 日，上海鲁迅纪念馆组织来自虹口区的迅行中学、新中高级中学、虹口高级中学、澄衷高级中学、北虹中学等学校的 30 多位中学生参加了"寻访鲁迅在上海的足迹"活动。② 2010 年 8 月 5 日，上海鲁迅纪念馆又组织来自鲁迅中学、华师大一附中等 10 多所中学的 51 位同学参加了"寻访鲁迅在上海的足迹"活动。③ 通过组织中学生寻访鲁迅在上海足迹的活动，不仅帮助中学生通过亲身寻访鲁迅足迹所到之处从而加深对鲁迅的了解，也帮助中学生亲身感受到上海市在改革开放之后市容面貌的巨大变化，加深对上海市本地历史的认识。

（4）举办面向中学生的各类关于鲁迅的竞赛

2000 年 5 月，上海鲁迅纪念馆与共青团上海市委、上海人民广播电台、东方电视台、青年报社、上海诗词学会等机构联合举办"走近鲁迅——上海市中学生鲁迅诗文朗诵大赛"，参赛者来自全市 194 所中学。从 5 月 13 日至 7 月 2 日期间的双休日报名，8 月初至 9 月复赛，10 月决赛。④

2006 年，为纪念鲁迅逝世 70 周年，上海鲁迅纪念馆与有关机构合作举办了"我读鲁迅"全国中学生征文大赛，并在 10 月 19 日在"树人堂"报告厅举办了

① 上海鲁迅纪念馆编：《六十纪程（1951—2011）》，第 162 页。
② 上海鲁迅纪念馆编：《六十纪程（1951—2011）》，第 174 页。
③ 上海鲁迅纪念馆编：《六十纪程（1951—2011）》，第 184 页。
④ 上海鲁迅纪念馆编：《六十纪程（1951—2011）》，第 110 页。

"'我读鲁迅'全国中学生征文大赛颁奖大会"和"'鲁迅活着'诗文朗诵会"①。通过举办上述比赛，进一步促进上海市乃至全国的广大中学生学习鲁迅作品，加深对鲁迅的认识。

（5）设计"我是未来文艺家"青少年暑期活动项目

上海市文物局为了落实国家进一步加强未成年人的思想道德教育工作和素质教育工作的政策，选择上海鲁迅纪念馆作为上海市的"完善博物馆青少年教育工作"的试点单位。上海市制定的 2014 年未成年人暑期工作的主题是"体验文化之旅 畅享快乐暑期"，上海鲁迅纪念馆结合这个主题设计了"我是未来文艺家"青少年暑期活动项目，组织青少年到上海鲁迅纪念馆进行以鲁迅为主题的多种形式的教育活动："写一写：寻访鲁迅在上海的足迹""演一演：鲁迅MINI 课本剧对对碰""画一画：鲁迅作品人物形象涂抹绘画""录一录：鲁迅作品朗诵、配音初体验""书一书：鲁迅箴言语录书法交流欣赏""晒一晒：宝贝集市·手工作品大荟萃"等六个系列，参加活动的青少年可以写关于鲁迅的作文，演关于鲁迅的课本剧，画以鲁迅为题材的美术作品，抄写鲁迅的名言警句，制作关于鲁迅的手工艺品等。广大青少年通过参加这些丰富多彩的教育活动，可以感受到鲁迅伟大而丰富的一生，从而加深对鲁迅的理解。上海鲁迅纪念馆设计的"我是未来文艺家"青少年暑期活动项目不仅得到参加该项活动的广大青少年的喜爱，而且也得到了上海市政府及国家文物局等上级机关的好评，成为上海鲁迅纪念馆社会教育工作中的品牌活动。上海鲁迅纪念馆后来也多次举办这个主题的暑期活动。

（6）联合有关电视台拍摄关于鲁迅的专题片

为了宣传鲁迅、学习鲁迅，上海鲁迅纪念馆与上海东方电视台联合制作了文献专题片《民族魂》，并于 1999 年 10 月 8 日—29 日在上海东方电视台第一频道播出。该片结合上海鲁迅纪念馆在 1999 年新修改的鲁迅生平陈列进行创作，片长约 6 小时，分为"精神界战士""人之子""新文学开山""新人造就者""文化播火者""永存的民族魂"6 集，从文学成就、社会活动、培养青年、促进中外文化交流等六个方面，全面阐释了鲁迅作为中华民族"民族魂"的精神内涵。② 这个专题片不仅通过电视艺术的手段宣传鲁迅的精神，而且也在很大程度上宣传了上海鲁迅纪念馆在 1999 年新修改的鲁迅生平陈列的主要内容，从而扩大了上海鲁迅纪念馆新修改的鲁迅生平陈列的社会影响。另外，该片也具有

---

① 上海鲁迅纪念馆编：《六十纪程（1951—2011）》，第 157 页。
② 上海鲁迅纪念馆编：《六十纪程（1951—2011）》，第 113 页。

较高的艺术水平，并在 2000 年 8 月获得了上海市第七届哲学社会科学优秀成果三等奖。

2000 年 2 月 22 日，上海鲁迅纪念馆与上海卫视合作，拍摄了《虹口一日游——参观鲁迅纪念馆》，并在 2 月 27 日播出。这个专题片以导游的方式较为全面地介绍了上海鲁迅纪念馆的建筑和展览情况，使广大电视观众通过这个专题片了解新扩建的上海鲁迅纪念馆的主要参观景点，从而扩大了上海鲁迅纪念馆的社会影响。

（7）借助新媒体宣传鲁迅

随着中文网络的兴起，上海鲁迅纪念馆也在 2003 年 8 月建设了上海鲁迅纪念馆官方网站，包括该馆的新闻动态，鲁迅生平陈列介绍，展览信息及主要展览的文字介绍和图片，馆藏的部分重要藏品的文字介绍和图片，鲁迅研究领域的部分研究成果介绍，以及访客留言板和公众联系邮箱等，使国内外的各界人士可以通过访问上海鲁迅纪念馆的网站了解上海鲁迅纪念馆的展览动态，欣赏部分重要的藏品。

2013 年 2 月，上海鲁迅纪念馆又结合微博的兴起，在"新浪·微博"中建立了"上海鲁迅纪念馆宣教部的微博"，作为上海鲁迅纪念馆与社会各界沟通的桥梁，由上海鲁迅纪念馆宣教部负责运营管理。"上海鲁迅纪念馆宣教部的微博"不仅及时发布上海鲁迅纪念馆举办的展览的动态信息，还组织网民进行一些线上的活动，如从 2014 年清明节开始每年都面向网民开展"网上祭先贤"的活动，组织网民通过留言转发、点蜡烛、献鲜花等形式纪念鲁迅；此外还面向青少年网民组织题为"博雅大闯关"的寻宝活动，组织青少年网民参与竞答关于鲁迅的知识。在 2014 年，"上海鲁迅纪念馆宣教部的微博"开始进行"鲁迅箴言每日推送"活动，每天发送一条鲁迅的名言警句，使关注"上海鲁迅纪念馆宣教部的微博"的网民每天都能收到一条鲁迅的名言警句。经过几年的努力，"上海鲁迅纪念馆宣教部的微博"的访问量已经有 100 多万人次，较好地承担起在中文网络中宣传鲁迅的任务。

2015 年 3 月，上海鲁迅纪念馆随着微信的兴起，开设了"上海鲁迅纪念馆"微信公众号，由上海鲁迅纪念馆宣教部负责运营管理。"上海鲁迅纪念馆"微信公众号与"上海鲁迅纪念馆宣教部的微博"紧密合作，互相配合，共同做好上海鲁迅纪念馆的社会宣传工作，以及与公众的联系工作，如共同发布上海鲁迅纪念馆的新闻动态、展览信息，共同开展网上活动等，从而扩大了上海鲁迅纪念馆在新兴媒体中的影响，促进了鲁迅在新兴媒体中的传播。

（8）结合国际博物馆日、文化遗产日等节庆日举办宣传鲁迅的活动

随着国家对文化工作的重视，全国各地的博物馆、纪念馆开始每年围绕国际博物馆日、世界文化遗产保护日等节日的年度主题开展一些文化活动。此外，上海市政府还设立了上海市民文化节、上海市社会科学普及周、"三公里文化圈"等活动。上海鲁迅纪念馆每年围绕上述节日都会组织一些社会教育活动。

如在 2013 年 5 月 18 日，上海鲁迅纪念馆在"树人堂"举行了"5·18 国际博物馆日之夜——鲁迅诗文朗诵会"，邀请上海市的著名朗诵家曹雷、刘广宁、冯淳超、过传忠、方舟、刘安古、陆澄等为观众朗诵了《"友邦惊诧"论》《这样的战士》《阿 Q 正传》《雪》《记念刘和珍君》和臧克家的《有的人——纪念鲁迅有感》等 10 多篇著名的文章，使广大观众通过艺术家声情并茂的演绎感受到鲁迅文章的独特魅力。

在 2014 年 6 月 14 日，上海鲁迅纪念馆结合我国第 9 个世界文化遗产保护日的主题"让文化遗产活起来"，组织了"让文化遗产活起来——世界文化遗产日鲁迅知识有奖竞答"活动，邀请当天来上海鲁迅纪念馆参观的观众参加鲁迅知识竞答，从而使观众认识到保护鲁迅文化遗产的重要性。

在 2015 年 5 月 18 日，上海鲁迅纪念馆结合当年的国际博物馆日的主题"博物馆致力于社会的可持续发展"，组织了"鲁迅知识我来答"线上线下有奖答题活动，不仅邀请当天来馆参观的观众在现场答题，还首次通过"上海鲁迅纪念馆宣教部的微博"组织网民在线答题，从而调动了观众的积极性，促进了鲁迅在广大普通读者中的传播。

在 2016 年 5 月 18 日，上海鲁迅纪念馆在"树人堂"举行了"5·18 国际博物馆日博物馆之夜——鲁迅作品名家诵读会"，邀请曹雷、蔡金萍、夏磊，以及饰演过鲁迅的任广智等著名艺术家朗诵了鲁迅的《一件小事》《伤逝》（节选）、《好的故事》《聪明人和傻子和奴才》等作品，使现场的观众感受到鲁迅作品的艺术魅力。

（9）组建上海鲁迅纪念馆志愿者队伍

为了更好地发挥作为"上海市爱国主义教育基地"和"上海市青少年教育基地"的作用，上海鲁迅纪念馆在 2000 年 3 月开始招募志愿者从事鲁迅展览的讲解工作，首批招募的志愿者有 82 人。

2001 年 5 月 18 日，为纪念国际博物馆日，上海鲁迅纪念馆与虹口区教育局、共青团虹口区委员会联合举办了以"青春、奉献、实践、成才"为主题的虹口区 17 岁高中生志愿者的上岗仪式，招收了一批高中生志愿者担任鲁迅纪念馆的讲解服务工作。此后，上海鲁迅纪念馆所招募的志愿者每年大约有 200 人，

主要来自复旦大学、上海交通大学、同济大学、上海大学、上海师范大学、上海外国语大学、上海理工大学、上海印刷出版专科学校等高校的大学生，以及上海中学等中学的中学生。

为了培养志愿者做好志愿服务工作，上海鲁迅纪念馆还安排本馆优秀的讲解员和研究人员对新招募的志愿者进行业务培训，帮助志愿者在较为全面地学习讲解技巧以及有关鲁迅生平陈列的主要内容之后，可以承担起为观众进行讲解的工作。此外，上海鲁迅纪念馆还注重对志愿者的激励，在每年的国际博物馆日或年底都会举办志愿者表彰大会，为优秀的志愿者颁发证书和纪念品。

可以说，上海鲁迅纪念馆通过招募志愿者的活动发挥出了该馆作为"上海市爱国主义教育基地"和"上海市青少年教育基地"的重要作用：上海鲁迅纪念馆不仅培养了一批具有奉献精神的热爱鲁迅的青年，促进了鲁迅精神在当代大学生和中学生中的传播，而且这些志愿者也通过在鲁迅纪念馆的志愿服务锻炼了自己各方面的能力，为今后的学习和工作打下了良好基础，其中不少志愿者后来都成为重要的人才。

（10）创办鲁迅艺术进修学校

鲁迅注重美术教育，并收藏了大量的 20 世纪 30 年代新兴版画等美术方面的资料。上海鲁迅纪念馆发挥本馆的业务优势，弘扬鲁迅注重美术教育的精神，在 2002 年创办了鲁迅艺术进修学校，承担起推动美术教育的社会功能。这个学校主要从事美术培训的工作，在办学方面也取得了一定的成绩，从 2003 年开始每年都会举行全校师生的美术作品展。

（11）组织关于鲁迅的系列讲座

上海鲁迅纪念馆为了推动鲁迅的普及工作，在"树人堂"多次举办面向公众的关于鲁迅的讲座，如在 2007 年 5 月 18 日，为配合国际博物馆日，举办了由王锡荣副馆长主讲的题为《人之子——鲁迅的社会角色》的讲座。此外，在 2007 年按照上海市委宣传部和上海市社科联合会的部署，还举办了"东方讲坛·鲁迅专场"的系列讲座，由陈漱渝主讲题为《论鲁迅的多重意义》的讲座，李浩主讲题为《鲁迅与青年》的讲座，乔丽华主讲题为《鲁迅的情感世界》的讲座，缪君奇主讲题为《鲁迅的读书与治学》的讲座。[1] 这个系列讲座不仅获得了良好的社会反响，还获得了上海市委宣传部和上海市社科联合会的表彰。

此后，上海市委宣传部和上海市社科联合会设立的"东方讲坛"还在"树人堂"举办过多次讲座，如王锡荣在 2008 年 11 月 28 日做了题为《民族魂——

---

[1]　上海鲁迅纪念馆编：《六十纪程（1951—2011）》，第 161 页。

鲁迅在反文化"围剿"中》的讲座，在 2009 年 2 月 6 日做了题为《红色记忆——上海文化名人遗址寻踪》的讲座。

在 2016 年，上海鲁迅纪念馆决定打造本馆的讲座品牌，设立了"上鲁讲座"，邀请上海市的著名学者前来演讲：复旦大学陈思和教授做了题为《百年五四思鲁迅》的讲座，复旦大学郜元宝教授做了题为《鲁迅小说研究的若干新问题》的讲座，华东师范大学陈子善教授做了题为《关于鲁迅研究的几个问题》的讲座，上海师范大学梅子涵教授做了题为《儿童文学：在鲁迅坐像前》的讲座。总的来说，上海鲁迅纪念馆打造的"上鲁讲座"是比较成功的，不仅通过举办系列讲座，发挥出鲁迅纪念馆的社会服务功能，而且也通过举办系列讲座促进了鲁迅在公众中的传播。

（12）组织面向各级领导干部的宣传教育活动

2009 年 4 月 21 日，上海鲁迅纪念馆被中国浦东干部学院确定为现场教学点，并与该校签订了共建协议，结成共建单位。① 中国浦东干部学院是中央组织部管理的四家高级干部培训学校之一，承担着全国高级领导干部的培训任务。按照共建协议，中国浦东干部学院会组织学员到上海鲁迅纪念馆参观学习，接受鲁迅精神的革命教育；上海鲁迅纪念馆副馆长王锡荣被聘为该校的兼职教师，会不定期到该校做关于鲁迅的讲座，上海鲁迅纪念馆也会安排有关鲁迅的展览到该校流动展出，从而加深全体学员对鲁迅的认识。上海鲁迅纪念馆通过与中国浦东干部学院的共建，不仅通过参观、讲座等活动，让身为国家中、高级领导干部的学员增加对鲁迅的认识，并接受爱国主义教育，而且把纪念馆的社会教育对象扩展到国家中、高级领导干部，为国家高度重视的高级领导干部的培训工作提供了助力。

（13）组织面向社区的宣传教育活动

上海鲁迅纪念馆按照上海市政府制定的"三公里文化圈"的规定，与纪念馆所在地附近的街道、社区结成共建关系，发挥博物馆服务社区的功能。如 2004 年 9 月 19 日，上海鲁迅纪念馆在天山街道"第二届社区街道节"期间与街道签订了《社区道德实践基地共建协议书》。同日，上海鲁迅纪念馆制作的"鲁迅课本作品辅导展"在天山街道青少年活动中心展出，同时还面向街道的青少年举行了鲁迅作品知识竞赛和"鲁迅课本剧"演出等活动。② 再如 2009 年 7 月 21 日，上海鲁迅纪念馆与四川北路街道山二居委会结成共建关系，承担起居委

---

① 上海鲁迅纪念馆编：《六十纪程（1951—2011）》，第 172 页。
② 上海鲁迅纪念馆编：《六十纪程（1951—2011）》，第 145 页。

会组织的未成年人暑期学习活动，派业务人员为居委会辖区的青少年举办《中学生鲁迅作品辅导》（2009 年）、《鲁迅和他的家人》（2010 年）等关于鲁迅的讲座。上海鲁迅纪念馆通过服务社区的活动，不仅发挥出纪念馆的社会教育功能，为社区居民提供文化服务，而且密切了纪念馆与所在社区的关系，为纪念馆的工作创造了良好的外部环境。

4. 小结

总的来说，上海鲁迅纪念馆的社会教育工作主要是在 1999 年新馆落成之后才轰轰烈烈地开展起来的。上海鲁迅纪念馆紧密配合国家有关政策，充分发挥纪念馆作为"上海市爱国主义教育基地"和"上海市青少年教育基地"的社会教育功能，面向公众，特别是广大青少年，设计出一系列丰富多彩的社会教育活动，不仅吸引广大观众特别是青少年走进纪念馆学习鲁迅知识、弘扬鲁迅精神，而且也让陈列在纪念馆中的鲁迅的文物以及文字、图片等文献资料"活"起来，走向大学和中学、干部学院、社区等单位，走进电视、报刊、网络等媒体，从而极大地促进了鲁迅在当代的传播。总的来说，上海鲁迅纪念馆结合国家和上海市的有关政策，结合上海市本地的文化资源，发挥出纪念馆社会教育的功能，面向广大青少年，以及社会各界观众创造性地设计出丰富多彩的社会教育活动，从而充分地发挥出纪念馆的社会教育作用，极大地促进了鲁迅在当代社会的传播。

五、国际文化交流工作的历史与现状

鲁迅在上海居住了 10 年，并逝世于上海，所以上海鲁迅纪念馆及其负责管理的鲁迅故居和鲁迅墓地也成为外宾参观的重要场所。上海鲁迅纪念馆在 1951 年建立之后到 20 世纪 70 年代末，对外的文化交流活动比较少；1978 年，中国实行对外改革开放政策之后，上海鲁迅纪念馆以鲁迅与内山完造等日本友人建立的友谊为媒介与日本对华友好的各界人士密切合作，先后举办了几次文化交流活动，共同推动了中日文化交流；进入 21 世纪之后，上海鲁迅纪念馆扩大了对外文化交流的对象和范围，多次与日本、德国、爱尔兰、美国等一些国家的机构合作举办了丰富多彩的文化交流活动，来上海鲁迅纪念馆参观的外国普通游客也逐渐多了起来，上海鲁迅纪念馆也逐渐成为上海市对外文化交流的重要基地。

1. 对外单向交流阶段（1951—1976）

上海鲁迅纪念馆在这一时期，主要的对外交流活动就是接待外宾参观和接受外国友人捐赠的鲁迅文稿及有关文献资料。因为中国当时所处的国际环境，所以来鲁迅纪念馆参观的外宾以社会主义国家及第三世界的官员、学者，欧美的左翼人士，以及日本对华友好人士为主，普通的外国游客几乎没有。

1951 年 1 月 7 日，鲁迅纪念馆实行预展时，当时担任苏联驻沪外交官的著名汉学家罗果夫就应邀参观了鲁迅纪念馆，罗果夫也成为上海鲁迅纪念馆接待的第一位外国友人。此后，在上海访问的捷克汉学家普实克和苏联汉学家费德林分别在 1 月 15 日和 2 月 16 日参观了鲁迅纪念馆。

1956 年 11 月 19 日，鲁迅的友人内山完造参观上海鲁迅纪念馆，并拜谒鲁迅墓。此前他在 1951 年 8 月 3 日和 1953 年 2 月 18 日，分别捐赠了鲁迅《赠邬其山》诗轴一幅和鲁迅诗稿《我的失恋》（四首之四）一幅。①

1958 年 10 月 28 日，比利时画家麦绥莱勒来馆参观并留言。11 月，比利时画家麦绥莱勒的友人，"革命的中国之新艺术"展览会的组织者沃姆斯来馆参观，并赠送 1934 年 3 月在法国巴黎皮利埃画廊展出的"革命的中国之新艺术"展览会说明书一份。这次展览会的展品是由鲁迅收集后托人转往巴黎的，因此这份展览的说明书也是珍贵的文献史料。②

1961 年 7 月 3 日，以江口涣为团长的日本作家访中代表团一行 12 人来参观鲁迅纪念馆，江口涣看到鲁迅纪念馆的展览中有他在 1931 年 3 月 25 日以日本无产作家同盟委员长身份写给"左联"的《答词》时，对这份见证了日中左翼作家友谊的《答词》能完好地保存下来感到非常激动。③

1966 年 12 月 16 日，鲁迅友人增田涉等人参观上海鲁迅纪念馆，并赠送了他保存的鲁迅手迹的 7 张照片，以及一卷复制鲁迅在仙台医专读书时的成绩单的软片，另外还有两本日本纪念鲁迅的图书。④

在"文革"期间，上海鲁迅纪念馆从 1967 年 4 月就闭馆，所以此后前来参观的外国友人只能瞻仰鲁迅墓，少数外国友人经过批准，还可以参观鲁迅故居。

1971 年 8 月 31 日，法国导演伊文思和电影工作者马斯林瞻仰鲁迅墓。9 月，法国鲁迅研究学者米歇尔·鲁阿夫人参观鲁迅故居。米歇尔·鲁阿夫人后来在 1974 年 9 月 18 日再次来上海鲁迅纪念馆访问，并与上海鲁迅纪念馆的有关人员座谈鲁迅研究的情况，这也是上海鲁迅纪念馆在"文革"期间与外国鲁迅研究学者的唯一一次学术交流。

---

① 上海鲁迅纪念馆编：《六十纪程（1951—2011）》，第 8 页。
② 上海鲁迅纪念馆编：《六十纪程（1951—2011）》，第 25 页。
③ 上海鲁迅纪念馆编：《六十纪程（1951—2011）》，第 33 页。
④ 上海鲁迅纪念馆编：《六十纪程（1951—2011）》，第 43 页。

在 1972 年中日建交之后，来上海鲁迅纪念馆访问的日本各界人士逐渐多了起来。1972 年 4 月 1 日，日本前外相藤山爱一郎来馆参观。1974 年 6 月 10 日，日本创价学会会长池田大作率领 11 人瞻仰鲁迅墓、参观鲁迅故居。8 月 16 日，藤山爱一郎率领日中友好议员联盟一行 20 人参观鲁迅故居。1975 年 4 月 1 日，仙台市长岛野武率领仙台劳动青年日中友好代表团拜谒鲁迅墓，并在墓旁种植友谊树蜡梅。

另外，在"文革"后期还有一些外国政治家来上海鲁迅纪念馆参观，如 1972 年 8 月 3 日巴基斯坦总理布托之女贝娜齐尔·布托等 3 人来馆参观。1974 年 8 月 7 日，意大利共产党中央委员巴乔里参观鲁迅故居。

2. 对外双向交流阶段（1976—1999）

1976 年，国家文物事业管理局指定上海鲁迅纪念馆承担设计制作"中华人民共和国鲁迅展"，这次展览由中日文化交流协会和日本经济新闻社联合举办，于 1976 年 10 月 19 日在仙台市博物馆开幕，此后四个月又在东京、京都、名古屋、神户、广岛等地继续展出，在日本取得了良好的社会反响。这次展览虽然不是以上海鲁迅纪念馆的名义组织的，相关的展品也由国内几家鲁迅纪念馆分别提供，参展人员也由国内几家鲁迅纪念馆的代表组成，但是由上海鲁迅纪念馆负责设计制作，因此也可以看作是上海鲁迅纪念馆走出国门进行对外文化交流的开端。

在"文革"结束之后，内山完造的亲友作为民间人士开始访问上海鲁迅纪念馆。1977 年 6 月 28 日，内山完造的弟弟内山嘉吉夫妇来上海鲁迅纪念馆参观并介绍日本最近发现的有关鲁迅史料的情况。1979 年 8 月 12 日，内山书店的员工儿岛亨率领日本广岛市和福山市友好访华团来上海鲁迅纪念馆参观。9 月 23 日，内山嘉吉的儿子内山篱来上海鲁迅纪念馆参观，并捐赠其父内山嘉吉为上海鲁迅纪念馆编辑《鲁迅日文作品选》而复印的《北京周报》的有关资料。[1] 上海鲁迅纪念馆由此与内山完造的亲友建立了密切的合作关系，为双方在未来的文化交流活动打下了良好的基础。

1978 年 12 月 18 日至 22 日举行的中共中央十一届三中全会确定实行对外开放政策，此后上海鲁迅纪念馆的对外文化交流工作也逐渐开展起来，并进入了双向的文化交流阶段。

首先是展览实现了双向交流。法国鲁迅研究学者米歇尔·鲁阿夫人在 1980 年 5 月 3 日致函上海鲁迅纪念馆说，法国有关机构准备在 1981 年举行一个木刻

---

① 上海鲁迅纪念馆编：《六十纪程（1951—2011）》，第 55 页。

展览会，其中有为纪念鲁迅诞辰 100 周年而专门设立的一个纪念鲁迅的专栏，希望上海鲁迅纪念馆提供有关鲁迅生平的资料。上海鲁迅纪念馆在得到上海市文化局、上海市外事办公室的批准之后，在 12 月 5 日寄去"鲁迅与新兴木刻运动"展览目录和照片、木刻复制品等共 37 件资料，供法国有关机构举办纪念鲁迅的小型展览。这是上海鲁迅纪念馆设计制作的展览首次在法国乃至欧洲展出，促进了鲁迅在法国的传播。

同年 5 月，上海市与美国有关机构合作在美国的纽约市文化中心举办"鲁迅生平摄影照片展"①，上海鲁迅纪念馆负责设计制作这个展览，这也是上海鲁迅纪念馆首次在美国举办鲁迅展览，促进了鲁迅在美国的传播。

1981 年 1 月 12 日，意大利鲁迅研究者安娜·贝雅蒂致函上海鲁迅纪念馆，希望提供有关鲁迅提倡新兴木刻运动的资料，作为纪念鲁迅诞辰 100 周年活动之用。上海鲁迅纪念馆提供了部分鲁迅收藏木刻的复制品供安娜·贝雅蒂在举行纪念鲁迅诞辰 100 周年的学术研讨会期间举行小型的鲁迅收藏木刻展览。② 这也是上海鲁迅纪念馆首次协助意大利有关机构举办关于鲁迅的小型展览，促进了鲁迅在意大利的传播。

进入 20 世纪 90 年代之后，上海鲁迅纪念馆不仅举办鲁迅与外国的展览，也开始联合国外有关机构在国外举办鲁迅展览。

1992 年 4 月，上海鲁迅纪念馆为纪念中日邦交正常化 20 周年，举办了"鲁迅与日本文物史料展"，通过 3491 件展品，详细地展示了鲁迅留学日本、翻译日本作品、与日本友人交往及日本纪念鲁迅的情况。日本 NHK 电视台专程前来拍摄展览的情况，并在日本播放，从而促进了鲁迅在日本的传播。

1993 年，上海鲁迅纪念馆与日本"30 年代上海·鲁迅展"实行委员会签订在日本町田市国际版画美术馆和山梨县美术馆举办"鲁迅与木刻版画展"的协议书。

1994 年 4 月 10 日—5 月 15 日，"鲁迅与木刻版画展"在日本町田市国际版画美术馆举行，5 月 21 日—6 月 26 日，"鲁迅与木刻版画展"在山梨县美术馆举行。这两次展览的展期共三个月，在日本获得了良好的社会反响，参观两次展览的观众达 30000 人次，有利地促进了鲁迅收藏的木刻版画在日本的传播。③

另外，上海鲁迅纪念馆也与外国有关机构联合在上海鲁迅纪念馆举办有关

---

① 上海鲁迅纪念馆编：《六十纪程（1951—2011）》，第 56 页。
② 上海鲁迅纪念馆编：《六十纪程（1951—2011）》，第 57 页。
③ 上海鲁迅纪念馆编：《六十纪程（1951—2011）》，第 79 页。

鲁迅的展览以及其他外国展览。

1991年3月3—10日，上海鲁迅纪念馆与上海市对外友协、日本横滨市日中友协等6单位联合在上海鲁迅纪念馆举办了"鲁迅藏版画展"，展出了鲁迅收藏的150多幅版画，促进了中日美术交流。

1991年8月25日—9月5日，上海鲁迅纪念馆与中国对外艺术展览公司、印度泰戈尔纪念馆等单位联合在上海鲁迅纪念馆举办"泰戈尔生平作品展"，这个展览是上海鲁迅纪念馆建馆以来首次引进举办的外国展览，由印度泰戈尔纪念馆设计制作。虽然鲁迅与泰戈尔没有直接的交往，但是两人分别是本国最著名的作家，通过举办这个展览，搭建起鲁迅与泰戈尔对话的桥梁，从而也进一步促进了中印两国的文化交流。

其次是学术研究实现了双向交流。上海鲁迅纪念馆不仅管理鲁迅故居和鲁迅墓，也拥有丰富的藏品，所以日本等外国鲁迅研究学者多次到上海鲁迅纪念馆参观并进行学术交流，而上海鲁迅纪念馆的研究人员也开始到国外参加鲁迅研讨会并进行学术交流。

1980年2月22日，日本民间社团"鲁迅之友会"一行25人来上海鲁迅纪念馆参观，并与上海鲁迅纪念馆的研究人员以及上海的部分鲁迅研究学者进行座谈，交流了鲁迅研究的信息。3月26日，内山篱把鲁迅的日文作品《关于猪八戒》的复印件从日本寄给上海鲁迅纪念馆。1981年10月1日，前来参加纪念鲁迅诞辰100周年活动的部分外国作家、评论家、学者从北京到上海鲁迅纪念馆参观。1986年10月13日，日本纪念鲁迅逝世50周年访华团一行60人参观上海鲁迅纪念馆。1988年1月5日，日本木刻研究者奈良和夫到上海鲁迅纪念馆查阅馆藏的部分木刻杂志，并捐赠日本三四十年代出版的刊登鲁迅文章的杂志14册及《儿童学纲要》的复印件。[1] 1990年9月8日，日本东京大学丸山昇率领日本中国近代文学研究会一行30多人参观上海鲁迅纪念馆，并与上海的版画研究者座谈。1993年，日本学者吉田旷二、渡边新一等来上海鲁迅纪念馆查阅资料。1996年7月2日，韩国延世大学全寅初教授率领"鲁迅文学观摩团"来上海鲁迅纪念馆参观，并在次日与上海的部分鲁迅研究学者座谈中韩两国鲁迅研究的情况，这也是中韩建交之后，韩国鲁迅研究学者首次组团访问上海鲁迅纪念馆，由此开始了上海鲁迅纪念馆与韩国鲁迅研究学者的学术交流活动。[2] 此后，韩国部分鲁迅研究学者在1997年捐赠了20册韩国在20世纪90年代出版

---

① 上海鲁迅纪念馆编：《六十纪程（1951—2011）》，第70页。
② 上海鲁迅纪念馆编：《六十纪程（1951—2011）》，第83页。

的鲁迅研究著作。

上海鲁迅纪念馆的研究人员在 20 世纪 90 年代也开始走出国门参加国际学术交流活动。1991 年 9 月 20—30 日，王锡荣赴日本仙台东北大学参加纪念鲁迅诞辰 110 周年暨学术报告会，并做《鲁迅与日本文学》的报告。① 1997 年 11 月 5—14 日，为筹建上海鲁迅纪念馆新馆，王锡荣和负责上海鲁迅纪念馆新馆建筑设计工作的设计师邢同和等 4 人赴日本考察 8 座城市的 25 个博物馆、纪念馆的建筑与运营情况，并访问部分日本鲁迅研究学者，交流了鲁迅研究方面的信息，进一步促进了上海鲁迅纪念馆与日本鲁迅研究学者之间的学术交流。

再次是以鲁迅与内山完造的友谊为中心开展中日文化交流工作。上海鲁迅纪念馆在 20 世纪 80 年代以后，发挥位于上海的优势，成功地以鲁迅与内山完造的友谊为中心开展了对日本的文化交流工作。

1984 年 11 月 4 日，上海鲁迅纪念馆的党支部书记杨蓝和周海婴、王宝良等人应日本福山市日中友好协会的邀请，赴日参加纪念内山完造诞辰 100 周年的活动，并访问福山市、东京市等 7 个城市，拜访鲁迅在日本的友人及其家属，为上海鲁迅纪念馆与日本民间人士的文化交流打下了良好的基础。

1985 年 1 月 11 日，上海鲁迅纪念馆与中国人民对外友好协会上海分会，上海市文联、中国作家协会上海分会联合举行纪念内山完造诞辰 100 周年座谈会。中国人民对外友好协会上海分会副会长杜宣主持会议，许杰、赵家璧、丁景唐等各界代表以及日本驻上海领事馆文化领事小川真佐志公等 20 多人出席。全体与会者在座谈会之后拜谒内山完造墓并献花篮。同日，上海鲁迅纪念馆设计制作的"鲁迅与内山完造友谊文献展"开幕，用文献照片、实物等 100 多件展品较好地展示了鲁迅与内山完造真挚的友谊。这也是国内首次举办关于鲁迅与内山完造的展览，获得良好的社会反响，在为期两个月的展览期间，观众 9000 多人次。②

1986 年 10 月 29 日，上海鲁迅纪念馆与东京内山书店联合举办了纪念鲁迅逝世 50 周年演讲会，由东京内山书店社长内山篱邀请的竹内实、丸山昇、伊藤虎丸、木山英雄 4 位日本著名的鲁迅研究学者分别做了《鲁迅与上海》《鲁迅研究在日本》《鲁迅早期的西方文化观——日本人的尼采观和鲁迅的尼采观》《论周氏兄弟》的演讲。③ 上海的部分鲁迅研究者及大学生 100 多人参加了演讲会，

---

① 上海鲁迅纪念馆编：《六十纪程（1951—2011）》，第 76 页。
② 上海鲁迅纪念馆编：《六十纪程（1951—2011）》，第 64 页。
③ 上海鲁迅纪念馆编：《六十纪程（1951—2011）》，第 67 页。

并与日本学者进行了学术交流。这也是上海鲁迅纪念馆与日本内山书店首次合作举办的学术研讨会，促进了中日鲁迅研究的学术交流。

1990 年 3 月 24 日，内山篱、井上浩率领日本"内山会"访华团一行 21 人来上海访问。该会以纪念内山完造，推动日中友好为宗旨，成员中有杉本勇乘、儿岛亨等鲁迅的友人。这是该会在 1987 年 4 月成立以后第三次聚会，也是第一次组团访问中国。"内山会"访华团首先拜谒了内山完造墓、鲁迅墓，然后参观了鲁迅纪念馆、鲁迅故居、内山书店遗址。①"内山会"作为日本民间对华友好的社团，通过这次活动与上海鲁迅纪念馆建立了更密切的合作关系。此后，"内山会"成员多次访问上海鲁迅纪念馆，不仅捐赠有关文物资料，还与上海鲁迅纪念馆共同举办多次文化交流活动，从而为推动中日友好交流做出了贡献。

最后，上海鲁迅纪念馆接待了一批外国高级领导人参观，为中国对外高层交往发挥了作用。

1985 年 7 月 9 日，比利时共产党政治局委员雅克·莫埃斯来上海鲁迅纪念馆参观。1986 年 1 月 31 日，莫桑比克人民议会常委副书记率领政府代表团来上海鲁迅纪念馆参观。1987 年 3 月 28 日，澳大利亚前总理惠特拉姆来上海鲁迅纪念馆参观。5 月 1 日，日本前首相海部俊树参观上海鲁迅纪念馆，拜谒鲁迅墓。1996 年 8 月 26 日，泰国诗琳通公主来上海鲁迅纪念馆参观，并留言"中华魂"。

3. 对外文化交流的深化阶段（2000—2016）

进入 21 世纪，上海鲁迅纪念馆积极拓展对外文化交流的渠道，策划丰富多彩的对外文化交流活动，使上海鲁迅纪念馆的对外文化交流工作取得了重要的进展。

在展览方面，首先是与国外有关机构合作组织展览交流活动。2000 年 7 月 10 日至 9 月 30 日，上海鲁迅纪念馆与日本藤野严九郎纪念馆合办的"藤野先生纪念展"在上海鲁迅纪念馆开幕，这次展览通过 131 件实物和文献资料（其中有 80 多件展品由藤野严九郎纪念馆提供），全面地展示了藤野先生的生活历程以及他与鲁迅的师生情谊。此后展览又到绍兴鲁迅纪念馆和苏州革命博物馆巡回展出，观众总人数达到 22 万人，取得了良好的社会反响。② 2004 年 9 月 25 日—10 月 24 日，上海鲁迅纪念馆为纪念鲁迅赴日本仙台医专留学 100 周年，联合日本仙台的有关机构举办了"鲁迅·仙台 1904—2004"展览，仙台市长以及藤野先生的孙子等专程来沪参加展览开幕式。2006 年 9 月 15 日—10 月 24 日，上海

---

① 上海鲁迅纪念馆编：《六十纪程（1951—2011）》，第 73 页。
② 上海鲁迅纪念馆编：《六十纪程（1951—2011）》，第 111 页。

鲁迅纪念馆为纪念鲁迅逝世 70 周年，与日本有关机构合作在上海鲁迅纪念馆举办了"鲁迅手迹——鲁迅录唐代诗人钱起《归雁》诗手迹"展览，这也是这幅鲁迅手迹首次在中国展出。[1] 10 月 17 日，上海鲁迅纪念馆邀请日本仙台小剧场剧团在"树人堂"演出日语多幕话剧《远火》，该剧是根据《藤野先生》改编的，主要表现鲁迅与藤野的师生情谊。[2] 2008 年 9 月 25 日，上海鲁迅纪念馆举行日本友人古西旸子捐赠鲁迅珍贵手迹仪式，并展出鲁迅在 1935 年 12 月 14 日录唐代诗人刘长卿的五言绝句《听弹琴》，上海市副市长翁铁慧和日本驻上海领事馆总领事横井裕等各界人士出席捐赠仪式。[3]。2013 年 8 月 17 日—8 月 25 日，上海鲁迅纪念馆与上海市人民对外友好协会、日本和光学园、北京鲁迅博物馆、上海市三新学校共同举办了"中日儿童版画展"，展出鲁迅收藏的日本儿童版画 40 幅（内山嘉吉赠送给鲁迅的）、和光学园儿童新创作的版画 40 幅以及上海市三新学校的学生新创作的儿童版画 40 幅。10 月 13—20 日，展览在日本和光学园继续。通过这次鲁迅收藏的日本儿童版画，以及中日儿童新创作的版画的共同展出，不仅展示了鲁迅与内山嘉吉等日本人所结下的深厚的友谊，同时也表达出中日儿童对鲁迅精神的继承。

其次是与国外有关机构合作在国外举办展览。2004 年 3 月 5—14 日，上海鲁迅纪念馆与日本福井县"鲁迅展"实行委员会联合在福井县国际交流会馆举办"鲁迅纪念展——中国文豪，友好使者"展览，展出鲁迅的手稿、遗物、照片等 145 件，观众达 16000 人次。[4] 2009 年 10 月 17 日—2010 年 2 月，中国文化部、比利时欧罗巴艺术节组委会联合主办，中国美术馆承办的"怒吼吧，中国——鲁迅与中国先锋派艺术展"在比利时根特美术馆开幕，北京鲁迅博物馆和上海鲁迅纪念馆提供展品，其中上海鲁迅纪念馆提供了 30 年代书刊 8 册、版画集 16 本、版画 17 幅等 41 件展品，王锡荣、秦海琦等参加展览的开幕式。这个展览也是中国文化部组织的政府层面的文化交流活动，促进了中欧文化交流。2014 年 2 月 21—25 日，9 月 25—29 日，上海鲁迅纪念馆与日本丰中市及名古屋市的有关机构联合分别在两市举办了"鲁迅与日本友人"展览，通过图片展示鲁迅与多位日本友人的交往。2014 年 6 月 14—18 日，上海鲁迅纪念馆与上海市人民对外友好协会、法国巴黎阿波琳中学、法国巴黎库尔芒迪什市教育文化中心为纪念中法建交 50 周年，合作举办了"重返与再现——鲁迅 1934 年组织的

---

① 上海鲁迅纪念馆编：《六十纪程（1951—2011）》，第 157 页。
② 上海鲁迅纪念馆编：《六十纪程（1951—2011）》，第 157 页。
③ 上海鲁迅纪念馆编：《六十纪程（1951—2011）》，第 167 页。
④ 上海鲁迅纪念馆编：《六十纪程（1951—2011）》，第 139 页。

中国新兴版画重返巴黎回顾展"，这个展览参考鲁迅在 1934 年把一批中国青年木刻家的作品寄到巴黎参加木刻展览会的作品目录，展示出这批木刻作品的复制品，从而重现了当时木刻展览会的展品内容。

最后，上海鲁迅纪念馆拓展展览内容的范围，与国外的有关机构合作举办了一些美术展览、书法展览、摄影展览等文化交流活动。2000 年 12 月 19 日—2001 年 1 月 9 日，上海鲁迅纪念馆与瑞士驻沪领事馆合作举办"双艺合璧——瑞士摄影家鲜伊代克镜头中的大师贾柯梅梯"展览，展览结束后赴全国 15 个城市各地巡展。2001 年 4 月 27 日—5 月 6 日，上海鲁迅纪念馆与日本有关机构共同举办"日本海报展"，展出了 39 位设计师的 75 件展品，代表了日本最高海报设计水平。2002 年 9 月 28 日—10 月 1 日，上海鲁迅纪念馆与日本有关机构为纪念中日邦交正常化 30 周年，联合举办了"中日书法交流展"，展出中国和日本著名书法家的 58 幅书法作品。12 月 2—15 日，上海鲁迅纪念馆与日本山口县立荻美术馆联合举办了"浮世绘画精品展"，展出该馆馆藏的近百幅精品浮世绘。2004 年 6 月 7 日，上海鲁迅纪念馆与日本国际书画联盟联合在上海鲁迅纪念馆举办了"2004 中日书画交流展"。

在对外学术交流方面，上海鲁迅纪念馆也取得了重要的成果。首先是组织中外鲁迅研究学者参加学术研讨会和座谈会。2000 年 2 月 29 日，上海鲁迅纪念馆举行中日鲁迅文学交流会，澳村正雄等日本研究中国文学学者共 26 人出席，与上海部分鲁迅研究学者就当前日本的鲁迅研究情况、中国的鲁迅研究情况以及中日文化交流等问题进行了讨论。8 月 19 日，横地亘率日本"鲁迅之旅"一行 22 人来上海鲁迅纪念馆参观，王锡荣为他们做了题为《鲁迅改造国民性思想》的学术报告，并与来访的日本学者进行讨论。2001 年 3 月 10 日，吉田旷二率领日本兹贺县"鲁迅读书会"访中团一行 20 人来上海鲁迅纪念馆举行学术交流会，与上海部分鲁迅研究学者讨论中日鲁迅研究的新进展。[1] 2004 年 3 月 16 日，上海鲁迅纪念馆邀请日本学者藤井省三在上海鲁迅纪念馆做学术报告，介绍日本最近 5 年的鲁迅研究、鲁迅书籍及有关鲁迅研讨会和演讲会的情况，上海部分鲁迅研究学者和研究生参加演讲会并与藤井省三进行学术讨论。2007 年 8 月 1 日，上海鲁迅纪念馆邀请当时在德国波鸿鲁尔大学执教的瑞士学者冯铁教授做关于鲁迅小说法文译本翻译情况的报告，上海的 30 多位鲁迅研究学者及研究生参加报告会并与冯铁教授进行学术讨论。[2] 2009 年 11 月 12 日，上海鲁迅纪

---

[1]　上海鲁迅纪念馆编：《六十纪程（1951—2011）》，第 118 页。

[2]　上海鲁迅纪念馆编：《六十纪程（1951—2011）》，第 160 页。

念馆邀请当时在斯洛伐克布拉迪斯拉发的考门斯基大学执教的瑞士学者冯铁教授主讲有关鲁迅翻译果戈理译文集参考译本的问题，上海的40多位鲁迅研究学者及研究生参加报告会并与冯铁教授进行学术讨论。①

其次是上海鲁迅纪念馆的研究人员多次出国参加鲁迅研究国际学术会议或演讲会，在国际鲁迅研究领域展示出该馆鲁迅研究学者的学术研究水平。2002年10月21—23日，王锡荣赴日本仙台市参加纪念鲁迅留学100周年的系列活动，并做《现代中国与鲁迅》的演讲。② 2004年9月25日，瞿斌在大阪府日中友好协会主办的鲁迅与日中友好演讲会上做有关鲁迅与西村真琴博士交往的报告。2005年5月24—25日，王锡荣在德国波鸿鲁尔大学做题为《鲁迅与德国文学》和《鲁迅研究的新成果与新版〈鲁迅全集〉》的学术演讲。③ 2006年1月30日—2月2日，张岚赴日本仙台出席"与鲁迅结缘的城市——仙台"的国际学术研讨会，并做题为《从仙台到上海——一代文豪的精神之旅》的演讲。④ 2010年3月31日—4月5日，王锡荣在美国得克萨斯大学做了题为《鲁迅在五四新文化运动中的地位问题》的学术演讲，并出席了该校亚洲研究系学术座谈会。⑤ 2015年9月27日至28日，王锡荣参加由奥地利维也纳大学东亚研究院和该校孔子学院联合举办的"中国的八十年代——文艺变迁"国际学术研讨会，并做了题为《从〈鲁迅全集〉注释工作看中国的八十年代文艺》的学术报告。10月1日，王锡荣在斯洛伐克首都布拉迪斯拉发的考门斯基大学东亚研究所做了题为《假如鲁迅活到今天》的学术报告。

最后是上海鲁迅纪念馆拓展学术会议的范围，开始与爱尔兰驻沪领事馆等机构合作举办学术研讨会。2004年6月16日，爱尔兰文化部、上海市文物管理委员会、上海市作协联合主办，上海鲁迅纪念馆与爱尔兰驻沪领事馆承办的"乔伊斯和《尤利西斯》"展览暨"乔伊斯和他的世界"国际学术研讨会在上海鲁迅纪念馆举行，国内外的80多位学者参加会议。另外，在为期两周的展览期间，还播出了关于乔伊斯的专题片以及根据《尤利西斯》改编的电影。⑥ 2014年6月14日—15日，上海鲁迅纪念馆与爱尔兰驻上海领事馆、上海对外经贸大学联合举办了"爱尔兰的凯尔特文学与文化"国际学术研讨会，国内外的

---

① 上海鲁迅纪念馆编：《六十纪程（1951—2011）》，第176页。
② 上海鲁迅纪念馆编：《六十纪程（1951—2011）》，第147页。
③ 上海鲁迅纪念馆编：《六十纪程（1951—2011）》，第152页。
④ 上海鲁迅纪念馆编：《六十纪程（1951—2011）》，第155页。
⑤ 上海鲁迅纪念馆编：《六十纪程（1951—2011）》，第181页。
⑥ 上海鲁迅纪念馆编：《六十纪程（1951—2011）》，第143页。

50 多位学者参加会议。上海鲁迅纪念馆与爱尔兰驻沪领事馆合作举办的两次会议，不仅促进了国内的爱尔兰文学研究，也促进了中国与爱尔兰的文化交流。

在以内山完造为中心的对日本文化交流方面，上海鲁迅纪念馆也有新的收获。2002 年 9 月 25 日，上海鲁迅纪念馆举行纪念鲁迅诞辰 121 周年暨中日邦交正常化 30 周年纪念酒会，会前还举行了"鲁迅—内山完造日中友好基金"的捐赠仪式，这个基金是由佐藤明久等日本友好人士发起并捐赠的，所募集的资金主要用于发展鲁迅文化事业和中日文化交流。① 由此开始，中日民间的文化交流有了以鲁迅和内山完造两人的名字命名的基金的支持。2005 年 1 月 11 日，上海市文物管理委员会和上海市人民对外友好协会等机构联合举行了纪念内山完造诞辰 120 周年的系列活动，包括祭扫内山完造墓地，"内山完造旧址陈列室"改造启用仪式，以及在上海鲁迅纪念馆举行的"内山完造诞辰 120 周年纪念座谈会"。2009 年 5 月 16 日—21 日，王锡荣、乐融等上海鲁迅纪念馆的领导赴日本参加纪念内山完造先生逝世 50 周年的活动。王锡荣等人在纪念活动结束之后，首先赴爱知大学与黄英哲教授商量捐赠许寿裳文稿的事情，随后又赴大津市拜访吉田旷二教授，商量筹办"鲁迅与内山完造所见的时代"展览的事情。② 2009 年 9 月 17 日，上海市文物管理委员会、上海市人民对外友好协会主办的"内山完造先生逝世 50 周年纪念座谈会"在上海鲁迅纪念馆举行，同日，上海鲁迅纪念馆承办的"鲁迅与内山完造所见的时代"的展览也开幕。上海市文物管理委员会副主任陈燮君，日本驻沪总领事横井裕，内山完造的侄子内山篱，佐藤明久、朱正、孙玉石、陈漱渝、张梦阳等鲁迅研究专家及各界人士 100 多人参加纪念活动。上海鲁迅纪念馆编辑的《内山完造纪念集》也同时出版。③ 这次纪念内山完造逝世 50 周年的系列活动也是国内多次举办纪念内山完造的活动中最隆重的一次，以此表彰内山完造为中日友好所做出的重要贡献。

4. 小结

回顾上海鲁迅纪念馆对外文化交流的历史，可以看出上海鲁迅纪念馆的对外文化交流工作是在 1978 年随着国家实行对外开放的政策而逐步发展起来的。进入 21 世纪之后，国家又实行了推动中华文化走出去，增强中国文化"软实力"的战略，上海鲁迅纪念馆紧密配合国家的有关政策，发挥位于上海的地理优势，积极创造条件开展对外文化交流活动，在推动鲁迅在国外的传播，以及

---

① 上海鲁迅纪念馆编：《六十纪程（1951—2011）》，第 128 页。
② 上海鲁迅纪念馆编：《六十纪程（1951—2011）》，第 172 页。
③ 上海鲁迅纪念馆编：《六十纪程（1951—2011）》，第 174 页。

推动中外鲁迅研究交流方面取得了一些重要的成果，为推动中华文化走出去，增强中华文化"软实力"的国家战略做出了重要的贡献。总的来说，上海鲁迅纪念馆作为一家中型的人物类纪念馆，能充分利用鲁迅在世界上特别是在日本所具有的广泛的影响，紧密配合国家战略，抓住各种有利的时机，创造性地开展对外文化交流工作，在对外文化交流方面所取得的成就不仅在国内同类型的人物类纪念馆中比较突出，就是在国内 82 家首批国家一级博物馆中也是佼佼者。

六、结语

上海鲁迅纪念馆从 1951 年建馆以来，到 2016 年，虽然从工作人员的数量来说一直是中小型的纪念馆，现在的工作人员也仅 50 人左右，但是在鲁迅文物的征集和保管、鲁迅展览、鲁迅研究，以及社会教育工作、对外文化交流等方面都取得了重要的成果，不仅成为国内南方的鲁迅文物收藏中心、鲁迅研究中心、鲁迅展示中心，以及中国现代文学资料收藏中心、中国现代版画收藏中心，而且也入选首批国家一级博物馆，为保护鲁迅文化遗产，弘扬鲁迅精神，推动鲁迅研究做出了重要的贡献。

另外，上海鲁迅纪念馆作为新中国建立的第一家人物类纪念馆，经过几十年的发展，不仅硬件设施达到了国内先进水平，甚至与国际一流的人物类纪念馆的硬件设施相比也毫不逊色，而且在展览制作、社会教育等软件方面都达到了国内人物类纪念馆的先进水平，成为国内人物类纪念馆的一面旗帜，为国内人物类纪念馆的运营树立了一个榜样。

但是，总的来说，上海鲁迅纪念馆依然存在一些问题。首先就是鲁迅生平展览如何创新的问题。上海鲁迅纪念馆现在展出的"人之子"鲁迅生平陈列是在 2011 年制作的，也面临着在 2021 年制作新的鲁迅生平陈列的问题。"人之子"鲁迅生平陈列在展览的形式设计和内容编排等方面在当时国内人物类纪念馆的展览中都具有突破性，乃至超前性，但是经过 10 年的发展，如何超越"人之子"鲁迅生平陈列，设计出面向当代观众，特别是当代青少年观众的新的鲁迅生平陈列，无疑具有相当的难度。其次是鲁迅研究队伍面临断层的问题。随着一批老专家的退休，上海鲁迅纪念馆研究室目前仅有 3 位研究人员，并且其中有两位是 60 后，一位是 70 后，亟须培养 80 后的研究人员。再次就是如何深入研究和充分利用丰富的藏品的问题。上海鲁迅纪念馆现在拥有 8 万多件藏品，虽然上海鲁迅纪念馆的各业务部门的工作人员都结合本职工作参与研究藏品，但是这些藏品经过上海鲁迅纪念馆几代研究人员的整理和研究，不仅与鲁迅有关的一些藏品依然有不少的研究空间，而且"朝华文库"收藏的大量的藏品也有待于深入地研究。上海鲁迅纪念馆最好能从藏品中提炼出几个主要的研究方向，然后集中本馆的研究力量进行攻关，争取先在几个研究方向取得丰硕的研究成果，然后再逐步扩大研究范围，逐步完成对本馆藏品的系统研究，进而充分利用藏品进行展览和社会教育工作，带动全馆各项业务工作的发展。最后是国际文化交流如何拓展的问题。上海鲁迅纪念馆从 20 世纪 90 年代以来的国际文化交流活动大都是王锡荣组织的，随着王锡荣在 2014 年退休，上海鲁迅纪念馆不仅缺少一位学术领军人物，而且也缺少活跃在国际学术领域的重要学者，这无疑会影响到上海鲁迅纪念馆未来开展国际文化交流活动，特别是开展鲁迅研究的国际学术交流活动。

第二章

绍兴鲁迅纪念馆的历史和现状研究（1953— 2016）

　　绍兴鲁迅纪念馆正式建立于 1953 年 1 月，其前身是 1949 年秋成立的绍兴鲁迅文化馆。绍兴鲁迅文化馆"虽隶属于绍兴专署文教科，但非正式编制机构，一无专职人员，二无资金下拨，其实是半官方半民间性质。鲁迅文化馆尚在筹备之际就开始动员绍兴各界人士捐献鲁迅文物"①。另外，绍兴鲁迅文化馆还通过访问鲁迅亲友，确认了位于东昌坊口的原国民党法院所在地就是周家新台门，并把办公地址迁入周家新台门。1950 年 4 月，绍兴鲁迅文化馆更名为浙江省立鲁迅文化馆，"并指定专人负责查访鲁迅亲友，调查鲁迅故居及有关遗址，征集有关鲁迅的文物资料，以此作为文化馆的一项重要任务"。在本年年底，"通过查访，初步查明鲁迅故居、百草园、三味书屋等处情况"②。1951 年 6 月，绍兴专员公署文教科决定筹建绍兴鲁迅纪念馆，并指定由浙江省立鲁迅文化馆负责筹建工作，同时调来浙江省立一中教师方杰承担筹建绍兴鲁迅纪念馆的具体事务。7 月 25 日，方杰参考文化部有关资料，制订了《绍兴鲁迅纪念馆筹建计划》，"对纪念馆的性质任务、组织编制、日常经费等问题提出具体意见，将保护鲁迅故居及三味书屋，查访、搜集文物史料，对外开展宣传教育，作为纪念馆的根本任务"③。1952 年 6 月 23 日，浙江省文化事业管理局批复绍兴鲁迅纪念馆的筹建计划，指示"纪念馆应通过陈列鲁迅文物、著作及其青少年时期环境，使广大群众了解鲁迅伟大精神，以收到较好的教育效果"④。年底，绍兴鲁迅文化馆与绍兴市文化馆合并，筹建绍兴鲁迅纪念馆的几位工作人员留在原址办公。1953 年 1 月 14 日，绍兴鲁迅纪念馆开始单独编制经费预算，1 月 21 日，

---

① 劳求（裘士雄）:《改革开放前的绍兴鲁迅纪念馆》，载《绍兴文史资料》第贰拾伍辑，绍兴市政协文史资料委员会编，铅印本，第 113 页。

② 绍兴鲁迅纪念馆编:《绍兴鲁迅纪念馆大事记（1949—2002）》，2003 年、铅印本，第 3 页。

③ 绍兴鲁迅纪念馆编:《绍兴鲁迅纪念馆大事记（1949—2002）》，第 4 页。

④ 绍兴鲁迅纪念馆编:《绍兴鲁迅纪念馆大事记（1949—2002）》，第 7—8 页。

上级正式批准绍兴鲁迅纪念馆开始单独运营，共有职工4人。

从1953年1月到1966年5月"文革"爆发之前，绍兴鲁迅纪念馆在文物征集、鲁迅生平展览、社会教育等方面的业务均有明显的进展。1957年3月，绍兴市将绍兴鲁迅故居（含百草园、三味书屋）列为第一批市级重点文物保护单位。1961年4月6日，浙江省人民委员会公布绍兴鲁迅故居为全省重点文物保护单位。因政治运动的冲击，绍兴鲁迅纪念馆从1968年8月6日闭馆，到1974年1月23日才重新开馆。1972年7月，绍兴市拆除了纪念馆原来砖木结构的陈列厅（利用位于原周家新台门中"新磬庐"的大厅改建的），仿照杭州"红太阳"展览馆的建筑风格新建了钢筋混凝土结构的陈列厅。绍兴鲁迅纪念馆制作的新的鲁迅生平展览也在1974年1月23日对外开放。为了应对大量的观众，绍兴鲁迅纪念馆由此增加了8位讲解员，开始拥有专职的讲解员。"文革"结束之后，绍兴鲁迅纪念馆纠正了"文革"期间制作的鲁迅生平事迹展览中所存在的错误问题，并在1981年、1986年、1991年、1996年、2003年、2016年对鲁迅生平展览进行多次修改。另外，1988年1月，国务院公布绍兴鲁迅故居（含三味书屋、周家老台门）为第三批全国重点文物保护单位，绍兴鲁迅纪念馆由此开始按照国家重点文物保护单位的各项标准对绍兴鲁迅故居进行保护，确保绍兴鲁迅故居的安全。

绍兴鲁迅纪念馆在1999年6月5日从绍兴市文化局划归绍兴市文化旅游投资发展有限公司管辖，虽然绍兴鲁迅纪念馆仍然是独立法人、二级核算的正科级事业单位（正式职工编制23人，临时职工20人），但是管理体制随之发生了重要变化，例如，内设部门由陈列研究室、文物资料室、群众工作部、办公室变成陈列研究资料部、办公室、旅游接待部，从而突出旅游接待的功能。另外，鲁迅祖居同时也划归绍兴鲁迅纪念馆管理，这不仅有助于绍兴鲁迅纪念馆对绍兴鲁迅故居、鲁迅祖居等与鲁迅有关的旧址进行一体化管理，加强对鲁迅祖居的保护，而且也有助于观众参观购买一张门票就能游览与鲁迅有关的几处旧址，从而促进绍兴旅游业的发展。

2002年，绍兴市对鲁迅故里历史街区进行统一规划建设，拆除了原来位于周家新台门的绍兴鲁迅纪念馆，并在原来绍兴鲁迅图书馆的旧址新建了一座具有绍兴水乡建筑风格的新的绍兴鲁迅纪念馆。2003年10月19日，新建的绍兴鲁迅纪念馆正式对外开放，并展出了新的鲁迅生平展览。2008年6月，绍兴鲁迅纪念馆开始免费参观，由此迎来了更多的观众，近年来每年参观的观众人数都超过200万人次，不仅成为国内六家鲁迅纪念馆中观众人数最多的纪念馆，而且观众人数在国内人物类纪念馆中也名列前茅。

一、藏品征集和保护工作的历史与现状

对于一个纪念馆来说，藏品无疑是开展各项业务工作的基础，因此，绍兴鲁迅纪念馆在筹建时期就开始向社会各界征集与鲁迅有关的各种文物资料，经过不懈努力，征集到数量众多的鲁迅遗物及有关史料，为绍兴鲁迅纪念馆的各项业务工作的顺利开展打下了良好的基础。

1. 从绍兴解放后到"文革"前的文物资料征集和保管工作概况

这一时期也可以说是绍兴鲁迅纪念馆的筹建期和初步发展时期。1949 年 7 月至 9 月，绍兴鲁迅文化馆尚在筹备之际，就在《新华电讯》等报纸刊登了《鲁迅文化馆筹备会为征集鲁迅文物启事》①，向社会各界征集有关鲁迅的文物。

1951 年 6 月，绍兴专员公署文教科从浙江省立一中调来方杰负责具体筹建绍兴鲁迅纪念馆工作，方杰也成为绍兴鲁迅纪念馆的首位职工和首任馆长。7 月 19 日，"专署文教科讨论开展征集鲁迅文物史料工作，提出通过召开有关单位、人员及收藏家、古董商座谈会和办展览等形式，扩大线索"②。正处于筹备期的绍兴鲁迅纪念馆由此开始了有计划地征集有关鲁迅的藏品。从《绍兴鲁迅纪念馆大事记（1949—2002）》所记载的征集鲁迅藏品的有关记录中，可以看出绍兴鲁迅纪念馆在这一时期征集鲁迅藏品主要有如下几种途径：通过调查访问鲁迅的亲友征集与鲁迅有关的文物；接受社会各界人士捐赠的与鲁迅有关的文物；接收上级机关拨付的与鲁迅有关的文物；向有关书店、文物商店购买与鲁迅有关的文物等。

（1）向在绍兴的鲁迅亲友及其后人征集有关鲁迅的藏品

绍兴解放后，鲁迅在绍兴还有不少的亲人、朋友和同学，其中有一些人仍保存着一些有关鲁迅及其家族的文物和资料，因此，绍兴鲁迅纪念馆在筹备时期就通过举办鲁迅亲友座谈会、走访部分鲁迅亲友的形式，成功地征集到一些与鲁迅有关的藏品。如 1951 年 9 月 26 日，"经过事先联系、商谈，周家老台门毛少奶奶（鲁迅堂兄弟周幼梅的夫人）送来鲁迅家寄存的搁几三张，船椅一把，小皮椅一把"；同年 10 月 12 日，"鲁迅堂叔周梅卿向本馆捐赠所藏鲁迅儿时影描的《东周列国志》一本"③。1951 年 9 月 22 日，绍兴鲁迅纪念馆把曾经在鲁迅家工作过 30 多年的王鹤照调入纪念馆，王鹤照凭借记忆查找到大量的有关鲁

---

① 绍兴鲁迅纪念馆编：《绍兴鲁迅纪念馆大事记（1949—2002）》，第 1 页。
② 绍兴鲁迅纪念馆编：《绍兴鲁迅纪念馆大事记（1949—2002）》，第 4 页。
③ 绍兴鲁迅纪念馆编：《绍兴鲁迅纪念馆大事记（1949—2002）》，第 5 页。

迅及其家族的文物资料。如1952年10月15日，"王鹤照前往阮港调查周家卖出的家具，后经该村周家坟邻协助，于17日搜集到数件周家用过的家具"①。1952年5月7日，"周冠五捐赠《百喻经》一本"②。1952年8月28日，"为广泛搜集鲁迅有关史料，约请周冠五、陈津门、马可兴、胡维铨、钱大可、徐生翁、俞英崖等座谈，商议搜集鲁迅文物史料问题"③。

1953年，绍兴鲁迅纪念馆在藏品征集方面获得重大突破。绍兴鲁迅纪念馆在1月4日收到许广平寄来的《绍兴存件及付款簿》，"此为当年鲁迅举家北迁时绍兴家具寄存、出售的情况记录，它为纪念馆搜集鲁迅文物提供了重要线索"④。于是，绍兴鲁迅纪念馆根据这个记录开始征集有关物品。1月10日，"老台门周幼梅送来鲁迅家家具十五件"；3月6日，"从绍兴县皋北乡洋浜村张梓生家取回当年鲁迅寄存的三箱书"，从中发现了鲁迅在17岁时的手抄本《二树山人写梅歌》，鲁迅批注过的《花镜》，以及鲁迅在南京求学时期手抄的讲义《开方》《开方提要》《几何学》《八线》等极为珍贵的文物，同时找回或购回了当年鲁迅家里的木器家具75件，使鲁迅故居得以顺利恢复当年陈设。⑤

另外，鲁迅在三味书屋读书时的老师寿镜吾先生的孙子寿积明不仅主动送来当年鲁迅使用过的课桌椅和一批寿镜吾的遗物，还在1959年7月"将三味书屋和寿涧邻、寿孝天的书房近10间、100余平方米的房屋捐献给绍兴鲁迅纪念馆"，对于恢复三味书屋的原状并对外开放三味书屋的展览做出了重要的贡献。⑥

此外，绍兴鲁迅纪念馆还在1953年5月26日从寄居在绍兴一个寺庙中的陶冶公（鲁迅留学日本时期的同学）那里征集到一张带有鲁迅手迹的鲁迅的名片，而陶冶公在1962年去世前把所收藏的古书及文献共一万多件（包括孙中山、鲁迅、蔡元培、章太炎等名家致陶冶公的书信）都捐给了绍兴鲁迅纪念馆，极大地丰富了绍兴鲁迅纪念馆的馆藏。⑦

值得一提的是，1963年6月25日，鲁迅表弟郦辛农将鲁迅亲栽的水野栀子

① 绍兴鲁迅纪念馆编：《绍兴鲁迅纪念馆大事记（1949—2002）》，第9页。
② 绍兴鲁迅纪念馆编：《绍兴鲁迅纪念馆大事记（1949—2002）》，第7页。
③ 绍兴鲁迅纪念馆编：《绍兴鲁迅纪念馆大事记（1949—2002）》，第8页。
④ 绍兴鲁迅纪念馆编：《绍兴鲁迅纪念馆大事记（1949—2002）》，第10页。
⑤ 绍兴鲁迅纪念馆编：《绍兴鲁迅纪念馆大事记（1949—2002）》，第10页。
⑥ 劳求（裴士雄）：《改革开放前的绍兴鲁迅纪念馆》，《绍兴文史资料》第贰拾伍辑，第118页。
⑦ 周苇棠：《琐忆两则》，《一木一石：绍兴鲁迅纪念馆建馆六十周年纪念集》，绍兴鲁迅纪念馆编，杭州：西泠印社出版社，2013年出版，第28页。

一盆捐赠给绍兴鲁迅纪念馆。这也使得鲁迅在绍兴时亲手栽培的一株花得以保存下来并能在绍兴鲁迅纪念馆对观众进行展示。①

（2）向在外地的鲁迅亲友及其后人征集有关鲁迅的藏品

许广平在 1952 年 11 月 19 日与一批全国政协委员到浙江视察工作时，特地来绍兴视察正在筹建中的鲁迅纪念馆，并由此开始帮助绍兴鲁迅纪念馆征集有关鲁迅的物品。同年 12 月，许广平委托到绍兴视察的文化部社会文化事业管理局局长王冶秋带来鲁迅儿时的物品"银八卦"送给绍兴鲁迅纪念馆。1953 年 4 月 19 日，许广平又捐给绍兴鲁迅纪念馆《鲁迅全集》（纪念版本）一套（连同精制柚木箱）。②

另外，绍兴鲁迅纪念馆工作人员张能耿在访问陶冶公时，得知他和周作人保持密切的联系，因此就通过陶冶公向周作人征集有关鲁迅及其家族的文物史料。1953 年 5 月 3 日，绍兴鲁迅纪念馆收到陶冶公转来周作人所赠的一张"祭田议单"之后，通过陶冶公转达对周作人的感谢，并希望周作人"将收藏的绍兴契据、信件等与鲁迅有关的文物捐赠本馆"。此后，绍兴鲁迅纪念馆在 7 月 22 日就"收到周作人捐赠的逍遥㳫粉底契据八张、小南山头坟地契据四张，寿怀鉴推荐管坟人信札一件"③。1961 年 7 月 8 日，又"收到周作人赠送的会稽县知县和邻舍亲族为其祖父周介孚'亲老告近'的印结与甘结各一张、其曾祖周苓年户部执照及监照各一张，周作人还赠送本馆鲁迅手迹：《古希腊之牧歌》《古希腊之小说》《小说与社会》各一篇和周作人手稿《东昌坊口》一篇"④。9 月 6 日，再次收到周作人赠送的鲁迅手迹：《德文书目》一册、《南方草木状》一册、《〈古小说钩沉〉序》一张、关于梁大同砖碑拓一张、《致议会议长信》稿一张及《古诗今译稿》一份。⑤ 这些珍贵的史料极大地丰富了绍兴鲁迅纪念馆的藏品。

（3）接受社会各界人士捐赠的藏品

在绍兴鲁迅纪念馆的大力宣传下，社会各界人士也纷纷捐赠有关鲁迅的藏品。如 1950 年 8 月，范达权将 37 册《语丝》杂志捐赠给绍兴鲁迅纪念馆⑥，这是绍兴鲁迅文化馆接收的社会人士捐赠的第一笔有关鲁迅的藏品；1953 年 4 月

---

① 绍兴鲁迅纪念馆编：《绍兴鲁迅纪念馆大事记（1949—2002）》，第 45 页。
② 绍兴鲁迅纪念馆编：《绍兴鲁迅纪念馆大事记（1949—2002）》，第 11 页。
③ 绍兴鲁迅纪念馆编：《绍兴鲁迅纪念馆大事记（1949—2002）》，第 13 页。
④ 绍兴鲁迅纪念馆编：《绍兴鲁迅纪念馆大事记（1949—2002）》，第 41 页。
⑤ 绍兴鲁迅纪念馆编：《绍兴鲁迅纪念馆大事记（1949—2002）》，第 41 页。
⑥ 绍兴鲁迅纪念馆编：《绍兴鲁迅纪念馆大事记（1949—2002）》，第 3 页。

12 日，原《宇宙风》编辑陶亢德将鲁迅的四封书信捐赠给绍兴鲁迅纪念馆①；1955 年 8 月 20 日，马孝炎将鲁迅送给他的一册《会稽郡古书杂集》捐赠给绍兴鲁迅纪念馆②；1957 年 3 月 31 日，上海的周茂松将周作人、周建人、周心梅的手迹共 29 件捐赠给绍兴鲁迅纪念馆③。

（4）接受上级机关拨付的有关鲁迅的藏品

各级党委和政府特别是上级文物机关也很支持绍兴鲁迅纪念馆的藏品征集工作，每当征集到有关鲁迅的藏品都拨付给绍兴鲁迅纪念馆收藏。如 1951 年 10 月 13 日，"收到华东文化部文物处调拨本馆的鲁迅藏书十二种二十本。上海鲁迅著作编刊社寄赠《鲁迅日记》三函（精装本）、《鲁迅选集》九册"④；1954 年 11 月上旬，"收到省文管会所赠鲁迅批注过的《金石识别》一部六册，鲁迅编著的《生理学讲义》一册"⑤。

（5）向书店、文物商店等购买有关鲁迅的藏品

为了保护和征集有关鲁迅的文物资料，政府有关部门曾经发文件，要求有关书店、文物商店等，在出售有关鲁迅的文物资料时，优先由绍兴鲁迅纪念馆购买，绍兴鲁迅纪念馆因此从一些书店和文物商店购买了一些重要的鲁迅文物资料。如 1951 年 12 月 27 日，"从青年出版社杭州营业部购到鲁迅著译《鲁迅杂感选集》《死魂灵》等 24 册"⑥；1964 年 3 月 13 日，"从杭州古旧书店买回四封鲁迅致许寿裳书信，付币 220 元"⑦。

（6）建立专门的藏品保管室，妥善保管有关文物资料

为了保护好所征集的文物资料，绍兴鲁迅纪念馆在 1954 年 2 月按照文化部的要求，编制所征集到的有关藏品的清单，并利用周家新台门中的房屋单独设立了文物藏品室，由此开始了藏品的保护工作，但是限于当时的技术条件，对文物藏品的保护比较简单，还不能利用文物专业的技术手段对文物藏品进行科学保护。

1956 年 1 月 17 日，冯雪峰等在参观绍兴鲁迅纪念馆时认为现有的文物保管条件不好，指出"要加强文物保管，逐步改善保管条件"⑧。2 月 10 日，绍兴鲁

---

① 绍兴鲁迅纪念馆编：《绍兴鲁迅纪念馆大事记（1949—2002）》，第 11 页。
② 绍兴鲁迅纪念馆编：《绍兴鲁迅纪念馆大事记（1949—2002）》，第 21 页。
③ 绍兴鲁迅纪念馆编：《绍兴鲁迅纪念馆大事记（1949—2002）》，第 30 页。
④ 绍兴鲁迅纪念馆编：《绍兴鲁迅纪念馆大事记（1949—2002）》，第 6 页。
⑤ 绍兴鲁迅纪念馆编：《绍兴鲁迅纪念馆大事记（1949—2002）》，第 18 页。
⑥ 绍兴鲁迅纪念馆编：《绍兴鲁迅纪念馆大事记（1949—2002）》，第 6 页。
⑦ 绍兴鲁迅纪念馆编：《绍兴鲁迅纪念馆大事记（1949—2002）》，第 47 页。
⑧ 绍兴鲁迅纪念馆编：《绍兴鲁迅纪念馆大事记（1949—1988）》，第 35 页。

迅纪念馆开始对馆藏文物进行第一次鉴定，初步确定了馆藏文物的类别与等级。1956 年 12 月 5 日，绍兴鲁迅纪念馆为了改善藏品的保管条件，开始修建新的文物藏品室。①

（7）举办捐献文物展览，促进文物征集的工作

绍兴鲁迅纪念馆为了感谢广大文物捐赠者，还多次在鲁迅诞辰或逝世的纪念日举办捐献文物展览。如 1961 年 9 月 25 日到 10 月 30 日，举办"捐献鲁迅文物展览"②；1962 年 9 月 25 日到 10 月 13 日，为纪念鲁迅诞生 81 周年，举办"捐献鲁迅文物展览"，"展出鲁迅亲笔书信、手稿、遗物及与鲁迅有关人物的文稿共六十五件。这些珍贵文物是近二三年来鲁迅亲友、各地鲁迅研究专家捐献的"③。另外，绍兴鲁迅纪念馆在文物征集方面取得的成功经验，引起了国家文物局的注意。1957 年 4 月 20 日到 26 日，绍兴鲁迅纪念馆时任馆长方杰赴长沙参加国家文物局召开的全国纪念性博物馆座谈会，并在会上汇报了绍兴鲁迅纪念馆调查搜集鲁迅文物史料的情况，从而使绍兴鲁迅纪念馆文物征集工作的方法和经验成为全国纪念性博物馆的学习榜样。④

2. "文革"时期的文物资料征集工作和保管工作概况

在"文革"期间，绍兴鲁迅纪念馆各项业务工作都受到政治运动的冲击，不得不在 1968 年 8 月 6 日闭馆。1970 年 6 月，因为政治运动的需要，绍兴鲁迅纪念馆开始重新制作新的鲁迅生平展览，经过多次修改，终于在 1974 年 1 月 23 日重新对外开放。因为要为新的鲁迅生平展览搜集有关史料，绍兴鲁迅纪念馆的部分工作人员又开始了搜集有关鲁迅史料的工作，并成功地征集到一批与鲁迅有关的重要藏品。

1973 年 5 月 23 日，朱忞、章贵、赵光煜三人赴北京向周建人、王冶秋汇报绍兴鲁迅纪念馆的工作，在和周建人谈话时得知周建人还保存着两个鲁迅用过的书箱，于是就请周建人捐赠给绍兴鲁迅纪念馆。周建人爽快地同意捐赠。这两个鲁迅用过的书箱由此也成为绍兴鲁迅纪念馆的重要藏品，后来也多次被作为重要的展品在展览中进行展示。⑤

随着绍兴鲁迅纪念馆的对外开放，搜集鲁迅文物史料的工作也继续开展起来。绍兴鲁迅纪念馆的工作人员开始赴外地调查访问一些鲁迅的亲友或同时

---

① 绍兴鲁迅纪念馆编：《绍兴鲁迅纪念馆大事记（1949—2002）》，第 29 页。
② 绍兴鲁迅纪念馆编：《绍兴鲁迅纪念馆大事记（1949—2002）》，第 42 页。
③ 绍兴鲁迅纪念馆编：《绍兴鲁迅纪念馆大事记（1949—2002）》，第 43 页。
④ 绍兴鲁迅纪念馆编：《绍兴鲁迅纪念馆大事记（1949—2002）》，第 31 页。
⑤ 绍兴鲁迅纪念馆编：《绍兴鲁迅纪念馆大事记（1949—2002）》，第 59 页。

代人。

1975年10月21—28日，张能耿、章贵、裴士雄、邬继德四人赴北京拜访周建人并请周建人回忆有关鲁迅的往事。周建人在回忆时偶然提到鲁迅在上海曾为人力车夫包扎伤口的事，并说他还保存着鲁迅为人力车夫医治脚伤的一把镊子。在绍兴鲁迅纪念馆工作人员的要求下，周建人同意把这把镊子捐赠给绍兴鲁迅纪念馆，这把见证了鲁迅对普通劳动者的关心的镊子由此成为绍兴鲁迅纪念馆的重要藏品，后来也多次被作为重点展品在展览中进行展示。①

同年11月26日，裴士雄、蒋彦明得到有关鲁迅文物的线索后立即赶赴上海向鲁迅的友人蒋抑卮的后人征集文物资料，后从武汉的蒋世显处征集到首次发现的两帧鲁迅等人于1909年在日本的合影（同时还发现了《仙台书简》及另外的照片，后被蒋世显捐给北京鲁迅博物馆）。② 蒋世显后来又在1976年8月16日写信给绍兴鲁迅纪念馆，"决定将珍藏多年的《鲁迅全集》（纪念本）一套捐赠本馆"③。绍兴鲁迅纪念馆在12月5日派工作人员赴上海接受捐赠。

裴士雄得到时有恒在徐州居住的信息后，分别在1976年5月10日和9月28日两次赴徐州向时有恒征集有关鲁迅的文物资料，最后成功地征集到一批有关鲁迅的书刊资料。④

另外，木刻家力群也主动向绍兴鲁迅纪念馆捐赠画册，并在1975年12月18日派女儿郝霞专程从山西护送《凯绥·珂勒惠支版画选集》《〈死魂灵〉一百图》《梅斐尔德木刻士敏土之图》这三件鲁迅编印的重要画册到绍兴鲁迅纪念馆。力群所捐赠的画册中其中有一本画册是鲁迅寄赠给力群的，见证了鲁迅对力群等青年木刻家的关心和指导，可以说是较为珍贵的文物。⑤

3. "文革"后到20世纪80年代的文物资料征集和保管工作概况

20世纪80年代，绍兴鲁迅纪念馆继续采取在20世纪五六十年代所使用的征集藏品的方法来征集有关鲁迅的藏品，但是因为经历过"文革"的冲击，个人手中所保存的有关鲁迅的文物资料幸存下来的已经不多了。

绍兴鲁迅纪念馆在1981年6月8日和9月24日先后举行了两次鲁迅亲友座谈会，取得了较好的效果，特别是9月举办的鲁迅亲友座谈会还邀请周作人的儿子周丰一专程从北京来到绍兴参加，为周丰一等周作人的家属捐献有关鲁迅

---

① 绍兴鲁迅纪念馆编：《绍兴鲁迅纪念馆大事记（1949—2002）》，第64页。
② 绍兴鲁迅纪念馆编：《绍兴鲁迅纪念馆大事记（1949—2002）》，第64页。
③ 绍兴鲁迅纪念馆编：《绍兴鲁迅纪念馆大事记（1949—2002）》，第68页。
④ 绍兴鲁迅纪念馆编：《绍兴鲁迅纪念馆大事记（1949—2002）》，第66页。
⑤ 绍兴鲁迅纪念馆编：《绍兴鲁迅纪念馆大事记（1949—2002）》，第65页。

及其家族的文物资料奠定了良好的基础。周丰一回京后不久就在 9 月 29 日把鲁迅收藏的一枚炮弹壳（鲁迅在张勋复辟时从南口捡回的）捐献给绍兴鲁迅纪念馆，此后还在 1984 年 10 月 15 日捐献过一些鲁迅家在绍兴时用过的橱柜。另外，周建人的夫人王蕴如捐献了《嘉泰会稽志》《宝庆续会稽志》《越谚》等有关绍兴历史和文化的珍贵书籍。

绍兴鲁迅纪念馆在 1981 年还举办了纪念鲁迅诞辰 100 周年书画展，并顺利地征集到沙孟海、钱君匋、费新我、赵延年等现当代著名书画家的参展作品，为纪念馆今后的展览工作提供了丰富的书画作品。

此外，1983 年 12 月 31 日，朱忞等从温州带回胡今虚捐赠鲁迅亲笔书写的信封一个，洪水平捐赠的鲁迅编著的《生理学讲义》一本。① 1985 年 9 月 5 日，袁默君捐赠两张照片给绍兴鲁迅纪念馆，其中之一是首次发现的鲁迅与绍兴中学旅京同学的合影，较为珍贵，从而进一步丰富了绍兴鲁迅纪念馆的藏品。②

1986 年 10 月 13 日到 25 日，绍兴鲁迅纪念馆为纪念鲁迅逝世 50 周年举办了"捐献鲁迅文物资料展"，展出"许广平、周建人、周梅卿、周丰一、蒋世显等鲁迅亲友和有关单位、个人历年捐献的鲁迅文物资料共 100 多件"③。绍兴鲁迅纪念馆通过举办这个展览，一方面是纪念鲁迅，另一方面也是表彰捐献者的功绩。

绍兴鲁迅纪念馆在 20 世纪 80 年代征集到的唯一的鲁迅手迹是一封鲁迅的书信。1989 年 12 月 4 日，绍兴鲁迅纪念馆从杭州古旧书店购买了鲁迅 1911 年 1 月 2 日致许寿裳书信（4 页），这封信的内容已经收入 1981 年版《鲁迅全集》，但原件一直由个人收藏，这次终于归属国家，被绍兴鲁迅纪念馆珍藏。④

绍兴鲁迅纪念馆在 1989 年新建的二层楼的文物库房投入使用，较大地增加了文物库房的面积，绍兴鲁迅纪念馆的文物保护工作也由此迈上了新的台阶：首先，绍兴鲁迅纪念馆文物资料室借搬迁文物库房之机，对所有藏品进行统一的分类登记，并按照藏品的种类分库保管，对重要的藏品还专门制作樟木匣进行保管，对普通藏品进行防霉、防虫、防光和防尘工作，从而为藏品的利用和研究提供了方便；其次，绍兴鲁迅纪念馆添置空调、除湿机等专业设备来保障文物库房中珍品库、书画库及古籍库的藏品处于恒温恒湿的环境中，从而在一

---

① 绍兴鲁迅纪念馆编：《绍兴鲁迅纪念馆大事记（1949—2002）》，第 99 页。
② 绍兴鲁迅纪念馆编：《绍兴鲁迅纪念馆大事记（1949—2002）》，第 110 页。
③ 绍兴鲁迅纪念馆编：《绍兴鲁迅纪念馆大事记（1949—2002）》，第 120 页。
④ 傅宝香：《鲁迅纪念馆新近征集到一通鲁迅书简》，《绍兴鲁迅研究专刊》（内部发行）第 10 期，1989 年印刷。

定程度上了减轻了绍兴夏季高温潮湿的气候对纸质藏品造成的损害。[①]

4. 20 世纪 90 年代至今的文物资料征集和保管工作概况

绍兴鲁迅纪念馆在 20 世纪 90 年代所征集的藏品中，最重要的藏品来源于周作人的家属的捐赠。如 1991 年 9 月 20 日，"周丰一正式将原先暂存的十七封鲁迅书信慨赠本馆"；1992 年 6 月 2 日，"周丰一捐赠箱、柜等周氏遗物给我馆"；1997 年 9 月 24 日，"张菼芳将周作人藏书七十四册、实物两件捐赠我馆"。[②] 这些藏品，特别是鲁迅的 17 封书信无疑具有重要的文物价值，成为绍兴鲁迅纪念馆的重要藏品。

但是 20 世纪 90 年代，随着市场经济的兴起，绍兴鲁迅纪念馆在征集藏品时也开始考虑到捐赠者的经济利益，所以征集藏品的方法也随之发生改变，开始付款收购藏品。

绍兴鲁迅纪念馆为了征集有关鲁迅的美术作品开始向艺术家付款购买画作。如 1992 年 12 月 18 日，"征集赵延年《孔乙己》等木刻，付币 1200 元"[③]；1993 年，"征集赵延年创作的有关鲁迅的木刻 7 幅，付币 700 元"[④]；1996 年 7 月 20 日，"征集到哈尔滨画院颜仲仁创作的《与鲁迅同时代的人》木刻组画 36 幅，付币 1 万元"[⑤]；1997 年 7 月 6 日，"从颜仲仁处购买木刻画 6 幅，每幅价 300 元"[⑥]。绍兴鲁迅纪念馆在购买到这些画作之后，开始举办相关展览来展示这些画作，从而发挥出这些画作宣传鲁迅及其作品的艺术作用。如 1996 年 10 月 16 日至 31 日，举办了"与鲁迅同时代的人"版画展，展出颜仲仁创作的版画 37 幅，同时展出 330 帧与鲁迅有关的藏书票。[⑦] 2002 年 5 月 1 日，绍兴鲁迅纪念馆再次在鲁迅祖居举办"与鲁迅同时代的人"版画展。[⑧]

此外，绍兴鲁迅纪念馆为了鼓励一些与鲁迅有交往的知名作家、艺术家捐赠批量的藏品，开始为捐赠大量藏品者设立个人的专库或专门的展览厅，以此来吸引捐赠者。如在 1994 年开始实行系列文库工程，在同年 9 月 6 日举行了

---

① 徐晓光：《与古为役，守先待后——写在建馆六十周年之际》，《一木一石：绍兴鲁迅纪念馆建馆六十周年纪念集》，第 95 页。

② 裘士雄：《一切为了鲁迅》，《一木一石：绍兴鲁迅纪念馆建馆六十周年纪念集》，第 39 页。

③ 绍兴鲁迅纪念馆编：《绍兴鲁迅纪念馆大事记（1949—2002）》，第 165 页。

④ 绍兴鲁迅纪念馆编：《绍兴鲁迅纪念馆大事记（1949—2002）》，第 166 页。

⑤ 绍兴鲁迅纪念馆编：《绍兴鲁迅纪念馆大事记（1949—2002）》，第 191 页。

⑥ 绍兴鲁迅纪念馆编：《绍兴鲁迅纪念馆大事记（1949—2002）》，第 197 页。

⑦ 绍兴鲁迅纪念馆编：《绍兴鲁迅纪念馆大事记（1949—2002）》，第 193 页。

⑧ 绍兴鲁迅纪念馆编：《绍兴鲁迅纪念馆大事记（1949—2002）》，第 225 页。

"潘渊教授藏书捐赠仪式"，设立专门的房间作为"潘渊文库"来收藏潘渊家属捐赠的藏品。此后，又在1996年建立了"马蹄疾文库"，在1997年建立了"刘岘文库"和"许钦文文库"，在1999年建立了"孙席珍文库"，在2007年4月11日设立了《话说鲁迅先生——赵延年"鲁迅文学作品插图展"》陈列馆，共展出赵延年在2006年捐赠的55幅美术作品，包括《阿Q正传》插图15幅，《狂人日记》插图15幅。① 这些个人文库和展览厅的建立，不仅极大地丰富了绍兴鲁迅纪念馆的藏品（如"许钦文文库"收藏有许钦文子女捐赠的许钦文所藏1938年版《鲁迅全集》以及许钦文著作、手稿、照片和生活用品共3064件），而且也作为绍兴鲁迅纪念馆的鲁迅生平展览的辅助展览进一步扩大了绍兴鲁迅纪念馆的展示内容。

绍兴鲁迅纪念馆的文物保管工作在20世纪90年代有了很大的变化。1996年，绍兴鲁迅纪念馆按照浙江省文物局统一印制的《博物馆藏品总登记账》，"对藏品进行重新编排总登记号、编制分类大纲，对总账登记、编目、藏品方位卡、分类、藏品档案等基础性工作进行规范"。1998年，开始集中开展了馆藏珍贵文物藏品的建档工作，"对每件文物都进行了认真考察、测量、拍照和分析研究，撰写简述，调查征集经过和流传经历，认真填写编目卡和藏品档案。做到珍贵文物一件一卡一档案，编写详明，使每件文物的记录都做到有根有据，确切可靠。为文物的研究和科学利用创造了良好的条件。2005年完成一级藏品档案报国家文物局备案，二、三级藏品档案报省文物局备案"②。可以说，绍兴鲁迅纪念馆按照国家统一制定的标准对全部藏品进行分类、登记、编目，使绍兴鲁迅纪念馆的文物保护工作更加规范化、标准化，有助于绍兴鲁迅纪念馆对藏品进行科学化的管理和使用。

另外，绍兴鲁迅纪念馆还在2003年8月与绍兴国脉计算机公司联合开发了《鲁迅纪念馆文物库房数据化管理系统》的软件，可以通过电脑来查阅或使用藏品的图片，从而避免了研究者和读者查阅藏品实物对藏品造成的损害，有利于藏品的保护和使用。

5. 小结

绍兴鲁迅纪念馆作为一个中小型的纪念馆（建馆之初只有4位工作人员，2016年时具有事业单位正式人事编制的职工也仅23名），在1953年建馆之后，

① 绍兴鲁迅纪念馆编：《一木一石：绍兴鲁迅纪念馆建馆六十周年纪念集》，第217页。
② 徐晓光：《与古为役，守先待后——写在建馆六十周年之际》，《一木一石：绍兴鲁迅纪念馆建馆六十周年纪念集》，第93—94页。

经过几代工作人员的不懈努力，克服种种困难，不仅立足绍兴，较好地完成了绍兴地区所保存的鲁迅文物的征集和保管工作，而且面向全国，从北京、上海乃至日本也征集到一批有关鲁迅的文物。

2003 年是绍兴鲁迅纪念馆建馆 50 周年，劳求（裘士雄）撰写了《绍兴鲁迅纪念馆纪事》一文，系统地回顾和总结了绍兴鲁迅纪念馆在藏品征集、陈列展览、学术研究等业务工作上的情况，指出："经核实，绍兴鲁迅纪念馆广泛搜集、妥善庋藏鲁迅文物及其有关文物图书资料 17600 余件，照片约 5000 帧和不少音像资料，其中国家一级革命文物 50 件，二级文物 41 件，三级文物及一般文物 5428 件。"① 绍兴鲁迅纪念馆所征集的上述藏品来源广泛，不仅有鲁迅亲友及其后人，以及社会各界人士捐献的藏品，而且有上级机关拨交、兄弟单位交换，以及外国友好人士赠送的藏品，另外还有一些是从文物商店、旧书店，以及藏家手中购买来的藏品，可以说，每一件藏品的征集都体现着绍兴鲁迅纪念馆工作人员的辛苦付出。而绍兴鲁迅纪念馆所征集到的上述藏品不仅为绍兴鲁迅纪念馆各项业务工作的开展打下了良好的基础，而且也很好地完成了国家所赋予绍兴鲁迅纪念馆的征集有关鲁迅的珍贵文物，保存鲁迅留下的物质文化遗产的历史重任。

二、展览工作的历史与现状

1. 鲁迅故居（含百草园、三味书屋）的原状展览

（1）鲁迅故居及百草园的复原

1949 年 7 月，绍兴文化馆在筹备期间就通过调查确定位于东昌坊口的原国民党法院就是周家的新台门，并通过走访鲁迅亲友大致确定了鲁迅故居和百草园的具体位置。绍兴鲁迅文化馆也从寿家台门迁入周家新台门办公。1951 年 6 月，方杰调到绍兴鲁迅文化馆负责筹建绍兴鲁迅纪念馆的工作，不久，方杰从鲁迅族叔周冠五那里得知曾在鲁迅家做过 30 多年工友的王鹤照（亦名王鹤招）在嘉兴一家酱园工作，就设法把王鹤照请到绍兴鲁迅文化馆工作。王鹤照在 9 月 22 日来馆工作后，于次日就开始实地察看周家新台门房屋变迁的情况，回忆当年周家房屋结构、布局和使用的详细情况。

1952 年 10 月，绍兴市政府地政科从收缴的大量旧地契中发现了周家新台门卖给朱阆仙的《绝卖屋契》（附有周家新台门平面图），并转交给绍兴鲁迅纪念

---

① 劳求（裘士雄）：《绍兴鲁迅纪念馆纪事》，《越文化研究通信》（内部发行），2003 年第 3 期，总第 52 期，绍兴市文物管理局等编。

馆收藏。绍兴鲁迅纪念馆结合周家新台门的平面图，通过实地调查确定周家新台门西首的两间楼房和厨房以及周椒生坐馆教书的书房前的那棵四季桂是鲁迅故居的一部分。1953 年 4 月 4 日，绍兴鲁迅纪念馆邀请周冠五、周梅卿等鲁迅亲友，以及当年参与拆除周家新台门，新建朱阆仙的"新磐庐"工程的泥工马和尚、木工章德意等人座谈，了解周家新台门的变化情况，并确定现存的周家新台门西首的两间楼房和厨房，没有被拆建过，就是鲁迅家原来的房屋。[①] 1953 年 7 月 15 日到 26 日，绍兴鲁迅纪念馆对百草园进行整修。同年 12 月，绍兴鲁迅纪念馆使用华东军政委员会文化部下拨的专款 4600 万元（旧币）购回了鲁迅故居的两间楼房和厨房（当时的房主是章廉澄），由此，周家新台门（含鲁迅故居、百草园）中的房产都被收归国有，并作为文物被国家保护起来。

在收回周家新台门之后，绍兴鲁迅纪念馆利用找回或购回的一些鲁迅家的家具来逐渐恢复鲁迅故居的原状，并对观众开放。鉴于周家新台门中的房屋及布局变化较大，绍兴鲁迅纪念馆在 1955 年按照周家新台门平面图制作了鲁迅故居的模型，并在当年的 10 月 1 日作为展品对观众展出。1956 年，浙江省文化局拨款 23000 元用于修缮鲁迅故居、布置陈列、修建藏品保管室，改善了周家新台门内的硬件设施。1957 年 3 月，绍兴市将绍兴鲁迅故居（含百草园、三味书屋）列为第一批市级重点文物保护单位，开始用行政法规对鲁迅故居进行保护。1961 年 4 月 6 日，浙江省人民委员会将鲁迅故居列为全省重点文物保护单位，1988 年 1 月，绍兴鲁迅故居（附周家老台门和三味书屋）被国务院公布为第三批全国重点文物保护单位，从而把对鲁迅故居的保护上升到国家层面，成为国家级的文化遗产。

鲁迅故居（两楼两底，以及百草园）后来也经过多次维修，最重要的维修是在 1981 年，终于在周家新台门中恢复了鲁迅家原有的五楼五底的房屋，以及鲁迅家的灶间及后面的三间平房。此外，绍兴市在同年还维修了长庆寺、土谷祠、安桥头朝北台门、皇甫庄鲁迅避难处及包公殿等与鲁迅童年生活有关的建筑遗址，并新建了咸亨酒店、恒济当的大门等鲁迅故居附近的建筑，从而使观众可以更好地感受鲁迅童年时期的生活状况。

（2）三味书屋的复原

鲁迅在三味书屋读书时的老师寿镜吾先生的后代一直居住在寿家台门，所以作为寿家台门一部分的三味书屋也保存得比较完好。寿家的后代在绍兴鲁迅文化馆筹建期间就同意把三味书屋无偿借给绍兴文化馆举办鲁迅展览。绍兴鲁

---

① 绍兴鲁迅纪念馆编：《绍兴鲁迅纪念馆大事记（1949—2002）》，第 11 页。

迅纪念馆在 1953 年成立后，多次邀请鲁迅在三味书屋读书时的同学周梅卿、王福林、章祥耀等人座谈，回忆三味书屋的陈设情况，并找回了一些三味书屋当时使用的课桌椅，复制了书屋中挂着的"松鹿图"等物品，在 1954 年完成了三味书屋的复原工作，并对外开放。1956 年 10 月，许广平到三味书屋参观，提出鲁迅曾经在书桌上刻下一个"早"字的情况。经过仔细辨认，果然在书桌的右下角发现了鲁迅刻下的"早"字，鲁迅刻"早"字来提醒自己上学不要迟到的故事也由此流传开去。1959 年 7 月，寿镜吾的孙子寿积明代表家人把三味书屋房产（连同室内的匾、联、"松鹿图"、课桌椅、藏书）都无偿捐献给国家，由绍兴鲁迅纪念馆管理使用。① 此后，绍兴鲁迅纪念馆也在三味书屋中陆续增加了一些与当时所使用的旧家具相似的物品和书籍，使三味书屋的陈设更符合历史的原貌。

（3）鲁迅祖居的复原

周家老台门（鲁迅祖居）一直由鲁迅家的亲人居住，房屋格局变化较小，是绍兴市保存较为完好的台门建筑。为了保护周家老台门，华东军政委员会文化部在 1951 年 8 月下拨专款 3900 万元（旧币）用于周家老台门的修复，不仅复原了台门斗、厅、堂，而且还妥善保护了大厅墙壁上的太平天国时期所绘制的壁画。1958 年 11 月，华东军政委员会文化部又拨款 4730 元将周家老台门收归国有，到 1960 年终于将全部住户迁走，周家老台门由此也归属国家所有。1959 年 10 月 1 日，为庆祝新中国成立十周年，绍兴鲁迅纪念馆在周家老台门举办书画、工艺美术展览。② 此后，周家老台门作为绍兴市文管处、绍兴市鲁迅图书馆等一些文化机构的办公场地。1989 年 2 月 28 日，绍兴鲁迅纪念馆与绍兴市文管处、绍兴市文物公司共同在新修缮的周家老台门建立了绍兴民俗博物馆，主要展示绍兴的婚俗仪式、社戏、新年祝福等民俗风情。1999 年 8 月 6 日，周家老台门划归绍兴鲁迅纪念馆管理，从而与鲁迅故居、百草园、三味书屋等景点实行一体化管理，方便了观众参观。

2003 年，绍兴市在建设鲁迅故里文化街区时，决定修复鲁迅祖居隔壁的朱家台门的花园，将绍兴民俗博物馆原来展览的绍兴民俗场景移到朱家台门，并建立"鲁迅笔下绍兴风情园"，设有"绍俗祝福""越俗漫话""迎神赛会""男婚女嫁"四个展览厅，不仅制作了新年祝福的真实场景和婚俗场景（通过人物蜡像演示），而且定时演出社戏和越剧的片段，使观众能更好地体验到鲁迅笔

---

① 绍兴鲁迅纪念馆编：《绍兴鲁迅纪念馆大事记（1949—2002）》，第 37 页。

② 绍兴鲁迅纪念馆编：《绍兴鲁迅纪念馆大事记（1949—2002）》，第 38 页。

下的绍兴风俗。

2. 鲁迅生平陈列的演变

回顾绍兴鲁迅纪念馆的鲁迅生平陈列的演变史，大致可以划分为初创期、异化期、拨乱反正期、深化期、高峰期等几个阶段。

（1）初创期：从 1950 年到 1966 年的鲁迅生平陈列

绍兴鲁迅纪念馆的前身是浙江省立鲁迅文化馆。1950 年 10 月 19 日，绍兴鲁迅文化馆为纪念鲁迅逝世 14 周年，在馆内举办了小型的鲁迅展览。因为绍兴鲁迅文化馆还处于筹建时期，当时所搜集到的有关鲁迅的资料比较少，所以这个展览比较简陋，只是在几张桌子上摆放了一套《鲁迅全集》和鲁迅著译、编印的部分图书、期刊等，在墙壁上挂了一些鲁迅的照片，同时配上简单的说明文字。① 不过，这个展览开启了后来绍兴鲁迅纪念馆主办的鲁迅生平展览的先河。

1951 年 10 月 19 日，绍兴鲁迅文化馆为纪念鲁迅逝世 15 周年，再次举办了鲁迅展览。展览地点设在鲁迅故居东边五楼五底和二楼二底的四个房间之中，将所搜集到的有关鲁迅的资料，按照鲁迅著作、照片、手迹、文物等分别在四个房间中展出，同时配有简单的说明文字，在内容方面比去年的展览有了明显的进步。但是，限于当时的条件，展览所使用的展柜和镜框等都是从各处找来的，规格不统一，因此使展览在形式上显得有些杂乱无章。②

1952 年 10 月 19 日，绍兴鲁迅文化馆为纪念鲁迅逝世 16 周年，第三次举办了鲁迅展览。这次展览在内容上将鲁迅生平分为青少年、中年、晚年三部分，首次以鲁迅生平为叙述线索来设计展览的内容，奠定了后来绍兴鲁迅纪念馆制作的鲁迅生平事迹陈列的基础。另外，还新增加了一些新搜集到的鲁迅文物资料，展览场地也由四个房间扩充到八个房间。

1953 年 1 月，绍兴鲁迅纪念馆正式成立，由此加强了对鲁迅展览的管理。在 5 月 4 日，为突出展示鲁迅幼年在绍兴时期的生活，对鲁迅展览进行修改，将鲁迅幼年部分扩充为在两个房间展出。11 月 2 日，绍兴鲁迅纪念馆为满足观众要求，增加参观场所的开放时间，除鲁迅故居只限节假日和纪念日开放外，三味书屋及老台门全天开放，文物陈列室的鲁迅展览每星期开放七个半天。③

1954 年 4 月 14 日，绍兴鲁迅纪念馆鉴于鲁迅生平事迹陈列室设在楼上，不

---

① 绍兴鲁迅纪念馆编：《绍兴鲁迅纪念馆大事记（1949—2002）》，第 3 页。

② 赵国华：《绍兴鲁迅纪念馆陈列变迁史话》，载绍兴鲁迅纪念馆编《一木一石：绍兴鲁迅纪念馆建馆六十周年纪念集》，西泠印社出版社，2013 年出版，第 103 页。

③ 绍兴鲁迅纪念馆编：《绍兴鲁迅纪念馆大事记（1949—2002）》，第 13 页。

方便观众参观，于是决定将鲁迅展览搬到原鲁迅文化馆的大礼堂内进行展示。9月 25 日，鲁迅故居、百草园、三味书屋、陈列室全部开放。12 月 1 日，浙江省文化局局长黄逸宾、副局长王顾明来绍兴鲁迅纪念馆视察工作时，指出："①要以能说明鲁迅战斗精神的事物为主，把当时的历史背景和鲁迅亲近劳动人民的事迹加以突出说明；②插图质量要好，大小要适当；③有些鲁迅书信已能说明问题的就不要另外说明；④鲁迅与党的关系、领导'左联'、培养青年、恶劣环境下搞翻译等要突出；⑤把毛主席的话做陈列指导方针，以说明先生的伟大；⑥故居两间要修复保管好。"① 这也是上级领导首次针对绍兴鲁迅纪念馆的鲁迅生平陈列的政治导向问题做出的重要指示，成为绍兴鲁迅纪念馆此后修改鲁迅生平展览时的指导思想。

绍兴鲁迅纪念馆按照浙江省文化局局长的指示，经过研究之后，在 1955 年9 月 17 日对鲁迅展览进行了修改："分早年、中年、晚年三部分，重新布置展出鲁迅生平事迹展览，通过陈列各个时期的照片、实物，形象地介绍了鲁迅的爱国主义、国际主义精神。"②

随着鲁迅逝世 20 周年纪念日的临近，为了做好 1956 年纪念鲁迅逝世 20周年的各项活动，各级领导陆续到绍兴鲁迅纪念馆视察工作，并做出指示。

1955 年 12 月 22 日，浙江省文化局副局长许钦文作为主抓浙江省纪念鲁迅逝世 20 周年筹备活动的主要领导，专门来绍兴鲁迅纪念馆传达文化部及省文化局的指示："①以故乡绍兴为中心，结合当时历史、经济、生产、生活等情况，搞具有绍兴特色的陈列；②故居必须清楚地给人以真实感，反映鲁迅先生的家庭环境及其艰苦的摸索；③要为拍摄电影故事片《祝福》做准备；④做好一切准备，隆重纪念鲁迅逝世廿周年的活动。"③ 1956 年 1 月 17 日，冯雪峰、黄源、唐弢、许钦文等到绍兴参观鲁迅故居、陈列室，冯雪峰等指出："①鲁迅生平事迹陈列中应增加绍兴府中学堂的照片，以反映历史真实；②鲁迅在广州的说明应重写；③充实陈列内容，特别是鲁迅与蔡元培、徐锡麟、秋瑾、陶成章等人的关系应具体说明；④生平事迹陈列应突出鲁迅在故乡绍兴时期的内容，其他则可简略些；⑤要加强文物保管，逐步改善保管条件。陈列展出应用复制品。"④ 4 月 13 日，文化部副部长郑振铎在黄源、许钦文陪同下来绍兴视察鲁迅故居、三味书屋、陈列室和老台门，指出："鲁迅生平事迹陈列要有有机的联

---

① 绍兴鲁迅纪念馆编：《绍兴鲁迅纪念馆大事记（1949—1988）》，第 28 页。
② 绍兴鲁迅纪念馆编：《绍兴鲁迅纪念馆大事记（1949—2002）》，第 21 页。
③ 绍兴鲁迅纪念馆编：《绍兴鲁迅纪念馆大事记（1949—2002）》，第 22 页。
④ 绍兴鲁迅纪念馆编：《绍兴鲁迅纪念馆大事记（1949—2002）》，第 23 页。

系；应介绍鲁迅在故乡的生活及对其影响；鲁迅故居与纪念馆不宜同一进出口，应恢复新台门的两扇墙门做出入道；百草园应保持原貌，园外可搞绿化并对外开放；老台门应收购并妥善加以保护；东昌坊口应保持现状；三味书屋的书籍要加以保管。"①

为了落实上述领导的指示，并做好纪念鲁迅逝世 20 周年的工作，浙江省文化局两位工作人员在 5 月 11 日来绍兴鲁迅纪念馆商量今后的工作，"决定恢复新台门鲁迅家出入道，保持鲁迅故居和百草园原貌；陈列内容应以鲁迅在绍兴为主，进行补充；三味书屋应保持原状，并充实陈列内容；收购老台门，并进行修缮。经研究决定后立即造预算，需经费 25000 元，上报文化部批准"②。9 月 4 日，浙江省文化局拨款 23000 元用于修缮鲁迅故居等经费，绍兴鲁迅纪念馆决定："恢复和修理鲁迅故居 3100 元，添置陈列品、布置陈列 6000 元，收购和修理老台门 7000 元，添置设备 1200 元，整修后园 400 元，贵宾室及观众休息室添置设备 2000 元，东昌坊口及鲁迅故居模型制作费 2000 元，厕所修缮费 300 元。"③ 绍兴鲁迅纪念馆的硬件设施由此得到了极大的改善。

1956 年 10 月 19 日，绍兴鲁迅纪念馆修改后的鲁迅生平陈列正式对外开放。这个鲁迅生平陈列可以说是绍兴鲁迅纪念馆所制作的第一个真正意义上的鲁迅生平展览，基本具备了一个人物类纪念馆展览的各项要素，确定了绍兴鲁迅纪念馆鲁迅生平陈列的风格。据赵国华在《绍兴鲁迅纪念馆陈列变迁史话》一文中的介绍，这个鲁迅生平陈列主要有如下几点变化：①按照各级领导的指示，突出绍兴特色，不仅用较多的内容展示鲁迅在绍兴时期的生活情况，而且摆放了鲁迅故居的模型和东昌坊口的模型，使观众能较好地认识到鲁迅在绍兴时期的生活环境；②在展厅入口处设置一道照壁，照壁前摆放一尊比真人稍大一点的鲁迅胸像，照壁上挂着书写的毛泽东在《新民主主义论》中对鲁迅评价文字的六屏条幅，从而以国家领导人对鲁迅的高度评价来突出鲁迅在中国历史上的崇高地位；③在展览中使用文物的复制品，不再使用文物的实物，从而可以保护一些重要的文物；④首次统一了展览的形式，新制作了展览柜和展览镜框，使展示的风格统一；⑤请著名书法家沈定庵亲笔书写展览的说明文字，从而增强说明文字的美感。④

---

① 绍兴鲁迅纪念馆编：《绍兴鲁迅纪念馆大事记（1949—2002）》，第 24 页。
② 绍兴鲁迅纪念馆编：《绍兴鲁迅纪念馆大事记（1949—2002）》，第 24 页。
③ 绍兴鲁迅纪念馆编：《绍兴鲁迅纪念馆大事记（1949—2002）》，第 26 页。
④ 赵国华：《绍兴鲁迅纪念馆陈列变迁史话》，《一木一石：绍兴鲁迅纪念馆建馆六十周年纪念集》，第 105 页。

这个展览直到"文革"前一直在对外展示，其间只有一些小的内容修改，另外还增加了一些展品，但展览的内容和形式没有大的改变。从 1958 年 4 月 1 日开始，绍兴鲁迅纪念馆为满足广大观众的要求，决定鲁迅生平陈列室每天开放；鲁迅故居、百草园和三味书屋也都增加了开放时间。① 在 1958 年 5 月，"陈列室调整了部分展品，充实了鲁迅青少年时期的内容，增加了介绍绍兴地方史的资料"②，从而使展览内容更加突出地展示鲁迅青少年时期的生活情况，以及鲁迅所接触到的绍兴文化。

另外，这个鲁迅生平展览也按照上级领导的要求有所修改，如 1961 年 5 月 14 日，文化部部长钱俊瑞来绍兴鲁迅纪念馆视察时指出："①突出鲁迅青少年时期，以他在绍兴的生活为重点；②收集有关鲁迅旧民主主义思想在绍兴形成的资料；③鲁迅故居更应注意保护文物的原貌，不可浮华；④百草园的短墙要设法加固。"③ 绍兴鲁迅纪念馆按照上级领导的指示，又对各项业务工作进行了调整，如在 1961 年 6 月 7 日，增加了鲁迅手稿陈列室、鲁迅著译版本陈列室、鲁迅小说《故乡》陈列室三个专题陈列室。④ 1963 年 8 月 27 日，绍兴鲁迅纪念馆随着藏品的增加，再次对鲁迅生平展览进行调整充实，增加了近 400 件展品⑤，使观众可以通过展览更好地了解鲁迅的生平与成就。

（2）异化期："文革"时期的鲁迅生平陈列

1966 年 5 月"文革"爆发后，绍兴鲁迅纪念馆受到冲击，1967 年 1 月，绍兴鲁迅纪念馆的领导被批斗并停职，开始由馆内群众组织的造反派掌权。造反派认为："当时，绍兴鲁迅纪念馆在周扬一伙的长期控制下，对鲁迅也进行了歪曲宣传。在'突出鲁迅青少年时期'的幌子下，以唯心主义的天才观解释鲁迅的成长，不适当地夸大封建地域观念，美化私塾教育，追求繁琐考证和索隐，从而阉割了鲁迅的无产阶级彻底革命的精神。"⑥

1968 年 8 月 6 日，绍兴鲁迅纪念馆开始闭馆。1969 年 1 月，绍兴县革委会组织的"工人毛泽东思想宣传队"进驻绍兴鲁迅纪念馆。5 月 31 日，绍兴县革委会政工组做出了对绍兴鲁迅纪念馆的鲁迅生平陈列进行彻底改革的意见，同

① 绍兴鲁迅纪念馆编：《绍兴鲁迅纪念馆大事记（1949—2002）》，第 34 页。
② 绍兴鲁迅纪念馆编：《绍兴鲁迅纪念馆大事记（1949—2002）》，第 35 页。
③ 绍兴鲁迅纪念馆编：《绍兴鲁迅纪念馆大事记（1949—2002）》，第 40 页。
④ 绍兴鲁迅纪念馆编：《绍兴鲁迅纪念馆大事记（1949—2002）》，第 40 页。
⑤ 绍兴鲁迅纪念馆编：《绍兴鲁迅纪念馆大事记（1949—2002）》，第 46 页。
⑥ 赵光煜：《绍兴鲁迅纪念馆简介》，《鲁迅生平资料丛钞·鲁迅在绍兴》，山东师院聊城分院中文系、图书馆编，铅印本，1977 年 9 月印刷，第 257 页。

时从绍兴县各条战线抽调人力，组成改革小组，负责对绍兴鲁迅纪念馆鲁迅生平陈列的改革工作。6月9日到12日，改革小组在绍兴鲁迅纪念馆举行毛泽东思想学习班，来自绍兴化肥厂、绍兴钢铁厂、皇甫公社、城东公社、城关镇东方红大队、绍兴军分区、绍兴县人武部、驻绍雷达连等单位的工农兵代表对鲁迅生平陈列提出了修改意见。①

改革小组按照工农兵代表的修改意见，对鲁迅生平陈列的大纲进行了彻底的修改，并在1970年6月向上级报送了《鲁迅生平事迹陈列方案》（初稿）。绍兴地、县革委会负责人和工农兵代表在7月来绍兴鲁迅纪念馆审查鲁迅生平陈列的陈列小样。8月31日，县革委会常委、政工组副组长顾茂文带领绍兴鲁迅纪念馆的六名工作人员和一名驻绍兴鲁迅纪念馆的工宣队员赴上海鲁迅纪念馆参观学习，了解上海鲁迅纪念馆鲁迅生平陈列开放的筹备工作，还参观了中共一大会址纪念馆和南湖革命纪念馆。10月19日，经过修改后的鲁迅生平陈列实行内部开放，继续征求各级领导和工农兵代表的意见。12月26日，浙江省革委会负责人来绍兴鲁迅纪念馆视察，并对鲁迅生平陈列的改革工作发表了修改意见。②

1971年7月到8月，改革小组综合各级领导和工农兵代表的意见再次修改了鲁迅生平事迹陈列方案，并制作了展览的小样。12月，绍兴县委向绍兴地委呈报了关于《绍兴鲁迅纪念馆陈列方案》的送审报告。③绍兴鲁迅纪念馆还制作了展览的小样在浙江省展览馆展出，请各级领导审查。1972年1月6日晚上，浙江省革委会的多位负责人集体到浙江展览馆审查绍兴鲁迅纪念馆的陈列小样，并提出修改意见。④1月21日，绍兴鲁迅纪念馆的党支部书记徐瑞卿率8位工作人员赴北京、上海参观学习。1月26日，周建人在接见他们时指出："鲁迅是绍兴人，绍兴馆应该有绍兴特色，多陈列些实物，文字说明写得简明一些，使观众一目了然。"1月29日，国务院图博口负责人王冶秋在接见他们时指出："绍兴馆主要搞两个部分：一是绍兴，二是上海，要突出重点，不搞平均。总之，各个鲁迅纪念馆要各有特色，避免重复。"⑤2月，绍兴鲁迅纪念馆按照各级领导的指示再次修改陈列小样。7月1日，绍兴鲁迅纪念馆开始拆除位于周家新台门的砖木结构的陈列厅，在原址仿照杭州的"红太阳"展览馆建造一栋新

　① 绍兴鲁迅纪念馆编：《绍兴鲁迅纪念馆大事记（1949—2002）》，第53页。
　② 绍兴鲁迅纪念馆编：《绍兴鲁迅纪念馆大事记（1949—2002）》，第54页。
　③ 绍兴鲁迅纪念馆编：《绍兴鲁迅纪念馆大事记（1949—2002）》，第55页。
　④ 绍兴鲁迅纪念馆编：《绍兴鲁迅纪念馆大事记（1949—2002）》，第56页。
　⑤ 绍兴鲁迅纪念馆编：《绍兴鲁迅纪念馆大事记（1949—2002）》，第56页。

的陈列厅，可以说，绍兴鲁迅纪念馆当时的领导没有吸收周建人、王冶秋等人的正确意见来设计新的鲁迅生平陈列，而是紧密配合当时的政治形势，彻底推翻以前的鲁迅生平陈列的设计思路，甚至为了紧密配合当时的政治斗争而新修建了带有浓厚政治意义的新式展览厅，由此不仅把鲁迅塑造成毛泽东的一个小兵，而且也把鲁迅推上了圣坛。

　　1973 年 1 月 3 日，绍兴县委将《关于绍兴鲁迅纪念馆陈列小样送审的报告》作为县委（1973）1 号文件上报绍兴地委并转浙江省委。同时，绍兴鲁迅纪念馆也在 1 月邀请县革委会政工组等有关部门、单位的代表和鲁迅亲友董秋芳等来馆开座谈会，征求对修改后的陈列方案的意见。1 月 29 日，浙江省委书记、省革委会主任南萍来绍兴鲁迅纪念馆审查鲁迅生平陈列的小样。① 8 月 11 日，绍兴鲁迅纪念馆再次将几经修改后的陈列方案上报主管部门审查。9 月 29 日，又邀请平水中学的马星初，柯桥中学的孙宗文、黄中海，绍兴师范专科学校的沈欣，绍兴丝绸厂的孙可为，东方红大队的樊纪牢，树人中学的黄开春，绍兴市第一中学的金月美等来馆座谈，征求教师、工人、农民等群众代表对鲁迅生平陈列方案的修改意见。② 11 月上旬，绍兴鲁迅纪念馆新的陈列大厅竣工，建筑面积 1560 平方米，极大地改善了绍兴鲁迅纪念馆的展览条件。绍兴鲁迅纪念馆很快就在新的陈列大厅中布置鲁迅生平陈列。1974 年 1 月 8 日，绍兴地、县革委会的领导来绍兴鲁迅纪念馆审查鲁迅生平陈列，并要求在 1 月 23 日（春节）开始实行内部开放。由此，绍兴鲁迅纪念馆在闭馆长达五年半之后在模仿杭州"红太阳"展览馆而建的新展览大厅内重新对外开放了鲁迅生平陈列。

　　这个鲁迅生平展览的内容简介如下："绍兴鲁迅纪念馆以崭新的陈列体系，完整地展现了鲁迅战斗的一生，以唯物论的反映论介绍了鲁迅从革命民主主义者到伟大的共产主义者的思想发展历程。陈列既体现了鲁迅故乡的特色，对鲁迅青少年时代的思想和生活做了较详细的叙述，又突出了鲁迅在上海的十年辉煌战绩。在介绍鲁迅青少年时期时，一扫旧馆的唯心主义色彩，如实地反映了少年鲁迅由接触社会、亲近农民和家庭破落等因素，形成强烈的爱国主义思想，追求救国救民真理和参加民主革命的实践过程。""展室自左至右，分五个部分，分别介绍了鲁迅在绍兴时期；南京、日本时期；北京、厦门、广州时期；上海时期战斗的一生和鲁迅逝世以后，党和人民纪念、学习鲁迅的重大活动。展出图片、手迹、著译和实物 600 多件。陈列完整地反映了鲁迅一生的光辉战斗业

---

① 绍兴鲁迅纪念馆编：《绍兴鲁迅纪念馆大事记（1949—2002）》，第 58 页。
② 绍兴鲁迅纪念馆编：《绍兴鲁迅纪念馆大事记（1949—2002）》，第 59 页。

绩，和他在丰富的阶级斗争实践中，刻苦学习马列，无情解剖自己，最后成为伟大的共产主义战士的思想发展历程。陈列版面以鲁迅的晚年为重点，突出地介绍了鲁迅在上海的十年，展品以照片、实物和手迹居多：有鲁迅在灯下孜孜学习马列书籍的油画；有他与红军干部陈赓同志会面时的画片；更有鲁迅横眉冷对国民党反动派，掷向敌人的投枪和匕首——数以百计的杂文、书信、评论等。这许多闪耀着无产阶级光辉的革命文物，告诉人们，伟大的共产主义者鲁迅与帝国主义及其走狗，与各种反动派直至革命阵营内部的'蛀虫'，进行了多么艰苦卓绝的斗争！"① 总之，这个鲁迅生平展览带有"文革"时期浓郁的"左"的色彩，把鲁迅塑造为"党的一个小兵"，极大地歪曲了鲁迅的形象。

1974 年 11 月 5 日，绍兴县革委会政工组向浙江省革委会报送关于要求及早审定绍兴鲁迅纪念馆的鲁迅生平陈列，以便正式对外开放的报告，不久获得省革委会的同意。② 1975 年 1 月 23 日，绍兴鲁迅纪念馆写信给浙江省委第一书记谭启龙汇报鲁迅生平陈列开放情况，以及有关工作情况。③ 另外，绍兴鲁迅纪念馆为了控制参观人数，一方面请求上级发文要求各地政府及单位不要盲目组织群众前来参观，应当和绍兴鲁迅纪念馆联系安排参观时间，另一方面从 1975 年 2 月 11 日开始售票（每券贰分）参观，以便适当控制参观的人数。

随着政治运动的不断变化，绍兴鲁迅纪念馆在 1976 年 7 月 3 日举行会议，讨论修改鲁迅生平陈列的问题。7 月 8 日，绍兴鲁迅纪念馆赴省委宣传部汇报鲁迅生平陈列的修改意见。④ 8 月 27 日，浙江省委宣传部副部长于冠西带领浙江省文管会、杭州大学、浙江日报社、浙江省影办、浙江美术学院、浙江展览馆、浙江图书馆以及绍兴地、县有关部门领导和代表 30 多人来绍兴鲁迅纪念馆审查鲁迅生平陈列，并提出修改意见。⑤ 9 月 2 日，绍兴鲁迅纪念馆整理了鲁迅生平陈列从 1974 年重新开放以来的情况、观众的反映和省、地、县各级领导的审查意见以及本馆的改进措施，呈报绍兴地委有关领导，同时，根据省、地、县各级领导的审查意见，抓紧时间修改鲁迅生平陈列的内容。⑥ 这次修改后的《鲁迅生平事迹陈列方案》的内容如下：

---

① 赵光煜：《绍兴鲁迅纪念馆简介》，《鲁迅生平资料丛钞·鲁迅在绍兴》，第 255—257 页。
② 绍兴鲁迅纪念馆编：《绍兴鲁迅纪念馆大事记（1949—2002）》，第 61 页。
③ 绍兴鲁迅纪念馆编：《绍兴鲁迅纪念馆大事记（1949—2002）》，第 63 页。
④ 绍兴鲁迅纪念馆编：《绍兴鲁迅纪念馆大事记（1949—2002）》，第 67 页。
⑤ 绍兴鲁迅纪念馆编：《绍兴鲁迅纪念馆大事记（1949—2002）》，第 67 页。
⑥ 绍兴鲁迅纪念馆编：《绍兴鲁迅纪念馆大事记（1949—2002）》，第 67 页。

序厅

一、背景墙：毛主席语录

1.《新民主主义论》中关于鲁迅的评价

2.《在延安文艺座谈会上的讲话》中关于鲁迅的评价

二、鲁迅半身像

第一部分　1881—1897　在绍兴

第一组：生长于富有革命传统的古城

第二组：勤奋好学，注重思考

第三组：家庭从小康坠入困顿

第四组：同农民有深切的感情

第二部分　1898—1918　在南京、日本、绍兴、北京

第一组：立志献身祖国

第二组：寻找救国救民的真理

第三组：在辛亥革命的暴风雨中

第三部分　1919—1927　在北京、厦门、广州

第一组：文化新军的英勇旗手

第二组：在激烈的阶级斗争中轰毁进化论

第四部分　1927—1936　在上海

第一组：为革命认真学习马克思主义

第二组：粉碎反革命文化"围剿"

第三组：坚决与帝国主义侵略者和国民党反共卖国行为做斗争

第四组：为执行和捍卫毛主席革命路线而斗争

第五组：鞠躬尽瘁，死而后已

第五部分　纪念鲁迅，学习鲁迅

附录：鲁迅批孔反儒文章目录，鲁迅反尊孔的主要著作简介①

---

① 绍兴鲁迅纪念馆编：《鲁迅生平事迹陈列方案》，1976 年 4 月，油印，绍兴鲁迅纪念馆藏档案资料。

可以说，修改后的鲁迅生平陈列，在内容上继续以毛泽东对鲁迅的崇高评价作为陈列的指导思想，在展览的每一部分的开头都引用"毛主席语录"作为这一部分展示内容的主题，然后结合"毛主席语录"的内容来展示鲁迅的生平与革命斗争，继续突出"革命家鲁迅"的形象；在版面设计上使用鲜明对比的方式，如在展示 20 世纪 30 年代"两个口号"的论争经过时，就把鲁迅作为正面形象用放大的图片来表现，同时把周扬等"四条汉子"作为反面的形象用较小的图片来表现，以此显示敌我分明的阶级斗争场面①；此外，还结合当时的政治运动，展示了鲁迅关于批孔反儒的文章。10 月 19 日，绍兴市举行了由各界代表 2000 多人参加的纪念鲁迅逝世 40 周年的大会，修改后的鲁迅生平陈列也同时对外开放。同日，浙江省委常委、省革委会副主任张子石，浙江省委常委、宣传部长陈冰，浙江省革委会副主任华银凤等领导来绍兴鲁迅纪念馆审查鲁迅生平陈列，一致认为展览可以对外开放。②

（3）拨乱反正期：1978 年到 1981 年的鲁迅生平陈列

随着"文革"的结束，绍兴鲁迅纪念馆也开始拨乱反正，重新开展了各项业务活动，首先就是清除鲁迅生平陈列的内容中所存在的错误的政治问题。1978 年 9 月 11 日，绍兴鲁迅纪念馆向全国各地有关部门、单位和人员寄发了《鲁迅生平事迹陈列方案》（初稿），广泛征求各界人士的意见。③ 11 月 3 日，绍兴鲁迅纪念馆综合整理各地有关部门、单位和人员对《鲁迅生平事迹陈列方案》（初稿）的修改意见，并上报省、地、县三级党委宣传部门审阅。④ 1979 年 1 月18 日，绍兴鲁迅纪念馆向上级主管部门报送了定稿的《鲁迅生平事迹陈列方案》，请求审批。⑤ 这次修改后的《鲁迅生平事迹陈列方案》的内容如下：

序厅

一、背景墙：毛主席语录

1. 《新民主主义论》中关于鲁迅的评价

2. 《在延安文艺座谈会上的讲话》中关于鲁迅的评价

---

① 赵国华：《绍兴鲁迅纪念馆陈列变迁史话》，《一木一石：绍兴鲁迅纪念馆建馆六十周年纪念集》，第 105 页。

② 绍兴鲁迅纪念馆编：《绍兴鲁迅纪念馆大事记（1949—2002）》，第 68 页。

③ 绍兴鲁迅纪念馆编：《绍兴鲁迅纪念馆大事记（1949—2002）》，第 72 页。

④ 绍兴鲁迅纪念馆编：《绍兴鲁迅纪念馆大事记（1949—2002）》，第 73 页。

⑤ 绍兴鲁迅纪念馆编：《绍兴鲁迅纪念馆大事记（1949—2002）》，第 74 页。

二、鲁迅半身像

第一部分 1881—1897 在绍兴

第一组：生长于富有革命传统的古城

第二组：从百草园到三味书屋

第三组：家庭从小康坠入困顿

第四组：接触农村、亲近农民

第二部分 1898—1912 在南京、日本、杭州、绍兴

第一组：寻求新的道路

第二组：立志献身祖国

第三组：在辛亥革命的暴风雨中

第三部分 1912—1927 在北京、厦门、广州

第一组：文化新军的英勇旗手

第二组：在激烈的阶级斗争中实现伟大的飞跃

第四部分 1927—1936 在上海

第一组：刻苦学习马列主义

第二组：粉碎反革命文化"围剿"

第三组：反对帝国主义，抨击国民党反共卖国

第四组：热爱共产党，拥护党的抗日民族统一战线政策

第五组：鞠躬尽瘁，死而后已

第五部分 发扬鲁迅的革命精神①

　　总的来说，1979 年 1 月设计的鲁迅生平陈列在指导思想方面和 1976 年 9 月的鲁迅生平陈列基本相同，仍然用毛泽东对鲁迅的高度评价作为指导思想，只是结合政治形势的变化，在内容方面对 1976 年的鲁迅生平陈列的内容做了局部的修改，删掉了原来鲁迅生平陈列中紧密配合当时鲁迅反儒家的内容，另外，对鲁迅生平的分期做了调整：1976 年鲁迅生平陈列的"第二部分 1898—1918

---

① 绍兴鲁迅纪念馆编：《鲁迅生平事迹陈列方案》，1978 年 12 月，油印，绍兴鲁迅纪念馆藏档案资料。

在南京、日本、绍兴、北京"和"第三部分　1919—1927　在北京、厦门、广州"，以 1919 年五四运动为界进行分期；1979 年的鲁迅生平陈列的"第二部分　1898—1912　在南京、日本、杭州、绍兴"和"第三部分　1912—1927 在北京、厦门、广州"，以 1911 年的辛亥革命和 1912 年中华民国的建立为界进行分期，从而在一定程度上突出辛亥革命的失败对鲁迅思想转变的影响，而鲁迅在辛亥革命之后，逐渐从旧民主主义者，在 1927 年南下广州之后经过"四一二"反革命政变的冲击，轰毁了进化论思想，受到了中国共产党的影响，逐渐转变为伟大的共产主义战士。

　　但是，随着政治形势的明显变化，绍兴鲁迅纪念馆正在展出的鲁迅生平陈列仍然存在着一些不符合当时政治形势的内容。在绍兴县委宣传部的指导下，绍兴鲁迅纪念馆从 1979 年 9 月 7 日到 9 月 27 日，集中全馆人力突击修改了鲁迅生平陈列的内容。这次修改后的《鲁迅生平事迹陈列方案》的内容如下：

序厅

一、鲁迅半身像

二、背景墙：

1. 左边部分是鲁迅的诗歌《自题小像》手迹

2. 右边部分是鲁迅的诗歌《自嘲》手迹

3. 中间部分是鲁迅《自传》手迹

第一部分　在绍兴（1881—1897）

第一组：生长于历史悠久的文化古城

第二组：从百草园到三味书屋

第三组：接触农村、亲近农民

第四组：家庭从小康坠入困顿

第二部分　在南京、日本、杭州、绍兴（1898—1912）

第一组：寻求新的道路

第二组：立志献身祖国

第三组：在辛亥革命的暴风雨中

第三部分　在北京、厦门、广州（1912—1927）

第一组：迎着新世纪的曙光战斗

第二组：救正只信进化论的"偏颇"

第四部分　在上海（1927—1936）

第一组：粉碎反革命文化"围剿"

第二组：反对帝国主义侵略，抨击国民党反共卖国

第三组：坚决拥护党的抗日民族统一战线政策

第四组：鞠躬尽瘁，死而后已

第五部分　纪念鲁迅 学习鲁迅①

　　这次修改的最重要的变化是以鲁迅的自述来展示鲁迅的生平，不再刻意地以毛泽东对鲁迅的评价为鲁迅生平陈列的指导思想，不仅删掉了鲁迅生平陈列中大量使用的毛泽东语录，把在序厅的红绒布背景墙上刻写的毛泽东对鲁迅的崇高评价的文字，换成鲁迅的《自传》手迹，而且在鲁迅生平陈列的每个部分都不再用大写的"毛主席语录"作为开头；另外，这次修改还删除了鲁迅生平陈列的内容中存在的"左"的影响，在陈列的版面设计上也不再使用过去鲁迅生平陈列中运用一褒一贬的方法来突出鲁迅形象。② 9 月 28 日到 30 日，省、地、县三级领导先后到绍兴鲁迅纪念馆审查修改后的鲁迅生平陈列，并提出了一些修改意见，绍兴鲁迅纪念馆立即按照各级领导提出的修改意见对鲁迅生平陈列进行调整修改。③ 10 月 1 日，"鲁迅生平事迹陈列"正式对外开放，同时门票也从贰分改为伍分。总的来说，绍兴鲁迅纪念馆在 1979 年 9 月设计的鲁迅生平陈列基本改变了"文革"时期以毛泽东语录作为鲁迅生平陈列的指导思想的展览模式。

　　为了纪念鲁迅诞生 100 周年，中共中央在北京隆重举行了纪念大会，以此来向国内外表明中国的社会已经基本摆脱"文革"的影响，开始实行改革开放的基本国策。在这样的背景下，全国各地在 1981 年都隆重地举行了纪念鲁迅诞生 100 周年的活动。绍兴鲁迅纪念馆从 1980 年 1 月就开始筹备纪念鲁迅诞生 100 周年的各项活动，重点活动就是结合新的政治形势修改鲁迅生平陈列。这次

---

① 绍兴鲁迅纪念馆编：《鲁迅生平事迹陈列方案》，1979 年 9 月，油印，绍兴鲁迅纪念馆藏档案资料。

② 赵国华：《绍兴鲁迅纪念馆陈列变迁史话》，《一木一石：绍兴鲁迅纪念馆建馆六十周年纪念集》，第 105 页。

③ 绍兴鲁迅纪念馆编：《绍兴鲁迅纪念馆大事记（1949—2002）》，第 76 页。

修改后的《鲁迅生平事迹陈列方案》的内容如下：

序厅

一、鲁迅《自传》手迹

二、背景墙：

1. 左边部分是鲁迅的诗歌《自题小像》手迹

2. 右边部分是鲁迅的诗歌《自嘲》手迹

3. 中间部分是国画《水乡鉴湖》

第一部分　在绍兴（1881—1897）

第一组：生长于历史悠久的文化古城

第二组：从百草园到三味书屋

第三组：接触农村、亲近农民

第四组：家庭从小康坠入困顿

第二部分　在南京、日本、杭州、绍兴（1898—1912）

第一组：寻求新的道路

第二组：立志献身祖国

第三组：在辛亥革命的暴风雨中

第三部分　在北京、厦门、广州（1912—1927）

第一组：迎着新世纪的曙光

第二组：救正只信进化论的"偏颇"

第四部分　在上海（1927—1936）

第一组：粉碎反革命文化"围剿"

第二组：反对帝国主义侵略，抨击国民党反共卖国

第三组：坚决拥护党的抗日民族统一战线政策

第四组：鞠躬尽瘁，死而后已

第五部分　纪念鲁迅　学习鲁迅①

这次修改的指导思想是实事求是地客观展现鲁迅的一生，突出绍兴特色，重点展示鲁迅在绍兴时期和在上海时期的生活与创作情况，扭转此前展览中存在的片面突出鲁迅革命家形象的倾向。在展览的内容方面，继续修改 1979 年鲁迅生平陈列大纲中存在的一些"左"的影响，如展示鲁迅在"五四"时期时，在版面中增加了对陈独秀的客观介绍的说明文字和照片；在展示鲁迅在上海时期时，增加了对瞿秋白的客观介绍的说明文字，用照片、手迹、图书等实物展示了鲁迅和瞿秋白之间的深厚友谊。在展览的形式方面，邀请专业的美术家参与展览的形式设计，极大地增强了展览的视觉效果，如把国画《水乡鉴湖》作为序厅的背景墙，从而突出绍兴的水乡特色；同时根据展品的规格，重新制作了不同规格的展板；邀请著名书法家孙正和用隶书亲笔书写展览中的"文摘"文字；另外还制作精美的说明牌，邀请著名书法家沈定庵用小楷亲笔书写展览的说明文字，这些都使得 1981 年的鲁迅生平陈列在内容和形式方面都达到了一个新的高度。② 裘士雄后来在回忆绍兴鲁迅纪念馆建馆 60 周年历史的文章中指出："这次改版相当成功，此后历次改版基本上都是按照这个模式进行的，无非是陈列的展品内容有所增减，形式有所改进而已。"③

1981 年 9 月 7 日，浙江省委副书记薛驹、浙江省委宣传部部长商景才、浙江省文联主席黄源等来绍兴鲁迅纪念馆审查鲁迅生平陈列，并视察长庆寺、土谷祠、恒济当、咸亨酒店的修复情况。9 月 19 日，鲁迅生平展览通过领导审查后提前对外开放。

1982 年 3 月 4 日，绍兴鲁迅纪念馆结合绍兴市开展第一个文明礼貌月的活动，根据来馆参观的观众以外地人、外国人居多的实际情况，决定绍兴鲁迅纪念馆所有开放场所实行天天对外开放，中午也不闭馆，这一制度一直坚持到现在。

随着时代的发展，鲁迅研究也突破了一些此前的禁区，陆续取得了不少新的研究成果，在这样的背景下，绍兴鲁迅纪念馆在 1985 年 6 月 20 日开始筹备修改鲁迅生平陈列，以此作为纪念鲁迅逝世 50 周年的重要工作。

---

① 绍兴鲁迅纪念馆编：《鲁迅生平事迹陈列方案》，1981 年 4 月，油印，绍兴鲁迅纪念馆藏档案资料。

② 绍兴鲁迅纪念馆编：《绍兴鲁迅纪念馆大事记（1949—2002）》，第 92 页。

③ 劳求：《绍兴鲁迅纪念馆纪事·繁荣时期》，《越文化研究通信》（内部发行），绍兴市博物馆等编，2013 年第 9 期，总第 58 期。

　　1986 年 5 月 30 日，绍兴鲁迅纪念馆邀请绍兴市委宣传部、绍兴市文化局、绍兴师专等部门、单位的代表和对鲁迅较有研究的同志 10 余人参加座谈会，征求对"鲁迅生平陈列"的修改意见。大家的一致意见是："绍兴馆陈列应突出表现鲁迅的青少年时代，体现绍兴地方特色。这个指导思想一定要明确。对陈列的内容和形式也提出了不少具体的意见，如对周作人、何廉臣等人物要实事求是地介绍；文字说明要简洁；陈列要突出重点，不必面面俱到。与会者还希望绍兴馆能改变五十年代陈列水平的落后情况，考虑放映有关电视录像等。"① 绍兴鲁迅纪念馆参考上述意见修改完成了新的鲁迅生平陈列大纲，并在 8 月 9 日到 9 月 20 日完成了鲁迅生平陈列的修改工作。这次修改后的《鲁迅生平事迹陈列方案》的内容如下：

序厅

一、鲁迅《自传》手迹
二、背景墙：
1. 左边部分是鲁迅的诗歌《自题小像》手迹
2. 右边部分是鲁迅的诗歌《自嘲》手迹
3. 中间部分是国画《水乡鉴湖》

第一部分　在绍兴（1881—1897）
第一组：生长于历史悠久的文化古城
第二组：从百草园到三味书屋
第三组：接触农村、亲近农民
第四组：家庭从小康坠入困顿

第二部分　在南京、日本、杭州、绍兴（1898—1912）
第一组：走异路，求新知
第二组：我以我血荐轩辕
第三组：辛亥革命前后

第三部分　在北京、厦门、广州（1912—1927）
第一组：新文化运动的英勇旗手

---

① 绍兴鲁迅纪念馆编：《绍兴鲁迅纪念馆大事记（1949—2002）》，第 114 页。

第二组：救正只信进化论的"偏颇"

第四部分　在上海（1927—1936）
第一组：怒向刀丛觅小诗
第二组：在抗日救亡的旗帜下
第三组：致力于中外文化交流
第四组：鞠躬尽瘁，死而后已

第五部分　鲁迅和我们同在①

　　这次修改不仅增加了展示鲁迅在绍兴时期的内容，使绍兴时期的内容占到全部展览内容的一半以上；此外还进一步清除了"左"的影响，如把1981年鲁迅生平展览中第四部分第一组"粉碎反革命文化'围剿'"和第二组"反对帝国主义侵略，抨击国民党反共卖国"，改为第一组"怒向刀丛觅小诗"，从而从篇幅上减少了对鲁迅反对帝国主义、反国民党政府等政治活动的展示。另外，这个展览不再遮蔽鲁迅与朱安的夫妻关系，还首次增加了关于鲁迅夫人朱安的说明文字和照片，并不再遮蔽鲁迅与担任伪职的二弟周作人的关系，对鲁迅的二弟周作人做出了客观的介绍，这都在一定程度上显示出对历史史实的尊重，有助于展示鲁迅的真实形象，可以说是绍兴鲁迅纪念馆设计的鲁迅生平陈列在内容方面的一个突破。② 值得特别指出的是，这个展览还结合国家对外改革开放的政策，专门在第四部分设立了"致力于中外文化交流"的内容，用一组内容充分展示鲁迅对中外文化交流的贡献，较好地发挥出人物类纪念馆的宣传教育功能，紧密配合国家的政策转向，以鲁迅为例宣传国家大力推行的对外改革开放政策。
　　9月22日到23日，绍兴市委副书记梁平波、市委宣传部部长戴本妥等有关领导及杭州大学副教授张颂南、陈坚等学者前来审查修改好的鲁迅生平陈列，一致认为："这次修改坚持历史唯物主义，尊重历史，尊重事实，清除'左'的影响，贯彻了博物馆陈列的基本原则。既突出鲁迅青少年时代的活动史实和绍兴的地方特色，又适应当前对外开放的新形势，展示了鲁迅为促进中外文化交

---

①　绍兴鲁迅纪念馆编：《鲁迅生平事迹陈列方案》，1986年7月，油印，绍兴鲁迅纪念馆藏档案资料。
②　赵国华：《绍兴鲁迅纪念馆陈列变迁史话》，《一木一石：绍兴鲁迅纪念馆建馆六十周年纪念集》，第106页。

流所做的巨大贡献。从形式到内容都有了新的突破，不但为学习、宣传鲁迅丰富了新的内容，也为进一步促进鲁迅研究提供了新的材料。"① 9 月 25 日，修改后的鲁迅生平陈列正式对外开放。

（4）深化期：1991 年到 2001 年的鲁迅生平陈列

为纪念鲁迅诞生 110 周年，绍兴鲁迅纪念馆从 1990 年就开始筹备修改鲁迅生平陈列的工作。1991 年 5 月 20 日，绍兴鲁迅纪念馆邀请省文物局博物馆处副处长陈文锦、绍兴市文化局副局长王本清和部分鲁迅研究者共 29 人举行座谈会，征求对鲁迅生平陈列的意见。② 绍兴鲁迅纪念馆参考各位领导和专家的意见先后 5 次修改了《鲁迅生平事迹陈列方案》，并在 7 月 8 日到 9 月 12 日，完成了修改鲁迅生平陈列的工作。这次修改后的《鲁迅生平事迹陈列方案》的内容如下：

序厅

一、鲁迅《自传》手迹

二、背景墙：

1. 左边部分是鲁迅的诗歌《自题小像》手迹

2. 右边部分是鲁迅的诗歌《自嘲》手迹

3. 中间部分是国画《水乡鉴湖》

第一部分　在绍兴（1881—1897）

第一组：生长于历史悠久的文化古城

第二组：从百草园到三味书屋

第三组：接触农村、亲近农民

第四组：家庭从小康坠入困顿

第二部分　在南京、日本、杭州、绍兴（1898—1912）

第一组：走异路，求新知

第二组：我以我血荐轩辕

第三组：接受辛亥革命的洗礼

① 绍兴鲁迅纪念馆编：《绍兴鲁迅纪念馆大事记（1949—2002）》，第 118 页。
② 绍兴鲁迅纪念馆编：《绍兴鲁迅纪念馆大事记（1949—2002）》，第 152 页。

第三部分 在北京、厦门、广州（1912—1927）

第一组：新文化运动的英勇旗手

第二组：救正只信进化论的"偏颇"

第四部分 在上海（1927—1936）

第一组：星斗阑干战犹酣

第二组：心事浩茫连广宇

第三组：致力于中外文化交流

第四组：俯首甘为孺子牛

第五部分 鲁迅和我们同在①

这次修改，在陈列内容方面改动较小，主要增加了一些鲁迅在上海时期从事文学活动的内容，从而更突出鲁迅作为文学家的形象；在展览形式设计上，主要采用全封闭的橱窗进行展示，并增加了中心展柜，改变此前展览所采用的直接展示展品的方式，从而有利于保护展品免受自然环境和人为的损害。9月12日上午，绍兴市委宣传部副部长杨银千、市文化局副局长王本清、市教委副主任陶家尧、市公安局副局长陈播，以及市社联、绍兴师专等领导、鲁迅研究学者共10多人前来审查。"大家一致认为这次改版后，陈列内容上更加实事求是地反映历史面貌，形式上也有很大改进，有利于展品保护。"②9月17日，鲁迅生平事迹展览重新对外开放。

为纪念鲁迅逝世60周年，绍兴鲁迅纪念馆在1996年再次修改鲁迅生平陈列。这次修改在内容方面的改动较小，主要侧重于展览的形式：把展厅中的颜色调整为与序厅中的棕色和白色一致，使整个展览的色系更加协调；把展厅的灯光更换为柔和的灯光，有利于观众欣赏展览；把原来展览所使用的有机玻璃材料更换为木、布质等材料，从而增加展览材料的美感。另外，还把序厅的陈列内容做了较大的修改，把背景墙更换为柚木，从而与背景画《水乡鉴湖》更协调；把已经悬挂了15年的鲁迅两首诗的手迹重新复制后悬挂出来；请序厅中展示的鲁迅胸像的原作者叶庆文重新雕塑了一尊汉白玉的鲁迅胸像，这座雕像

---

① 绍兴鲁迅纪念馆编：《鲁迅生平事迹陈列方案》，1991年4月，油印，绍兴鲁迅纪念馆藏。

② 绍兴鲁迅纪念馆编：《绍兴鲁迅纪念馆大事记（1949—2002）》，第154页。

刻画了鲁迅微笑的神态，突出了鲁迅慈祥的一面，改变了此前鲁迅胸像所突出的鲁迅横眉冷对敌人的形象①，不仅可以使观众在序厅就感受到一个和蔼可亲的鲁迅形象，拉近观众和鲁迅的情感距离，而且可以用这座和蔼可亲的鲁迅胸像来突出整个鲁迅生平陈列的设计思想，起到画龙点睛的作用。

为纪念鲁迅诞生 120 周年，绍兴鲁迅纪念馆再次对鲁迅生平陈列做了修改。2000 年 10 月 1 日，绍兴鲁迅纪念馆在鲁迅故居附属建筑新增加了"周家三兄弟"和"周氏房族兴衰"两个专题陈列②，用馆藏的图片和实物展示了鲁迅三兄弟的生平和业绩，以及鲁迅家族的兴衰经过，从而对鲁迅生平陈列起到了补充的作用。

2001 年 9 月 18 日，绍兴鲁迅纪念馆为方便观众形象地认识鲁迅而增加了一些电子设备和互动设备。如陈列厅安装背投式 61 寸彩电，滚动播放鲁迅作品改编的影视片，此外，还在序厅安装了两台触摸屏，用中、英、日三国文字介绍鲁迅生平。③ 这有助于观众，特别是青少年学生通过多媒体设备增加对鲁迅的认识和了解。

（5）高峰期：2004 年的鲁迅生平陈列

2002 年，绍兴市启动了鲁迅故里历史街区保护工程，决定拆除绍兴鲁迅纪念馆的陈列大厅，恢复周家新台门原有建筑的格局，并在鲁迅故居东面原绍兴鲁迅图书馆的位置按照"老房子、新空间"的建筑理念新建了一座带有浓郁绍兴水乡建筑风格的新的绍兴鲁迅纪念馆。绍兴鲁迅纪念馆拆除了具有 30 多年历史的、模仿杭州"红太阳"展览馆建筑的陈列大厅，新建带有江南建筑风格的新馆舍，这不仅使鲁迅故里风景区的建筑风格统一起来，而且也象征着该馆在展览中彻底摆脱了不良政治因素的影响，并在一定程度上表达出该馆新的鲁迅生平陈列的设计风格开始向江南文化靠拢的设想。2003 年 2 月 24 日，绍兴鲁迅纪念馆停止开放陈列大厅，开始了拆除陈列大厅的工作。2004 年 4 月 28 日，绍兴鲁迅纪念馆新馆开始试运营，新的鲁迅生平陈列也由此对外开放。这个鲁迅生平展览不再由绍兴鲁迅纪念馆的职工进行设计制作，而是完全委托给专业的设计公司进行设计制作。这次《鲁迅生平事迹陈列方案》的内容如下：

---

① 赵国华：《绍兴鲁迅纪念馆陈列变迁史话》，《一木一石：绍兴鲁迅纪念馆建馆六十周年纪念集》，第 103—108 页。

② 绍兴鲁迅纪念馆编：《绍兴鲁迅纪念馆大事记（1949—2002）》，第 219 页。

③ 绍兴鲁迅纪念馆编：《绍兴鲁迅纪念馆大事记（1949—2002）》，第 221 页。

序厅

一、鲁迅铜像

二、背景墙：

鲁迅的两行诗"横眉冷对千夫指 俯首甘为孺子牛"

三、序厅两侧墙壁上分别设计了题为"江南水乡""越中先贤"的大型浮雕

第一部分　在绍兴（1881—1897）

第一组：鉴湖越台名士乡

第二组：从百草园到三味书屋

第三组：在广阔的天地里

第四组：家庭破落的磨难

第二部分　在南京、日本、杭州、绍兴（1898—1912）

第一组：走异路，求新知

第二组：我以我血荐轩辕

第三组：辛亥革命的洗礼

第三部分　在北京、厦门、广州（1912—1927）

第一组：呐喊

第二组：求索

第四部分　在上海（1927—1936）

第一组：敢有歌吟动地哀

第二组：心事浩茫连广宇

第三组：此中甘苦两心知

第四组：俯首甘为孺子牛

第五部分　民族魂①

---

① 绍兴鲁迅纪念馆编：《鲁迅生平事迹陈列方案》，2002 年 9 月，打印，绍兴鲁迅纪念馆藏档案资料。

这个展览设计以体现"绍兴特色"和"时代性"为指导思想，不再使用此前的橱窗式展示的方法，而是采用类似于复原历史原貌的方法进行展示，用绍兴、南京、日本、北京、厦门、广州、上海等不同城市建筑风格的元素作为线索串联起鲁迅的生平，使观众产生身临其境的体验。此外，展览还运用电脑投影技术制作了社戏的演出场景，使观众可以通过演出的图像和声音等媒介更好地感知社戏的场景。序厅也改变了此前展览的设计，撤下了原来的背景墙上的画作以及鲁迅两幅诗的手迹，换成能高度概括鲁迅精神的两行诗"横眉冷对千夫指 俯首甘为孺子牛"，并在序厅两侧墙壁上分别设计了题为"江南水乡""越中先贤"的大型浮雕，另外序厅中陈列了一尊用青铜塑造的鲁迅坐像，在雕像旁不设隔离的围栏，直接面对观众，观众可以近距离地向鲁迅像献花或围在鲁迅像前拍照，从而增加了鲁迅对观众的亲和力。在展览的内容方面，仍然以绍兴时期和上海时期为主，以编年体的方式展示鲁迅作为文学家和思想家的思想和创作发展过程，并在第四部分"在上海"设立了第三组"此中甘苦两心知"的专题，首次集中展示了鲁迅与许广平的爱情经历及家庭生活。虽然绍兴鲁迅纪念馆直到 2004 年新设计的鲁迅生平陈列中才首次集中展示鲁迅与许广平的爱情经历及在上海时期的家庭生活，不再遮蔽鲁迅与许广平的爱情，但是这方面的内容最终出现在鲁迅故乡的纪念馆所设计的鲁迅生平陈列的展示之中，还是一个新的突破，不仅有助于恢复人间鲁迅的真实形象，而且也可以使观众能够更全面、更真实地了解鲁迅的生平。

此外，为了方便对青少年的教育，不仅在展览中加强了对中小学课本中鲁迅作品的介绍，还在陈列大厅的附属建筑中设立了专门的互动区，观众可以通过电脑查询有关鲁迅的一些资料，并玩一些基于鲁迅著作开发的电脑游戏，从而增强了展览的互动性和趣味性。另外，在展厅东侧的附属建筑中还设立了"潘渊书库""许钦文书库""孙席珍书库""刘岘书库"等名人书库，展示绍兴鲁迅纪念馆历年征集的鲁迅亲友的藏书和物品，从而起到了对鲁迅生平陈列的补充作用。总的来说，绍兴鲁迅纪念馆在 2004 年新设计的鲁迅生平陈列，在内容和形式方面都达到了该馆建馆 60 年来多次设计制作的鲁迅生平陈列的最高水平，充分地代表了绍兴鲁迅纪念馆对鲁迅的研究和展示水平。但是，毋庸讳言，绍兴鲁迅纪念馆在 2004 年设计的鲁迅生平陈列还存在一些不足，如受限于馆藏鲁迅文物不多的条件，这次展览所使用的鲁迅文物偏少，对于鲁迅生平中一些重要的史实只能用一些文物复制品进行展示。

3. 举办临时展览的概况

绍兴鲁迅纪念馆建馆之后，为纪念鲁迅逝世 20 周年，于 1956 年 10 月 19 日在新修建的贵宾休息室举办了鲁迅木刻展览，展出了全国 70 多位木刻家创作的 150 多幅鲁迅题材的木刻，这次临时展览也是绍兴鲁迅纪念馆第一次举办的临时展览。① 此后，绍兴鲁迅纪念馆还不定期地举办过一些临时展览。回顾绍兴鲁迅纪念馆举办临时展览的历史，从临时展览的制作主体来说，绍兴鲁迅纪念馆在 1994 年之前举办的临时展览基本上都是自己制作的鲁迅题材的临时展览，从 1994 年 8 月举办"邓颖超——我们的邓大姐"纪念展之后才开始引进其他机构的类型丰富的展览；从举办临时展览的数量来说，绍兴鲁迅纪念馆在 1994 年之前举办的临时展览比较少，甚至多年都没有举办一个，但从 1994 年之后，临时展览陆续多了起来，基本每年都举办几个临时展览；从临时展览的种类来说，有绍兴鲁迅纪念馆馆藏文物展览、鲁迅作品及传播展览、书画（以木刻、版画为主）展、鲁迅同时代人物生平展览、当代政治人物展览、纪念中外重大历史事件的专题展览等。绍兴鲁迅纪念馆举办的临时展览较有特色的有如下几个：

（1）《阿 Q 正传》和《祝福》专题展览

1957 年 9 月 25 日到 10 月 25 日，绍兴鲁迅纪念馆利用馆藏的有关资料，举办了《阿 Q 正传》和《祝福》专题展览，展出据《阿 Q 正传》残存的两页手稿的照片制作的手稿复制件，"《鲁迅日记》中有关《阿 Q 正传》《祝福》的记载，《阿 Q 正传》《祝福》的各种版本和外文译本以及有关《阿 Q 正传》《祝福》的研究文章，根据《阿 Q 正传》《祝福》创作的美术作品和改编的各种剧本及演出情况等"②。这也是绍兴鲁迅纪念馆首次举办的关于鲁迅作品的临时展览，可以帮助观众通过图片、实物等资料更形象、更深入地了解《阿 Q 正传》和《祝福》这两部经典小说。1996 年，绍兴鲁迅纪念馆对土谷祠进行了粉刷维修，并在这个专题展览的基础上，扩充相关资料和图片，制作了《阿 Q 正传》图片展览，使观众在参观土谷祠时可以更好地了解《阿 Q 正传》在发表后所产生的巨大影响力。

（2）"鲁迅笔下的故乡变了样"等专题展览

1959 年，绍兴鲁迅纪念馆结合庆祝中华人民共和国成立十周年的活动，举办了"鲁迅笔下的故乡变了样"专题展览。"鲁迅许多作品特别是小说多以绍兴为背景创作的，乡土气息尤浓，他塑造的闰土、阿 Q、孔乙己、祥林嫂等艺术形象在旧绍兴的现实生活中是比比皆是的。这个专题展览选取和鲁迅有关的事

---

① 绍兴鲁迅纪念馆编：《绍兴鲁迅纪念馆大事记（1949—2002）》，第 28 页。

② 绍兴鲁迅纪念馆编：《绍兴鲁迅纪念馆大事记（1949—2002）》，第 31—32 页。

与物，通过大量的实物反映鲁迅故乡的巨大变化。"①

绍兴鲁迅纪念馆在这一临时展览取得成功的基础上，又结合当时的社会主义路线教育，在1964年2月13日陆续举办了"'闰土'子孙的今昔"和"'祥林嫂'绝处逢生"等专题展览。"'闰土'子孙的今昔"通过30多张图片和10多件实物展示了"闰土"子孙在新旧社会的巨大变化："'闰土'的大孙子章富从上海的流浪儿成了工人，二孙子章贵从农村小长工成了绍兴鲁迅纪念馆的正式职工，'闰土'原型章运水一家与全国亿万劳动人民一样，无论政治、经济、文化都全面翻身，'闰土'子孙开始过着鲁迅所希望的'新的生活'。""'祥林嫂'绝处逢生"展览，"选取绍兴城东劳动妇女冯阿藕的真实故事和悲惨遭遇，她的身世与鲁迅笔下的祥林嫂一样，在旧社会遭受政治上的压迫、经济上的剥削和精神上的奴役，差一点像祥林嫂那样被'吃人'的旧社会吞噬掉，幸运的是共产党和毛主席推翻了三座大山，冯阿藕终于获得了新生"②。这两个展览以生活在绍兴的真实人物为题材，形象地展示出普通劳动人民在新旧社会的巨大变化，从而起到了宣传新中国解放广大劳动人民的作用。

（3）"安徒生生平图片展"

1998年6月22日，为庆祝欧登塞市与绍兴市缔结为友好城市，丹麦王国欧登塞市政府、安徒生纪念馆与绍兴鲁迅纪念馆联合在绍兴鲁迅纪念馆举办了"安徒生生平图片展"，用图片配上中文说明文字的形式对安徒生的生平以及有关安徒生创作的童话进行了介绍。这也是绍兴鲁迅纪念馆举办的第一个来自外国的展览，成功地实现了鲁迅与安徒生在绍兴的"会见"，为促进绍兴市与欧登塞市的文化交流做出了重要的贡献。

（4）"藤野先生纪念展"

鲁迅与藤野先生的师生情成为中日民间友好的纽带。1983年，鲁迅的故乡绍兴市与藤野先生的故乡日本芦原町在日本缔结为友好城市，此后双方开展了多种形式的文化交流活动。1990年，绍兴鲁迅纪念馆提供素材创作的"鲁迅与藤野先生"铜像在芦原町国际交流中心揭幕。2000年10月27日，绍兴鲁迅纪念馆举办了为期3个月的"藤野先生纪念展"，展出文物、资料80多件，反映出鲁迅与藤野先生深厚的师生情谊。③ 2008年9月24日，在绍兴市和日本芦原

---

① 劳求（裘士雄）：《改革开放前的绍兴鲁迅纪念馆》，《绍兴文史资料》第贰拾伍辑，第122—123页。

② 劳求（裘士雄）：《改革开放前的绍兴鲁迅纪念馆》，《绍兴文史资料》第贰拾伍辑，第122—123页。

③ 绍兴鲁迅纪念馆编：《绍兴鲁迅纪念馆大事记（1949—2002）》，第219页。

市（芦原町在 2004 年更名为芦原市）缔结友好城市 25 周年之际，日本芦原市和藤野先生纪念馆赠送的藤野先生坐像安放在鲁迅纪念馆。同日，日本东北大学（前身是鲁迅曾经留学的仙台医专）鲁迅研究小组制作的"鲁迅的仙台时代"展览也在绍兴鲁迅纪念馆展出，用仙台医专时期的相关档案资料展示出鲁迅在仙台医专的学习和生活状况，以及鲁迅与藤野先生的师生情谊。可以说，鲁迅与藤野先生的师生情谊也被绍兴市与芦原市人民所继承，成为中日民间友好交往的一个典范。

（5）"鲁迅纪念馆建馆 50 周年回顾展"和"鲁迅故里摄影展"

绍兴鲁迅纪念馆为庆祝建馆 50 周年暨新馆开放，在 2003 年 9 月 25 日举办了"鲁迅纪念馆建馆 50 周年回顾展"和"鲁迅故里摄影展"。"鲁迅纪念馆建馆 50 周年回顾展"侧重于回顾历史，主要用收藏的珍贵文物和图片回顾绍兴鲁迅纪念馆建馆 50 年的发展历程，总结绍兴鲁迅纪念馆不平凡的历史；"鲁迅故里摄影展"侧重于当下，主要展示以绍兴鲁迅纪念馆的新馆为中心的鲁迅故里优美风景，展望绍兴鲁迅纪念馆的美好未来。

（6）"鲁迅先生文学作品插图展"

2006 年 9 月 25 日，绍兴鲁迅纪念馆举行著名木刻家赵延年捐赠木刻作品的仪式，并聘请赵延年担任绍兴鲁迅纪念馆的顾问。12 月 24 日，绍兴鲁迅纪念馆举办"鲁迅先生文学作品插图展"，展出赵延年捐赠的鲁迅作品木刻插图 55 幅，包括《阿 Q 正传》15 图、《狂人日记》15 图等代表性作品，同时还举行了"激扬黑白 薪火相传——赵延年版画创作漫谈会"，与会学者和木刻家研讨了赵延年的版画创作历程以及版画的特点。2007 年 4 月 11 日，绍兴鲁迅纪念馆创新思路，决定把这个临时展览更新提升为长期的展览，并设立"画说鲁迅先生——赵延年'鲁迅先生文学作品插图展'"陈列馆，作为鲁迅生平事迹的辅助展览对观众开放，有助于观众通过木刻作品更加形象地认识鲁迅笔下的人物形象，从而加深对鲁迅作品的理解。

（7）"鲁迅手迹珍品展"

2008 年 4 月 8 日至 20 日，绍兴鲁迅纪念馆在绍兴市举办的兰亭书法节期间，联合北京鲁迅博物馆、上海鲁迅纪念馆共同在绍兴鲁迅纪念馆临时展厅举办"鲁迅手迹珍品展"，展出 48 件鲁迅手迹，均是国家一级文物，同日还举办了"鲁迅手迹珍品展座谈会"，与会学者研讨了鲁迅书法的特点与价值。这次展览不仅是三家鲁迅纪念馆首次联合举办鲁迅手迹展览，进一步促进了三家鲁迅纪念馆的业务合作，而且还通过展出各馆收藏的有代表性的鲁迅手迹珍品，系统地展示鲁迅书法的水平，从而借助兰亭书法节进一步推动鲁迅书法在国内外的传播与影响。9 月 23 日，这次展览的展品结集为《鲁迅手迹珍品展图录》由西泠印社出版社出版，再次推动了鲁迅书法作品在国内外的传播，有助于读者通过鲁迅的书法作品增加对鲁迅的认识和了解。

4. 小结

回顾绍兴鲁迅纪念馆举办展览的历史，可以看出，绍兴鲁迅纪念馆对鲁迅故居、百草园、三味书屋等与鲁迅有关的建筑和遗址的复原所设立的原状陈列是比较成功的，长期以来都是最吸引国内外观众的热门景点，在某种程度上甚至可以说，正是因为有这些景点才吸引大量的国内外观众到绍兴亲身感受鲁迅在绍兴时期的生活和绍兴的风俗文化。而绍兴鲁迅纪念馆制作的鲁迅生平陈列，其展览的主题和内容在很长一段时期内（1956—1986）都深受当时国内政治形势的极大影响，不得不随着政治形势的变化对展览的内容进行多次的修改，这无疑会对鲁迅的传播带来负面作用。值得庆幸的是，进入 21 世纪，绍兴鲁迅纪念馆借绍兴市实行鲁迅故里街区保护与改造之机，不仅拆除了原来带有"文革"时期建筑风格的旧馆，新建了带有江南建筑风格的新馆，而且重新设计制作了带有浓厚绍兴特色和时代性的鲁迅生平陈列，使鲁迅生平事迹陈列起到了全面、客观地传播鲁迅生平和业绩的作用。另外，绍兴鲁迅纪念馆从 20 世纪 90 年代以来，举办了内容丰富多彩的临时展览，其中一些关于鲁迅的展览也从不同角度弥补了鲁迅生平陈列的不足，可以帮助观众从不同的角度认识和了解鲁迅，从而进一步深化了对鲁迅的传播。

三、学术研究与图书出版工作的历史与现状

绍兴鲁迅纪念馆在 1953 年建馆之后，发挥地域优势，注重搜集鲁迅在绍兴时期的有关史料，由此也形成了绍兴鲁迅纪念馆重视鲁迅在绍兴期间史料的搜集、整理与研究的学术传统。

1. 鲁迅在绍兴时期史料的整理与研究

（1）张能耿对鲁迅在绍兴时期史料的整理

张能耿在 1952 年 9 月到绍兴鲁迅纪念馆（在绍兴鲁迅纪念馆工作的时间：1952 年 9 月—1971 年 11 月；1973 年 1 月—1978 年 10 月）后就开始对了解鲁迅在绍兴时期情况的鲁迅亲友进行访问调查，先后调查了居住在绍兴及外地（如北京的周建人、寿洙邻夫人）的近百位人士，在此基础上撰写了《鲁迅亲友谈鲁迅》（东海文艺出版社 1958 年 4 月出版）一书。这本书是绍兴鲁迅纪念馆工作人员正式出版的第一本著作，主要内容是对鲁迅亲友回忆鲁迅在绍兴时期生活、学习和工作的情况进行记录和整理，书中有一些内容是作者在访问鲁迅亲友时记录下来的，但也有一些内容是作者在访问之后凭借记忆整理出来的，因此这些回忆的史实没有经过考证和鉴别，存在一些错误。但这本书保存了鲁迅亲友的一些口述史料，可以为鲁迅生平研究提供重要的参考。1981 年，为了纪念鲁迅诞生 100 周年，张能耿对《鲁迅亲友谈鲁迅》一书进行了修改，并增补了他后来访问鲁迅其他亲友的一些记录，出版了《鲁迅生平事迹别录》（河北人民出版社 1981 年出版）一书。鉴于张能耿所访问过的鲁迅亲友大部分都在 1981 年之前已经去世，这本书因为保留了这些鲁迅亲友的访问记录，所以具有重要的参考价值。

（2）周冠五对鲁迅在绍兴时期史料的整理

绍兴鲁迅纪念馆为了搜集鲁迅生平史料，还在 1955 年 2 月 13 日邀请鲁迅的堂叔周冠五来绍兴鲁迅纪念馆撰写回忆鲁迅家族的文章。[①] 当时，周冠五因为在解放前出任伪职而处境艰难，但是他熟知鲁迅家族的情况，因此绍兴鲁迅纪念馆的馆长方杰邀请周冠五撰写回忆鲁迅家族的文章是冒着一定的风险的。周冠五撰写了《周氏家族的崛起与衰落》《三台门的遗闻佚事》《社会环境和人物》《绍兴的风俗习尚》等四篇文章，这些文章不仅提供了鲁迅家族的历史情况，而且也详细地介绍了绍兴的历史风俗，对于了解鲁迅在绍兴时期的生活情况以及鲁迅作品具有重要的参考价值。方杰把这些文章推荐给人民文学出版社的编辑王士菁，人民文学出版社在 1959 年 2 月以《回忆鲁迅房族和社会环境 35 年间（1902—1936）的演变》的书名出版了该书（署名：观鱼，印 1900 册，内部发行）。周冠五后来在 60 年代又写了《周氏家族的经济情况》《鲁迅轶事见闻纪实》《我的杂忆》等回忆鲁迅的几篇文章，并把文章交给绍兴鲁迅纪念馆保存。1986 年，绍兴鲁迅纪念馆编印《乡友忆鲁迅》（铅印内部资料）一书时收入了这三篇文章，为鲁迅生平研究提供了很有参考价值的史料。

（3）周芾棠对鲁迅在绍兴时期史料的整理

周芾棠（在绍兴鲁迅纪念馆工作时间：1957 年 8 月—1960 年 2 月，后来在 60 年代初又借调到绍兴鲁迅纪念馆工作大约 2 年）在绍兴鲁迅纪念馆工作期间，多次请王鹤照回忆鲁迅的情况，并做记录。周芾棠后来对这些访谈记录进行整理，并撰写了以王鹤照口述形式的长篇文章《回忆鲁迅先生》，刊登在《中国现代文艺资料丛刊》第一辑（上海文艺出版社 1962 年出版）。因为王鹤照在鲁迅家前后工作过 30 多年，所以对鲁迅家的情况比较了解，号称鲁迅家的"活字

---

① 绍兴鲁迅纪念馆编：《绍兴鲁迅纪念馆大事记（1949—2002）》，第 19 页。

典"，这篇回忆文章虽然记录的大都是鲁迅生活中的一些小事，加之可能存在记忆模糊的问题，但毕竟是历史见证人提供的第一手的珍贵资料，对于了解鲁迅生平中的一些历史细节，研究鲁迅生平具有重要的参考价值。另外，"闰土"原型章运水的孙子章贵在 1954 年到绍兴鲁迅纪念馆工作之后，周芾棠还与谢德铣一起整理了章贵口述的家史，这篇文章后来以《"闰土"子孙话今昔》的题目在绍兴鲁迅纪念馆油印的《绍兴鲁迅纪念馆馆刊》第 1 期和第 2 期（分别在 1962 年 12 月 10 日和 1964 年 6 月印刷）中发表，提供了章运水的家庭情况以及他与鲁迅的交往情况，为研究鲁迅生平特别是鲁迅的作品《故乡》提供了重要的史料。

（4）朱岜对鲁迅在绍兴时期史料的整理与研究

朱岜从 1972 年 9 月调入绍兴鲁迅纪念馆工作直至 1989 年 1 月退休。他长期担任馆领导（在绍兴鲁迅纪念馆工作时间：1972 年 9 月—1979 年 4 月，先后担任支部副书记、支部书记；1979 年 4 月—1984 年 6 月任馆长；1981 年 5 月—1987 年 6 月，担任支部书记；1987 年 7 月—1989 年 1 月，担任协理员），为绍兴鲁迅纪念馆的业务建设做出了重要的贡献。1981 年 7 月，朱岜、谢德铣、王德林、裘士雄共同编著的《鲁迅生平史料汇编·鲁迅在绍兴》（第一辑）由天津人民出版社出版，该书分为如下的章节："绍兴的社会环境和鲁迅活动过的地方"（包括"鲁迅的故乡——绍兴""绍兴历史人物简介""鲁迅故家及绍兴有关地名资料"三个部分）；"鲁迅家庭成员及主要亲属"；"鲁迅童年时期和少年时期的生活"；"鲁迅在绍兴府中学堂"；"鲁迅在绍兴师范学校"；"鲁迅在绍兴活动简表"；"与鲁迅在绍兴有关的人物"；"与鲁迅有关的绍兴报刊、社团简介"；"绍兴鲁迅纪念馆简介"；"有关鲁迅在绍兴的资料和研究专著及文章目录索引"等。① 该书较为完备地收录了鲁迅在绍兴时期的有关史料，不仅对此前的鲁迅与绍兴有关史料进行了系统的整理，编制了研究论著的目录，而且也通过查阅报刊、访问当事人及其后人，新发现了众多的相关史料，纠正了此前的一些关于鲁迅的错误说法，可以说是鲁迅在绍兴时期史料整理的一部集大成之作，为鲁迅在绍兴时期的生平研究奠定了坚实的史料基础。

1981 年 8 月，由谢德铣、朱岜、王德林、裘士雄共同编著的《鲁迅在绍兴》一书由浙江人民出版社出版，该书是在《鲁迅生平史料汇编·鲁迅在绍兴》（第一辑）的基础上编著的，删掉了《鲁迅生平史料汇编·鲁迅在绍兴》（第一辑）

---

① 薛绥之主编，朱岜、谢德铣、王德林、裘士雄编著：《鲁迅生平史料汇编·鲁迅在绍兴》（第一辑），天津：天津人民出版社，1981 年 7 月出版。

一书中所附录有关的报刊、档案史料的原文，以及研究论著的目录和绍兴鲁迅纪念馆的介绍等内容，主要是在调查访问的基础上，叙述鲁迅在绍兴时期的生活、学习和工作情况，具有一定的传记色彩。因为该书使用了作者通过调查访问新发现的有关史料，加之采取客观叙述鲁迅生平的写作方法，所以该书在学术水平方面也超越了此前出版的同类书籍。

（5）裘士雄对鲁迅在绍兴时期史料的整理与研究

在"文革"期间，绍兴鲁迅纪念馆的业务工作受到很大的冲击，有关鲁迅生平史料的搜集和整理工作所取得成果较少。"文革"结束之后，裘士雄（在绍兴鲁迅纪念馆工作时间：1972年3月—2003年；1982年任副馆长；1984—1999年任馆长，后改任名誉馆长）继承绍兴鲁迅纪念馆的业务传统，长期从事鲁迅在绍兴时期的史料整理和研究，并取得了丰硕的成果，成为鲁迅在绍兴时期史料整理和研究的权威专家，其研究成果在国内外的鲁迅研究界都产生了重要的影响。裘士雄的研究成果主要在如下几个方面：

①对与鲁迅有关的人物及其后人进行调查访问。裘士雄在1976年开始利用业余时间访问了解鲁迅生平的有关人士，重点是与鲁迅有过交往的人士及其后代，并对谈话内容做了详细的记录和整理，此外，还通过查阅有关档案、报刊等，对谈话记录中涉及的人和事进行考证。这些谈话记录对于了解鲁迅的生活和交往具有重要的参考价值，裘士雄后来也利用这些谈话记录中的一些内容撰写了相关的文章，纠正了人民文学出版社1981年出版的《鲁迅全集》中注释部分存在的一些史实错误。[①] 但因为种种原因，这些谈话记录在当时正式发表的比较少，直到2016年，裘士雄在《上海鲁迅研究》2016年第1期开始连载题为《口述与笔谈》的系列文章（共9期），才把这些访问时的谈话记录正式公开发表，为鲁迅生平研究提供了重要的参考资料。

②对与鲁迅有关的人物进行研究。裘士雄在2003年退休之后，终于摆脱繁忙的行政事务可以专心从事鲁迅研究工作，开始系统整理自己从前调查访问与鲁迅有关的人物时所搜集的资料，并在此基础上撰写了一大批研究文章，陆续在《绍兴鲁迅研究》等有关报刊上发表。这些文章后来在修订增补之后结集为《鲁迅与他的乡人》（计123位乡人）、《鲁迅与他的乡人（二集）》（计134位乡人）、《鲁迅与他的乡人（三集）》（计189位乡人），均以"绍兴鲁迅纪念馆编"的名义由西泠印社出版社分别在2014年、2015年、2016年出版，在学术

---

① 裘士雄：《1981年版〈鲁迅日记〉中的人物注释补正》，《鲁迅研究动态》1983年4月总第25期、1983年8月总第26期、1983年12月总第30期、1986年12月总第56期。

界产生了重要的影响。裘士雄认为：此前出版的《鲁迅故乡的文化人》（傅建祥著）、《鲁迅与浙江作家》（马蹄疾著）、《鲁迅与同时代的人》（彭定安、马蹄疾著）等著作"重点写绍兴文化人或有一定知名度的绍兴人，有一定的局限性"，而他在《鲁迅与他的乡人中》系列著作中，"凡是鲁迅作品谈及的古今绍兴人固然要写，大小人物不论，那些与鲁迅有过往还、有史实依据、亦能为读者认可的绍兴人，即使在鲁迅作品中未曾提及，笔者亦拟尽量发掘写进去"①。这三本著作也可以说是裘士雄以精益求精的"工匠精神"，40多年来矢志不渝地从事鲁迅在绍兴时期史料的整理和研究的代表作，以一人之力通过调查访问，查阅报刊、图书和有关档案等，发掘出大量的历史细节和史料，基本完成了与鲁迅有关的近500位乡人的生平考证，梳理出鲁迅与他们交往的情况，为鲁迅生平研究做出了重要的贡献。

　　③结合鲁迅作品从事绍兴风俗研究。鲁迅作品特别是鲁迅的小说中涉及大量的绍兴风俗，很多读者尤其是外国的读者因为不了解绍兴的风俗，所以对鲁迅作品的理解就不可避免地存在隔膜问题。为了帮助读者更好地理解鲁迅的作品，裘士雄、黄中海、张观达在1984年合著了《鲁迅笔下的绍兴风情》一书，由浙江教育出版社在1985年5月出版。该书结合鲁迅的作品，介绍了绍兴的"方言土语""社戏""迎神赛会""押牌宝""四时八节""婚嫁""丧事""庵堂寺庙""当铺""药店""茶馆""八大贡品""罗汉豆""绍兴师爷"等风俗习惯和有关地点的情况②，对于了解鲁迅作品的背景及内容具有很好的参考价值。该书出版后深受读者欢迎，不仅多次再版，还被日本学者木山英雄翻译成日文，易名为《鲁迅の绍兴》由日本岩波书店在1990年8月出版。

　　此外，裘士雄还与娄国忠合编了《鲁迅与科普》一书，由西泠印社出版社在2011年7月出版。该书分甲、乙编，甲编系"鲁迅有关自然科学及其普及的著述"，乙编则为"鲁迅所处年代里的不科学的绍兴习俗"，通过介绍鲁迅关于自然科学的论述，以及鲁迅在作品中对不科学的绍兴民俗的描写，以此来突出鲁迅所具有的科学思想，以及他对绍兴不科学的民俗的揭示与批判。

　　④承担人民文学出版社2005版《鲁迅全集》"日记部分"的注释任务。2001年，人民文学出版社启动了1981年版《鲁迅全集》的修订工作。鉴于裘士雄在鲁迅生平史料研究领域取得了重要的研究成果，人民文学出版社因此聘请

---

① 裘士雄：《写在〈鲁迅与他的乡人〉出版之际》，《鲁迅与他的乡人》，杭州：西泠印社出版社，2014年出版。

② 裘士雄、黄中海、张观达：《鲁迅笔下的绍兴风情》，杭州：浙江教育出版社，1985年出版。

他和上海鲁迅纪念馆副馆长王锡荣共同担任《鲁迅全集》"日记部分"的注释工作。裘士雄虽然已经在鲁迅在绍兴时期的生平史料的整理和研究方面取得了丰硕的成果，但是他在注释《鲁迅全集》"日记部分"时不满足已有的研究成果，继续查找有关史料，不仅对原来的注释进行修订和增补（如订正了原有注释中存在的一些人物生卒年及生平存在的错误），而且使用新发现的史料又新增加了一些注释。据统计，他"共修正《鲁迅日记》中近千条不妥之处，其中做重大修改的有四百余条"①。虽然裘士雄为《鲁迅全集》"日记部分"所做的这些注释都比较简短，但凝聚着他几十年来从事鲁迅研究所取得的研究成果的精华，为进一步深化鲁迅生平研究做出了重要的贡献。

（6）绍兴鲁迅纪念馆组织编印的鲁迅研究著作

除了上述鲁迅研究著作之外，绍兴鲁迅纪念馆还组织本馆的业务人员集体撰写了一些鲁迅研究著作。

1986年5月，绍兴鲁迅纪念馆为纪念鲁迅逝世50周年，编印了《乡友忆鲁迅》一书，该书共12.5万字，分为三部分："鲁迅亲友忆念鲁迅早年的生活和学习情况及背景资料的介绍"；"鲁迅在杭州、绍兴任教时的学生所撰写或口述的回忆材料"；"其他"。② 这本书收录的一些文章是绍兴鲁迅纪念馆的工作人员访问鲁迅亲友的记录，为鲁迅生平研究提供了重要的参考资料。

1991年3月，为了纪念鲁迅诞生110周年，绍兴鲁迅纪念馆还组织全馆业务人员集体编著了《鲁迅在绍踪迹掇拾》一书，由杭州大学出版社出版。该书分为"鲁迅故居、祖宅""鲁迅亲友故里、故家""鲁迅与学校""鲁迅与店铺""鲁迅与名胜古迹""鲁迅与报刊""鲁迅与医院""鲁迅与城区有关处所""鲁迅与农村有关处所"等章节③，在《鲁迅生平史料汇编·鲁迅在绍兴》（第一辑）等前人有关论著的基础上，增补新发现的史料，较为详细地介绍了鲁迅在绍兴期间所到访过的一些地点，不仅有助于研究鲁迅生平，而且也有助于研究鲁迅的作品。

1996年，绍兴鲁迅纪念馆与绍兴鲁迅研究会（该会会址设立在绍兴鲁迅纪念馆，长期以来都是由绍兴鲁迅纪念馆的领导担任会长，绍兴鲁迅纪念馆的多位业务人员都是该会的会员）合编的"三味书屋"丛书之二《故乡人士论鲁迅》由浙江文艺出版社出版。这本书共35万字，收录文章31篇，分为"鲁迅

---

① 佚名：《新版〈鲁迅全集〉定稿》，《绍兴鲁迅研究》（内部发行），第26期，绍兴市鲁迅研究会编，2004年印刷。

② 绍兴鲁迅纪念馆编：《乡友忆鲁迅》，铅印本，1986年。

③ 绍兴鲁迅纪念馆编：《鲁迅在绍踪迹掇拾》，杭州：杭州大学出版社，1991年出版。

思想研究""鲁迅作品研究""鲁迅与故乡绍兴""回忆与考证"四部分。这本书收录的都是绍兴市鲁迅研究会成员在新中国成立后所撰写的有代表性的鲁迅研究文章，不仅是绍兴市鲁迅研究会成员在鲁迅研究领域所取得的成果的集体展示，也是绍兴市鲁迅研究会成员从新中国成立后所取得的鲁迅研究成果的一个阶段性总结，充分显示出绍兴鲁迅纪念馆和绍兴鲁迅研究会对于绍兴市的鲁迅研究所起到的组织和推动作用。

2. 出版《绍兴鲁迅研究》（年刊）等刊物

绍兴鲁迅纪念馆主办刊物的历史可以追溯到1962年。张能耿在1962年12月主持编印了《绍兴鲁迅纪念馆馆刊》，主要刊登本馆业务人员在调查访问鲁迅亲友后所撰写的文章，如《绍兴府中学堂拒杜风潮》《"闰土"子孙话今昔》等，为鲁迅研究提供了参考资料。但是，该刊是油印的，每期只印100份，主要赠阅给绍兴市及外地的鲁迅研究者、有关机构等，加之在1964年7月印刷第3期后就停刊，所以影响有限。

在"文革"期间，因为要搜集有关史料进行修改鲁迅生平陈列的工作，绍兴鲁迅纪念馆与绍兴鲁迅图书馆合作在1973年6月到9月编印了《鲁迅研究资料选辑》，主要刊登与鲁迅有关的一些史料，并赠阅给绍兴市及外地的鲁迅研究者、有关机构等。但因为政治形势的变化，该刊在出版4期后就停刊。①

"文革"结束之后，绍兴鲁迅纪念馆在1979年3月再次组织编印《鲁迅研究资料选辑》，并赠阅给绍兴市及外地的鲁迅研究者、有关机构等。该刊主要刊登如下三类文章：①新发现的一些有关鲁迅的史料，如《鲁迅研究资料选辑》（2）期刊登了新发现的史料《绍兴同乡公函》；②鲁迅亲友、学生等撰写的回忆鲁迅的文章，如《鲁迅研究资料选辑》（3）期刊登鲁迅的学生宋崇厚撰写的《忆鲁迅先生》一文；③刊登了一些史料考证的文章，如《鲁迅研究资料选辑》（4）期刊登了樊达泉撰写的《对〈回忆在鲁迅家中三十年〉的质疑》等文章；⑤与现代文学有关的史料，如《鲁迅研究资料选辑》（7）期是纪念左联成立50周年的专辑，刊登了裘士雄整理的《柔石女儿赵小薇访问记》《殷夫大姐徐祝三的谈话记录》等文章。但因种种原因，该刊在1981年11月编印了《鲁迅研究资料选辑》（17）之后再次停刊。

1983年7月，绍兴鲁迅纪念馆与绍兴市鲁迅研究会合编的内部刊物《绍兴鲁迅研究》第1期出版，基本上每年出版1期，每期大约10万字。2005年，《绍兴鲁迅研究》（内部刊物）在出版第26期之后停刊。2006年，《绍兴鲁迅研

---

① 绍兴鲁迅纪念馆编：《绍兴鲁迅纪念馆大事记（1949—2002）》，第59页。

究》改版，并由上海文艺出版社以"以书代刊"的形式正式出版，每年一期，每期20万字。该刊的主要栏目有："鲁迅作品研究""鲁迅思想研究""鲁迅与同时代人研究""史海钩沉""鲁迅作品教与学""百草园文艺""三味论坛""馆藏一斑""书评及动态""永在的纪念"等。可以说，《绍兴鲁迅研究》经过多年的发展，特别是由上海文艺出版社正式出版之后，已经形成了几个特色的栏目，如"史海钩沉"栏目主要刊登有关鲁迅及现代文学方面的史料及研究文章；"馆藏一斑"主要刊登介绍绍兴鲁迅纪念馆藏重要文物的文章；"鲁迅作品教与学"主要刊登研究中学语文教科书中鲁迅作品的教学问题的文章；"百草园文艺"主要刊登以鲁迅为题材的随笔以及大学生和中小学生撰写的关于鲁迅的文章等。总之，《绍兴鲁迅研究》已经成为国内知名的研究鲁迅的专业刊物，起到了推动浙江省特别是绍兴市鲁迅研究工作的重要作用。

3. 出版普及鲁迅的图书

绍兴鲁迅纪念馆还进一步发挥纪念馆的宣传教育功能，组织编写了一些普及鲁迅的图书，促进鲁迅在社会上的传播。

2006年，绍兴鲁迅纪念馆为帮助中学生理解鲁迅的作品，组织本馆业务人员撰写了《中学语文鲁迅作品赏析》一书，该书"以鲁迅作品为着眼点，联系当时的写作背景，对鲁迅作品中不为当代人所理解的地方加以注释、解读，同时配上一些必要的图片和说明，使广大中学生能比较直观地、立体地、全方位地理解鲁迅作品①"。该书结合当代中学生的阅读心理，为鲁迅作品配上相关的图文，并采用通俗生动的语言对鲁迅作品进行解读，从而可以帮助中学生乃至普通读者更深入地理解鲁迅作品，在一定程度上促进了鲁迅作品的传播。

2008年，绍兴鲁迅纪念馆与《语文学习》编辑部、绍兴市教育科学研究院共同编印了《鲁迅作品在课堂——中学鲁迅作品教学新探精编》一书（上海教育出版社，2008年出版），收录了全国各地中学语文教师撰写的关于鲁迅作品的教学设计、教案，以及赏析鲁迅作品的文章，共47篇。这本书汇集了一些优秀的中学语文鲁迅作品的教学设计，不仅有助于全国各地的中学语文教师交流关于鲁迅作品的教学经验，而且也有助于推动中学语文鲁迅作品教学的深入发展。

4. 发起成立绍兴鲁迅研究会

绍兴鲁迅纪念馆在建馆之后自觉地承担起组织鲁迅研究学术活动的职责，在1963年1月就发起成立了绍兴鲁迅研究小组，由张能耿担任组长，这是绍兴

---

① 绍兴鲁迅纪念馆、绍兴鲁迅研究中心编：《中学语文鲁迅作品赏析》"说明"，杭州：浙江教育出版社，2006年出版。

市成立的第一个研究鲁迅的社团组织。绍兴鲁迅研究小组成立后，组织过关于鲁迅的学术讲座等学术活动。但是，受到"文革"的冲击，该小组的活动也不得不停止了。

"文革"结束之后，随着绍兴鲁迅纪念馆业务活动的正常开展，特别是中国鲁迅研究会在1979年11月14日正式成立之后，绍兴市也很有必要成立新的鲁迅研究社团。1982年6月21日至24日，绍兴市在举行市文艺工作者代表大会期间，成立了绍兴鲁迅研究会。学会挂靠在绍兴鲁迅纪念馆，由绍兴鲁迅纪念馆的馆长朱恋担任首任会长，裘士雄担任首任秘书长。由此，绍兴鲁迅纪念馆与绍兴鲁迅研究会成为紧密合作的伙伴，共同组织了多次学术活动，有力地推动了绍兴市乃至浙江省的鲁迅研究工作。

5. 举办鲁迅学术研讨会

绍兴鲁迅纪念馆组织过多次鲁迅研讨会，其中影响比较大的会议有在1991年举行的"中学鲁迅作品教学研讨会"，2006年举行的"纪念鲁迅诞辰125周年——文学巨匠故里（纪念馆）论坛"等。

1991年9月24日至28日，绍兴鲁迅纪念馆、北京鲁迅博物馆、绍兴师范专科学校、《语文教学通讯》杂志社（北京）、《中学语文教学》杂志社（山西）等单位联合在绍兴举办了"中学鲁迅作品教学研讨会"，来自北京、山西、河南等13个省市的70多位代表，围绕如何通过鲁迅作品教学对学生进行爱国主义教育，如何解决鲁迅作品教学中的疑点、难点问题进行了认真研讨，并交流了鲁迅作品教学经验。与会代表一致认为："两个鲁迅馆和两个杂志编辑部出面召开这样一个研讨会，把普及鲁迅精神落实到教书育人的教师身上，并通过教师去教育学生，意义重大。不少代表要求，应在中学普及鲁迅作品，并认为教学不仅要吸收鲁迅丰富的文学艺术营养，更主要的是吸收鲁迅的思想营养，进一步学习、宣传鲁迅精神。"①

2006年9月25日，绍兴鲁迅纪念馆为纪念鲁迅诞辰125周年，隆重举办了"纪念鲁迅诞辰125周年——文学巨匠故里（纪念馆）论坛"，来自上海巴金故居纪念馆、浙江桐乡茅盾纪念馆、四川乐山郭沫若纪念馆、北京老舍纪念馆、湖北潜江曹禺纪念馆、福建冰心纪念馆的代表及文学巨匠的家属共50多人参加会议，并同时举办了"精神之源——文学巨匠故里（纪念馆）联合展"，展出鲁迅、郭沫若、茅盾、巴金、老舍、曹禺、冰心等现代文学巨匠的生平事迹和创作成就。这是国内一些著名现代作家的故居和纪念馆首次联合举行的会议和

---

① 绍兴鲁迅纪念馆编：《绍兴鲁迅纪念馆大事记（1949—2002）》，第156页。

展览，不仅展示了这些文学巨匠的丰功伟绩，而且也共同探讨了现代作家的故居和纪念馆今后的业务合作及未来发展问题。绍兴鲁迅纪念馆也通过举办这次会议和论坛，显示出该馆在国内现代作家的故居和纪念馆中所起到的引领业务的作用。

6. 小结

回顾绍兴鲁迅纪念馆建馆以来的学术研究和图书出版工作，可以看出绍兴鲁迅纪念馆的学术研究成就主要集中在鲁迅在绍兴时期史料的整理与研究领域，不仅基本完成了鲁迅在绍兴时期相关史料和资料的整理工作，为国内外的鲁迅研究者提供了丰富的资料，而且也取得了丰硕的研究成果，为鲁迅研究做出了重要的贡献。在学术研究之外，绍兴鲁迅纪念馆还发起成立了绍兴鲁迅研究会，参与成立了浙江省鲁迅研究会等学术组织，通过出版鲁迅研究刊物，举办鲁迅研究学术研讨会等形式，发挥出引导绍兴市乃至浙江省鲁迅研究的作用。此外，绍兴鲁迅纪念馆还组织编写过一些关于鲁迅的普及图书，为鲁迅的传播做出了重要贡献。但是，绍兴鲁迅纪念馆因为专门从事鲁迅研究工作的业务人员较少，特别是长期以来缺乏具有高学历的研究人员（北京鲁迅博物馆、上海鲁迅纪念馆、广州鲁迅纪念馆、厦门鲁迅纪念馆都拥有获得博士学位的研究人员），所以在鲁迅研究领域取得有分量的鲁迅研究成果还不多，有待于进一步加强这方面的工作。

四、社会教育工作的历史与现状

社会教育工作是一家纪念馆面向观众所进行的各种宣传教育活动，包括在馆内的讲解，在馆外举办的流动展览，以及与其他单位的业务共建等。绍兴鲁迅纪念馆在 1953 年 1 月建馆之后，因为工作人员较少（只有 4 人），所以在"文革"前主要的社会教育工作就是到绍兴的一些厂矿和郊区的农村举办"鲁迅生平"图片展览，主要是介绍鲁迅的生平以及鲁迅和农民的交往等。20 世纪 80 年代以来，特别是绍兴鲁迅纪念馆在 1994 年先后被绍兴市命名为绍兴市首批学校德育基地，被国家文物局评为全国优秀社会教育基地（也是浙江省第一家获得这项荣誉的纪念馆）之后，绍兴鲁迅纪念馆在获得举办社会教育活动的专项经费之后举办的社会教育活动逐渐丰富起来，先后与绍兴市的 20 多所中小学建立了共建关系，不仅在绍兴鲁迅纪念馆内举办中小学生夏令营，让学生在百草园和三味书屋中亲身体验鲁迅在少年时期的生活和学习情景，从而增加对鲁迅作品的理解，另外还在绍兴鲁迅纪念馆举行小学生入队仪式、中学生入团仪式、高中生 18 岁成人仪式，让中小学生在绍兴鲁迅纪念馆受到爱国主义精神教育。例如，绍兴成章小学三（3）班于 1992 年 3 月 4 日在绍兴鲁迅纪念馆举行了"争创'鲁迅中队'，誓做鲁迅好后代"命名仪式，后来成章小学的"鲁迅中队"获得了浙江省少先队雏鹰中队的荣誉称号。值得一提的是，绍兴鲁迅纪念馆每年都还培养一些共建学校的中小学生担任绍兴鲁迅纪念馆的义务小讲解员，不仅可以加深学生对鲁迅生平及作品的了解，而且也可以培养学生的语言表达能力和志愿服务的精神。①

在与 20 多所中小学建立共建关系之外，绍兴鲁迅纪念馆在 20 世纪 90 年代还和绍兴军分区干休所、绍兴市劳教所等机构建立了共建关系。绍兴鲁迅纪念馆在 1992 年 5 月制作了"鲁迅在绍兴"流动展览陆续到郊区农村和上述共建单位展出，不仅向广大市民宣传了鲁迅与故乡绍兴的密切联系，而且也丰富了这些共建单位的文化生活。

值得一提的是，绍兴鲁迅纪念馆还结合节日或鲁迅的纪念日与共建的中小学以及纪念馆周边的社区，共同举行鲁迅文化主题活动，先后举办了"我们的节日——中秋"联欢晚会、"把你的名字擦亮"朗诵会、鲁迅纪念会等文化活动，通过丰富多彩的文艺活动宣传鲁迅。

另外，随着国家在 20 世纪 90 年代更加重视对群众特别是青少年学生进行爱国主义教育，陆续在全国各地建立了一些爱国主义教育基地，绍兴鲁迅纪念馆也因为在对青少年进行爱国主义教育方面发挥出的重要作用，吸引了党和国家领导人江泽民、李鹏、朱镕基、胡锦涛、温家宝等先后到绍兴鲁迅纪念馆视察工作，可以说，绍兴鲁迅纪念馆不仅在当时 5 家鲁迅纪念馆中是党和国家领导人视察过次数最多的纪念馆，而且在国内人物类纪念馆中也是党和国家领导人视察过次数最多的纪念馆之一，甚至可以说绍兴鲁迅纪念馆在党和国家领导人视察次数方面足以和韶山毛泽东故居及毛泽东纪念馆比肩，这不仅体现出绍兴鲁迅纪念馆的业务工作受到了党和国家领导人的高度重视，而且也充分表明党和国家领导人更加重视弘扬鲁迅精神对于当代中国精神文明建设的作用。绍兴鲁迅纪念馆陆续在 1992 年被列为南京军区革命传统教育基地，在 1994 年被国家文物局评为"全国优秀社会教育基地"，在 1996 年被国家教委、民政部、文化部、国家文物局、共青团中央、解放军总政治部六部委授予"全国中小学爱国主义教育基地"（同年也被浙江省文物局授予"浙江省文明示范博物馆"），

---

① 金燕：《文化宝库 古城窗口——走过五十年历程的绍兴鲁迅纪念馆》，《绍兴鲁迅研究》（内部发行），第 26 期。

在 1997 年 6 月被中央宣传部授予"全国百个爱国主义教育示范基地"，在 2009 年 6 月 15 日，被国家文物局评为国家二级博物馆。获得上述国家级、省部级的荣誉称号，充分表明绍兴鲁迅纪念馆已经成为全国著名的人物类纪念馆。

但是，绍兴鲁迅纪念馆的管理体制在 1999 年发生了重要的变化。绍兴市委、市政府为进一步发展全市的旅游工作，决定组建绍兴市文化旅游投资发展有限公司，并在 1999 年 6 月 5 日把绍兴鲁迅纪念馆正式从绍兴市文化局划归绍兴市文化旅游投资发展有限公司管辖。绍兴鲁迅纪念馆虽然还保留事业单位的性质（正式职工编制 23 人，临时工 20 人），但是全馆的业务中心从展览转向了旅游，其内设的三个部门也随之发生了变化：陈列研究室与文物资料室合并组建陈列研究资料部、办公室、群众工作部（社会教育部）扩大人员编制并改名为旅游接待部。2002 年 4 月 30 日，绍兴鲁迅纪念馆为了开展经商活动，增加经济效益，在原来三个内设部门的基础上，又增加了三产办公室，负责全馆的经济创收工作。可以说，绍兴鲁迅纪念馆在划归绍兴市文化旅游投资发展有限公司管辖之后，也开始考虑创造经济效益了。而绍兴鲁迅纪念馆此后之所以频繁地更换馆领导班子，在很大程度上就是因为领导班子所创造的经济效益不符合绍兴市文化旅游投资发展有限公司的考核要求，毋庸讳言，频繁地更换馆领导班子无疑会对绍兴鲁迅纪念馆业务工作的持续发展造成一些不利的影响。

2002 年 5 月，绍兴市为了发展旅游业启动了鲁迅故里的保护和开发工作，在 2003 年修复了周家新台门、周家老台门、寿家台门及土谷祠、长庆寺等周边有关的地点，把这些景点整合起来打造以鲁迅故居为中心的鲁迅故里景区。绍兴市文化旅游投资发展有限公司也随之以鲁迅故居和三味书屋为中心，策划了"跟着课本游绍兴"的旅游路线。在媒体的大力宣传下，"跟着课本游绍兴"的旅游路线吸引了众多的观众，取得了极大的成功。

2008 年 6 月 1 日，绍兴鲁迅纪念馆作为全国爱国主义教育基地，按照国家有关部委的文件，实行免费对外开放，观众人数随之出现爆发性增长，从 2010 年以后，每年的观众人数都在 200 万人次左右，成为国内年度观众人数最多的人物类纪念馆之一。绍兴鲁迅纪念馆面对不断增长的观众，充分发挥出拥有鲁迅故居、百草园、三味书屋、鲁迅笔下风情园等著名旅游景点的优势，结合中小学生修学游，策划了"鲁迅故里——三味书屋修学游"的参观路线，成为绍兴鲁迅纪念馆社会教育的知名品牌活动。观众在讲解员的引导下，可以在绍兴鲁迅纪念馆的展厅通过大量的文物、图片及有关资料了解鲁迅的生平和主要业绩，在三味书屋了解"早"字的故事，并体验鲁迅的学习情景，在百草园感受鲁迅童年的生活，在"鲁迅笔下风情园"观看真人演出的社戏，以及新年祝福、婚礼等绍兴民俗的实景展示等，从而增加对鲁迅及其作品的理解。

2013年，绍兴鲁迅纪念馆结合青少年观众占全年观众总数大约30%的情况，对"鲁迅故里——三味书屋修学游"进行升级优化，面向青少年学生策划了"走近鲁迅"主题教育活动，在每个双休日的上午10点举行，时长一小时。这个主题教育活动包括六个环节："找一找"鲁迅童年的乐趣，重温《从百草园到三味书屋》，寻找鲁迅笔下的皂荚树、何首乌、石井栏；"演一演"少年鲁迅求学时的小故事；"听一听"绍兴传统的水乡社戏；"猜一猜"鲁迅笔下的艺术人物；"念一念"三味书屋私塾课，观众可以穿着长衫，戴着瓜皮帽，拿着《三字经》在专门布置的一间仿真三味书屋中上课，观看幻灯片了解《三字经》的内容，观看动画片《从百草园到三味书屋》重温鲁迅的这篇经典散文，学习对课，描红习字，亲身体验鲁迅的读书生活；"写一写"参加这次活动的感想。① 这个主题教育活动融知识性、趣味性、互动性为一体，一经推出就获得了广大中小学生的欢迎，2015年举行250多场，2016年举行了320多场，并在2016年获得浙江省"首届博物馆十佳青少年教育项目（2015年度）"。绍兴鲁迅纪念馆在"走近鲁迅"主题教育活动取得成功的基础上，为进一步扩大这个活动的影响，从参加这个主题教育活动的学生所撰写的活动感想中精选出一些优秀的文章，编辑成《"走近鲁迅"系列文集》，自2015年以来，基本上每年出版一本，不仅是对每年主题教育活动的展示和阶段性总结，也通过出版图书的方式进一步提升这个主题教育活动的影响力。

另外，绍兴市文化旅游投资发展有限公司在2012年对鲁迅故里景区与相距仅200多米的沈园景区进行硬件设施提升改造，并在同年12月成功地把鲁迅故里景区与沈园景区打包申请为国家AAAAA级旅游景点。2013年1月，绍兴市文化旅游投资发展有限公司决定把鲁迅故里景区与沈园景区进行一体化运营，由绍兴鲁迅纪念馆管理沈园。绍兴鲁迅纪念馆由此开始把鲁迅故居与沈园统一运营，以鲁迅与陆游的共同特点爱国主义作为宣传和展示的中心，从而使分别展示绍兴古代文化和现代文化的两个景区形成互补的关系，进一步促进绍兴市旅游业的发展。

2016年，教育部把绍兴鲁迅纪念馆的"鲁迅故里—三味书屋"评为首批20家"全国研学旅游示范基地"，这充分说明绍兴鲁迅纪念馆在青少年学生修学游方面取得了极大的成功，对全国各地的爱国主义教育基地开展青少年学生研学游活动起到了示范作用。

---

① 绍兴鲁迅纪念馆编：《绍兴鲁迅纪念馆的社会教育活动总结》，打印材料，2016年。

需要特别指出的是，绍兴鲁迅纪念馆作为"全国爱国主义教育示范基地"，之所以能成功地开展各项社会教育活动，特别是面向青少年学生开展的"鲁迅故里—三味书屋"研学游以及"走近鲁迅"主题教育活动，不仅是因为绍兴鲁迅纪念馆有优秀的领导团队，还因为绍兴鲁迅纪念馆通过各种方式培养出了一批杰出的讲解员队伍，其中有全国优秀导游员、全国红色旅游大赛一等奖获得者、浙江省优秀讲解员、浙江省十佳讲解员、绍兴市市级青年岗位能手，此外，绍兴鲁迅纪念馆的讲解员团队还集体获得了"全国五一劳动奖章"和"全国青年文明号"等国家级荣誉称号。可以说，正是这样一支优秀的讲解员团队，才使作为"全国爱国主义教育示范基地"的绍兴鲁迅纪念馆能在社会教育工作方面发挥出重要的社会影响。

毋庸讳言，绍兴鲁迅纪念馆位于鲁迅的故乡绍兴，具有无可替代的地域优势，而该馆发挥地域优势结合国家有关政策所精心策划的面向青少年的社会教育活动如修学游活动、研学游活动等是非常成功的，吸引了大量的青少年学生参加，极大地推动了鲁迅在广大中小学生中的传播。仅就参加每年举办的社会教育活动的观众的数量来说，绍兴鲁迅纪念馆不仅大大超越其他几家鲁迅纪念馆，即使在国内人物类纪念馆，乃至国内各类纪念馆、博物馆中都是名列前茅的。总之，绍兴鲁迅纪念馆的社会教育工作所取得的成就为其他几家鲁迅纪念馆乃至国内人物类纪念馆策划类似的社会教育活动树立了榜样。

五、国际文化交流工作的历史与现状

鲁迅享有世界声誉，绍兴作为鲁迅的故乡，因此也吸引外国观众前来参观。绍兴鲁迅纪念馆在筹备期间就开始接待外宾参观。1952年2月12日，罗马尼亚驻华大使罗登科一行3人参观鲁迅故居，这是绍兴鲁迅纪念馆接待的第一批外宾。[①] 不过，在"文革"之前，参观绍兴鲁迅纪念馆的外宾基本都是来自社会主义国家以及第三世界国家的政党领袖、高级官员、学者、作家、艺术家等政治精英和文化精英，人数不多。从"文革"后期开始，从世界各国来参观绍兴鲁迅纪念馆的观众逐渐增多起来，职业也多元化，在政党领袖、高级官员、学者、作家、艺术家等政治精英和文化精英之外，普通的游客越来越多，在20世纪90年代基本上每年都超过3000人，到2001年之后，每年都超过1万人，绍兴鲁迅纪念馆也因此成为对外展示鲁迅生平以及中国文化的重要窗口。

回顾绍兴鲁迅纪念馆接待外宾的历史，可以看出绍兴鲁迅纪念馆经过多年

---

① 绍兴鲁迅纪念馆编：《绍兴鲁迅纪念馆大事记（1949—2002）》，第7页。

的探索，逐渐摸索出从单纯接待到双向交流再到深层交流的方法，成功地以鲁迅为媒介推动中外文化交流。

1. 对外单向交流阶段：1953—1989

绍兴鲁迅纪念馆作为鲁迅故乡展示鲁迅生平的专业机构，拥有鲁迅故居、百草园、三味书屋、鲁迅生平陈列厅等景点，对于外国观众具有一定的吸引力。从建馆之后到20世纪80年代，绍兴鲁迅纪念馆接待了很多社会主义国家以及对华友好国家的政党领袖和文化精英，这些外宾通过参观绍兴鲁迅纪念馆对鲁迅有了更深入的认识。

文化精英如波兰作家巴惠尔·亚谢尼查在1956年12月9日来绍兴鲁迅纪念馆参观，并题词："看了纪念馆感受很深，我将永远不会忘记。陈列的文物很宝贵，它不仅使人们认识鲁迅的生平和著作，同时也使人们认识了当时的时代背景。"[1] 再如越南新闻工作者代表团在1959年5月24日来绍兴鲁迅纪念馆参观，副团长何文禄说："我们感谢中国同志为我们保存了鲁迅幼年的宝贵遗物。《阿Q正传》《祝福》《孔乙己》《故乡》和杂文的越南读者，很愉快地在这里找到这些作品的亲切背景，这些作品充实了我们的心灵。"[2] 另外，从20世纪80年代以来，一些来自西方国家的作家和艺术家也到绍兴鲁迅纪念馆参观，如瑞典诗人、瑞典皇家科学院院士、斯德哥尔摩大学文学系主任、瑞典诺贝尔文学奖委员会委员克杰尔·埃斯普马克在1982年5月8日来绍兴鲁迅纪念馆参观时说："我到中国来，是为了加强瑞中文化交流。到鲁迅故乡来，很有收获，了解了产生鲁迅的背景。"[3]

此外，国外的一些学者为了翻译鲁迅著作和研究鲁迅，也来绍兴鲁迅纪念馆参观并搜集有关资料。如1974年9月22日，法国学者米歇尔·鲁阿夫人为翻译鲁迅作品来绍兴鲁迅纪念馆访问，此后，她又和法国学者于儒伯等人在1979年1月18日为翻译鲁迅作品再次前来绍兴鲁迅纪念馆搜集资料。[4] 再如，联邦德国共产党政治局委员、红旗出版社编辑部主任施威德齐克·沙克为翻译鲁迅作品在1978年5月26日来绍兴参观，并参观了绍兴鲁迅纪念馆。[5]

国外的政府首脑、政党领袖也前来绍兴鲁迅纪念馆参观。如柬埔寨的诺罗敦·西哈努克亲王、莫尼克公主一行8人在绍兴地区专员吴书福等的陪同下于

---

[1] 绍兴鲁迅纪念馆编：《绍兴鲁迅纪念馆大事记（1949—2002）》，第29页。
[2] 绍兴鲁迅纪念馆编：《绍兴鲁迅纪念馆大事记（1949—2002）》，第37页。
[3] 绍兴鲁迅纪念馆编：《绍兴鲁迅纪念馆大事记（1949—1988）》，第142页。
[4] 绍兴鲁迅纪念馆编：《绍兴鲁迅纪念馆大事记（1949—1988）》，第92页。
[5] 绍兴鲁迅纪念馆编：《绍兴鲁迅纪念馆大事记（1949—1988）》，第108页。

1980 年 9 月 21 日来绍兴鲁迅纪念馆参观，他一下车就说："今天能到鲁迅故居参观访问，我感到很荣幸。"① 再如卡尔士维士率领的美国马列主义者访华团 12 人在 1979 年 1 月 6 日来绍兴鲁迅纪念馆参观。②除了来华参观访问的外宾主动前来绍兴鲁迅纪念馆参观之外，有关部门还组织在中国工作或留学的外国人到绍兴鲁迅纪念馆参观，使他们能更深刻地认识以鲁迅为代表的中国现代文学。如在外文出版社工作的日本、瑞士、法国、巴基斯坦、尼泊尔等外国专家在 1977 年 10 月 21 日来绍兴鲁迅纪念馆参观。③ 复旦大学外国留学生 29 人和北京语言学院外国留学生分别在 1982 年 11 月 12 日和 16 日来绍兴鲁迅纪念馆参观，并与绍兴鲁迅纪念馆的工作人员举行座谈会，讨论鲁迅的生平与创作等话题。④

2. 对外双向交流阶段：1990—2010

因为鲁迅曾经在日本留学，其作品《藤野先生》描写了他与藤野先生深厚的师生情谊，加之其作品《故乡》也曾经入选日本的中学教科书，所以鲁迅在日本拥有很大的影响力。1972 年，中日正式建立外交关系之后，鲁迅与藤野先生也被中日两国的人民视为民间友好交流的媒介和典范。

绍兴市作为鲁迅的故乡在 1983 年与藤野先生的故乡芦原町签订了友好城市的协议书，两个城市此后交流频繁，领域不限于文化交流，还涉及经济交流、教育交流、体育交流、旅游交流等。绍兴鲁迅纪念馆也由此作为绍兴市的代表，与芦原町乃至日本的其他城市互相在对方城市举办了多种文化交流活动。

1976 年 9 月 24 日，章贵作为绍兴鲁迅纪念馆的代表到上海集中，稍后随中国代表团赴日本参加"鲁迅逝世 40 周年在日展览开幕式"并参观访问，这是绍兴鲁迅纪念馆首次派职工出国交流。⑤ 但绍兴鲁迅纪念馆与日本有关机构的文化交流从 20 世纪 90 年代才逐渐多了起来。

1990 年，"鲁迅和藤野先生"铜像在芦原町国际交流中心落成，雕像是按照绍兴鲁迅纪念馆提供的素材制作的，这个雕像的落成也为绍兴鲁迅纪念馆与日本有关机构的文化交流活动奠定了良好的基础。1991 年 9 月 18 日到 10 月 1 日，绍兴鲁迅纪念馆馆长裘士雄赴日本仙台参加纪念鲁迅在仙台留学 100 周年国际学术研讨会，这也是绍兴鲁迅纪念馆的学者首次赴外国参加鲁迅研究会

①　绍兴鲁迅纪念馆编：《绍兴鲁迅纪念馆大事记（1949—2002）》，第 81 页。
②　绍兴鲁迅纪念馆编：《绍兴鲁迅纪念馆大事记（1949—1988）》，第 112 页。
③　绍兴鲁迅纪念馆编：《绍兴鲁迅纪念馆大事记（1949—1988）》，第 105 页。
④　绍兴鲁迅纪念馆编：《绍兴鲁迅纪念馆大事记（1949—1988）》，第 146 页。
⑤　绍兴鲁迅纪念馆编：《绍兴鲁迅纪念馆大事记（1949—1988）》，第 102 页。

议。① 1992 年，芦原町赠送给绍兴市 1200 株樱花苗，栽种在绍兴的会稽山度假区，成为中日友好交流的象征。同年 9 月 12 日，日本芦原町藤野严九郎纪念馆馆长藤木隆太等 3 人来绍兴鲁迅纪念馆参观，商量双方合作举办展览的事情。② 1993 年 11 月 19 日到 21 日，日本东北大学教授阿部兼也、渡边襄来馆参观，并赠送鲁迅在仙台医学专科学校学习时的一些文物的复制品和一盒录像带（内有 1961 年 4 月 5 日仙台鲁迅纪念碑揭幕典礼，1974 年 10 月 19 日鲁迅留学仙台 70 周年纪念献花仪式，和 1991 年 9 月 23 日鲁迅诞生 110 周年纪念碑前祭等）。③

2000 年 10 月，绍兴鲁迅纪念馆举办了"藤野先生纪念展"，这个展览由上海鲁迅纪念馆和藤野严九郎纪念馆共同设计制作，展出了藤野先生使用过的物品及有关资料共 131 件，其中有 60 多件文物是由藤野严九郎纪念馆提供。④ 这个展览展示了藤野先生主要的生平事迹，对于进一步促进以鲁迅与藤野先生为代表的中日民间友好交流具有重要价值。

作为交换，日本有关机构于 2004 年 3 月 5 日到 9 日在藤野先生的故乡福井县国际交流中心举办了"中国文豪·友好使者——鲁迅纪念展"。⑤ 这个展览由上海鲁迅文化发展中心策划，上海鲁迅纪念馆、绍兴鲁迅纪念馆提供文物展品，共展出有关鲁迅的文物资料 150 件，其中国家一级文物 10 件，这些一级文物都是第一次在国外展出。这个展览取得了很大的成功，使藤野先生故乡的人民能够通过文物和图片更好地了解鲁迅的生平，以及鲁迅与藤野先生深厚的师生情谊。

2008 年 9 月 24 日，芦原市为庆祝与绍兴市缔结友好城市 25 周年，向绍兴市赠送了一尊藤野先生铜像。绍兴市决定把藤野先生的铜像安放在绍兴鲁迅纪念馆入口的广场中，并把这个广场命名为藤野先生纪念广场。芦原市长桥本达也在题为《万古长青》的致辞中说："鲁迅先生的作品《藤野先生》，记述了为中国的近代化而尽力的鲁迅先生与留学仙台时的恩师藤野严九郎先生之间的亲密交往，作为介绍日中两国人民心与心的交流和友谊纽带的象征，收录于日中两国的教科书。与绍兴市的交流，就是为了继承和发扬鲁迅先生和藤野先生的

---

① 绍兴鲁迅纪念馆编：《绍兴鲁迅纪念馆大事记（1949—2002）》，第 154 页。
② 绍兴鲁迅纪念馆编：《绍兴鲁迅纪念馆大事记（1949—2002）》，第 163 页。
③ 绍兴鲁迅纪念馆编：《绍兴鲁迅纪念馆大事记（1949—2002）》，第 179 页。
④ 佚名：《"藤野先生"走进鲁迅纪念馆》，《绍兴鲁迅研究》（内部发行），第 23 期。
⑤ 金燕：《往事如风 记忆长存——记随海婴先生参加"鲁迅纪念展"二三事》，《一木一石：绍兴鲁迅纪念馆建馆六十周年纪念集》，第 116 页。

友谊精神。"① 由此，绍兴市和芦原市都竖立了藤野先生的铜像和鲁迅的铜像，以鲁迅与藤野先生的师生情谊来作为两个友好城市缔结和发展友好关系的纽带。

另外，日本东北大学鲁迅研究课题组设计制作的"鲁迅的仙台时代"展览同日也在绍兴鲁迅纪念馆展出，展出了鲁迅在仙台留学时期的一些档案资料，以及鲁迅在仙台留学时期仙台的社会情况，这也是作为鲁迅留学过的日本东北大学（前身是仙台医学专科学校）首次在鲁迅的故乡绍兴市举办关于鲁迅留学仙台的展览，进一步促进了绍兴市与仙台市的文化交流。

除了互换展览之外，绍兴鲁迅纪念馆的领导也多次赴日本参加鲁迅研讨会或其他文化活动，如绍兴鲁迅纪念馆副馆长徐东波赴日本参加鲁迅研讨会，绍兴鲁迅纪念馆副馆长周玉儿赴日参加内山完造逝世50周年纪念会，绍兴鲁迅纪念馆馆长金燕等人在2012年4月9日赴日本举行聘请池田大作担任绍兴鲁迅纪念馆名誉顾问的仪式等。总之，绍兴鲁迅纪念馆与日本有关机构形成了双向的文化交流，不仅进一步促进了鲁迅在日本的传播与研究，而且也进一步促进了藤野先生在中国的传播与研究，为中日文化交流做出了重要的贡献。

3. 对外深层交流阶段（2011年至今）

为响应国家提出的推动中华文化走出去，增强中华文化"软实力"的战略，绍兴鲁迅纪念馆不仅在2011年参与举办"鲁迅：跨文化对话"国际学术研讨会，而且在2012年制订了"世界的鲁迅"的规划，"要与世界最著名的十大文豪故里对接，与各文豪纪念馆对接，形成交流机制，把鲁迅思想传播到各文豪故里，同时也把十大文豪像请到鲁迅故里来，供游客瞻仰，并在陈列内容中增加'世界的鲁迅'部分。通过若干年努力，在鲁迅故里形成世界文豪广场（或长廊），使来自世界各地的游客真正感受到'世界的鲁迅'"②。

2012年5月10日，为庆祝中国与希腊建交40周年，绍兴鲁迅纪念馆在绍兴咸亨酒店举行与希腊卡赞扎斯基博物馆缔结友好博物馆的仪式，双方签订了缔结友好博物馆的协议书，今后将在展览、学术研究、相关资料等方面加强合作，共同推动中、希文化交流。卡赞扎斯基（尼可斯·卡赞扎基斯，1883—1957）是希腊现代文学的开创者，其创作与鲁迅的作品在主题上有相似性，并曾在1935年和1957年两度访问过中国。绍兴鲁迅纪念馆与希腊卡赞扎斯基博物

---

① 冬播（徐东波）：《跨越时空的友谊》，《一木一石：绍兴鲁迅纪念馆建馆六十周年纪念集》，第58页。

② 陈勤：《世界智者胜地　两大文豪握手——绍兴鲁迅纪念馆与希腊卡赞扎斯基博物馆缔结友好博物馆纪实》，《一木一石：绍兴鲁迅纪念馆建馆六十周年纪念集》，第52页。

馆缔结为友好博物馆，不仅促进了以鲁迅为代表的中国文学与以卡赞扎斯基为代表的希腊文学的交流，而且也"开启了绍兴鲁迅纪念馆与国际知名博物馆缔结友好交流条约的先河，是纪念馆在六十年里跨出的国际性的一大步，是'世界的鲁迅'宏大思想工程尝试性的又一次拓展"①。

2013 年 5 月 28 日，绍兴鲁迅纪念馆与丹麦王国欧登塞市安徒生（汉斯·克里斯蒂安·安徒生，1805.4—1875.8）纪念馆签订友好博物馆协议书。鲁迅的故乡绍兴市与安徒生的故乡欧登塞市早在 1991 年就结为友好城市，双方举行了多次文化交流和教育交流活动，绍兴鲁迅纪念馆还与安徒生纪念馆合作在 1998 年 6 月 2 日举办过"安徒生生平展"（中文版），但是绍兴鲁迅纪念馆与安徒生纪念馆的文化交流仅限于这一次展览。此后，绍兴鲁迅纪念馆为推动"世界的鲁迅"的工程，决定继续深化与安徒生纪念馆的合作，经双方友好协商，终于在 2013 年缔结为友好博物馆，两馆由此开始了在展览、科研、资料等方面的全面合作，为推动中、丹两国的文化交流做出了重要的贡献。

2014 年，绍兴鲁迅纪念馆作为鲁迅文化基金会绍兴分会的核心成员开始与鲁迅文化基金会合作举办"大师对话"活动，按照一年一国的计划，开展鲁迅与世界各国著名作家的年度文化交流活动。

鲁迅文化基金会为庆祝中法建交 50 周年，于 2014 年 10 月 15 日在绍兴举行了"鲁迅与雨果对话"的系列活动，包括以维克多·雨果（1802—1885）与鲁迅为中心的学术对话会，以及绍兴鲁迅纪念馆与法国滨海塞纳省雨果博物馆的业务交流。当天下午，绍兴鲁迅纪念馆与来馆参观访问的法国滨海塞纳省雨果博物馆签订合作协议书，正式缔结为友好纪念馆，双方今后将在学术研究、文化遗产保护、展览等方面进行合作。在签约仪式之后，来访的法国文化部政策主任 Michele Planel（米雪儿·普拉内尔女士），滨海塞纳省议会文化发展与合作部事务主管 Isabelle Maraval（伊莎贝尔·马拉瓦尔女士），雨果博物馆经理 Gerard Audinet（杰勒德·奥迪奈特）分别就法国文化部对历史文化遗产的保护和推广策略、滨海塞纳省的纪念馆管理和文化推广策略、雨果博物馆的推介等中心议题面向绍兴市的博物馆领域的工作人员做了演讲，介绍了法国在保护文化遗产，以及雨果博物馆从事文化推广活动的成功经验。绍兴鲁迅纪念馆与雨果博物馆由此建立了业务合作关系。2015 年 5 月 30 日，绍兴鲁迅纪念馆的代表应邀赴法国雨果博物馆访问，双方又签订了文化合作的协议书，此外，绍兴鲁

---

① 陈勤：《世界智者胜地 两大文豪握手——绍兴鲁迅纪念馆与希腊卡赞扎斯基博物馆缔结友好博物馆纪实》，《一木一石：绍兴鲁迅纪念馆建馆六十周年纪念集》，第 46 页。

迅纪念馆还把一尊鲁迅铜像赠送给雨果博物馆，并被安放在雨果博物馆之中。2016 年 2 月 26 日，法国文化部派人专程赴绍兴把"历史文化名屋"的称号授予鲁迅故居。鲁迅故居由此也成为法国文化部授予的第 201 处"历史文化名屋"，同时也是首个荣获法国文化部"历史文化名屋"称号的外国名人故居。可以说，绍兴鲁迅纪念馆与法国雨果博物馆的业务合作为中、法两国的文化交流做出了重要的贡献。

2015 年 10 月 14 日，鲁迅文化基金会发起的"鲁迅与托尔斯泰对话会"在绍兴举行，活动包括在绍兴文理学院举办的"鲁迅与托尔斯泰（列夫·尼古拉耶维奇·托尔斯泰，1828—1910）"研讨会，以及在绍兴鲁迅纪念馆举办的绍兴鲁迅纪念馆与托尔斯泰庄园博物馆缔结友好博物馆的签约仪式。在签约仪式之后，由托尔斯泰庄园博物馆制作的"大师的容颜——列夫·托尔斯泰影像展"在绍兴鲁迅纪念馆开幕，展出了 50 多幅托尔斯泰的照片，其中有一部分是托尔斯泰夫人拍摄的托尔斯泰在庄园中的生活照片。2016 年 8 月 10 日，鲁迅基金会及绍兴鲁迅纪念馆组成的绍兴市代表团赴俄罗斯访问托尔斯泰庄园博物馆，不仅在莫斯科中国文化中心举办了"鲁迅是谁——中国文化巨匠鲁迅生平展"，而且与托尔斯泰庄园博物馆合作在 8 月 14 日举行了"鲁迅与托尔斯泰——中俄文化的交流与交融"国际学术论坛，来自 18 个国家和地区的学者围绕着鲁迅与托尔斯泰以及中、俄文化交流的议题进行了研讨。绍兴鲁迅纪念馆还向托尔斯泰庄园博物馆赠送了一尊鲁迅铜像，并被安放在托尔斯泰庄园博物馆中。可以说，绍兴鲁迅纪念馆与俄罗斯托尔斯泰庄园博物馆的业务合作为中、俄两国的文化交流做出了重要的贡献。

2016 年 6 月 14 日至 16 日，鲁迅文化基金会发起的"鲁迅与泰戈尔对话会"在绍兴举行，包括在绍兴文理学院举行的"鲁迅与泰戈尔（拉宾德拉纳特·泰戈尔，1861—1941）研讨会"，以及在越秀外国语学院举行的"城市与民众"论坛等。印度客人还赴绍兴鲁迅纪念馆参观了鲁迅故居和鲁迅生平展览。11 月 10 日，鲁迅文化基金会及绍兴市代表团赴印度访问，并与泰戈尔纪念馆馆长德芭迪慕克吉讨论了今后在时机成熟时与绍兴鲁迅纪念馆互换鲁迅生平展览与泰戈尔生平展览的事宜。可以说，绍兴鲁迅纪念馆与印度泰戈尔纪念馆的业务合作为中、印两国的文化交流做出了重要的贡献。

此后，绍兴鲁迅纪念馆与鲁迅文化基金会合作，规划在 2017 年举办"鲁迅与夏目漱石（夏目漱石，1867—1916）"对话会，在 2018 年举办"鲁迅与但丁（但丁·阿利基耶里，1265—1321）"对话会，在 2019 年举办"鲁迅与海涅（克里斯蒂安·约翰·海因里希·海涅，1797—1856）"对话会，并在绍兴鲁迅纪念馆中设立"大师对话"专题展览，系统展示从 2014 年开始的鲁迅与外国文学大师对话活动所取得的成果。可以说，绍兴鲁迅纪念馆实施的"世界的鲁迅"工程已经取得了丰硕的成果，为促进鲁迅在世界的传播，推动中外文化交流做出了重要的贡献。

总之，绍兴鲁迅纪念馆的对外交流工作在经过几十年的发展之后，终于在 2012 年通过实行"世界的鲁迅"工程取得了重要的进展，不仅与一些世界著名作家的纪念馆进行了业务交流与合作，进一步提升了自身的各项业务工作水平，而且也通过与一些世界著名作家的纪念馆的文化交流，起到了促进中外文化交流的作用，为推动中国文化走出去做出了重要的贡献。可以说，绍兴鲁迅纪念馆作为一家中小型的人物类纪念馆，在对外文化交流工作方面通过策划"世界的鲁迅"工程取得了丰硕的成果，而绍兴鲁迅纪念馆在对外文化交流方面所取得的成果，不仅超过其他几家鲁迅纪念馆，而且在国内人物类纪念馆中也是名列前茅的。

六、结语

回顾绍兴鲁迅纪念馆的历史，可以说经过几代职工的不懈努力，绍兴鲁迅纪念馆在藏品征集和保管、鲁迅研究、陈列展览、社会教育、对外交流等方面都取得了突出的成绩，已经建设成为国内重要的人物类纪念馆和名人故居，为保护鲁迅文化遗产、传播鲁迅精神做出了重要的贡献。

另外，绍兴鲁迅纪念馆在 1999 年 6 月 5 日从绍兴市文化局划归绍兴市文化旅游投资发展有限公司管辖后，在各级政府的支持下，通过大胆的改革，突破事业单位管理体制的限制，成功地探索出文化与旅游融合发展的绍兴模式，为国内人物类纪念馆和名人故居今后与旅游工作的融合发展树立了典范。

但是，绍兴鲁迅纪念馆也存在着一些问题。首先是存在工作人员超负荷工作的问题。从工作人员的数量上说，绍兴鲁迅纪念馆是一个中小型的人物类纪念馆，现在的正式编制工作人员只有 23 人，临时聘用工作人员 20 人，但从观众数量上来说，从 2010 年开始，每年都在 200 万人次左右，绍兴鲁迅纪念馆又是一个超大型的人物类纪念馆，在国内人物类纪念馆中名列前茅（如北京鲁迅博物馆是国家一级博物馆，拥有正式编制工作人员 80 人，临时聘用人员 30 人，但每年观众在 5~6 万人次；上海鲁迅纪念馆是国家一级博物馆，拥有正式编制工作人员 50 人，另外还有临时聘用人员若干名，每年观众在 30 万人次左右），因此，绍兴鲁迅纪念馆以 43 名工作人员来为每年 200 万人次的观众提供服务，无疑存在巨大的压力，需要打破事业单位的体制所限，设法增加工作人员的数量。其次是存在研究人员断层的问题。随着裘士雄研究员在 2003 年退休，绍兴鲁迅纪念馆现有的几位研究人员也已经 50 多岁了，因此，绍兴鲁迅纪念馆的研究队伍存在人才断层的问题，需要积极引进青年鲁迅研究学者补充到研究人员的队伍之中，这样才能确保绍兴鲁迅纪念馆的学术研究传统继续延续下来，并发扬光大。再次是如何提高社会教育活动宣传效果的问题。应当说绍兴鲁迅纪念馆的社会教育活动在国内纪念馆中是做得比较出色的，获得了多个国家级荣誉称号。但是，绍兴纪念馆每年都有大约 200 万的观众，如何对这么多的观众进行较为成功的社会教育活动无疑是一个难题。目前，来绍兴鲁迅纪念馆参观的观众中有很多也许人生中就来绍兴鲁迅纪念馆参观一次，他们大都是在拥挤的人群中，走马观花式地参观完鲁迅的故居、三味书屋、绍兴鲁迅纪念馆展览大厅等景点，因此就需要绍兴鲁迅纪念馆设法解决如何让观众在参观绍兴鲁迅纪念馆之后不仅加深了对鲁迅的了解和认识，而且在思想上受到深刻的教育的问题。绍兴鲁迅纪念馆如果能设法面向不同层次的观众开发出沉浸式的、深度体验游的社会教育活动，无疑将有助于热爱鲁迅的观众更好地认识鲁迅。此外，绍兴鲁迅纪念馆面向中小学生开发了"跟着课本游绍兴""鲁迅故里——三味书屋修学游"等较为成功的社会教育活动，但是这些研学类的社会教育活动也需要注意将体验鲁迅的童年生活与对当代青少年进行社会主义核心价值观教育紧密结合起来的问题，一方面要注意举行这些研学类的社会教育活动时需要指出鲁迅在青少年时期的生活和学习中存在的封建糟粕文化的因素，另一方面也要避免青少年学生在接受这些研学类的社会教育活动时可能存在的把这些研学类的社会教育活动视为形式化、游戏化的活动问题。复次是如何深化对外文化交流的问题。应当说，绍兴鲁迅纪念馆发挥位于鲁迅故乡的优势，与鲁迅文化基金会，绍兴文理学院、浙江越秀外国语学院等机构共同举办了一系列的"大师对话"活动，并与俄罗斯的托尔斯泰庄园博物馆、法国的雨果博物馆等多家外国文豪的故居或纪念馆签订了合作协议，这无疑极大地提升了绍兴鲁迅纪念馆在国内外的影响力。但是，在近几年基本上每年举行一次的鲁迅与一位世界文豪"对话"的活动，往往是举办"对话"活动时比较热闹，但是后续的文化交流较少，甚至几乎没有再次举行相关的文化交流活动，因此需要绍兴鲁迅纪念馆与鲁迅文化基金会等机构紧密合作，一方面要与外国的相关文化机构保持较为稳定、持续的文化交流，以鲁迅与世界文豪"对话"为主题精心策划相关的交流活动，另一方面也要积极联系中国文化部驻多国的文化中心和中国各大学在国外合作建立的孔子学院，将推动鲁迅在国外的传播与研究纳入文化部驻外文化中心和各大学在国外合作建立的孔子学院的日常文化活动之中，从而以鲁迅为媒介来推动中外文化交流。最后是存在如何协调社会效益与经济效益的问题。绍兴鲁迅纪念馆在 1993 年曾经响应上级的要求，创办公司，从事创收工作，并获得了较好的经济收益，但是，随着国家政策的变化，绍兴鲁迅纪念馆现在作为国家公益性事业单位，不能从事营利活动，而绍兴鲁迅纪念馆的上级单位却是绍兴市旅游投资有限公司，是一个从事经济活动的国企，绍兴鲁迅纪念馆以43 位工作人员服务每年大约 200 万人次的观众，既要为观众提供更优质的服务，又不能从各种服务中收取报酬，因此绍兴鲁迅纪念馆就不可避免地存在如何协调社会效益与经济效益的问题，这需要绍兴市有关部门统筹协调，为绍兴鲁迅纪念馆提供充足的业务经费，特别是运营经费，从而确保绍兴鲁迅纪念馆发挥出最大的社会效益。

第三章

北京鲁迅博物馆的历史和现状研究（1956—2016）

北京鲁迅博物馆现址位于北京市西城区阜成门内大街宫门口二条 19 号，筹建于 1954 年，初名北京鲁迅纪念馆，1956 年 10 月 19 日正式建成对外开放，定名为鲁迅博物馆，包括鲁迅故居、鲁迅展览厅，隶属于文化部文物事业管理局。1958 年 7 月，文化部文物事业管理局将鲁迅博物馆下放给北京市文化局管理，由此更名为北京鲁迅博物馆，不久又被下放给北京市西城区文化局管理。在"文革"期间，北京鲁迅博物馆受到"文革"的冲击，在 1967 年春季闭馆，至 1974 年 9 月 24 日才重新对外开放。因为毛泽东主席在 1975 年对周海婴来信的批示，北京鲁迅博物馆在 1976 年 1 月 1 日，重新划归国家文物事业管理局管理。在 1979 年，为纪念鲁迅诞辰 100 周年，北京鲁迅博物馆闭馆，开始扩建研究楼、办公楼等场所，并将鲁迅故居纳入北京鲁迅博物馆院内，至 1981 年 9 月 19 日重新对外开放。1987 年 1 月 7 日，北京鲁迅博物馆因筹建新的陈列厅而停止对外开放鲁迅展览（鲁迅故居正常开放），至 1996 年 10 月 16 日重新对外开放。2006 年 7 月 24 日，北京鲁迅博物馆因修改鲁迅生平陈列而闭馆，2007 年 3 月恢复对外开放。2014 年 7 月 11 日，北京鲁迅博物馆与北京新文化运动纪念馆合并，新的馆名是北京鲁迅博物馆（北京新文化运动纪念馆），迎来了新的发展机遇。

一、藏品征集和保护工作的历史与现状

1. 鲁迅故居的保护

1950 年 2 月，许广平和周海婴将西三条 21 号的鲁迅故居及故居中鲁迅的遗物捐献给国家，鲁迅故居及故居中鲁迅的遗物由此从私人资产变成为国有资产。文化部文物事业管理局在接管鲁迅故居之后，按照鲁迅故居当时的建筑格局对鲁迅故居进行了彻底的修缮。修缮后的鲁迅故居从 1950 年到 1956 年北京鲁迅博物馆建立之前，只在每年的 10 月对观众开放一个月。鲁迅故居吸引了大量的观

众前来参观，据统计，在此期间参观鲁迅故居的观众达到 122 万人次。① 1951 年，郭沫若应邀题写了"鲁迅故居"四个字，并被雕刻成汉白玉的牌匾挂在鲁迅故居门前。

北京鲁迅博物馆建馆之后为了保护鲁迅故居曾经多次对鲁迅故居进行维修。1962 年 7 月中旬，北京鲁迅博物馆再次对鲁迅故居进行维修。1963 年 3 月 5 日，因为鲁迅故居北房折断了一根大梁，所以北京鲁迅博物馆又对鲁迅故居的北房进行维修。②

1967 年春季，北京鲁迅博物馆受到"文革"的冲击，被迫闭馆，鲁迅故居也停止对外开放。"文革"期间，北京鲁迅博物馆的鲁迅生平陈列经过多次修改之后，在 1974 年 9 月 24 日重新对外开放，鲁迅故居也同时对外开放。1979 年 8 月 21 日，鲁迅故居被北京市人民政府评定为"北京市重点文物保护单位"，鲁迅故居由此纳入北京市市级文物保护的范围之中，得到了政策性的保护。

1986 年，北京鲁迅博物馆为纪念鲁迅逝世 50 周年，决定对鲁迅故居进行维修，并恢复鲁迅故居北房"老虎尾巴"的原状。因为鲁迅故居已经是"北京市重点文物保护单位"，所以维修工作需要报请北京市文物局批准。1986 年 3 月 17 日，北京市文物局批准维修鲁迅故居南房及东西厢房，4 月 15 日，文化部文物事业管理局也批准恢复鲁迅故居北房"老虎尾巴"的原状。6 月 20 日，北京鲁迅博物馆在鲁迅故居大门东侧的墙壁上重新设置了"北京市重点文物保护单位"的标志牌。③ 7 月，北京市文物局拨款对鲁迅故居进行彻底的翻修。这次翻修恢复了鲁迅在此居住时的建筑格局，不仅拆除了鲁迅母亲在"老虎尾巴"书房东侧所建的小屋，恢复"老虎尾巴"书房的陈设，还恢复了朱安的卧室和鲁迅母亲的卧室。1994 年 2 月，北京市文物局再次拨款维修鲁迅故居。修缮后的鲁迅故居还在东厢房（原女工住房）设立了一个小型展览，用图片和文字介绍鲁迅在此居住时的生活和创作情况。④

2001 年，北京鲁迅博物馆在改造全馆的设施时，在鲁迅故居安装先进的防火防盗防雷设施，此后又在 2011 年陆续安装了全天候的高清监视系统，从而提升鲁迅故居的安全保障水平。

---

① 北京鲁迅博物馆编：《北京鲁迅博物馆四十年（1956—1996）》，铅印本，1996 年印刷，第 69 页。

② 北京鲁迅博物馆编：《北京鲁迅博物馆五十年（1956—2006）》，铅印本，2006 年印刷，第 154 页。

③ 北京鲁迅博物馆编：《北京鲁迅博物馆五十年（1956—2006）》，第 164 页。

④ 北京鲁迅博物馆编：《北京鲁迅博物馆五十年（1956—2006）》，第 171 页。

2006 年 5 月 25 日，国务院公布北京鲁迅故居为国家第六批重点文物保护单位。北京鲁迅博物馆在鲁迅故居大门东侧的墙壁上设立了"国家第六批重点文物保护单位"的标志，鲁迅故居由此成为国家级的文物保护单位，得到了国家层面的政策保护。此后，北京鲁迅博物馆大约每隔 5 年就对鲁迅故居进行一次维修，确保鲁迅故居建筑的安全。

2. 藏品的征集和保护工作概况

北京鲁迅博物馆在 1956 年建馆时之所以定名为"鲁迅博物馆"，不像 1951 年建立的上海鲁迅纪念馆和 1953 年建立的绍兴鲁迅纪念馆那样定名为"北京鲁迅纪念馆"，就是因为拥有许广平和周海婴在 1950 年捐献给国家的大量的鲁迅遗物，是收藏鲁迅遗物最多的纪念馆。北京鲁迅博物馆在建馆之后，继续征集有关鲁迅以及鲁迅亲友的文物资料，经过几十年的努力，到 2016 年已经收藏了鲁迅及鲁迅亲友的文物、图书等藏品 7 万多件，其中国家一级文物 759 件，成为鲁迅文物的收藏中心和中国现代文学资料的收藏中心。

（1）从建立鲁迅故居到"文革"前（1950—1966）的藏品征集和保管工作

这一时期既是北京鲁迅博物馆藏品征集工作的开创期，也是北京鲁迅博物馆藏品征集工作收获最大的时期，所征集到的藏品奠定了北京鲁迅博物馆馆藏的基础。北京鲁迅博物馆在筹建时期就获得了许广平和周海婴在 1950 年捐献给国家的大量的鲁迅遗物，在 1956 年建馆之后，又继续向社会各界广泛征集鲁迅的文物以及有关鲁迅的美术作品，得到了一批鲁迅手稿和重要的藏品。从北京鲁迅博物馆编辑的《北京鲁迅博物馆五十年（1956—2006）》一书中可以看出，鲁迅博物馆这一时期所征集的鲁迅文物及有关文献资料主要来源如下：许广平的捐献，鲁迅亲友及其家属的捐献，上级机关及有关部门调拨，社会各界人士捐献。[按：下文所提到的鲁迅文物捐献情况，均来自《北京鲁迅博物馆五十年（1956—2006）》一书。]

①许广平和周海婴捐献的鲁迅遗物及有关文献资料

1950 年 2 月，许广平和周海婴母子将鲁迅故居及故居中的鲁迅遗物全部捐献给国家。文化部文物事业管理局在 1950 年 2 月接管鲁迅故居之后，就派工作人员看护鲁迅故居，并对鲁迅遗物进行清点、登记。这批鲁迅遗物包括图书 5195 册又 274 件（包括张、包、份），金石拓片 4030 张，家具文物等 393 件。1950 年 11 月，许广平和周海婴母子又将保存在上海的鲁迅藏书 2691 种捐献给国家，这些图书被运到北京保存在鲁迅故居之中。北京鲁迅博物馆在 1954 年 1 月开始筹建之后，许广平和周海婴母子又将大量的鲁迅手稿捐赠给北京鲁迅博物馆：1955 年，许广平捐献了《两地书》写定稿（279 页）；1956 年 6 月 1 日，许广平捐献了鲁迅书信 902 封（1413 页）；1956 年 6 月，许广平捐献了鲁迅文稿 31 种（353 页）和鲁迅的 6 本医学笔记；1956 年 8 月，许广平捐献了鲁迅手稿 22 种（2198 页）；1957 年，许广平捐献了《鲁迅日记》24 册。① 至此，许广平和周海婴将保存下来的鲁迅手稿和藏书、鲁迅收藏的金石拓片等遗物几乎全部捐献给北京鲁迅博物馆。这些鲁迅手稿和藏书、金石拓片等遗物，是鲁迅留下的最重要的物质文化遗产，后来大都被定为国家一级文物。可以说，许广平和周海婴母子捐献的上述物品是北京鲁迅博物馆最重要的藏品，也使北京鲁迅博物馆成为名副其实的"鲁迅博物馆"。

②鲁迅亲友及其家属的捐赠

北京鲁迅博物馆在筹建期间就向社会各界征集有关鲁迅的文物和资料，一些鲁迅的亲友陆续捐献了他们保存了几十年的鲁迅文物，进一步充实了北京鲁迅博物馆的藏品。

鲁迅的二弟周作人在 1956 年 8 月 9 日捐献了《哀范君三章》《谢沈〈后汉书〉》等鲁迅手稿，以及范爱农致鲁迅书信等共 5 件文稿；在 9 月 21 日捐献了鲁迅辑录的《古小说钩沉》、鲁迅手描德文书籍封面图案等鲁迅手稿共计 518 页，以及鲁迅的 2 枚印章和 1 张 1909 年的半身照片；在 10 月 9 日捐献了章炳麟致鲁迅和周作人的书信 1 封。鲁迅的三弟周建人在 1960 年 12 月捐献了鲁迅送给他的《昆虫记》20 册，以及他保存的鲁迅致杜衡书信 1 封。②

1957 年 9 月 13 日，许寿裳夫人陶伯勤捐献了鲁迅赠许寿裳的诗轴《辛亥残秋偶作》1 件、鲁迅致许寿裳书信 1 封、鲁迅录李贺诗《开愁歌笔下作》赠许寿裳的条幅 1 件、鲁迅的地质学佚文残稿 9 页，以及许寿裳的藏书 1137 种（6136 册）③；1959 年 1 月，萧三捐献了鲁迅写给他的书信 1 封，又在 1962 年 12 月，捐献了鲁迅写给他的书信 3 封（4 页）；1959 年 3 月 5 日，章廷谦捐献了鲁迅写给他的书信 60 封（99 页）和鲁迅赠给他的鲁迅在厦门时所摄的照片 1 张，后来又在 1964 年 6 月 23 日捐献了鲁迅录《游仙窟》的手迹（19 页）；1959 年 6 月，宫玺捐献了鲁迅写给宫竹心的书信 7 封；1961 年 1 月 4 日，沈瓞民捐献了鲁迅等人在 1904 年写给他的书信 1 封；1961 年 8 月，王熙之家属捐献了鲁迅致王熙之书信 2 封；1961 年 10 月，江绍原捐献了鲁迅重订《寰宇贞石图》原稿；1962 年，梁以俅从美国回国时携带了鲁迅写给他的书信 1 封并捐献给北京鲁迅

---

① 北京鲁迅博物馆编：《北京鲁迅博物馆五十年（1956—2006）》，第 136—137 页。
② 北京鲁迅博物馆编：《北京鲁迅博物馆五十年（1956—2006）》，第 137—138 页。
③ 北京鲁迅博物馆编：《北京鲁迅博物馆五十年（1956—2006）》，第 137 页。

博物馆；1965 年 8 月 3 日，曹靖华捐献了鲁迅写给他的书信 71 封（97 页）。①

③上级机关及有关部门调拨的藏品

北京鲁迅博物馆筹建以来，有关机构支持北京鲁迅博物馆的建设，陆续移交了一批鲁迅文物。1955 年，人民文学出版社鲁迅著作编辑室将鲁迅致李小峰的书信 33 封（41 页）转交北京鲁迅博物馆收藏；1956 年 9 月 4 日，中央革命博物馆筹备处将从旧书店购买的鲁迅的《〈嵇康集〉考》手稿移交北京鲁迅博物馆收藏；1956 年 9 月，中国历史博物馆将鲁迅在 1923 年 7 月捐献给该馆的一个明代的"福禄寿喜"铜镜和一个明代青花"寿"字瓷碗移交北京鲁迅博物馆收藏；1959 年 1 月，人民文学出版社鲁迅著作编辑室将鲁迅致陶亢德书信 14 封（16 页）移交北京鲁迅博物馆收藏；1960 年 12 月，中国革命博物馆将柳亚子献给毛泽东主席的鲁迅手书《自嘲诗》条幅和许广平献给毛泽东主席的鲁迅手稿《我们不再受骗了》（3 页）移交北京鲁迅博物馆收藏。可以说，正是因为北京鲁迅博物馆是国有的博物馆，才能更好地得到上级机关及有关部门的大力支持，而上级机关及有关部门将一些重要的鲁迅文物移交给北京鲁迅博物馆收藏，也体现出社会主义国家制度的优越性。

④社会各界人士捐献的藏品

北京鲁迅博物馆建立后，向社会各界征集鲁迅的文物，一些人士响应北京鲁迅博物馆的号召捐献了一批鲁迅文物。1958 年，熊君瑄捐献了鲁迅手书的自作诗《无题》1 幅；1959 年 11 月，顾家干捐献了鲁迅文稿《天上地下》（2 页）；1958 年 11 月，曾经担任过周作人秘书的高炎捐献了鲁迅录柳恽诗（4 页）、鲁迅录傅肱《蟹谱》2 卷（17 页）；1961 年，钱均夫捐献了鲁迅在 1910 年和浙江师范学堂教师的合影 1 张。可以说，社会各界人士将珍藏多年的鲁迅文物捐献给北京鲁迅博物馆不仅充分体现出他们对鲁迅的热爱和尊敬，而且将私人藏品捐献给国家可以更好地发挥出这些鲁迅文物的价值。

⑤美术家捐献的美术作品

北京鲁迅博物馆建立后，还向美术家征集鲁迅题材的美术作品。1956 年 12 月，陆续征集到 19 位著名画家的美术作品，如程十发的《孔乙己》插图 19 幅，吴作人的国画《鲁迅和李大钊》、蒋兆和的国画《做一个小兵》和《记念刘和珍君》、赵延年的木刻《去德使馆递交抗议书》和《离家去南京》、司徒乔的水墨画《一件小事》插图和《故乡》插图等。北京鲁迅博物馆征集的这批美术作品大都是这些美术家的代表作，不仅可以丰富北京鲁迅博物馆的馆藏，而且也

---

① 北京鲁迅博物馆编：《北京鲁迅博物馆五十年（1956—2006）》，第 138—139 页。

被北京鲁迅博物馆作为鲁迅生平展览中的展品进行展览，用美术形象促进鲁迅及其作品的传播。

⑥国际友人捐献的藏品

北京鲁迅博物馆筹建期间，一些国际友人也捐献了有关鲁迅的文物和文献资料。1956年9月，许广平访日回国时带回了日本友人捐献给北京鲁迅博物馆的2幅（一幅是录老子语，一幅是录钱起的诗《归雁》）鲁迅录赠长尾景和的条幅，这也是北京鲁迅博物馆首次接受日本友人捐献的鲁迅文物；1958年12月27日，法国艺术家比埃尔·沃姆斯捐献了在法国举行的、由鲁迅提供木刻展品的"革命的中国之新艺术"展览会的文字简介，这也是北京鲁迅博物馆首次接受法国友人捐献的有关鲁迅的文献资料。这些外国友人捐献的鲁迅的文物及与鲁迅有关的文献资料虽然数量较少，但都具有重要的收藏价值，可以弥补北京鲁迅博物馆藏品类型的不足。

⑦文物保护工作

1956年10月19日，北京鲁迅博物馆正式开放时只有10多位工作人员，所以只设立了陈列组（负责陈列和群众教育工作）、资料组（负责鲁迅文物的征集和保管工作）和行政组等三个部门，并由此开始安排专门的工作人员负责征集和保护鲁迅文物的工作。

1959年9月，北京鲁迅博物馆将鲁迅故居中所有的鲁迅藏书转移到陈列厅的西侧厅内保存，陈列厅的西侧厅的设施和环境要优于鲁迅故居，这不仅有利于鲁迅藏书的保存，而且也有利于鲁迅生平展览，观众通过陈列厅中的玻璃隔墙，还可以观赏到鲁迅的藏书，从而通过实物了解鲁迅曾经阅读过的各类书籍。①

1963年6月9日，北京鲁迅博物馆按照上级机关的要求，开始对馆藏的文物进行分级工作，然后对不同级别的文物实行分类保护②，由此加强了对重要鲁迅文物的保护措施，确保这些鲁迅文物的安全。

（2）"文革"期间及20世纪70年代末期（1966—1979）的藏品征集和保管工作

"文革"期间及70年代末期，北京鲁迅博物馆虽然受到了"文革"的较大影响，从1967年春季到1974年9月闭馆，但是修改鲁迅生平陈列和征集、保管鲁迅文物等方面的业务工作还在继续进行。北京鲁迅博物馆职工在"文革"初

---

① 北京鲁迅博物馆编：《北京鲁迅博物馆五十年（1956—2006）》，第152页。

② 北京鲁迅博物馆编：《北京鲁迅博物馆五十年（1956—2006）》，第154页。

期，为保护鲁迅书信和文稿的安全做出了重要的贡献。

文化部文物事业管理局局长王冶秋在"文革"爆发后，担心红卫兵到北京鲁迅博物馆大串连时会影响到鲁迅手稿的安全，于是在文化部党组扩大会议上提出如下建议："鲁迅书信手稿很重要，其中大部分是未发表过的，对'文化大革命'有很大关系，建议中央对它加强保护。"文化部党组接受王冶秋的建议，在 1966 年 6 月 30 日派文化部文物事业管理局副局长张恩起等人持公函通过北京市委宣传部和北京市文化局"文革"小组到北京鲁迅博物馆，将收藏在北京鲁迅博物馆中的鲁迅书信 1054 封（1524 页）和鲁迅亲笔修改过的《答徐懋庸并关于抗日民族统一战线问题》一文的手稿（15 页）调走，转移到文化部保存。[1]

但是，北京鲁迅博物馆的职工在 1968 年 3 月 2 日得知戚本禹在 1967 年春季从文化部取走了上述鲁迅书信和文稿的消息，于是立即通知许广平，并联名上书中央"文革"小组，希望中央采取措施，保护这些鲁迅书信和文稿免遭破坏。许广平也在 3 月 2 日上书中央"文革"小组，希望追查这些鲁迅手稿的下落，并保护好这些鲁迅手稿。3 月 3 日，许广平受此事刺激突发心脏病，不幸逝世。在周恩来总理等有关领导的指示下，北京卫戍区在 3 月 15 日派出部队战士到北京鲁迅博物馆守卫鲁迅文物库房。直到 1982 年 8 月，这些鲁迅书信手稿和文稿才由中央档案馆交还给北京鲁迅博物馆继续保存。

"文革"期间及 20 世纪 70 年代末期，北京鲁迅博物馆在鲁迅文物的征集方面也取得了一些成绩。

首先是鲁迅的亲友及其家属继续捐献了一些鲁迅文物。1966 年 9 月 14 日，钱玄同之子钱秉雄担心红卫兵抄家会破坏家中的一些文献，所以将家中所藏的鲁迅写给钱玄同的书信 13 封（16 页），鲁迅文稿《随感录》（1 页）和《什么话》（3 页），钱玄同藏书 792 种（4380 册），钱玄同的文稿、日记、照片等 269 件捐献给北京鲁迅博物馆[2]；1966 年 12 月 12 日，冯宾符的夫人况密文将鲁迅录钱起《湘灵鼓瑟》赠冯宾符的条幅捐献给北京鲁迅博物馆；1968 年 4 月 11 日，周建人捐献了鲁迅手书"周裕斋印"的字条；1968 年 6 月 18 日，周海婴捐献了鲁迅手抄《易林》的手稿（404 页）和许广平保存的、带有鲁迅修改笔迹的《中国小说史略》1 册；1973 年 1 月 3 日，唐弢捐献了鲁迅写给他的书信 5 封（7 页）；1976 年 1 月 28 日，陈光尧夫人韩燕儒捐献了鲁迅写给陈光尧的书信 2 封（2 页）；1976 年 2 月 4 日，蒋抑卮的长子蒋世显捐献了鲁迅 1904 年写给蒋

---

① 北京鲁迅博物馆编：《北京鲁迅博物馆五十年（1956—2006）》，第 27 页。

② 北京鲁迅博物馆编：《北京鲁迅博物馆五十年（1956—2006）》，第 139 页。

抑卮的书信1封（仙台书简，2页）和鲁迅与蒋抑卮、许寿裳在日本的合影1张；1976年3月4日，徐调孚捐献了鲁迅写给开明书店的书信1封；1977年5月4日，蔡元培的女儿蔡晬盎捐献了鲁迅写给蔡元培的书信3封；1977年9月30日，章锡琛之孙章协农捐献了鲁迅写给章锡琛的书信2封；1977年10月24日，章廷谦捐献了鲁迅手书的《司马相如大人赋》1幅和鲁迅题字的周海婴百日照片1张；1979年4月14日，镰田诚一的侄子镰田恒雄捐献了鲁迅为镰田诚一所写的墓记的手稿。① 值得一提的是，一些鲁迅亲友及其家属在"文革"期间面临特殊危险的情况下决定将所收藏的鲁迅文物捐献给北京鲁迅博物馆，这在很大程度上保证了这些鲁迅文物的安全。

其次是有关机构移交了一批鲁迅文物。1966年9月3日，北京师范大学中文系将红卫兵抄家时发现的鲁迅写给李长之的书信2封移交给北京鲁迅博物馆保存；1968年11月23日，人民文学出版社将征集到的原由徐调孚保存的鲁迅致开明书店书信4封（5页）移交北京鲁迅博物馆保存；1969年7月21日，中国社会科学院历史研究所将鲁迅致顾颉刚的书信1封移交北京鲁迅博物馆保存；1975年8月11日，四川博物馆将鲁迅致徐诗荃的书信1封移交北京鲁迅博物馆保存；1977年1月12日，国家文物事业管理局将江绍原捐献给国家的鲁迅致江绍原书信6封移交北京鲁迅博物馆保存；1977年4月25日，国家文物事业管理局将捷克汉学家普实克捐献给中国驻捷克大使馆的鲁迅致普实克书信2封以及鲁迅为《呐喊》捷克文译本所写的序言的手稿移交北京鲁迅博物馆保存；1977年10月12日，中国社会科学院近代史研究所将鲁迅致胡适的书信2封移交北京鲁迅博物馆保存；1978年3月17日，"四人帮"专案组将审讯犯人时发现的鲁迅致茅盾的书信7封移交北京鲁迅博物馆保存；1978年5月27日，中共中央办公厅秘书局将鲁迅致茅盾书信1封、鲁迅致蔡元培书信1封、鲁迅与萧伯纳、蔡元培等的合影照片1张移交北京鲁迅博物馆保存。② 可以说，有关机构在"文革"期间将一些鲁迅文物移交北京鲁迅博物馆收藏，为保护在"文革"期间新发现的一些鲁迅文物的安全做出了重要的贡献。

最后，北京鲁迅博物馆还收到了一些美术家捐赠的以鲁迅及其作品为题材的美术作品。如伍必瑞在1966年捐献了版画《惯于长夜过春时》，蒋兆和在1973年7月7日捐献了国画《鲁迅像》，黄新波在1974年捐献了版画《怒向刀丛觅小诗》，张文新在1974年捐献了素描《鲁迅电贺长征胜利》，李以泰分别在

① 北京鲁迅博物馆编：《北京鲁迅博物馆五十年（1956—2006）》，第139—141页。
② 北京鲁迅博物馆编：《北京鲁迅博物馆五十年（1956—2006）》，第139—141页。

1974 年和 1976 年捐献了《马克思主义是明快的哲学》等 5 幅版画，范曾在 1976 年捐献了国画《风波》插图，吴冠中在 1977 年捐献了国画《绍兴早春》。①这些美术作品虽然带有明显的时代色彩，但是大多是这些画家的代表作，具有重要的收藏价值，可以丰富北京鲁迅博物馆的馆藏。

另外，北京鲁迅博物馆收藏的文物在唐山大地震时也完好无损。1975 年 3 月 4 日，北京鲁迅博物馆根据上级的指示，对文物库房进行了防震改造，进一步确保文物的安全。1976 年 7 月 28 日凌晨，唐山发生大地震，北京鲁迅博物馆的部分旧房损坏，但鲁迅故居和馆藏鲁迅文物没有受到损坏。②

1979 年，北京鲁迅博物馆为提高展览质量，加强文物保护，决定扩建陈列大厅和文物库房，但因为种种原因这个计划没有能够实现，只建了办公楼和接待观众的用房等附属建筑。鉴于鲁迅的文物大多是纸质的，如果确乏具有专业文物保护设备的文物库房无疑会在很大程度上影响到鲁迅文物的保护工作。③

（3）20 世纪 80—90 年代（1980—1999）的藏品征集和保管工作

经过国内几家鲁迅纪念馆的长期征集，以及"文革"抄家的冲击，保存在私人手中的鲁迅文物已经不多了，但北京鲁迅博物馆在 20 世纪 80—90 年代期间仍然征集到一批鲁迅文物。

鲁迅的一些友人及其家属继续向北京鲁迅博物馆捐献了有关鲁迅的文物。1981 年 1 月 8 日，杜草甬捐献了鲁迅写给他的书信 1 封；1981 年 11 月 11 日，梁生为（梁容若）捐献了鲁迅在 1925 年写给他的书信 1 封（3 页）；1982 年 12 月 17 日，蒋抑卮的女儿蒋思一捐献了鲁迅在日本时期与蒋抑卮的合影照片 1 张；1988 年 5 月 26 日，冈本繁的侄女南里寿子捐献了鲁迅在 1932 年 12 月书赠给冈本繁的《自题小像》诗手迹；1991 年 4 月 22 日，曹靖华的女儿曹苏玲捐献了鲁迅致曹靖华的书信 9 封（11 页）。④

另外，有关机构也向北京鲁迅博物馆移交了一些鲁迅文物。1982 年 3 月 18 日，中央档案馆将鲁迅致编辑先生的书信 1 封移交北京鲁迅博物馆保存；1986 年 4 月 29 日，中国革命博物馆将许广平生前捐献给该馆的鲁迅赠瞿秋白的条幅"人生得一知己足矣，斯世当以同怀视之"（录何瓦琴句）移交北京鲁迅博物馆保存。⑤

---

① 北京鲁迅博物馆编：《北京鲁迅博物馆五十年（1956—2006）》，第 139—141 页。
② 北京鲁迅博物馆编：《北京鲁迅博物馆五十年（1956—2006）》，第 159 页。
③ 北京鲁迅博物馆编：《北京鲁迅博物馆五十年（1956—2006）》，第 160 页。
④ 北京鲁迅博物馆编：《北京鲁迅博物馆五十年（1956—2006）》，第 142—143 页。
⑤ 北京鲁迅博物馆编：《北京鲁迅博物馆五十年（1956—2006）》，第 142—143 页。

在上述征集渠道之外，北京鲁迅博物馆从 90 年代开始也从拍卖市场购买有关鲁迅的文物。1995 年 9 月，北京鲁迅博物馆从中国书店第一届"本世纪稀见书刊资料拍卖会"上购买了鲁迅所译《苦闷的象征》（扉页有鲁迅奉赠许寿裳的亲笔题签）和胡适所著的《尝试集》（封面有胡适题赠鲁迅的笔迹），另外，还从私人手中购买了鲁迅译作《出了象牙之塔》（扉页有鲁迅题字："送给半农兄 译者 1926 年 1 月 10 日"）。① 这三本鲁迅签名本图书都有重要的文献价值。

北京鲁迅博物馆也扩大藏品的征集范围，征集到一批鲁迅友人的文献资料。1989 年 2 月 23 日，江绍原的女儿江小惠捐献了江绍原的藏书 236 种（758 册）；1991 年 4 月 28 日，台静农之子捐献了台静农遗物 11 件（北大校徽、毛笔等）；1992 年 1 月 9 日，王士菁捐献了冯雪峰所写的关于方志敏手稿的说明（4 页），此后又在 1998 年 10 月 24 日捐献了许广平写给他的书信 17 封、周建人写给他的书信 7 封、周海婴写给他的书信 1 封，在 1998 年 11 月 20 日捐献了周作人写给他的书信 18 封，在 1999 年 4 月 19 日捐献了冯雪峰写给他的书信 48 封；魏建功之子魏至在 1995 年 4 月 15 日、1996 年 4 月 7 日、1999 年 1 月 28 日分别捐献了魏建功抄《鲁迅先生诗存》手稿 1 册、许广平抄《鲁迅先生诗存》手稿 1 册，以及钱玄同、许广平等人致魏建功的书信 71 封；1998 年 3 月 26 日，许寿裳的女儿许世玮捐献了许寿裳的大量遗物（包括字画 12 幅、藏书 65 种、照片 269 张、明信片 71 张、名片 134 张、各国邮票近万枚）。上述藏品不仅极大地丰富了北京鲁迅博物馆的馆藏，而且也为研究鲁迅与同时代人的交往提供了重要的史料。②

此外，北京鲁迅博物馆在 1980 年就开始筹备纪念鲁迅诞辰 100 周年的系列活动，并围绕纪念活动再次向广大美术家征集鲁迅题材的美术作品。1981 年 10 月，吴作人捐献了国画《甘为孺子牛》，李可染捐献了国画《俯首甘为孺子牛》，李苦禅捐献了《劲竹清节图》，吴冠中捐献了国画《绍兴小景》和《江南春》，李琦捐献了国画《鲁迅像》，陈逸飞捐献了油画《祥林嫂》。③

此后，陆续有美术家捐献美术作品，如吴冠中在 1986 年又捐献了国画《试研朱墨作春山》。进入 90 年代，北京鲁迅博物馆结合新陈列厅的建设，再次向广大艺术家征集鲁迅题材的美术作品和书法作品。这次征集的艺术品范围有所扩大，重点是版画，此外还有一些书法作品。赵延年在 1990 年捐献了《阿 Q 正

---

① 北京鲁迅博物馆编：《北京鲁迅博物馆五十年（1956—2006）》，第 172 页。
② 北京鲁迅博物馆编：《北京鲁迅博物馆五十年（1956—2006）》，第 143—145 页。
③ 北京鲁迅博物馆编：《北京鲁迅博物馆五十年（1956—2006）》，第 142 页。

传》等鲁迅作品插图的木刻 20 幅；张松鹤在 1995 年捐献了版画《鲁迅》；启功在 1995 年捐献了书写鲁迅诗的书法作品；林默涵在 1996 年捐献了书法作品《鲁迅先生·伟大特点》。① 这些艺术作品极大地充实了北京鲁迅博物馆的艺术品收藏，使北京鲁迅博物馆逐渐成为中国版画的收藏中心。

在 20 世纪 80—90 年代，北京鲁迅博物馆开始对文物保管工作进行规范化，制定了一些文物保管制度。此外，还将计算机技术引入文物保管工作之中，对一些重要藏品进行数字化管理。

另外，北京鲁迅博物馆在 1980 年 4 月 28 日建成了两层的研究楼，并在 5 月 4 日将文物资料库房从陈列大厅搬迁到研究楼的半地下层，建成了独立的文物资料库房，这不仅使文物资料库房与观众密集的陈列厅隔开，有助于保障文物资料的安全，而且新的文物资料库房也扩大了面积，可以把文物资料进行分库保管，有助于文物资料的管理和使用。

因为征集的大藏品越来越多，北京鲁迅博物馆又在 1985 年向文化部申请扩建原来的陈列厅并增建新的文物库房。文化部在 1985 年 5 月 8 日批准了北京鲁迅博物馆增建文物库房及扩建陈列厅等共 2500 多平方米的建筑，但因为种种原因，工程直到 1993 年才开工，1996 年才建成。

1986 年 6 月 27 日，文物资料库房渗入雨水，对文物的安全造成了一定的危害。当日下午，文化部文物事业管理局副局长庄敏和故宫博物院工程师来北京鲁迅博物馆查看库房渗水的情况，并与北京鲁迅博物馆的领导讨论了增建文物库房及扩建陈列厅的设计方案。② 8 月 16 日，文化部文物事业管理局在北京鲁迅博物馆召开会议，北京市文物局、北京市城市建设规划局及设计院和其他有关方面的领导及专家参加会议，确定了增建文物库房及扩建陈列厅的设计方案。③ 1987 年，北京鲁迅博物馆将原来的陈列厅改建为鲁迅研究资料中心，并在 1988 年 5 月 18 日，将全部书刊资料移到鲁迅研究资料中心保存，但鲁迅文物仍然保存在研究楼地下一层的文物库房之中。1988 年 7 月 8 日，鲁迅研究资料中心的副本库房发生了暖气漏水的事故，造成 500 多册鲁迅藏书的副本被浸湿。这些书籍被送到中央档案馆进行熏蒸消毒处理，在一定程度上减轻了浸水所造成的损失。④

此外，北京鲁迅博物馆还加强了对馆藏文物的鉴定和分类编目工作，如在

---

① 北京鲁迅博物馆编：《北京鲁迅博物馆五十年（1956—2006）》，第 144—145 页。
② 北京鲁迅博物馆编：《北京鲁迅博物馆五十年（1956—2006）》，第 165 页。
③ 北京鲁迅博物馆编：《北京鲁迅博物馆五十年（1956—2006）》，第 165 页。
④ 北京鲁迅博物馆编：《北京鲁迅博物馆五十年（1956—2006）》，第 167 页。

1989 年 5 月 15 日，邀请中国历史博物馆的史树青、石志康、周铮、杨文等资深专家前来鉴定鲁迅所藏的陶俑、铜器等 60 多件文物①；在 1990 年，对馆藏的许寿裳、江绍原、瞿秋白、萧军等人的藏书、遗物进行分类编目，并对馆藏的新旧图书资料进行整理建账工作；在 1993 年 12 月 7 日，接待国家一级革命文物鉴定委员会来馆鉴定馆藏国家一级革命文物，共鉴定出 424 件国家一级革命文物②。北京鲁迅博物馆通过对藏品进行鉴定、编目，有利于按照国家的有关规定保护和使用这些文物，从而使藏品的管理更加规范化。

　　值得一提的是，北京鲁迅博物馆还引进新的计算机技术，加强对藏品的信息化、数字化管理。1989 年 10 月 15 日，北京鲁迅博物馆与北京计算机三厂联合研制的 "《鲁迅全集》微机检索系统" 通过专家组验收，这也是首次建立《鲁迅全集》的检索系统，先后获得了北京市科学技术协会颁发的 "1988—1989年北京地区优秀软件二等奖"，国家文物局颁发的 "1990 年文物科学技术进步奖" 三等奖，为推动鲁迅研究做出了重要的贡献。此外，北京鲁迅博物馆还与北京东方永德科技发展有限公司联合在 1998 年研制出 "鲁迅收藏报刊数字化及文物藏品数据库管理系统"③，使鲁迅收藏的报刊和鲁迅博物馆馆藏的文物实现数字化，不仅有利于这些文物的永久保存，而且也有利于对这些文物的利用和研究。此后，北京鲁迅博物馆又与北京东方永德科技发展有限公司联合在 1999年 8 月 16 日开发出 "博物馆图书资料管理系统"，建立馆藏图书的数据库，方便了对图书资料的管理和使用。

　　（4）21 世纪以来的藏品征集和保管工作

　　进入 21 世纪之后，北京鲁迅博物馆在鲁迅文物征集方面的成就主要是鲁迅的书信 3 封以及鲁迅签名送给许广平的著作 25 本。

　　2006 年 5 月 17 日，江绍原的女儿江小惠捐献了鲁迅致江绍原的书信 3 封（3 页），以及蔡元培、胡适、周作人等致江绍原的书信 146 封。④ 北京鲁迅博物馆为了表彰江小惠的捐赠，推荐她为 2006 年 "全国文物保护先进个人"。这也是北京鲁迅博物馆首次采用为重要的文物捐赠人申请全国性荣誉称号的方式来答谢捐赠人，体现出北京鲁迅博物馆征集文物方式的新变化。

　　2012 年，北京鲁迅博物馆向国家文物局申请到了国家文物征集专项经费500 万元，购买了鲁迅之子周海婴收藏的鲁迅签名送给许广平的 25 本著作，这

---

①　北京鲁迅博物馆编：《北京鲁迅博物馆五十年（1956—2006）》，第 168 页。

②　北京鲁迅博物馆编：《北京鲁迅博物馆五十年（1956—2006）》，第 170 页。

③　北京鲁迅博物馆编：《北京鲁迅博物馆五十年（1956—2006）》，第 175 页。

④　北京鲁迅博物馆编：《北京鲁迅博物馆五十年（1956—2006）》，第 147 页。

些鲁迅签名本的著作具有重要的文物价值，见证了鲁迅与许广平的感情生活。同年，周海婴作为一方，北京市人民政府、上海市虹口区人民政府、绍兴市政府等鲁迅生活过的城市的政府部门作为另外三方，每方出资 500 万元，共同发起成立了鲁迅文化基金会，周海婴又将这笔 500 万元的经费作为鲁迅文化基金会的注册资金存入鲁迅文化基金会的账户。鲁迅文化基金会挂靠全国文联，作为全国性的公益基金，主要从事传承鲁迅精神，推动鲁迅文化普及的工作。可以说，北京鲁迅博物馆为鲁迅文化基金会的成立做出了重要的贡献，通过征集周海婴收藏的 25 本鲁迅签名赠送给许广平的著作，为周海婴提供了 500 万元的经费，从而确保周海婴可以利用这笔 500 万元的经费，顺利地与北京、上海、绍兴等地的政府部门一起成立鲁迅文化基金会，而鲁迅文化基金会在国内外推动鲁迅文化的传播，其中也有北京鲁迅博物馆间接地做出的贡献。

此外，北京鲁迅博物馆还征集到鲁迅友人以及一些著名鲁迅研究专家的一批文献资料。2002 年 12 月 17 日，木刻家刘岘的女儿王人殷捐献了刘岘创作的版画 127 幅、国画 6 幅；2003 年 10 月 19 日，徐旭生的儿子徐桂伦捐献了徐旭生的遗物 65 件 100 幅（包括徐悲鸿等人的国画 23 幅、沈尹默等人的书法作品 69 幅、钱玄同等人书写的扇面 5 幅）；2003 年 8 月 8 日，鲁迅研究专家林辰的儿子王亚果捐献了林辰藏书 5000 多种，以及郭沫若致林辰的书信 2 封，孙伏园的手稿 10 页；2007 年，胡风的女儿张晓风捐献了一批胡风的藏书，此后又多次捐献胡风的文稿、书信等，北京鲁迅博物馆专门设立了"胡风文库"用于收藏胡风家属捐献的这些藏品。①

除了实物文献之外，北京鲁迅博物馆还拓展文献资料的征集范围，从 2005 年开始采访张中行、俞芳、赵延年、张仃等见过或受过鲁迅影响的人士，并对采访情况进行录音、录像，保存了一批影像资料。

在文物保护方面，北京鲁迅博物馆在 2001 年 3 月 1 日将文物库房从研究楼的半地下一层搬迁到新建的陈列大厅的地下一层。新建的文物库房拥有先进的文物保护设备，不仅有恒温恒湿的环境，而且有自动的气体灭火设备和一流的防盗设施，达到了一级风险防范标准，由此，北京鲁迅博物馆在建馆 45 周年之际才把馆藏的鲁迅文物及有关文献资料存放在现代化的文物库房之中妥善保存。

随着资料室库房面积的扩大，北京鲁迅博物馆决定建立特藏库，在该库房中为捐献文物及文献资料较多的鲁迅友人及鲁迅研究专家建立个人专库，陆续建立了"许寿裳专库""钱玄同专库""林辰专库""胡风专库"，集中收藏这些

---

① 北京鲁迅博物馆编：《北京鲁迅博物馆五十年（1956—2006）》，第 146 页。

鲁迅友人及鲁迅研究专家的文物和文献资料。另外，北京鲁迅博物馆资料室在2002 年建立了鲁迅著作的版本库，加强了鲁迅著作版本的征集和保护工作。在2004 年，北京鲁迅博物馆按照国家文物局的统一部署，进行馆藏一级文物建档备案工作，并在 2005 年顺利完成了这项工作。北京鲁迅博物馆通过对馆藏一级文物进行建档备案，不仅摸清了馆藏一级文物的家底，而且按照国家为文物局制定的标准加强了对馆藏一级文物的保管和使用，从而使馆藏文物的管理更加规范化。

值得一提的是，北京鲁迅博物馆在 2003 年实行机构改革，新增加了信息中心，虽然信息中心与文物资料室实行一套人马两个牌子，但是北京鲁迅博物馆的信息化工作由此加快：2004 年，北京鲁迅博物馆相继建成了"鲁迅博物馆信息化集成管理系统"和"鲁迅著作全编检索系统"的单机版；2005 年，北京鲁迅博物馆又完成了对"鲁迅著作全编检索系统"的改版升级工作，建成了"鲁迅著作全编检索系统"局域网版；2006 年 10 月 19 日，北京鲁迅博物馆开通了官网，并在北京鲁迅博物馆网站上设立了"鲁迅著作全编检索系统"，为国内外的鲁迅研究者提供了检索鲁迅著译文集的方便。

总之，通过多年的努力，北京鲁迅博物馆的文物保护和管理工作达到了国内先进水平，获得了多项国家级荣誉称号。如在 2005 年 12 月北京鲁迅博物馆资料室被国家文物局评为全国馆藏一级文物建档备案工作先进集体，同年，北京鲁迅博物馆所编制的一级文物藏品档案也被国家文物局评为全国优秀一级文物藏品档案。①

3. 小结

许广平和周海婴母子在 1950 年将鲁迅在宫门口二条的房产和一批鲁迅遗物捐献给国家，国家在此基础上开始筹建北京鲁迅博物馆。北京鲁迅博物馆在1956 年建馆之后又陆续获得许广平和周海婴母子、鲁迅的亲友及其家属、社会各界人士捐献的一大批鲁迅文物，以及有关机构移交的少量的鲁迅文物，可以说，北京鲁迅博物馆是国内几家鲁迅纪念馆中拥有鲁迅文物最多的纪念馆，是名副其实的鲁迅文物收藏中心，为保存鲁迅的物质文化遗产做出了重要的贡献。

回顾北京鲁迅博物馆藏品征集和保护工作的历史，可以看出北京鲁迅博物馆的藏品征集和保护工作经历了一个曲折的发展历程。首先是文物库房的安全程度越来越高。北京鲁迅博物馆的文物资料库房经历过多次搬家，从设施简陋的鲁迅故居，到陈列厅的西侧厅，再到研究楼下的半地下库房，最后在 2001 年

---

① 北京鲁迅博物馆编：《北京鲁迅博物馆五十年（1956—2006）》，第 191 页。

才搬入现代化的专业的文物库房，可以说，经过北京鲁迅博物馆几代职工长达45年的努力，鲁迅的手稿和藏书终于能在恒温恒湿的环境中得到很好的保护。其次是藏品的使用越来越规范。北京鲁迅博物馆在20世纪50—60年代的鲁迅生平展览中曾经用橱柜展示了一些鲁迅的手稿和藏书，此后在鲁迅生平展览中逐渐减少使用鲁迅的手稿和藏书，较多地展示鲁迅文物的复制品。考虑到鲁迅的手稿和藏书都是纸质，其中的一些手稿和藏书的纸质还不佳，所以北京鲁迅博物馆从20世纪90年代就开始对藏品进行数字化保存，可以通过数据库查阅藏品的清晰图片，从而减少直接使用藏品时对藏品造成的损害。最后是藏品征集范围逐渐扩大。北京鲁迅博物馆建馆初期主要征集有关鲁迅的文物，后来逐渐扩大藏品的征集范围，经过几十年的努力，北京鲁迅博物馆现在收藏了许广平、周作人、周建人、章太炎、钱玄同、许寿裳、江绍原、瞿秋白、冯雪峰、胡风、魏建功、徐旭生、萧军、萧红、叶紫、柔石、冯铿等中国现代作家的一些手稿和文献资料，成为中国现代文学文献资料的收藏中心。此外，北京鲁迅博物馆还多次征集了美术作品，成为国内重要的美术品收藏机构。总的来说，北京鲁迅博物馆在鲁迅文物的搜集、整理、保护等方面做了大量的工作，为鲁迅文化遗产的传承和保护做出了重要的贡献。

二、展览工作的历史与现状

北京鲁迅博物馆的展览包括鲁迅故居原状展览和在陈列厅举办的鲁迅生平陈列。其中鲁迅生平陈列在1956年开放之后，受到政治运动的影响，曾经多次修改，在1996年新的陈列厅建成之后重新制作了新的鲁迅生平陈列。北京鲁迅博物馆现在的鲁迅生平陈列是在1996年鲁迅生平陈列的基础上于2006年进行小规模修改后制作的。

1. 鲁迅故居的复原

1949年10月19日，许广平将鲁迅故居"依照鲁迅先生生前之居住情形加以布置"[1]，对外开放一天。1950年2月，许广平与周海婴母子将鲁迅故居捐献给国家，并由文化部文物事业管理局接收。文化部文物事业管理局对鲁迅故居进行彻底维修之后，"许广平积极协助此项工作，将室内的陈设，布置成鲁迅生前居住时的情形"[2]。但是鲁迅故居在1950年10月对外开放之后，到1956年之

---

① 华新室：《今日鲁迅忌辰 先生故居定今开放》，《人民日报》，1949年10月19日。
② 文物局通讯组：《纪念鲁迅逝世十四周年 鲁迅在京故居已经修缮完竣》，《人民日报》，1950年10月19日。

前，基本上是在每年的 10 月对外开放一个月，在 1956 年北京鲁迅博物馆建成之后，才作为北京鲁迅博物馆展览的一部分，与展览厅中的鲁迅生平陈列一起常年对外开放。

但是，在当时的社会环境下，大概是为了维护鲁迅的光辉形象，鲁迅故居中的朱安的卧室被布置成"鲁迅藏书室"，鲁迅"老虎尾巴"书房的书桌上曾经放置的一张安特莱夫的照片（在藤野先生照片的下方）也被撤下了，另外，鲁迅母亲鲁瑞在鲁迅离开北京后在"老虎尾巴"隔壁加盖的一间小屋也没有拆除。总的来说，这次鲁迅故居的复原在当时的社会环境下，为了塑造出鲁迅的光辉形象，存在着遮蔽鲁迅的现象，并没有完全恢复鲁迅故居的原貌。

许羡苏在 1956 年调到北京鲁迅博物馆负责整理鲁迅故居中的物品和鲁迅手稿，她在 1961 年 6 月 30 日撰写完的《回忆鲁迅先生》一文中说：

> "老虎尾巴"的情形大致就是现在的样子，除掉写字台上还有一张安特莱夫的照像（原件还在），不缺主要的东西。[①]

但是，许羡苏的上述意见并没有得到北京鲁迅博物馆有关领导的重视。1986 年，为了纪念鲁迅逝世 50 周年，北京鲁迅博物馆报请国家文物局和北京市文物局批准后，对鲁迅故居进行了大修，拆除了鲁迅母亲鲁瑞增建的小房，恢复了朱安的卧室，基本恢复了鲁迅故居原来的建筑格局，但是依然没有恢复摆放鲁迅在"老虎尾巴"书房的书桌上曾经放置的一张安特莱夫的照片。

此后，北京鲁迅博物馆还多次对鲁迅故居进行维修，并更换鲁迅在"老虎尾巴"书房中床铺上的被褥等，但是至今依然没有恢复鲁迅曾经在书桌上摆放的安特莱夫的照片。曾经长期担任北京鲁迅博物馆副馆长的陈漱渝在 2006 年发表的《鲁迅日记中"许小姐"真相》一文中再次谈到鲁迅故居的复原情况：

> 故居复原工作也是在许广平和许羡苏的直接指导下进行的。但由于种种原因，目前的故居陈列只能说是大致符合历史原貌。比如，《野草》中描写的那两株著名的枣树就一直未能补种，给观众留下不少遗憾。许羡苏退休之后，曾谈到目前鲁迅故居布陈和修缮的两点不足：一是鲁迅工作室的桌面上原有一帧俄国作家安特莱夫的照片，可能因

---

① 许羡苏：《回忆鲁迅先生》，《鲁迅研究资料》第 3 辑，北京鲁迅博物馆编，北京：文物出版社，1979 年 2 月出版（内部发行），第 206 页。

为这位作家有颓废厌世倾向，布陈时将它撤掉了。另一件事是鲁迅故
居后园西墙根原有三棵柳树。那是鲁迅请她买来而后亲自种植的，应
该补种。如果接受她的建议，每年飞燕又归时，鲁迅故居的后园就会
春风剪柳，游丝落絮，呈现出又一道亮丽的风景线。①

总的来说，北京鲁迅博物馆大致恢复了鲁迅故居的原貌，但还有一些重要
的细节没有恢复，在某种程度上也可以说，北京鲁迅博物馆至今依然在鲁迅故
居的恢复工作中存在遮蔽鲁迅的现象。

2. 鲁迅生平陈列的概况

1954 年年初，文化部决定在鲁迅故居东侧建立北京鲁迅博物馆，并开始了
筹建的工作。但是有关领导对于北京鲁迅博物馆的建筑设计方案却争议较大，
有的主张用中式建筑风格，有的主张用欧式建筑风格，有的主张用中西合璧的
建筑风格。最后因为距离 1956 年纪念鲁迅逝世 20 周年的时间越来越近，文化部
部长沈雁冰（茅盾）在 1955 年 11 月 20 日召集郭沫若、周扬、夏衍、王冶秋、
冯雪峰、许广平、林默涵等有关领导以及苏联专家开会，审定了第十三次设计
方案，决定采用苏联专家模仿苏联高尔基纪念馆设计的欧式陈列厅方案。1955
年 12 月，陈列厅开始施工。文化部最后决定采用苏联专家模仿苏联高尔基纪念
馆设计的北京鲁迅博物馆展览厅的方案，这也在很大程度上体现出新中国在成
立初期希望以鲁迅与俄罗斯、苏联的文化交流为媒介来继续推动新中国与苏联
的友好关系。1956 年，由苏联专家设计的带有欧式风格的二层展览厅建成，展
览厅的建筑面积共 980 平方米，此后北京鲁迅博物馆在 1956 年、1961 年、1974
年、1981 年设计制作的鲁迅生平陈列都是在这个展览厅中布置的，其中 1961 年
的鲁迅生平陈列只是对 1956 年的鲁迅生平陈列做了小规模的修改。

为了纪念鲁迅逝世 50 周年，北京鲁迅博物馆在 1986 年 8 月 16 日开始筹备
建设一个中国园林风格的二层展览厅（地上、地下各一层）和地下文物库房，
并在 1987 年 1 月 7 日开始将原来的陈列厅改建成鲁迅研究资料中心，用于收藏
图书资料。因此从 1987 年 1 月之后，北京鲁迅博物馆的鲁迅生平陈列因为没有
陈列厅所以就停止对外开放了。经过一番曲折的筹建过程，新的陈列厅和文物
库房直到 1993 年 5 月 24 日才开始施工，在 1994 年 9 月 30 日建成（建筑面积
3390 平方米），并在 1996 年布置了新的鲁迅生平陈列。而北京鲁迅博物馆在 20
世纪 90 年初修建新的带有中国园林建筑风格的展览大厅，一方面是因为业务发

---

① 陈漱渝：《鲁迅日记中"许小姐"真相》，《今晚报》，2006 年 1 月 5 日。

展，需要修建建筑面积更大的展览厅和地下文物库房；另一方面，也表明北京鲁迅博物馆新修建的展览厅在建筑风格方面需要和鲁迅故居，以及北京鲁迅博物馆周围民居的建筑风格相协调，从而可以使观众更好地体验鲁迅当时居住的环境；此外，也在一定程度上反映出北京鲁迅博物馆不再像1956年建馆时需要通过模仿苏联高尔基纪念馆修建欧式风格的展览厅来体现当时中苏友好关系的职能。2006年，北京鲁迅博物馆又对1996年的鲁迅生平陈列做了小规模的修改，此后直到2016年都没有再对鲁迅生平陈列的内容做出较大规模的修改。

　　总的来说，北京鲁迅博物馆在1956年正式建成对外开放，从1956年到2016年主要展出了如下几个鲁迅生平陈列：1956年的鲁迅生平陈列，1961年的鲁迅生平陈列，1974年的鲁迅生平陈列，1981年的鲁迅生平陈列，1996年的鲁迅生平陈列，2006年的鲁迅生平陈列。而北京鲁迅博物馆设计制作的鲁迅生平陈列的历史大致可以划分为"初创期""异化期""转型期""高峰期"四个阶段。

　　（1）初创期：建馆后到"文革"前的鲁迅生平陈列
　　①1956年的鲁迅生平陈列
　　北京鲁迅博物馆在1955年7月就开始筹备鲁迅生平陈列的工作，因为当时北京鲁迅博物馆的工作人员中缺少从事鲁迅研究的业务人员，所以文化部文物事业局发函请人民文学出版社鲁迅著作编辑室帮助拟定鲁迅生平陈列的提纲，并借调上海鲁迅纪念馆的副馆长谢旦如前来帮助确定鲁迅生平陈列的具体方案。中国革命博物馆无偿帮助制作了鲁迅生平陈列的一些展品并帮助布置展览。在上级领导的关怀下，在社会各界的大力支持下，北京鲁迅博物馆作为国家纪念鲁迅逝世20周年的一项重要活动在1956年10月19日正式对外开放，鲁迅生平陈列也在10月8日实行预展，接待有关领导、国内外鲁迅研究专家的参观。1956年《鲁迅生平陈列大纲》的内容如下：

　　　　序幕厅　毛主席《新民主主义论》中对鲁迅的高度评价：
　　　　"鲁迅是中国文化革命的主将……鲁迅的方向就是中华民族新文化的方向。"
　　　　鲁迅半身像（苏联雕塑家阿兹古尔创作，苏联作家协会赠送给北京鲁迅博物馆）
　　　　第一部分：1881年9月至1906年6月：绍兴、南京、日本（共5组）
　　　　第二部分：1906年6月至1918年4月：日本、杭州、绍兴、北京（共4组）

第三部分：1918 年 4 月至 1927 年 10 月：北京、厦门、广州（共 9 组）

第四部分：1927 年 10 月至 1936 年 10 月：上海（共 15 组）

第五部分：纪念鲁迅、学习鲁迅（共 10 组）

结束语：毛主席《在延安文艺座谈会上的讲话》对鲁迅的高度评价——

鲁迅的两句诗，"横眉冷对千夫指，俯首甘为孺子牛"……一切共产党员，一切革命家，一切革命的文艺工作者，都应该学习鲁迅的榜样，做无产阶级和人民群众的"牛"，鞠躬尽瘁，死而后已。①

这个鲁迅生平陈列共分 5 个部分，43 组展品，其中鲁迅生平部分有 33 组展品，鲁迅纪念部分有 10 组展品。从整体上来说，这个鲁迅生平展览是按照时间顺序展示鲁迅的一生，同时对鲁迅在上海的 10 年分专题进行详细展示，因此，这个鲁迅生平陈列在展览内容体系上采用的是编年加专题的形式。另外，这个展览的形式比较简单，采用墙面挂镜框和下面设坡形柜摆放实物的形式进行展示。

需要指出的是，这个鲁迅生平陈列虽然在开头和结尾均突出展示毛泽东主席对鲁迅的高度评价的内容，但是在对鲁迅生平进行分期时是按照鲁迅的文学活动进行分期的，如第二部分是从鲁迅于 1906 年 6 月在日本东京弃医从文开始的，第三部分是从鲁迅于 1918 年 4 月创作第一篇白话小说《狂人日记》并由此登上文坛开始的；第四部分是鲁迅于 1927 年 10 月来到上海并开始接触革命文艺理论开始的。因此，这个鲁迅生平陈列虽然在展览的开头和结尾都引用毛泽东评价鲁迅的话，并在每部分的开头都介绍了当时的革命形势，但从整体上来说，仍然突出塑造鲁迅作为伟大文学家的形象。

另外，从展览的内容方面来说，这个鲁迅生平陈列用 33 组展示鲁迅 56 年的生平，其中鲁迅生平陈列的第四部分即鲁迅在上海的 10 年用了 15 组展品进行展示；从展览的框架体系方面来说，鲁迅在上海时期的展示采用了编年体加专题的形式，从总体上是按照时间顺序排列，但又在不同的年份设立了一些专题，如第 21 组，展示鲁迅与"左联"五烈士，第 22 组展示鲁迅与瞿秋白的交往，第 24 组展示鲁迅与高尔基的文化联系，第 26 组展示鲁迅与儿童，第 28 组展示鲁迅与民间文化，第 29 组展示鲁迅与文字改革，第 30 组展示鲁迅与中国

① 北京鲁迅博物馆编：《鲁迅生平陈列大纲》（1956 年），油印本，北京鲁迅博物馆资料室藏档案资料。

民权保障同盟，第 31 组展示鲁迅与国际反战大会等。因此可以说，这个鲁迅生平陈列的展示重点是鲁迅在上海时期的文学活动和社会活动，这样可以突出鲁迅在上海时期逐渐成为一个"左翼"文化战线上的领导人，以及他与中国共产党的亲密关系。

最后，这个鲁迅生平陈列还结合当时中国所处的国际环境，在展览中专门设立了鲁迅与高尔基、鲁迅收藏苏联版画，以及苏联纪念鲁迅等几个方面的专题，并在序幕厅摆放苏联作家协会赠送的由苏联雕塑家创作的鲁迅半身像，以此来突出中苏友好的主题。

②1961 年的鲁迅生平陈列

1961 年，为了纪念鲁迅诞生 80 周年，北京鲁迅博物馆结合时代的变化对鲁迅生平陈列进行了修改，修改后的鲁迅生平陈列的大纲如下：

> 序幕厅　毛主席《新民主主义论》中对鲁迅的高度评价：
>
> "鲁迅是中国文化革命的主将……鲁迅的方向就是中华民族新文化的方向。"
>
> 鲁迅半身像（苏联雕塑家阿兹古尔创作，苏联作家协会赠送给北京鲁迅博物馆）
>
> 第一部分：1881 年至 1909 年：绍兴、南京、日本（共 7 组）
>
> 第二部分：1909 年至 1927 年：杭州、绍兴、北京、厦门、广州（共 11 组）
>
> 第三部分：1927 年至 1936 年：上海（共 13 组）
>
> 第四部分：纪念鲁迅、学习鲁迅（共 10 组）
>
> 结束语：毛主席《在延安文艺座谈会上的讲话》对鲁迅的高度评价——
>
> 鲁迅的两句诗，"横眉冷对千夫指，俯首甘为孺子牛"……一切共产党员，一切革命家，一切革命的文艺工作者，都应该学习鲁迅的榜样，做无产阶级和人民群众的"牛"，鞠躬尽瘁，死而后已。①

这个鲁迅生平陈列共分 4 个部分（把 1956 年鲁迅生平陈列中的第二、第三部分合并为第二部分），41 组展品，其中鲁迅生平部分有 31 组展品，鲁迅纪念

---

① 北京鲁迅博物馆编：《鲁迅生平陈列大纲》（1961 年），油印本，北京鲁迅博物馆资料室藏档案资料。

部分有 10 组展品。从整体上来说，这个鲁迅生平陈列是按照时间顺序展示鲁迅的一生，同时对鲁迅在上海的 10 年分专题进行详细展示，因此，这个鲁迅生平陈列在展览的框架体系上采用的是编年加专题的形式。

值得注意的是，这个鲁迅生平陈列不再按照鲁迅的文学活动进行分期，而是用鲁迅的思想变化进行分期，第一部分是鲁迅思想处于旧民主主义革命者时期，第二部分从 1909 年开始，鲁迅思想逐渐从旧民主主义革命者转变为新民主主义革命者，第三部分从 1927 年开始，鲁迅思想逐渐从新民主主义革命者转变为无产阶级革命者。通过这样的修改，就可以突出鲁迅的"革命家"和"思想家"的形象，在一定程度上淡化 1956 年鲁迅生平陈列所突出的鲁迅作为"文学家"的形象。

另外，这次修改还在一定程度上加强了对鲁迅在北京时期的文学创作与社会活动的展示，从而增强了北京鲁迅博物馆作为位于北京的鲁迅纪念馆所应当突出的北京特色。而对于鲁迅在上海时期活动的展示，主要删掉了鲁迅与新文字改革等内容，增加了鲁迅与中国共产党联系的展示，如第 30 组"鲁迅坚决拥护党的政策，积极为实现党的抗日民族统一战线而英勇奋斗"，重点展示了鲁迅对中国共产党抗日民族统一战线的拥护，以及鲁迅传递方志敏文稿的事。至于"纪念鲁迅、学习鲁迅"部分，基本未做修改。最后，这个鲁迅生平陈列的展览形式也没有变化，仍然采用墙面挂镜框结合地面的坡形柜的形式展示。

总的来说，1961 年的鲁迅生平陈列是结合时代的变化，对 1956 年鲁迅生平陈列进行了小规模的修改，没有改动 1956 年的鲁迅生平陈列的基本框架体系。在 1961 年之后，北京鲁迅博物馆还根据政治形势的发展，多次小规模地修改 1961 年的鲁迅生平陈列，陆续删去了鲁迅与儿童、鲁迅与民间文化、鲁迅与文字改革、鲁迅整理的古籍等与政治形势无关的内容，增加了一些表现鲁迅革命斗争的内容。可以说，鲁迅生平陈列逐渐减少对鲁迅文化活动方面内容的展示，逐渐增加了对鲁迅政治活动方面内容的展示，就会导致鲁迅生平陈列的政治色彩愈来愈浓，最终导致在"文革"期间几乎全部都用政治化的内容对鲁迅生平进行展示。

（2）异化期："文革"时期的鲁迅生平陈列

1966 年 5 月，"文革"爆发后，北京鲁迅博物馆的鲁迅生平陈列被红卫兵作为"大毒草"进行批判，因此不得不在 1967 年春季闭馆。1969 年 3 月，北京鲁迅博物馆在驻馆军代表的领导下，开始修改鲁迅生平陈列，经过多次的修改，最后按照一些工农兵代表的修改意见，制作了新的鲁迅生平陈列，并在 1974 年 9 月 24 日通过预展的审查，正式对外开放。1974 年的《鲁迅生平陈列大纲》的内容如下：

屏风正面：

毛主席语录："鲁迅是中国文化革命的主将……鲁迅的方向就是中华民族新文化的方向。"

鲁迅像（石膏，萧传玖创作）

毛主席手书鲁迅的两句诗："横眉冷对千夫指，俯首甘为孺子牛。"

屏风背面：

毛主席书鲁迅诗《无题》赠日本友人的手迹（放大）

第一部分：寻求改造旧中国的道路（1881—1919），共1组，主要表现在旧民主主义革命时期，鲁迅努力寻求改造旧中国的道路。

第二部分：文化新军的最伟大和最英勇的旗手（1919—1927），共4组，主要表现"五四"文化新军最伟大、最英勇的旗手鲁迅，在打倒"孔家店"，倡导新文化，彻底反帝、反封建的革命实践中，取得了辉煌的战绩，逐步实现了世界观的转变。

第二组：打倒"孔家店"，倡导新文化

第三组：寻找生力军，培养新战士

第四组：对帝国主义、北洋军阀、"现代评论派"的斗争

第五组：在血的教训中，轰毁进化论思想

第三部分：共产主义者鲁迅在粉碎反革命文化"围剿"中成为中国文化革命的伟人（1927—1936），共4组，主要表现在激烈的阶级斗争中，在路线斗争中，鲁迅努力学习和运用马列主义，领导战斗的左翼文艺运动，反对日本帝国主义侵略，反对国民党法西斯统治，粉碎反革命文化"围剿"，捍卫毛主席革命路线，成为中国革命文化的伟人。

第六组：在斗争中学习和掌握马克思主义

第七组：对日本帝国主义侵略和国民党对外卖国投降、对内镇压人民的法西斯统治的反抗

第八组：粉碎反革命文化"围剿"

第九组：为捍卫毛主席革命路线战斗到最后一息

第四部分：纪念鲁迅、学习鲁迅，共27组，主要表现伟大领袖毛主席对鲁迅的崇高评价和全国人民纪念鲁迅的活动；揭露刘少奇、林彪一类骗子及其走狗周扬等攻击和贬低鲁迅的罪行；简略介绍鲁迅杂

文中阶级斗争经验的部分论述。①

　　这个鲁迅生平陈列共分4个部分，36组展品，其中鲁迅生平部分有9组展品，鲁迅纪念部分有27组展品。从整体上来说，这个鲁迅生平展览是按照时间顺序展示鲁迅的一生，同时在纪念部分分为27个专题详细展示纪念鲁迅、学习鲁迅的情况，其中展示纪念鲁迅的部分只有1组，其余26组重点展示围绕着纪念鲁迅、研究鲁迅所发生的阶级斗争和路线斗争，以及鲁迅杂文对于当前阶级斗争和路线斗争的作用。因此，这个鲁迅生平陈列在展览内容体系上采用的是编年加专题的形式。在展览的形式上，改变了以前在墙面挂镜框加坡形柜的形式，在陈列厅的墙面上制作木质环墙，把部分展品镶嵌在墙面上，从而使展厅中的展品布置显得整齐统一。另外，展览使用了较多的美术作品，虽然这些美术作品中也有一些名家名作，但在"文革"的时代背景下，多数美术作品都带有美化鲁迅的因素。

　　从展览的内容来说，这个鲁迅生平陈列按照中国革命史对鲁迅生平进行分期，并在每一部分的开头都增加了较详细的介绍中国革命形势的内容，此外，还在展览的文字说明中大量引用毛主席语录，并用鲁迅的有关社会活动来证明鲁迅执行毛主席的路线，从而显示出鲁迅是毛主席的一个小兵。另外，鲁迅生平部分只有9组，占全部展览内容的1/4，在这些内容中主要介绍鲁迅的革命活动；而纪念鲁迅的部分有27组，占全部展览内容的3/4，在这些内容中，主要介绍鲁迅对于当时阶级斗争和路线斗争的现实作用，因此，这个鲁迅生平陈列通过把鲁迅塑造成一个"革命家"的形象，来为当时的政治斗争服务。值得一提的是，因为中苏关系的破裂，鲁迅生平陈列中不仅删掉了涉及鲁迅与苏联、俄罗斯联系的内容，还特地将摆放在序厅中的由苏联作家协会赠送的鲁迅铜像撤下，换成中国美术家塑造的鲁迅石膏像，由此也表达出不再把鲁迅塑造成中苏友好交往的媒介和榜样的含义。

　　此外，这个鲁迅生平陈列在展出时也多次变换展览地点。1976年3月13日，北京鲁迅博物馆因为准备扩建工程需要闭馆，所以将这个鲁迅生平陈列转移到中国革命博物馆，并于9月6日对外展出；1977年，北京鲁迅博物馆又将鲁迅生平陈列的展品从中国革命博物馆搬回北京鲁迅博物馆的陈列厅，在做局部修改之后，于7月1日再次对外展出；1978年6月23日，北京鲁迅博物馆因

---

①　北京鲁迅博物馆编：《鲁迅生平陈列大纲》（1974年），油印本，北京鲁迅博物馆资料室藏档案资料。

为扩建工程开始施工，将文物资料库房中的藏品搬入陈列厅中存放，这个鲁迅生平陈列由此停止对外开放。

（3）转型期：20世纪80年代的鲁迅生平陈列

1980年1月，北京鲁迅博物馆为纪念鲁迅诞生100周年，开始筹备新的鲁迅生平陈列；1980年5月4日，北京鲁迅博物馆将文物资料库房迁入新建的研究楼的地下一层，并决定新的鲁迅生平陈列仍然布置在原来的陈列厅中；1981年6月9日，北京鲁迅博物馆开始布置陈列，7月31日布置完成；8月17日至27日，北京鲁迅博物馆邀请有关领导和鲁迅研究专家共100多人前来审查鲁迅生平陈列，并结合审查意见进行修改；9月19日，北京鲁迅博物馆在完成扩建工程后重新对外开放，同日，鲁迅生平陈列也对外开放。1981年的《鲁迅生平陈列大纲》的内容如下：

> 展厅外面设立了鲁迅的大理石雕像（萧传玖创作的鲁迅半身石膏像，修改后，由张松鹤雕刻成大理石的半身像）
>
> 序幕厅　毛主席评价鲁迅的语录
>
> 第一部分：绍兴（1881—1898）
>
> 第二部分：南京（1898—1902）
>
> 第三部分：日本（1902—1909）
>
> 第四部分：杭州、绍兴、南京（1909—1912）
>
> 第五部分：北京（1912—1926）
>
> 第一组：开拓社会文化教育事业
>
> 第二组："五四"新文化运动的英勇旗手
>
> 第三组：关心青年成长，支持正义斗争
>
> 第六部分：厦门（1926—1927）
>
> 第七部分：广州（1927.1—1927.9）
>
> 第八部分：上海（1927.10—1936.10）
>
> 第一组：致力无产阶级文艺运动
>
> 第二组：粉碎反革命文化"围剿"
>
> 第三组：反对国内外法西斯
>
> 第四组：提倡木刻艺术，培养青年作家
>
> 第五组：致力国际文化交流
>
> 第六组："鞠躬尽瘁，死而后已"
>
> 第九部分：纪念鲁迅、学习鲁迅

结束语：毛主席《在延安文艺座谈会上的讲话》对鲁迅的高度评价——

鲁迅的两句诗，"横眉冷对千夫指，俯首甘为孺子牛"……一切共产党员，一切革命家，一切革命的文艺工作者，都应该学习鲁迅的榜样，做无产阶级和人民群众的"牛"，鞠躬尽瘁，死而后已。①

这个鲁迅生平陈列共分9个部分，第一到第八部分展示鲁迅生平，第九部分展示鲁迅纪念活动。其中只在第五部分分为3组，第八部分分为6组，其余部分未分组。从展览的内容体系来说，这个鲁迅生平陈列按照时间顺序编排，用鲁迅所居住过的城市进行分期，同时在北京和上海时期又用专题形式详细展示鲁迅的重要活动和创作成就，在总体上是编年加专题的形式。另外，在展览的形式设计方面，采用墙面挂镜框和坡形柜、中心柜相结合的方式布展。

相对于此前的鲁迅生平陈列，特别是1974年的鲁迅生平陈列，这个鲁迅生平陈列虽然以毛泽东主席对鲁迅的高度评价作为展览的开头和结束，但是展览的重点在于较为客观地展示鲁迅的生平，不再突出展示鲁迅的政治活动，并相对淡化对鲁迅的政治评价，从而突出鲁迅作为"文学家"的形象。另外，这个鲁迅生平陈列还紧密结合国家实行改革开放的政策，设立了"致力国际文化交流"的专题，展示鲁迅对中外文化交流的贡献。

（4）高峰期

①1996年的鲁迅生平陈列

1985年，文化部文物事业管理局批准了北京鲁迅博物馆新建陈列厅和文物库房的建筑计划。北京鲁迅博物馆在1987年1月把原来的陈列厅改建为鲁迅研究资料中心，此后就开始筹建新的陈列厅。1988年4月，北京鲁迅博物馆陈列部开始筹备新的鲁迅生平陈列工作，但是因为新的陈列厅直到1994年9月30日才竣工，所以新的鲁迅生平陈列在1996年10月16日才正式对外开放。1996年的《鲁迅生平陈列大纲》的内容如下：

序幕厅　中间墙面上的三块铜版分别雕刻鲁迅的手迹《自传》《自嘲》《自题小像》。

大厅中央是鲁迅在1936年10月8日与青年木刻家谈话场景的铜雕

---

① 北京鲁迅博物馆编：《鲁迅生平陈列大纲》（1981年），油印本，北京鲁迅博物馆资料室藏档案资料。

第一部分：在绍兴（共 10 组）

第二部分：在南京（共 3 组）

第三部分：在日本（共 11 组）

第四部分：在杭州、绍兴、南京（共 3 组）

第五部分：在北京（共 22 组）

第六部分：在厦门（共 5 组）

第七部分：在广州（共 4 组）

第八部分：在上海（共 29 组）

第九部分：纪念鲁迅、学习鲁迅（共 7 组）

　　因为新建的中国园林风格的陈列厅有上下两层，增加了很多的陈列空间（序幕厅有 200 多平方米，展厅有 1000 多平方米），并且展厅中设立了专业化的展柜，可以安全地展示文物，所以这个鲁迅生平陈列不仅扩大了展示的内容，而且在展览中使用了大量的文物。

　　从展览的内容结构来说，这个鲁迅生平陈列共分为 9 部分，94 组，第一到第八部分展示鲁迅的生平，第九部分展示纪念鲁迅的活动。从展览的内容体系来说，这个鲁迅生平陈列按照时间顺序编排，用鲁迅所居住过的城市进行分期，同时又用专题的形式展示鲁迅在不同城市居住期间的重要活动，并分别用 22 组和 29 组专题的形式来重点展示鲁迅在北京和上海时期的重要活动和创作成就，因此，在总体上是编年加专题的形式。

　　这个鲁迅生平陈列是时任北京鲁迅博物馆馆长助理的李文儒负责设计的，他在设计展览时咨询有关鲁迅研究专家，大家一致建议："鲁迅陈列一定要从鲁迅出发，回到鲁迅之中。"[1] 因此，李文儒在设计这个鲁迅生平陈列时不再使用毛泽东对鲁迅的高度评价作为展览的开头与结尾，淡化他人对鲁迅的评价，注重从鲁迅的文章中摘录鲁迅的原话，共 117 条，用这些语言（有鲁迅手迹的均使用鲁迅手迹）来客观展示鲁迅的思想变化和文学创作的经过。同时，在展览中使用了鲁迅的手稿、著译版本、生活物品等大量的文物，以及未加修饰的照片，用真实的文物展示鲁迅的生活和创作。另外，在展览的形式设计方面，注重营造鲁迅的文学氛围，展厅的墙面保持原来的白色，木质展柜的颜色均保留木质的本色，用带有不同地区建筑风格的隔断墙和门窗来自然地变换鲁迅在不

———————————

　　① 李文儒：《〈鲁迅生平〉陈列艺术之研究》，《中国博物馆》，1997 年第 2 期。

同城市的展示。① 这个鲁迅生平陈列还利用陈列厅的空间仿制了三味书屋的实景，和八道湾建筑格局的模型，使观众可以形象地感受鲁迅在三味书屋学习时的情景，以及鲁迅在八道湾居住时的生活场景。

这个鲁迅生平陈列在展出之后获得了较好的社会反响，在 1996 年 10 月获得了北京市委宣传部和北京市文物局颁发的"我最喜爱的博物馆展览评选"的"内容设计优秀奖"和"形式设计优秀奖"，在 1997 年 9 月获得了国家文物局评选的首届"十大展览精品奖"。后来，北京鲁迅博物馆又按照有关人士的建议，在 1998 年对序幕厅进行了修改，撤去了序幕厅中的鲁迅与青年木刻家座谈的铜雕像和序幕厅中间的墙面上的三块鲁迅手迹的铜版，在序幕厅中间的墙面装饰了鲁迅《自传》手迹的雕塑，在右侧的墙面装饰了鲁迅居住过的绍兴、日本、北京、上海等地特色建筑的浮雕，在左侧的墙面装饰了鲁迅重要著作封面的浮雕，以此象征着鲁迅的生平经历和创作成就。可以说，序幕厅的装饰画从铜版雕刻修改为大理石浮雕之后，序幕厅所营造的艺术氛围与展览的内容更为协调。

总的来说，这个在新修建的中国园林风格的展厅中所展示的鲁迅生平陈列，吸收了国内 20 世纪 80 年代以来鲁迅研究的新成果，不再从政治角度塑造鲁迅的形象，注重通过实物来展示鲁迅人生中的主要经历，以及他在文学、艺术领域的成就，更突出塑造文化伟人鲁迅的形象。另外，这个鲁迅生平陈列在展示手法方面还注重通过展板的背景、色彩的变化来营造出浓郁的文学氛围，让观众可以静下心来感受鲁迅的人生。不过，这个鲁迅生平陈列也有一些不足之处，首先，没有考虑到博物馆观众在文化知识方面的明显的差别，更注重静态的展示，这就需要观众对鲁迅生平经历及主要成就具有一定的了解，这对于普通观众，特别是占每年博物馆观众数量较大部分的广大青少年学生来说具有一定的困难；其次，在展示方法方面没有能够广泛吸收国内博物馆领域的最新技术，而很少使用博物馆领域的新技术，就会使观众在参观展览时感到展览的内容是平铺直叙，缺乏新鲜感；最后，在展示中缺少面向观众，特别是面向青少年学生的互动内容，因此对青少年学生来说缺乏吸引力。

②2006 年的鲁迅生平陈列

2006 年，北京鲁迅博物馆为了纪念鲁迅逝世 70 周年，按照博物馆每隔 10 年修改一次基本陈列的行规，对鲁迅生平陈列进行了修改。这次修改是由时任北京鲁迅博物馆馆长助理的黄乔生负责设计的。2006 年的《鲁迅生平陈列大纲》的内容如下：

---

① 李文儒：《〈鲁迅生平〉陈列艺术之研究》，《中国博物馆》，1997 年第 2 期。

序幕厅　在入门门口的两侧墙壁上，雕刻着鲁迅的手迹《自嘲》《自题小像》，在展厅的中央设立了鲁迅手迹《自传》的石雕，同时，在序幕厅的顶层设立了天窗，增加序幕厅的采光。

第一部分：在绍兴（共8组）

第二部分：在南京（共3组）

第三部分：在日本（共10组）

第四部分：在杭州、绍兴、南京（共3组）

第五部分：在北京（共24组）

第六部分：在厦门（共5组）

第七部分：在广州（共4组）

第八部分：在上海（共31组）①

这次鲁迅生平陈列只展示鲁迅的生平，共分为8部分，88组，是在1996年鲁迅生平陈列的基础上做了一些修改。这次修改主要集中在如下几点：第一是将序幕厅中三面墙上的浮雕换成鲁迅名言警句的浮雕，并在序幕厅中央设立了鲁迅《自传》手稿的石雕，这主要是为了可以利用序幕厅的空隙场地举办临时展览，后来，又将鲁迅《自传》手稿的石雕移到展览厅大门外的鲁迅大理石雕像之前；第二是撤下原来鲁迅生平陈列中鲁迅纪念部分的内容，只展示鲁迅的生平，这是因为展览名为"鲁迅生平展览"，而纪念鲁迅部分与鲁迅生平无关，所以不再展示；第三，在展柜的下方设立时间带，用简洁的文字说明鲁迅在这一时期活动时国内外发生的大事件或者说是社会背景，同时，在展柜中展示有关鲁迅的文学创作或社会活动时，不再在说明文字中突出当时的社会背景；第四，展览的说明文字配有英文翻译，主要是方便国外的观众参观；第五，撤下了三味书屋的模型，新增加了绍兴鲁迅故居的模型和鲁迅在上海大陆新村卧室的模型；第六，在展厅的楼梯的侧面、展厅出口的走廊，复制了一些鲁迅收藏的木刻作品，从而突出鲁迅对中国新兴木刻运动的贡献，以及对青年木刻家的培养；第七，在展厅楼梯下面的楼梯间中设立影视播放设备和长凳，观众可以在此观看循环播放的鲁迅著作改编的电影、鲁迅生平的纪录片等，或在此休息。

这个鲁迅生平陈列的设计思路是客观展示鲁迅一生中的主要经历和主要成就，淡化他人的评价，让观众通过观看鲁迅生平展览，得出自己对鲁迅的客观

---

① 北京鲁迅博物馆编：《鲁迅生平陈列大纲》（2006年），打印本，北京鲁迅博物馆资料室藏档案资料。

评价。但是，这个鲁迅生平陈列在 2007 年 3 月正式对外开放之后，有关人士的评价不一。其中文化部的一位领导在参观之后，要求北京鲁迅博物馆在鲁迅生平陈列中恢复纪念鲁迅的部分，因为这关系到党和国家领导人对鲁迅的评价以及人民对鲁迅的纪念。北京鲁迅博物馆后来在 2007 年利用展厅隔壁的房间设立了纪念鲁迅的部分，展示了从毛泽东以来的几代国家领导人对鲁迅的纪念和高度评价，以及国内外纪念鲁迅的活动，并设立了鲁迅著译版本的书墙，展示鲁迅的创作成就和在世界各国的影响。由此，这个鲁迅生平陈列再次回到了原来所常用的鲁迅生平部分加鲁迅纪念部分的展览模式。

3. 流动展览

（1）20 世纪五六十年代的"鲁迅生平展览"

1958 年夏季，北京鲁迅博物馆响应文化部文物事业管理局的号召，把鲁迅生平陈列的内容修改压缩，用三合板贴图片的形式，制作了三套可以在街头悬挂的"鲁迅生平展览"，并派出工作人员一组赴东北的辽宁、吉林、黑龙江三省，一组赴山西、陕西、四川、湖北等省，一组赴京津地区进行巡回展出。虽然这个鲁迅生平展览制作得比较简单，展览场地经常是在公园、街头和农村，但是观众非常踊跃，据初步统计，同期北京鲁迅博物馆陈列厅的观众仅有 23475 人次，而当年流动展览的观众就达到了 1140000 人次[1]，这极大地促进了鲁迅在全国各地的传播。1959 年，北京鲁迅博物馆积极与全国各省的博物馆联系，在原来"鲁迅生平展览"的基础上（1958 年制作的"鲁迅生平展览"总重量达到 1000 斤，不便于运输），进一步修改、压缩内容，制作了 15 套中型的"鲁迅生平展览"的展板，分别寄送到河北、河南、山东、浙江、安徽、江西、陕西、山西、贵州、甘肃、广东、广西等 15 个省、自治区，由各地的博物馆负责在当地进行"鲁迅生平展览"巡回展出，此外，北京鲁迅博物馆也派工作人员携带"鲁迅生平展览"在京津地区继续巡回展出。据不完全统计，当年"鲁迅生平展览"在巡回展出时，观众达到 1197006 人次。[2] 1960 年 10 月，北京鲁迅博物馆对"鲁迅生平展览"做了一些修改，并交给文物出版社出版《鲁迅生平事迹展览》的挂图，从而方便全国各地的学校、厂矿、农村等用挂图自行举办鲁迅生平展览。此后，北京鲁迅博物馆在 1960 年、1961 年、1962 年还在北京郊区巡回举办"鲁迅生平展览"。

---

[1] 孙瑛、叶淑穗：《鲁迅博物馆历事》，《鲁迅研究动态》，1986 年"纪念建馆 30 周年专辑"。

[2] 孙瑛、叶淑穗：《鲁迅博物馆历事》，《鲁迅研究动态》，1986 年"纪念建馆 30 周年专辑"。

（2）20 世纪八九十年代的"鲁迅生平展览"

1987 年 1 月，北京鲁迅博物馆开始停止鲁迅生平陈列的开放，将陈列厅改建为鲁迅研究资料中心。北京鲁迅博物馆陈列部决定重新制作一个"鲁迅生平展览"到全国各地巡回展出。新的"鲁迅生平展览"的大纲如下：

第一部分：生平

第二部分：传统的反思

第三部分：从《呐喊》到《彷徨》

第四部分：匕首与投枪

第五部分：新兴木刻的拓荒和奠基

第六部分：文化交流

结束语①

这个"鲁迅生平展览"的第一部分简略介绍鲁迅的生平，第二到第六部分用专题的形式介绍鲁迅对古代文化遗产的整理和研究，文学创作的成就，对新兴木刻运动的贡献，对国际文化交流的贡献，每个专题的内容都是按照时间顺序进行介绍的，因此，从展览的内容体系方面来说，这个"鲁迅生平展览"可以称为专题加编年的展览体系，是以专题形式为主，编年体为辅。另外，展览的每一部分的开头都摘录鲁迅的文章中的部分语句作为导语，例如，第一部分就直接使用鲁迅《自传》的手稿，从而淡化外在的评价，使观众可以通过鲁迅自己的话和展品中的文物、文献资料来认识鲁迅。

北京鲁迅博物馆此前制作的赴各地巡回展出的"鲁迅生平展览"都是图片展，基本没有文物，而这个"鲁迅生平展览"不仅内容新颖，而且展品以实物和文献资料为主，历史照片和文物复制品为辅，基本不再使用各个时期创作的美术品和宣传画，在全国各地巡回展出时，可以让全国各地的观众有机会欣赏到有关鲁迅的文物，从而加深他们对鲁迅的认识。据《北京鲁迅博物馆四十年》一书统计，这个"鲁迅生平展览"从 1987 年 8 月在新疆乌鲁木齐展出开始，至 2000 年以前，先后到过如下省、市、自治区：1987 年 8 月 10 日，"鲁迅生平展览"流动展首先赴新疆维吾尔自治区乌鲁木齐市展出，展期一个月，观众 5000 人；10 月，"鲁迅生平展览"流动展在青海省西宁市展出，展期一个月，观众

---

① 北京鲁迅博物馆编：《鲁迅生平陈列大纲》（1987 年），打印本，北京鲁迅博物馆资料室藏档案资料。

7300人；11月，"鲁迅生平展览"流动展在甘肃省兰州市展出，展期两个月，观众8000人；1988年1月，"鲁迅生平展览"流动展在甘肃省天水市展出，展期一个月，观众12000人；1988年9月7日，"鲁迅生平展览"流动展在贵州省博物馆展出，展期一个月，观众8000人；1989年3月7日至4月5日，"鲁迅生平展览"流动展在深圳市博物馆展出，展期一个月，观众7000人；9月25日至10月20日，"鲁迅生平展览"流动展在湖南省博物馆展出，展期一个月，观众3500人；1991年9月24日，"鲁迅生平展览"流动展在广西壮族自治区南宁市展出，展期一个月，观众34000人；11月，"鲁迅生平展览"流动展在梧州市展出，展期一个月，观众16000人；1992年5月，"鲁迅生平展览"流动展在武昌辛亥革命纪念馆和宜昌市展出；1993年4月10日，"鲁迅生平展览"流动展在内蒙古自治区展出，展期五个月；9月，"鲁迅生平展览"流动展在宁夏回族自治区展出，展期四个月；1994年4月10日，"鲁迅生平展览"流动展在陕西省西安事变纪念馆展出，展期三个月；9月1日，"鲁迅生平展览"流动展在河南郑州市二七纪念馆展出，展期九个月；1995年5月，"鲁迅生平展览"流动展在河南汤阴县岳飞纪念馆展出，展期五个月；1996年4月，"鲁迅生平展览"流动展在云南省昆明市展出，展期四个月。① 另外，据《北京鲁迅博物馆五十年》一书的统计：1997年5月10日，"鲁迅生平展览"流动展在河北省博物馆展出，展期两个月；6月，"鲁迅生平展览"流动展在山东省淄博市博物馆展出，展期一个月；9月10日，"鲁迅生平展览"流动展在河北省黄骅市博物馆展出，展期两个月；1999年3月20日，"鲁迅生平展览"流动展在山东省青岛市博物馆展出，展期一个月；12月20日，"鲁迅生平展览"流动展在山东省潍坊市博物馆展出，展期一个月。② 此后，北京鲁迅博物馆组织的"鲁迅生平展览"在全国各地的巡回展览工作就基本停止了。

从上述统计内容可以看出，北京鲁迅博物馆从1987年到1999年组织的"鲁迅生平展览"先后在全国15个省、自治区展出，其中包括新疆、云南、广西等一些偏远省份，极大地促进了鲁迅在上述省份的传播。

（3）21世纪以来的"鲁迅的读书生活"展览和"人间鲁迅"展览

2003年7月18日，北京鲁迅博物馆时任副馆长孙毅（笔名：孙郁）面向青年学生设计的"鲁迅的读书生活"展览，在国家图书馆举行了全国巡回展览的开幕式，此后在北京各大高校及全国各地巡回展出，在2004年还分别赴香港、

---

① 北京鲁迅博物馆编：《北京鲁迅博物馆四十年》，第66—67页。
② 北京鲁迅博物馆编：《北京鲁迅博物馆五十年（1956—2006）》，第173—175页。

澳门地区展出，此后还赴韩国、新加坡、日本等国展出。

这个流动展览的大纲如下：

> 前言
>
> 青少年时代
>
> 苦读岁月
>
> 创作与翻译
>
> 从教授到自由撰稿人
>
> 书刊的编辑与出版
>
> 主要著译简表①

"鲁迅的读书生活"展览通过 80 个展板、300 多幅图片展示鲁迅一生中读书、写书、编书的生活，从展览的内容体系方面来说，这个"鲁迅的读书生活"展览大致是专题加编年体，以专题为主，以编年为辅。另外，这个"鲁迅的读书生活"展览在初期展览时主要是图片展，同时辅助一些文物复制品进行展示，从 2010 年开始，北京鲁迅博物馆对这个展览进行升级，以图片展览为主，同时配合展示一些鲁迅的文物，从而提高了展览的观赏性。

2011 年，北京鲁迅博物馆陈列部主任萧振鸣结合鲁迅研究的进展，设计了"人间鲁迅"展览，并赴全国各地巡回展出。这个展览是图片展，分为"童年·少年·青年""用笔战斗的作家""俯首甘为孺子牛"三大部分，用 300 多张照片展示鲁迅一生的主要经历及其在文学、艺术方面的成就。

4. 专题展览

北京鲁迅博物馆在 1956 年建馆之后，因为长期缺乏举办临时展览的场地，所以很少举办临时展览。1996 年，北京鲁迅博物馆新修建的展览厅包括一个多功能厅，可以举办临时展览。但是，北京鲁迅博物馆因为缺乏举办会议、讲座的建筑设施，所以经常利用多功能厅举办各种会议、讲座、演出，此外，北京鲁迅博物馆还出租多功能厅用于与外地的文博机构联合举办一些与鲁迅无关的展览（如 2002 年 6 月 1 日，与西安昆虫馆联合举办"昆虫世界"展览），乃至一些商业活动（如 2005 年 9 月 1 日，举办为期一个月的"法国皮尔·阿麦画展"。另外，还举办过汽车展览），所以，北京鲁迅博物馆举办的关于鲁迅的临

---

① 北京鲁迅博物馆编：《鲁迅的读书生活》，北京：人民日报出版社，2003 年出版，第 4 页。

时展览较少。2016 年，国家规定公益性博物馆不再从事营利活动之后，北京鲁迅博物馆才陆续把多功能厅和原来的报告厅改造为专业的展览厅，经常举办一些展览，但是这些展览大多是与外地博物馆交换举办的，题材广泛，很少与鲁迅有关。

回顾北京鲁迅博物馆举办专题展览的历史，其中与鲁迅有关的重要的专题展览大致有如下几个：

（1）"鲁迅著作版本展览"

1981 年 9 月 19 日，北京鲁迅博物馆举行扩建后重新开放的仪式，中宣部副部长周扬参加仪式并剪彩。同日，由鲁迅诞辰 100 周年纪念委员会、北京图书馆、国家出版局版本图书馆、文物出版社和北京鲁迅博物馆联合举办的"鲁迅著作版本展览"在北京鲁迅博物馆的报告厅正式展出，参加北京鲁迅博物馆开馆仪式的各级领导和各界代表作为首批观众参观了展览。这次展览分为"1936年以前的版本""1937—1949 年的版本""新中国成立以来的版本""盲文、民族文字和外文译本"等四部分，展品汇集了几家联合举办展览的单位收藏的 330多种，近 2000 册的鲁迅著作版本，全面地展示了鲁迅在文学创作方面的成就与在国内外的影响。另外，这次展览也是新中国成立之后首次举办的大型的鲁迅著作版本展，获得了较好的社会反响。

（2）"鲁迅文物珍品展览"

1986 年 10 月 19 日，北京鲁迅博物馆为纪念建馆 30 周年暨鲁迅逝世 50 周年，在对鲁迅故居进行修缮之后重新对外开放鲁迅故居，同时对外开放了"鲁迅文物珍品展览"。这个展览共展出 80 多件珍贵文物，分为"鲁迅手迹""鲁迅藏书""鲁迅藏美术作品""鲁迅藏古代文物""鲁迅藏友人墨迹"等 5 部分，很多展品是首次对外展出。这次展览考虑到文物的保护问题，所以展出的时间较短，但是吸引了参加鲁迅故居重新开放仪式的 100 多位各级领导及鲁迅研究专家、媒体记者，此外，参加"鲁迅与中西文化"国际学术研讨会的 100 多位学者也特地参观了这个展览。总之，这个"鲁迅文物珍品展览"取得了较好的社会反响。

（3）"鲁迅博物馆珍藏书画展"

1999 年 9 月 25 日，北京鲁迅博物馆为纪念新中国成立 50 周年暨鲁迅诞辰118 周年，在多功能厅举办了"鲁迅博物馆珍藏书画展"，展出了北京鲁迅博物馆建馆以来所收藏的吴作人、李可染、蒋兆和、吴冠中、范曾、韦其美、张文新、陈逸飞、李桦、古元、黄永玉、程十发、贺友直、张松鹤、启功等著名美术家、书法家创作的鲁迅题材的美术作品和书法作品，这次展览不仅是对北京鲁迅博物馆建馆以来所征集的美术作品和书法作品的一个系统展示，而且也从一个方面反映出新中国成立之后鲁迅题材的美术作品的创作风格的变迁。

（4）"鲁迅收藏的汉画像展"

2003 年 11 月 30 日至 12 月 15 日，北京鲁迅博物馆在多功能厅举办了"鲁迅收藏的汉画像展"，展出了鲁迅收藏的近百幅汉画像拓片的精品。在展览期间，北京鲁迅博物馆还与河南南阳汉画像馆合作举办了"鲁迅收藏的汉画像"学术研讨会，邀请有关专家对鲁迅收藏的汉画像进行研讨。在这个展览结束之后，北京鲁迅博物馆决定借助举办这个展览和研讨会的机遇，再次整理鲁迅收藏的汉画像，在 1986 年出版的《鲁迅藏汉画像（一）》（南阳卷，收录汉画像200 幅）和 1991 年出版的《鲁迅藏汉画像（二）》（山东及其他省份卷，收录汉画像 278 幅）这两册的基础上，精选出 193 幅图像精美、清晰的汉画像，编辑成《鲁迅珍藏汉代画像精品集》一书，由百花文艺出版社在 2005 年出版。北京鲁迅博物馆通过举办"鲁迅收藏的汉画像展"和"鲁迅收藏的汉画像"学术研讨会，出版《鲁迅珍藏汉代画像精品集》，不仅展示了鲁迅对汉画像的收集与整理方面的成就，而且进一步推动了国内学术界对鲁迅与汉画像的研究工作。

（5）"赵延年 1938—2004 年木刻作品展"

2005 年 9 月 25 日至 10 月 20 日，北京鲁迅博物馆在多功能厅举办了"赵延年 1938—2004 年木刻作品展"，展出了赵延年从 1938 年到 2004 年创作的鲁迅肖像以及鲁迅作品插图共 170 多幅。在展览期间，还邀请有关美术研究者，举办了"赵延年版画作品研讨会"。这次展览不仅是对赵延年在艺术生涯中所创作的鲁迅题材的木刻作品进行系统回顾和展示，而且也通过学术研讨会对赵延年的版画创作进行了总结和分析。赵延年在 1990 年就将他创作的《阿 Q 正传》木刻插图 20 幅捐献给北京鲁迅博物馆，北京鲁迅博物馆这次举办赵延年的木刻作品展，不仅是对文献捐赠人表达感谢，同时也是向以赵延年为代表的创作了大量鲁迅题材木刻作品的木刻家们致敬。

（6）"鲁迅的艺术世界"展览

2009 年 10 月 19 日，北京鲁迅博物馆为了展示鲁迅在艺术方面的成就，在多功能厅展出了"鲁迅的艺术世界"展览，这个展览分为"美术家鲁迅""鲁迅倡导的新兴版画运动""鲁迅收藏的金石拓片""书法家鲁迅"等四部分，展品共 89 件，包括鲁迅书信、文稿的原件，鲁迅书写的条幅，鲁迅收藏的木刻、金石拓片、瓦当等，均为国家三级以上的文物，其中国家一级文物 26 件。这个展览通过珍贵的文物，展示出鲁迅在艺术领域的成就与贡献。此后，北京鲁迅博物馆还与各地的博物馆联系，推动"鲁迅的艺术世界"展览在全国各地巡回展览，进一步扩大了这个展览的影响。

（7）"鲁迅的版画世界"展览

2011 年 10 月，北京鲁迅博物馆为纪念鲁迅诞生 130 周年暨中国新兴版画运动 80 周年，在多功能厅举办了"鲁迅的版画世界"展览，展览分为"复印中国古刻""收藏翻印外国版画""倡导新兴木刻"三部分，展品共 100 件，包括鲁迅与木刻青年通信的原件，鲁迅收藏的古代年画、外国版画和木刻青年创作的版画，以及鲁迅编印的木刻画册等，全面展示了鲁迅对中国新兴木刻运动的重要贡献。

（8）"旧邦新命——新文化运动百年纪念展"

2014 年 7 月 11 日，北京鲁迅博物馆在与北京新文化运动纪念馆合并之后，两个馆的展览人员结合纪念新文化运动 100 周年的活动，共同设计制作了"旧邦新命——新文化运动百年纪念展"。2015 年 5 月 4 日，"旧邦新命——新文化运动百年纪念展"在北京鲁迅博物馆多功能厅正式对外开放，这个展览分为"《新青年》·新文化""冲决罗网 引领思潮""文学革命 振发起衰""改革教育 奠基科学"四部分，用 200 多件展品，展示出 20 世纪初中国新旧文化转变的过程，以此纪念新文化运动 100 周年。

（9）"含英咀华：北京鲁迅博物馆馆藏文物精品展"

2016 年 9 月 19 日至 10 月 30 日，北京鲁迅博物馆为纪念建馆 60 周年暨鲁迅逝世 80 周年，在把多功能厅改造为专业的展览厅之后，举办了"含英咀华：北京鲁迅博物馆馆藏文物精品展"。展览分为"翰札""丹青""书香""硕果"四部分，展出了北京鲁迅博物馆收藏的鲁迅手稿及名人手札、名家画作、珍贵版本中的精品，以及北京鲁迅博物馆建馆以来整理鲁迅文献所出版的《鲁迅手稿全集》《鲁迅藏外国版画全集》《鲁迅藏拓本全集》重要图书。这次展览，不仅向外界展示了北京鲁迅博物馆有代表性的藏品，同时也是对北京鲁迅博物馆建馆 60 周年来文物征集和保护工作的一个回顾和总结。

5. 小结

回顾北京鲁迅博物馆从 1956 年建馆以来的展览工作，可以看出，在该馆 60 年的发展过程中，在鲁迅故居的复原、鲁迅生平陈列的制作、举办流动的鲁迅展览，以及举办鲁迅专题展览等方面都取得了较好的成绩。其中以举办流动展览最为突出：在 1958 年到 1962 年，主要是在全国各地举办"鲁迅生平"图片展览；从 1987 年开始，主要是在全国各地举行"鲁迅生平"的文物展览；进入 21 世纪之后，主要是在国内外举办"鲁迅的读书生活"展览；在 2011 年之后，主要在全国各地举办"鲁迅的艺术世界""鲁迅的版画世界""旧邦新命——新文化运动百年纪念展""含英咀华：北京鲁迅博物馆馆藏文物精品展"等鲁迅专题展览，可以说，北京鲁迅博物馆通过在全国各地举办丰富多彩的鲁迅专题展览，让收藏在北京鲁迅博物馆文物库房中的文物走出库房，走向全国，让全国各地的观众有机会目睹鲁迅的遗物，从而促进了鲁迅在全国各地的传播。

需要指出的是，北京鲁迅博物馆现在开放的鲁迅生平陈列是在 2006 年设计制作的，而这个鲁迅生平陈列是在 1996 年鲁迅生平陈列的基础上做了小规模的改动，因此，北京鲁迅博物馆在 2006 年制作的鲁迅生平陈列已经略显陈旧，无法满足当代观众，特别是当代青少年观众的要求了。此外，按照博物馆每隔 10 年大修一次基本陈列的行规，北京鲁迅博物馆的鲁迅生平陈列到 2016 年也已经有了 10 年了，需要结合当代观众的实际情况，进行较大规模的修改，甚至是重新设计出符合时代特点的新的鲁迅生平基本陈列。

三、学术研究与图书出版工作的历史与现状

1956 年 10 月 19 日，北京鲁迅博物馆建成对外开放，但这时的北京鲁迅博物馆只有 10 多位工作人员，内设的机构为陈列组（负责设计制作陈列和接待群众参观的工作）、资料组（负责征集和保管鲁迅文物的工作）和行政组（负责行政和后勤工作），加之全馆的工作人员此前都没有从事过鲁迅研究工作，并且文化程度不高，所以北京鲁迅博物馆在 1976 年 2 月 28 日新设立鲁迅研究室之前，所取得的鲁迅研究成果比较少，主要是整理和出版了一些鲁迅手稿、鲁迅收藏的拓片和美术作品等。

北京鲁迅博物馆的研究工作是在鲁迅研究室成立之后才大规模地开展起来的。1975 年 10 月 28 日，周海婴上书毛泽东主席反映鲁迅研究与鲁迅著作出版的情况。12 月，国家文物局和国家出版局根据毛泽东主席的批示和中央政治局的指示，拟订了如下方案：将北京鲁迅博物馆划归国家文物局领导，设立鲁迅研究室，聘请常惠、曹靖华、孙用、杨霁云、林辰、戈宝权、唐弢、周海婴担任鲁迅研究室顾问。规定鲁迅研究室的任务是："（1）编辑鲁迅书信手稿，由文物出版社影印出版；（2）协助人民文学出版社鲁迅著作编辑室组织领导新版的《鲁迅全集》注释的定稿工作；（3）编写鲁迅传记和鲁迅年谱；（4）对国内外歪曲鲁迅的著作进行批判；（5）抓紧时机，对一些熟悉鲁迅的老人（包括反面人物）进行访问记录；（6）编印《鲁迅研究资料》，作为资料性的刊物，公开或内部发行；（7）对鲁迅博物馆的陈列，提出修改意见；（8）和上海、绍兴、

广州等地的鲁迅纪念馆及其他研究单位和研究工作进行联系等。"① 从上述内容来看，国家有关部门已经把鲁迅研究室定位为全国的鲁迅研究中心了。

李何林在 1976 年 2 月到 1983 年 1 月担任北京鲁迅博物馆的首任馆长兼鲁迅研究室的主任，在李何林的主持下，鲁迅研究室的研究人员陆续编辑出版了《鲁迅年谱》《鲁迅手稿全集》等大型图书，创办了学术刊物《鲁迅研究资料》和《鲁迅研究动态》，逐渐形成了注重史料整理和研究的学术特色。进入 20 世纪 90 年代，北京鲁迅博物馆在市场经济大潮的冲击下，坚守鲁迅研究阵地，通过馆刊《鲁迅研究月刊》引领国内外的鲁迅研究，使北京鲁迅博物馆成为国内鲁迅研究的学术重镇。孙毅（笔名：孙郁）在 2002 年担任北京鲁迅博物馆业务副馆长，在 2003 年主持北京鲁迅博物馆的工作之后，提出了把北京鲁迅博物馆建设成为全国鲁迅研究中心、全国鲁迅资料收藏中心、全国鲁迅展示中心和作家活动园地的目标，通过举办国内和国际会议，联合招收研究生，在国内外举办"鲁迅的读书生活"展览，举办"在鲁迅身边听讲座"等学术活动，进一步扩大了北京鲁迅博物馆在学术界的影响。

北京鲁迅博物馆在鲁迅研究、鲁迅手稿与收藏品的整理与出版方面主要取得了如下几方面的成就：

1. 鲁迅手迹与藏书的编目

北京鲁迅博物馆在建馆之后不久，就开始了对馆藏鲁迅文物的整理工作，首先是对鲁迅的手迹和藏书进行分类编目。考虑到全馆职工文化水平的实际情况，北京鲁迅博物馆的领导决定鲁迅手迹的分类编目工作由本馆职工承担，鲁迅藏书中的中文书刊的目录请故宫博物院的常惠研究员负责编定，鲁迅藏书中的外文书刊的目录请北京图书馆的专家和北京大学的冯至教授负责编定。经过一年多的辛苦工作，北京鲁迅博物馆在 1959 年 7 月以内部资料的形式印刷了《鲁迅手迹和藏书目录》（三卷）②，第一卷是鲁迅手迹的目录，第二卷是鲁迅藏书中的中文书刊的目录，第三卷是鲁迅藏书中的外文书刊的目录。

《鲁迅手迹和藏书目录》第一卷把北京鲁迅博物馆馆藏和其他机构所藏，以及个人收藏的鲁迅手迹做了调查统计，并分为"文稿""诗稿""译稿""日记""书简""墨迹""辑录""金石""其他" 9 类，首次编订了已知国内现存的鲁迅手迹的收藏情况。《鲁迅手迹和藏书目录》第二卷把北京鲁迅博物馆馆藏的鲁

---

① 李何林：《纪念北京鲁迅博物馆鲁迅研究室成立十周年（1976—1986）》，《关于鲁迅及中国现代文学》，李何林著，天津：天津人民出版社，1996 年出版，第 218—219 页。

② 北京鲁迅博物馆编：《鲁迅手迹和藏书目录》（三卷），1959 年，油印本。

迅藏书中的中文书刊分为线装（930 种，7579 册又散页 490 页）、平装（797 种，965 册）、期刊（218 种）三类，其中线装书按照经、史、子、集、丛书进行分类编目；平装书按照"哲学、宗教""社会科学""教育""语言文字学""文学""艺术""历史、考古""自然科学、卫生""其他"进行分类编目；期刊按照刊名的笔画进行编目。《鲁迅手迹和藏书目录》第三卷把北京鲁迅博物馆馆藏的鲁迅藏书中的外文书刊分为日文（993 种）、俄文（77 种）、西文（754 种，含德文、法文、英文，以及其他语言）三类，考虑到情况复杂，大致在分类集中后再按照著者姓名的字母顺序编目。

北京鲁迅博物馆通过编印《鲁迅手迹和藏书目录》，不仅摸清了馆藏的鲁迅藏书和国内现存的鲁迅手迹的情况，有利于对鲁迅藏书和手迹进行分类保管和使用，而且通过这项工作，也为国内外的鲁迅研究者提供了重要的研究资料，有利于推动鲁迅研究的深入开展。虽然因为种种原因，《鲁迅手迹和藏书目录》至今未能公开正式出版，但是《鲁迅手迹和藏书目录》通过油印、复印等方式，已经传播到国内外的鲁迅研究者手中，至今仍然是鲁迅研究者的重要参考资料。可以说，北京鲁迅博物馆通过编印《鲁迅手迹和藏书目录》不仅为该馆的藏品保管、征集和研究等各项业务工作的开展奠定了良好的基础，而且也在一定程度上推动了国内外的鲁迅研究工作的开展。

2. 鲁迅手稿的整理、出版与研究

为了满足广大观众希望从鲁迅手稿中学习修改文章经验的愿望，北京鲁迅博物馆从馆藏及国家图书馆收藏的鲁迅手稿中精选了《鲁迅自传》《从百草园到三味书屋》《藤野先生》《死》等 16 篇散文的手稿，编辑成《鲁迅手稿选集》一书，由文物出版社在 1960 年 9 月影印出版，分为精装本和简装本两种版本。该书是新中国成立之后首次影印出版鲁迅创作的散文手稿，因此获得了广大读者的欢迎。一些读者在看到《鲁迅手稿选集》一书之后，致信北京鲁迅博物馆希望能继续出版一些鲁迅的手稿，因此，北京鲁迅博物馆又选择了《五猖会》《无常》《阿金》《因太炎先生而想起的二三事》等 14 篇鲁迅散文和杂文手稿，编成《鲁迅手稿选集续编》，由文物出版社在 1963 年出版。总的来说，这两本手稿选集的出版目的是满足读者从鲁迅手稿中学习修改文章的经验。

1973 年，北京鲁迅博物馆编辑了《鲁迅手稿选集三编》一书，由文物出版社出版，收录了《辱骂和恐吓决不是战斗》《脸谱臆测》《儒术》《在现代中国的孔夫子》等鲁迅的 29 篇杂文手稿。1975 年，北京鲁迅博物馆编辑了《鲁迅手稿选集四编》一书，由文物出版社出版，收录了《〈两地书〉序言》《译本高尔基〈一月九日〉小引》《忆刘半农君》《"京派"与"海派"》《病后杂谈》《运

命》等鲁迅的 24 篇散文和杂文的手稿。但是，北京鲁迅博物馆在"文革"期间
编辑的《鲁迅手稿选集三编》和《鲁迅手稿选集四编》却主要是为了服务当时
的政治斗争而编辑出版的。如《鲁迅手稿选集三编》的"出版说明"中指出：
"当前在深入开展思想和政治路线方面的教育中，读一些鲁迅的杂文，对于识别
混进无产阶级革命队伍的隐蔽的阶级敌人，并同他们进行有力的斗争，是很有
益处的。特别是读一读鲁迅的手稿，还可以更具体地了解鲁迅写作这些文章的
过程，学习他的革命文风和严肃认真的写作态度。"①再如，《鲁迅手稿选集四
编》的"出版说明"中指出："《鲁迅手稿选集四编》在当前批林批孔斗争深入
开展的时候出版了……从这一编收入的一部分鲁迅批孔文章的手稿中，我们同
样可以看到鲁迅对以孔丘为代表的儒家思想所进行的严肃斗争，可以学习鲁迅
始终一贯地坚持进步，反对倒退；坚持革新，反对复古；坚持批孔，反对尊孔
的彻底革命精神。"②

1976 年 2 月 27 日，北京鲁迅博物馆首任馆长李何林到任并宣布鲁迅研究室
正式成立，此后陆续从全国各地调来 10 多位研究人员到鲁迅研究室工作。1976
年 5 月，鲁迅研究室分别设立《鲁迅研究资料》编辑部、《鲁迅年谱》编写组、
《鲁迅手稿》编辑组、《鲁迅日记》注释组和资料组③，由此开始编辑《鲁迅手
稿全集》的工作。

1977 年 2 月 11 日，《鲁迅手稿全集》编辑委员会召开了编辑会议，确定了
《鲁迅手稿全集》的编辑体例，决定出版书信两函、日记两函、文稿两函，其中
文稿部分参照鲁迅自编的文集的顺序编排。经过《鲁迅手稿全集》编辑组和文
物出版社编辑的共同努力，在国家图书馆、上海鲁迅纪念馆、绍兴鲁迅纪念馆
以及部分私人收藏者的大力支持下，《鲁迅手稿全集·书信卷》两函在 1979 年
12 月由文物出版社出版，把当时所能找到的 1389 封鲁迅书信的手稿全部收录在
内；《鲁迅手稿全集·日记卷》两函在 1981 年 2 月由文物出版社出版，收录鲁迅
从 1912 年到 1936 年（缺 1922 年全年的日记）的日记手稿；《鲁迅手稿全集·文
稿卷》两函在 1986 年 10 月由文物出版社出版，收录鲁迅文稿 301 篇。原计划中
的鲁迅翻译手稿、辑录古籍的手稿因为文物出版社的经济压力较大，最后没有
整理出版。这套使用珂罗版技术印刷（宣纸线装版每种只印刷了 300 套）的
《鲁迅手稿全集》是新中国首次出版一位著名作家的手稿全集，聘用了当时国内

---

① 北京鲁迅博物馆编：《鲁迅手稿选集三编》，北京：文物出版社，1973 年出版，第 1 页。
② 北京鲁迅博物馆编：《鲁迅手稿选集四编》，北京：文物出版社，1975 年出版，第 2 页。
③ 北京鲁迅博物馆编：《北京鲁迅博物馆五十年（1956—2006）》，第 159 页。

最好的珂罗版技师，动用了国内最好的印刷制版设备，成为鲁迅著作出版史乃至新中国出版史上的一个里程碑。

另外，《鲁迅手稿全集》虽然只有日记、书信和文稿部分，严格来说还不能称为"全集"，但它的出版不仅显示出国家对鲁迅的纪念，而且也发挥出推动鲁迅研究的重要作用。文物出版社考虑到广大读者的需要，还出版了《鲁迅手稿全集·书信卷》和《鲁迅手稿全集·日记卷》的彩色胶印版，方便鲁迅研究者和普通读者购买。

在编辑鲁迅手稿的过程中，北京鲁迅博物馆的研究人员也陆续开始对鲁迅手稿进行学术研究，先后发表了一些研究文章，其中以王德厚（署名：王得后）撰写的《〈两地书〉研究》① 最有代表性。该书通过把北京鲁迅博物馆馆藏的鲁迅和许广平的通信原件与《两地书》中收录的鲁迅与许广平的通信进行对比、校读，分析鲁迅在《两地书》中修改书信内容的原因，从中探究鲁迅当时的思想、心理和创作情况。可以说，该书通过对鲁迅和许广平通信的原件进行研究，从鲁迅与许广平两人私密的感情角度进一步深化了鲁迅思想研究和鲁迅生平研究，不仅是鲁迅的《两地书》研究的开山之作，也是鲁迅手稿研究领域的最重要的学术著作之一，影响到一些鲁迅研究者开始重视鲁迅手稿的研究。

此后，北京鲁迅博物馆的研究人员还陆续发表了一些关于鲁迅手稿的文章，如《鲁迅手稿全集》编辑组的吕福堂、叶淑穗、赵淑英、王德厚、荣太之等人在编辑《鲁迅手稿全集》时，从北京鲁迅博物馆馆藏中整理出鲁迅辑录古籍的18篇序跋，这些序跋此前没有发表过，都是鲁迅的佚文，后来被收入人民文学出版社1981年出版的《鲁迅全集》之中。

1984年，唐弢、宋振庭、单士元、严文井、邵宇、姜椿芳6位全国政协委员在全国政协六届二次会议上提出议案，希望将鲁迅生前编就和整理的辑录古籍手稿与所搜集的汉画像拓片等编辑出版，以此纪念鲁迅逝世50周年。为落实这个提案，国家文物局在1985年1月28日召集北京鲁迅博物馆、上海鲁迅纪念馆，上海人民美术出版社、上海古籍出版社、朵云轩出版社等机构的领导和有关专家开会，决定这几部书由北京鲁迅博物馆和上海鲁迅纪念馆负责编辑，上海人民美术出版社、上海古籍出版社和朵云轩出版社负责出版。② 经过北京鲁迅博物馆、上海鲁迅纪念馆和上海古籍出版社的有关人员的努力，《鲁迅辑校古籍手稿》第二函和第五函在1986年出版，其余几函和《鲁迅辑校石刻手稿》也在

---

① 王得后：《〈两地书〉研究》，天津：天津人民出版社，1982年出版，1995年修改再版。
② 北京鲁迅博物馆编：《北京鲁迅博物馆五十年（1956—2006）》，第163页。

此后陆续出版。可以说，鲁迅辑校古籍和石刻手稿的影印出版，使一些鲁迅研究者开始关注鲁迅在整理中国古籍及金石等方面所取得的成就，进一步推动了鲁迅与中国传统文化研究。

北京鲁迅博物馆的研究人员在编辑《鲁迅辑校古籍手稿》和《鲁迅辑校石刻手稿》的过程中，也陆续发表了一些研究论著，其中以赵淑英（署名：赵英）撰写的《籍海探珍——鲁迅整理祖国文化遗产撷华》①一书最有代表性。该书分为如下四个章节："籍海探珍"，主要介绍鲁迅辑录古籍的成果，并在学术界首次对大量未公开发表的鲁迅辑录古籍的手稿进行研究；"叩击佛门"，主要介绍鲁迅与佛教文化的关系，并在学术界首次对未公开发表的鲁迅抄录、校勘的佛教经典的手稿进行研究；"涉足金石"，主要介绍鲁迅整理金石学的成果，并在学术界首次对大量未公开发表的鲁迅辑录石刻的手稿进行研究；"辑录杂俎"，主要介绍鲁迅留下来的整理古籍方面的散篇手稿的情况；"鲁迅整理祖国文化遗产年编"，是用年表的方式对鲁迅从 1892 年 1 月到 1936 年 10 月期间整理祖国文化遗产活动及成果进行梳理，这在学术界也是首次编写鲁迅整理中国古代文化遗产活动的年表。总的来说，这本著作是作者在整理《鲁迅辑校古籍手稿》和《鲁迅辑校石刻手稿》的基础上撰写的，对北京鲁迅博物馆收藏的《鲁迅辑校古籍手稿》和《鲁迅辑校石刻手稿》的情况进行介绍和研究，虽然在体例方面和理论深度方面有些不足，但仍是学术界首部研究鲁迅古籍整理方面成就的专著，填补了鲁迅研究领域的一个学术空白。

2012 年，北京鲁迅博物馆副馆长黄乔生作为首席专家，组织北京鲁迅博物馆的研究人员，以及北京大学、中国社科院、南京大学等机构的学者，共同申请了 2012 年度国家社科基金重大项目"《鲁迅手稿全集》文献整理与研究（A卷）"，承担鲁迅辑录古籍、鲁迅收藏的金石拓片等方面的研究，并陆续发表了一些研究文章，出版了《北京鲁迅博物馆藏名家手札》《鲁迅译〈死魂灵〉手稿》等图书，这些鲁迅手稿的公开出版，为学术界研究鲁迅手稿提供了大量的研究资料，有助于深化对鲁迅手稿的研究。

另外，作为"《鲁迅手稿全集》文献整理与研究（B卷）"的科研成果之一，国家图书馆特藏部编辑的《国家图书馆藏鲁迅未刊翻译手稿》由国家图书馆出版社在 2014 年出版，上海鲁迅纪念馆编辑的《鲁迅翻译〈毁灭〉手稿》由世界图书公司在 2014 年出版。至此，鲁迅留存下来的手稿基本出齐了。

---

① 赵英：《籍海探珍——鲁迅整理祖国文化遗产撷华》，北京：中国文史出版社，1991 年出版。

3.《鲁迅年谱》《鲁迅大辞典》等工具书的编写与出版

1976年2月27日，鲁迅研究室正式成立之后，从当年5月就安排新调入的研究人员成立《鲁迅年谱》编写组，开始编写《鲁迅年谱》。在李何林馆长的带领下，经过各位编写人员的辛苦努力，《鲁迅年谱》第一卷在1981年9月由人民文学出版社出版，到1984年9月，全部四卷出齐。这是国内外第一套大型的鲁迅年谱，运用大量的史料较为详细地记录了鲁迅一生中的主要经历，同时配有一些历史图片，使得年谱图文并茂。但是，因为该年谱的编写工作开始于"文革"后期，所以不可避免地带有一些时代因素，对于一些现代人物的评价不够客观全面。此外，因为资料所限，对于一些历史事实的叙述存在错误。2000年，鲁迅研究室的研究人员在时任馆长潘德延的带领下，对《鲁迅年谱》进行修订，由人民文学出版社出版了《鲁迅年谱》（增订本）。这次修订虽然改正了原来版本中存在的一些史料错误，并增补了从1981年以来新发现的一些关于鲁迅的史料和400多张图片，但是这个《鲁迅年谱》（增订本）依然存在一些问题。首先，这次修改是在原来版本的纸型上用挖补的形式修改文字，不能改动原来的排版格式，也就是只能在原纸型上简单地修改，无法对原稿进行大规模的修改；其次，这次新增补的内容仅2万余字，没有能够充分吸收国内外鲁迅研究界从20世纪80年代以来所取得的研究成果，所以在鲁迅生平史实方面仍然存在一些明显的错误；再次，部分内容因为不能改动原来的纸型，只能作为年谱附录的内容附在每卷年谱的后面，造成年谱的体例不统一；最后，这次修订是多人执笔撰写，有关史实的叙述不一致，存在自相矛盾的问题。总之，这个《鲁迅年谱》（增订本）在内容上仅比原版本有所改进，仍然无法较为全面客观地记录鲁迅一生的行状与成就。

2003年，时任副馆长孙毅从国家文物局申请了一笔经费，决定由北京鲁迅博物馆的研究人员集体编著《鲁迅年谱长编》（五卷本），不仅在编辑体例方面突破以前的《鲁迅年谱》，而且希望在内容方面也超越以前的《鲁迅年谱》，吸收国内外新发现的鲁迅资料，希望用"年谱长编"的形式，较为全面地记录鲁迅一生的主要行状。但是因为一些撰稿人员的患病、调离等因素，《鲁迅年谱长编》在2012年由河南文艺出版社出版第一卷后，就撤项了，后续的几卷也不再编撰了。仅以已经出版的《鲁迅年谱长编》第一卷为例，虽然该书纸张上佳，图片印刷也更为清晰，但是有一些文字内容部分沿用了原来《鲁迅年谱》第一卷中的文字内容，所以仍然存在一些史料方面的错误。

此外，北京鲁迅博物馆的萧振鸣编写的《鲁迅美术年谱》由北京图书馆出版社在2010年出版。该书吸收了20世纪80年代以来新发现的有关鲁迅的美术资料，详细地记录了鲁迅在美术领域的活动和贡献，同时配有大量的图片，使该书成为 21 世纪以来国内出版的较为全面翔实的一部鲁迅分类年谱。

另外，李何林、王士菁在 1981 年倡议编辑《鲁迅大辞典》，并从 1984 年组织几十位学者开始了词条的编写工作，共"收入鲁迅著作述及的中外古今人物、书籍、作品、报刊、社团、流派、机构、历史、事件、人文掌故、国家、民族、名物、古迹、特用词语及鲁迅笔名九千八百多条"①。但是，因种种原因，该书迟至 2009 年才由人民文学出版社出版。该书是首部大型的鲁迅及其作品的辞典，对于读者阅读鲁迅作品，了解鲁迅生平具有很好的参考作用。不过，因为撰写时间距离出版时间长达 25 年，在这中间学术界有不少新发现的鲁迅研究资料以及鲁迅研究新成果没有能够及时吸收进有关词条之中，加之多人执笔，分头撰写，所以该辞典存在一些史料方面的错误。

4. 鲁迅藏书的研究

鲁迅的藏书基本都收藏在北京鲁迅博物馆，研究鲁迅藏书对于研究鲁迅的知识结构具有重要的价值。因此，鲁迅研究室在 20 世纪 80 年代中后期，开始组织本馆的研究人员对鲁迅的藏书进行研究，陆续撰写了一批研究文章。1991 年，《鲁迅藏书研究》② 一书作为《鲁迅研究资料》的增刊正式出版，收录了北京鲁迅博物馆研究人员撰写的研究鲁迅藏书以及鲁迅藏画、藏品的文章，共计 37 篇。该书的主要内容是关于鲁迅藏书的，如叶淑穗撰写的《鲁迅藏书概况》《鲁迅与马克思著作》；姚锡佩撰写的《鲁迅藏书中的托洛茨基著作及其影响》《从藏书看鲁迅与屠格涅夫的文学渊源》《从藏书看鲁迅海涅观的变化》；陈漱渝撰写的《鲁迅与党刊》；赵英撰写的《鲁迅与灿烂的佛教文化》《鲁迅与唐宋类书》《鲁迅校录〈嵇康集〉》等。此外在"附录"部分，还收录了戈宝权、李允经撰写的《鲁迅珍藏的苏联原拓版画》，孙瑛撰写的《鲁迅藏校碑概述》等。从总体上来说，这些研究文章都是用实证的方法，首先梳理鲁迅某一方面的藏书情况，进而研究鲁迅某一方面的藏书与鲁迅的关系，特别是某一方面的藏书对鲁迅思想和创作的影响。不过，这些研究文章有些散乱，还没有形成研究体系，因此只能算是对鲁迅藏书的初步研究。

1992 年 3 月，时任鲁迅研究室主任的陈漱渝为了进一步推动鲁迅藏书研究，领衔向全国哲学与社会科学规划办公室申报了全国哲学与社会科学国家重点研

---

① 鲁宣：《〈鲁迅大辞典〉出版》，北京鲁迅博物馆网站，http://www.luxunmuseum.com.cn，发布日期：2010-03-24。

② 北京鲁迅博物馆编著：《鲁迅藏书研究》，北京：中国文联出版公司，1991 年出版。

究课题"鲁迅藏书研究"，"计划将鲁迅藏书分为六大系统进行深入研究：一、西方政治、哲学、美学系列。二、东方政治、哲学、美学系列。三、心理学、社会学系列。四、外国文学家系列。五、中国文学流派系列。六、中外艺术系列。最终以《鲁迅藏书精选丛书》和《鲁迅藏书研究》《鲁迅的知识结构》两部专著作为成果体现形式"①。这个课题虽然获得了全国哲学与社会科学规划办公室的批准，但是所提供的经费不足以完成上述研究计划，所以鲁迅研究室将上述研究计划进行压缩，最后只出版了《世纪之交的文化选择——鲁迅藏书研究》一书。该书分为"西方篇""东方篇"和"综合篇"三部分。"西方篇"的内容有：第一章，鲁迅选读西方古典哲学的方向和思考；第二章，西方现代哲学在鲁迅藏书和创作中的反映；第三章，跨世纪的心理探求；第四章，鲁迅对马克思主义哲学和苏俄社会、文艺的观察与介绍；第五章，中国新文艺的普罗米修斯——鲁迅的外国文学藏书和译介概述。"东方篇"的内容有：第一章，鲁迅与中国古代哲学著作；第二章，鲁迅与乡邦文献及乡贤故书；第三章，从藏书看鲁迅对中国小说史的杰出贡献；第四章，鲁迅所藏丛书概述；第五章，鲁迅所藏类书丛谈；第六章，鲁迅对中国语言文字的考察与探讨；第七章，鲁迅藏书与中国现代文学。"综合篇"的内容有：第一章，"蒙科学之泽"——鲁迅收藏自然科学图书简介；第二章，鲁迅的宗教观及其有关藏书；第三章，鲁迅藏画研究。总的来说，相对于1991年出版的《鲁迅藏书研究》一书，这本书在研究体系和理论深度方面都有明显的进步，将鲁迅藏书研究提升到了新的高度，显示出北京鲁迅博物馆在鲁迅研究特别是在鲁迅藏书研究方面的学术水平。另外，这个研究课题不仅是北京鲁迅博物馆承担的第一个国家级科研项目，同时也是国内几家鲁迅纪念馆承担的第一个国家级研究课题，该课题的顺利完成，也代表着北京鲁迅博物馆的学术研究水平达到了新的高度，在国内几家鲁迅纪念馆中居于领先的地位。

5. 鲁迅收藏的美术文献整理、出版与研究

北京鲁迅博物馆在完成了鲁迅手迹和藏书的编目工作之后，从1960年开始聘请故宫博物院常惠研究员和本馆的矫庸、许羡苏一起对鲁迅收藏的碑帖、金石拓片等美术文献进行编目，三人经过两年多的辛苦工作，在1962年完成了这项工作，摸清了北京鲁迅博物馆保存的鲁迅收藏的碑帖、金石拓片的家底。

1961年夏季，北京鲁迅博物馆与邵宇、邹雅、沙千里等美术家制订了出版

---

① 陈漱渝主编：《世纪之交的文化选择——鲁迅藏书研究》，长沙：湖南文艺出版社，1995年12月出版，第5页。

《鲁迅美术丛书》出版计划，准备用五年的时间将鲁迅已经编好和还未编好的美术作品全部出齐。这项工作也得到了上海鲁迅纪念馆的支持，并将该馆所保存的鲁迅收藏的版画全部运到北京供选编。① 1963 年 1 月，北京鲁迅博物馆和上海鲁迅纪念馆联合编辑的《鲁迅收藏中国现代木刻选集》由人民美术出版社出版。该书收录了从鲁迅收藏的木刻作品中精选出的 93 件（97 幅）作品，以此作为对鲁迅诞生 80 周年和中国新兴木刻运动诞生 30 周年的一个纪念。

此外，北京鲁迅博物馆还准备出版鲁迅已经重订编好的《寰宇贞石图》，并在 1962 年 5 月 4 日请郭沫若为该书撰写了序言，但该书因故推迟到 1986 年 9 月才由上海书画出版社出版。

"文革"期间，北京鲁迅博物馆的学术出版工作基本停顿。进入 80 年代，北京鲁迅博物馆的学术出版工作才重新开展起来。为了出版鲁迅收藏的汉画像选集，北京鲁迅博物馆在 1983 年 10 月 11 日邀请山东大学的李发林教授来馆帮助整理鲁迅收藏的汉画像，在 1987 年 4 月 15 日和 10 月 12 日，又派研究人员赴山东泰安、嘉祥、曲阜、济南等地和四川永安对汉画像原石的分布情况进行实地调查。在此基础上，北京鲁迅博物馆与上海鲁迅纪念馆合编的《鲁迅藏汉画像（一）》（南阳部分）和《鲁迅藏汉画像（二）》（山东、四川等地），由上海人民美术出版社分别在 1986 年和 1991 年出版。这两本鲁迅收藏的汉画像选集也是鲁迅收藏的汉画像首次正式出版，为鲁迅与中国传统文化的研究提供了重要的研究资料，研究者和读者可以通过这两本书了解鲁迅收藏汉画像的情况。

1984 年 3 月，唐弢、宋振庭、单士元、严文井、邵宇、姜椿芳 6 位全国政协委员在全国政协六届二次会议上提出将鲁迅生前编就和整理的辑录古籍与所搜集的汉画像拓片等编辑出版的提案。在文化部的支持下，北京鲁迅博物馆与上海鲁迅纪念馆负责落实这项政协提案，联合编辑了《鲁迅辑校石刻手稿》（三函十八册）。这也是鲁迅辑校石刻方面的手稿首次公开出版，进一步推动了鲁迅与中国传统文化关系的研究。

北京鲁迅博物馆从 1960 年就开始对鲁迅收藏的金石拓片进行分类编目，经过 50 多年的努力，终于在 2014 年开始将鲁迅收藏的金石拓片全部影印出版。北京鲁迅博物馆与浙江越生文化创意公司合作，将北京鲁迅博物馆保存的鲁迅收藏的金石拓片 5100 多种，6000 多页以《鲁迅藏拓本全集》为名全部影印出版，该书已经出版了"汉画像卷"（西泠印社出版社，2014 年出版）、"砖文卷"（西泠印社出版社，2015 年出版）、"瓦当卷"（西泠印社出版社，2016 年出

---

① 北京鲁迅博物馆编：《北京鲁迅博物馆五十年（1956—2006）》，第 153 页。

版），后续各卷也将陆续出版。这套全集的出版为研究鲁迅与金石学的关系提供了重要的研究资料，进一步推动了鲁迅与中国传统文化关系的研究。

此外，北京鲁迅博物馆还保存了一些鲁迅收藏的外国版画。为了纪念鲁迅诞辰 130 周年，北京鲁迅博物馆从馆藏的鲁迅收藏的外国版画中精选了 100 幅出版了《鲁迅藏外国版画百图》①，该书分为"德国版画""苏联版画""日本版画""其他国家版画"四部分，展示出鲁迅收藏的外国版画中的精品。此后，北京鲁迅博物馆退休的研究员李允经与湖南美术出版社总编李小山合作主编了《鲁迅藏外国版画全集》（湖南美术出版社，2014 年出版），分为"欧美版画卷"（上、下册）、"苏联版画卷""日本版画卷"（上、下册）共五册，将鲁迅保存的 16 个国家 305 位版画家的 1677 幅版画作品全部印刷出版。这也是鲁迅收藏的外国版画首次全部汇集出版，为鲁迅与外国版画的研究提供了重要的资料。

北京鲁迅博物馆的研究人员在整理鲁迅收藏的美术文献的同时，也对鲁迅收藏的美术文献进行相关的研究，并陆续发表了一些研究文章。其中以李允经所取得的研究成果较有代表性。李允经在 1996 年退休之后，继续从事鲁迅与中外美术的研究工作，并在 2005 年把相关的研究成果编辑成《鲁迅与中外美术》② 一书正式出版。该书分为"鲁迅与中外美术"和"鲁迅与中外美术家"两大部分，其中"鲁迅与中外美术"收录了鲁迅与中国新兴木刻运动、鲁迅收藏的外国版画、鲁迅与连环画、鲁迅与裸体画等 19 篇关于鲁迅与中外美术关系的文章；"鲁迅与中外美术家"收录了介绍鲁迅与顾恺之、吴友如、陈师曾、柯勒惠支、法复尔斯基、格罗斯、高更等 24 位中外著名美术家关系的文章。虽然该书对鲁迅与中外美术的关系进行了深入的研究，但因为该书是一本论文集，所以在内容体系方面有所欠缺。

6. 鲁迅遗物的整理与研究

北京鲁迅博物馆除了保存鲁迅的藏书和一些手稿之外，还保存着一些鲁迅的遗物。1956 年，北京鲁迅博物馆建馆之后就开始对这些遗物进行整理和研究。叶淑穗从 1956 年就转业到北京鲁迅博物馆，协助许羡苏从事鲁迅文物的保管工作。叶淑穗因为长期从事鲁迅文物的保管工作，所以对北京鲁迅博物馆收藏的鲁迅文物非常熟悉，并在 20 世纪 80 年代开始撰写一些关于鲁迅文物的史料考证文章。1998 年，叶淑穗和时任北京鲁迅博物馆资料室主任的杨燕丽一起将两人多年来分别撰写的有关鲁迅文物的文章汇集起来，精选出 83 篇编成《从鲁迅

---

① 北京鲁迅博物馆编：《鲁迅藏外国版画百图》，北京：国家图书馆出版社，2011 年出版。
② 李允经：《鲁迅与中外美术》，太原：书海出版社，2005 年出版。

遗物认识鲁迅》① 一书，由中国人民大学出版社出版。该书分为"手稿""抄录""题赠""碑记""书信""著作""藏书""藏画""金石""照片""故居""其他"等类，基本涵盖了北京鲁迅博物馆收藏的鲁迅文物的种类。因为这些文物都是保存下来并被安全地收藏在北京鲁迅博物馆之中，所以该书发挥出博物馆学术研究的特点，用实物说话，通过对鲁迅与这些文物的关系的详细介绍，从而增加读者对鲁迅的认识与了解。

　　7. 回忆鲁迅史料的整理和研究

　　北京鲁迅博物馆为纪念鲁迅诞生 80 周年，在 1961 年年初组织本馆业务人员抄录了近 400 篇纪念鲁迅的文章，并编成《鲁迅纪念研究文集》准备出版。虽然该书最后没有能够顺利出版，但是这本资料集也搜集了大量的纪念鲁迅的文章，为北京鲁迅博物馆后来的相关研究奠定了基础。

　　"文革"后期，北京鲁迅博物馆开始对一些了解鲁迅的人士进行调查访问，如从 1975 年 2 月至 1976 年 2 月，就以邀请来北京鲁迅博物馆座谈或登门拜访的形式分别访问了冯雪峰、徐旭生、章廷谦、茅盾、常惠、李霁野、唐弢、周建人、何思源、柯柏年、于树德等与鲁迅有过交往的人士，从中了解了一些新的史料。这些访问记录经过整理后，大多在北京鲁迅博物馆后来创办的《鲁迅研究资料》中刊登。

　　1980 年夏天，鲁迅研究室决定为纪念鲁迅诞辰 100 周年，出版一本《鲁迅诞辰百年纪念集》，并派研究人员分赴各地向和鲁迅有过交往的人士组稿。在有关人士的大力支持下，《鲁迅诞辰百年纪念集》在 1981 年 7 月由湖南人民出版社正式出版，共收录了 60 篇回忆鲁迅的文章（另有两篇分别是鲁迅友人内山嘉吉的题词和长尾景和家属的信件），其中绝大多数的文章都是各位作者应鲁迅研究室之邀而特地撰写的。这些与鲁迅有过交往的作者虽然大多已 70 多岁，并经历过"文革"的迫害，但是他们在重新开始工作或开始创作之后，都满含深情地回忆自己与鲁迅交往的经过，表达对鲁迅的缅怀之情。另外，其中的一些作者在该书出版之前就已经辞世，还有一些作者在该书出版之后不久就辞世，因此，鲁迅研究室通过这次组稿不仅抢救了一批与鲁迅有过交往人士的重要的回忆史料，而且其中的一些文章还披露了一些新的鲁迅生平史料，这对于研究鲁迅的生平具有重要的参考价值。

　　1999 年，《鲁迅研究月刊》副主编王世家考虑到与鲁迅有过交往的人士大多都已经辞世，决定搜集国内外人士撰写的回忆鲁迅的文章，编成一套《鲁迅

---

① 叶淑穗、杨燕丽：《从鲁迅遗物认识鲁迅》，北京：中国人民大学出版社，1998 年出版。

回忆录》（其中专著3册，散篇3册）由北京出版社在1999年出版。这套《鲁迅回忆录》丛书将当时已知的国内外回忆鲁迅的文章和专著基本上都收录书中，包括一些在新中国成立之后就没有再次发表的回忆鲁迅的文章，可以说是关于鲁迅回忆文章的集大成之作。这套丛书在出版后受到鲁迅研究者和一些普通读者的欢迎，并重印了一次，对于推动21世纪的鲁迅生平研究起到了重要的作用。

8. 鲁迅在北京时期史料的整理和研究

鲁迅从1912年到1926年居住在北京，因此北京鲁迅博物馆一直重视鲁迅在北京时期有关史料的搜集、整理和研究。

1960年6月，北京鲁迅博物馆准备编写《鲁迅在北京》一书。为此，北京鲁迅博物馆的业务人员请有关人士带领寻访鲁迅在北京时期活动过的旧址：1961年4月9日，请钱稻孙带领寻访当年教育部、国子监、方家胡同京师图书馆等旧址；5月12日，请常惠带领参观鲁迅在北大讲课时的教室，并借来桌椅布置成原来教室的样子，拍摄照片留存；6月11日，请许广平带领寻访女师大在宗帽胡同的临时校舍的旧址，并介绍当年在此上课时的情况。[①] 通过实地调查访问，北京鲁迅博物馆的业务人员成功地找到了京师图书馆的旧址和女师大在宗帽胡同的临时校舍的旧址，并拍下了珍贵的照片，但是，因为种种原因，这本书最后没有能够完成并出版。

1978年，陈漱渝撰写的《鲁迅在北京》[②] 一书由天津人民出版社出版。该书收录了9篇文章，主要介绍鲁迅在北京期间的教育活动、文学活动，以及鲁迅在北京住过的地方和鲁迅后来两次返京探亲的情况，最后附录了"鲁迅在北京时期活动简表"。这本书的史料丰富，较为详细地介绍了鲁迅与通俗教育会、文艺社团及一些报刊的关系，并利用北京鲁迅博物馆资料室收藏的鲁迅保存下来的有关女师大的文献资料，全面地梳理了鲁迅与女师大的关系，以及鲁迅与"三一八"惨案的关系。另外，陈漱渝撰写的《鲁迅史实求真录》在1987年由湖南文艺出版社出版。该书中也有多篇文章考证鲁迅在北京时期的相关史实，如《钱玄同日记中的鲁迅》《东有启明 西有长庚——鲁迅与周作人失和前后》，另外还有《一篇蹩脚的"创作"》《一场应该结束的辩论》《回忆录要求真存实》《史料，不容掺半点假》等文章，反驳沈鹏年在《毛泽东到八道湾会见鲁迅》一文中提出的鲁迅与毛泽东在八道湾会见过的观点，指出沈鹏年的文章是

---

① 北京鲁迅博物馆编：《北京鲁迅博物馆五十年（1956—2006）》，第153页。

② 陈漱渝：《鲁迅在北京》，天津：天津人民出版社，1978年出版。

"一篇蹩脚的'创作'",强调"史料,不容掺半点假"。①

1979年,孙瑛撰写的《鲁迅在教育部》② 由天津人民出版社出版。该书介绍了鲁迅在南京临时政府教育部和北洋政府教育部工作期间的主要活动情况,其中用了90%的篇幅叙述鲁迅在北洋政府教育部工作期间的生活、工作、交游情况。

1996年,刘丽华、郑智合作撰写的《寻找伟人的足迹——鲁迅在北京》③一书由北京工业大学出版社出版。作者通过查找资料和实地调查,一共找到了鲁迅在北京居住、生活、工作、交游过的92处场所,并把这些场所分为鲁迅故居,鲁迅工作过的地方,鲁迅与购物场所,鲁迅与饭店、饭馆,鲁迅与风景名胜,鲁迅与学校,鲁迅与社团、报馆,鲁迅与影剧院,鲁迅与会馆,鲁迅与医院,鲁迅到过的其他地方(总统府、东交民巷、前门火车站、新华旅馆、齐寿山家)等类,对鲁迅在这些场所的活动情况,以及这些场所的历史和现状进行介绍。

2015年,萧振鸣撰写的《鲁迅和他的北京》④ 一书由北京燕山出版社出版。该书分为生活、足迹、创作、翻译、收藏、交游等方面,介绍了鲁迅在北京时期的文化活动,同时配以大量的老照片和历史图片,使读者可以更形象地感受到鲁迅在北京时期的生活和创作情况。

9. 鲁迅著译的整理和出版

人民文学出版社在1958年出版《鲁迅译文集》10卷之后,国内就没有再出版过鲁迅的译文全集,因此,北京鲁迅博物馆在2008年决定搜集未发表过的鲁迅翻译手稿以及已经出版过的鲁迅翻译作品,编成《鲁迅译文全集》(8卷),由福建教育出版社在2008年出版。这套《鲁迅译文全集》除了按照鲁迅翻译作品的发表或出版时间编排,还增加了一些关于原文作者的照片,以及译文初版本、初刊本的图片,并添加了一些简单的注释。这套《鲁迅译文全集》虽然印数只有1600套,并且存在一些校勘和注释方面的错误,但因为是从1958年之后再次出版新编的《鲁迅译文全集》,所以仍然发挥出了推动鲁迅翻译研究的作用,并在2011年获得了第二届中国政府出版奖提名奖。

2009年,王世家与止庵合作编辑的《鲁迅著译编年全集》由人民出版社出

① 陈漱渝:《鲁迅史实求真录》,长沙:湖南文艺出版社,1987年出版,第2页。
② 孙瑛:《鲁迅在教育部》,天津:天津人民出版社,1979年出版。
③ 刘丽华、郑智:《寻找伟人的足迹——鲁迅在北京》,北京:北京工业大学出版社,1996年出版。
④ 萧振鸣:《鲁迅和他的北京》,北京:北京燕山出版社,2015年出版。

版，王世家负责编辑鲁迅著作，止庵负责编辑鲁迅的译作。这套全集首次用编年体的形式将已经确认的鲁迅的著作和译作按照写作时间（或发表时间）的顺序编排成集，使读者可以按照时间顺序，通过"纵向阅读"的形式，全面了解鲁迅一生中的创作和翻译情况。

2012 年，北京鲁迅博物馆与中央编译出版社、金哈达文化公司合作，利用北京鲁迅博物馆馆藏的鲁迅著作初版本，影印了《鲁迅著作初版精选集》（22 种，限量 1881 套）。这套鲁迅著作初版本是继上海鲁迅纪念馆与上海文艺出版社在 1991 年影印出版的鲁迅著作初版本丛书之后，再次大规模影印出版鲁迅著作的初版本，该书分为毛边本和平装本两种，可以使广大读者和研究者阅读到原汁原味的鲁迅著作的初版本。

在《鲁迅著作初版精选集》获得成功的基础上，北京鲁迅博物馆与中央编译出版社、金哈达文化公司在 2013 年又合作出版了《鲁迅译作初版精选集》（16 种），这也是鲁迅译作的初版本在新中国成立之后首次全部影印出版，不过这套书的发行不佳，只有一些鲁迅研究者为研究需要而购买。

10. 出版鲁迅普及读物

北京鲁迅博物馆为了宣传鲁迅，一直重视出版关于鲁迅的普及读物。1959 年，北京鲁迅博物馆的业务人员撰写的《鲁迅博物馆》① 一书由文物出版社出版。该书分为"鲁迅故居"和"博物馆陈列"两章，简单地介绍了鲁迅故居的情况和正在展示的鲁迅生平陈列的主要内容，并附录了"鲁迅生平大事及著译简表"。这本书虽然内容只有大约 4 万字，但却是北京鲁迅博物馆正式出版的第一本书，为北京鲁迅博物馆的图书出版工作创造了一个良好的开端。

1960 年，北京鲁迅博物馆编辑的《鲁迅生平事迹展览图片（1881—1936）》由文物出版社出版，这也是国内正式出版的第一套鲁迅展览图片，共 38 幅，把鲁迅的生平划分为 1881—1909 年、1909—1927 年、1927—1936 年三个阶段，内容基本上是北京鲁迅博物馆当时的鲁迅生平陈列的缩略，主题是"鲁迅光辉的一生，完全贡献给了中国人民的革命事业，特别是革命文化事业"②，重点突出鲁迅的革命性以及鲁迅与中国共产党的关系。例如，在表现鲁迅在五四运动前后的生平时，不仅有周令钊在 1951 年创作的表现学生在示威游行的油画《五四运动》，而且有中共一大会址的照片和艾中信创作的油画《毛泽

---

① 北京鲁迅博物馆：《鲁迅生平事迹展览图片（1881—1936）》，北京：文物出版社，1960 年出版。
② 北京鲁迅博物馆：《鲁迅博物馆》，北京：文物出版社，1959 年出版。

东同志领导的马克思主义小组》；在表现鲁迅在 30 年代的生平时，不仅有鲁迅、茅盾、田汉联名发出的欢迎出席国际反帝大会各国代表的宣言，而且也有"苏区"的《红色中华》报对国际反帝大会的详细报道。总之，这套鲁迅生平展览图片的出版不仅宣传了鲁迅的革命精神，而且极大地促进了鲁迅在全国各地的传播。

1976 年，北京鲁迅博物馆编辑的照片集《鲁迅（1881—1936）》由文物出版社出版，共收录了鲁迅的照片 114 幅（包括局部放大的照片 12 幅）。这部照片集在 1976 年 6 月就已经编辑好，因此也带有比较明显的"文革"色彩，不仅在扉页引用了毛泽东在《新民主主义论》中高度评价鲁迅的语录，而且比较突出鲁迅的革命性和战斗性的一面。编者在《后记》中指出："鲁迅的照片从不同的年代和不同的侧面，记录了鲁迅的光辉形象，反映了鲁迅站在无产阶级和人民大众立场上，'横眉冷对千夫指，俯首甘为孺子牛'的斗争精神和战斗生活，它是十分珍贵的革命文物，是学习和研究鲁迅的重要史料。"①为了突出鲁迅的光辉形象，编者也对一些照片进行了剪裁和修饰，例如，把 1927 年鲁迅和"泱泱社"的合影中的林语堂修成了三块石头，把鲁迅和萧伯纳、宋庆龄等七人的合影抹去了林语堂和伊罗生这两个人变成了五人合影。总之，这本书虽然是国内正式出版的第一本鲁迅照片集，有助于广大读者通过鲁迅不同时期的照片来增加对鲁迅的了解和认识，但是该书为了紧密结合当时的政治形势，对一些鲁迅的合影照片进行修改，删除了照片中的一些在当时被认为有政治问题或历史问题的人物，由此不仅违背了历史事实，还造成了一些被修改后的鲁迅照片继续在社会上传播，甚至其中的一些被修改后的鲁迅照片直至现在仍然被一些图书或报刊错误地使用。

1981 年，人民美术出版社为了纪念鲁迅诞生 100 周年，请北京鲁迅博物馆提供了大量的图片，并邀请北京鲁迅博物馆的研究人员陈漱渝、张小鼎、孙瑛、叶淑穗等人承担《鲁迅画传》的文字编写工作。这本《鲁迅画传》一个突出的特点就是恢复历史真实的面目，所选的照片全部使用原版，不加修饰，让那些被修掉的人物重新与读者见面，如在"文革"中发表过的 1927 年 1 月 2 日摄于厦门南普陀的鲁迅"向厦门大学辞职后与'泱泱社'的合影"，把原照片中的林语堂修成了三块大石头；1935 年 5 月 26 日为斯诺编译的《活的中国》所摄照片，本来是鲁迅与姚克的合影，却以莫须有的罪名把姚克修掉了。这本画册

---

① 北京鲁迅博物馆：《鲁迅（1881—1936）》，北京：文物出版社，1976 年出版。按：该书无页码。

"真实、全面、科学地介绍鲁迅先生光辉的一生"，它的出版具有重要的意义，标志着传播鲁迅、研究鲁迅的工作逐渐摆脱"文革"的影响，在一定程度上恢复了鲁迅的真实面目。宋庆龄在《序言》中特别指出："用生动的画图使这位伟大的文学家、思想家、革命家的光辉形象再现于广大读者面前，这是一件很有意义的事情。"①

1986年，北京鲁迅博物馆为纪念鲁迅逝世50周年，将馆藏的美术作品以及向全国画家新征集的部分美术作品，编选出《鲁迅美术形象选》一书，由陕西人民美术出版社在1986年出版。该书收录了北京鲁迅博物馆馆藏和向全国征集的美术作品102幅，按照画种中所表现的鲁迅生平时间编排。从数量上来说，这本画集中收录了国画24幅、油画20幅、版画45幅（其中木刻36幅）、雕塑8个、素描1幅、水粉画1幅、刺绣画1幅、宣传画2幅，从中可以看出木刻的数量超过了总数的1/3。李桦在题为《高山仰止》的序言中说："收入这本集子中的美术作品都是当代画家和雕塑家的创作，其中以木刻为较多。这是因为新兴木刻是鲁迅先生晚年一心倡导的一门革命美术，而木刻家们对于鲁迅先生感受最深，景仰最切，从感情上最敬爱他们的导师，所以出现在新兴木刻中的鲁迅形象和鲁迅小说插图特多，是可以理解的。"②

另外，编者在《后记》中说："五十年来，特别是新中国成立以来，中国的美术家们创造了大量的艺术品，描绘出自己心中的鲁迅形象。为了纪念鲁迅先生，也为了检阅这一方面的成绩，我们编辑这本《鲁迅美术形象选》。"③ 首先，通过这一画册可以看出，创作题材重复的现象很明显，鲁迅重要的革命活动通常都有多幅的美术作品来表现。例如，王恤珠的《鲁迅在中山大学紧急会议上》和韦其美的《鲁迅在广州中山大学紧急校务会议上》都是用油画来表现鲁迅在中山大学校务紧急会议上正义凛然的形象；周思聪的国画《鲁迅与陈赓会见》、谭尚忍的木刻《鲁迅与陈赓》、顾盼和邵慧的木刻《寒凝大地发春华（鲁迅与陈赓会面）》都是描绘鲁迅会见陈赓的情景的。其次，从这个画册也可以看出，大多数美术作品的创作都在一定程度上受到了时代因素的影响，其中又以占画册绝大多数篇幅的表现鲁迅革命性的题材更为突出。例如，陈逸飞在"文革"期间创作的油画《希望》是表现鲁迅对共产党寄予厚望的主题，在画中站在书桌边的鲁迅手持一封写给毛泽东的信注视远方，这无疑虚构了鲁迅写信给毛泽

---

① 陈漱渝、孙瑛、叶淑穗编：《鲁迅画传》，北京：人民美术出版社，1981年出版。

② 北京鲁迅博物馆：《鲁迅美术形象选》，西安：陕西人民美术出版社，1986年出版，第2页。

③ 北京鲁迅博物馆：《鲁迅美术形象选》，第102页。

东的故事。再次，画册中表现鲁迅革命性的题材占绝大多数，不仅涉及鲁迅纪念刘和珍、"左联"五烈士、杨杏佛，而且涉及鲁迅和李大钊、瞿秋白、冯雪峰、陈延年、陈赓等共产党人的交往，以及对共产党、毛泽东的信任与景仰。例如，蒋兆和的《我做一个小兵》、李琦的《鲁迅像》、周思聪的《当一名小兵》都是表现鲁迅对冯雪峰说自己可以用笔做党的一个小兵的革命精神的。可以说，这本书的出版不仅系统展示了北京鲁迅博物馆所收藏的鲁迅肖像题材的美术作品，让读者从这些美术作品中更形象地感受到鲁迅在新中国的社会形象的变化过程，以此来纪念鲁迅逝世 50 周年，而且也借此表达出对捐赠这些美术作品的画家的诚挚感谢，铭记这些美术家的爱心。

北京鲁迅博物馆还注重鲁迅作品的普及工作，如李何林撰写的《中学语文鲁迅作品答疑》在 1984 年由新蕾出版社出版，收录了李何林解答北京市部分中学语文教师所提出的关于鲁迅作品教学中的一些疑难问题，帮助中学语文教师更准确地讲解中学语文课本中的鲁迅作品。在 1995 年，李文儒主编的"鲁迅著作解读文库"由北京工业大学出版社出版，包括《走进鲁迅世界·小说卷》（高远东等编著）、《走进鲁迅世界·散文卷》（黄乔生编著）、《走进鲁迅世界·杂文卷》（李文儒编著）、《走进鲁迅世界·诗歌卷》（孙郁编著）、《走进鲁迅世界·书信卷》（李允经编著）。这套丛书从鲁迅作品中精选出部分小说、散文、杂文、诗歌、书信进行解读和评论，从而帮助读者更好地理解鲁迅的作品。

此外，北京鲁迅博物馆还注重对本馆的历史和现状以及举办的鲁迅生平展览的传播。如在 1998 年，北京鲁迅博物馆编著（李文儒执笔）的《鲁迅文献图传》① 由河南大象出版社出版，该书名为"文献图传"，实际上是在北京鲁迅博物馆 1996 年制作的鲁迅生平陈列的基础上撰写的，分为"在绍兴""在南京""在日本""在杭州、绍兴、南京""在北京""在厦门""在广州""在上海"等章节，最后附录了"鲁迅生平著译提要"。该书的特点首先是使用了大量的图片和照片，使全书带有"文献"性质；其次是用简略而又生动的语言，围绕着相关的文献资料来叙述鲁迅一生中的主要经历。

北京鲁迅博物馆在 2006 年修改的鲁迅生平陈列开放之后，不久就将 2006 年修改的鲁迅生平陈列的主要内容编著成《鲁迅（1881—1936）》一书由河南文艺出版社在 2008 年出版。虽然该书的装帧设计精美，印刷质量上佳，但是书中收录的图片的说明文字却出现了大量的错误。该书在北京鲁迅博物馆举行新书

---

① 北京鲁迅博物馆编著（李文儒执笔）：《鲁迅文献图传》，开封：河南大象出版社，1998年出版。

发布会时，北京鲁迅博物馆的一些资深研究人员翻阅该书时发现存在大量的史实错误，当时就要求出版社停止销售该书，必须在彻底修改书中的事实错误之后才能上市销售。但是，河南文艺出版社没有接受北京鲁迅博物馆有关专家的意见，依然销售这个画册。为了挽回北京鲁迅博物馆的学术声誉，叶淑穗综合参加这次新书发布会的有关专家的意见，撰写了《大型画册〈鲁迅〉的失误与失范》① 一文，详细指出该书存在的明显的事实错误及不准确之处共282处，并一一做了订正。这本书的出版也为北京鲁迅博物馆的图书出版工作留下了深刻的教训，以北京鲁迅博物馆的名义出版的各种图书，不仅要始终重视文献史料的真实性，而且也要高度重视图书的文字内容和图片的说明文字的校对问题。如果说北京鲁迅博物馆在1976年编著的《鲁迅（1881—1936）》照片集对一些鲁迅的合影照片进行修改，主要是因为当时的政治环境的影响，那么这本《鲁迅（1881—1936）》出现大量的史实错误和文字错误，主要原因就是编著者的学术研究态度不严谨。因为在普通读者的心目中，北京鲁迅博物馆是研究鲁迅的权威机构，他们在阅读北京鲁迅博物馆编著的图书时，很容易受到图书内容的影响，而他们又对一些关于鲁迅的文献史料的真伪缺乏辨别的能力，因此，如果北京鲁迅博物馆编著的图书存在较多的史实错误，就会对一些读者造成不良的影响，从而不能把真实的鲁迅形象传播给读者。

关于北京鲁迅博物馆历史的图书主要有刘丽华、赵丽霞在2001年共同撰写的《北京鲁迅博物馆》② 一书。该书作为北京博物馆旅游丛书之一由北京燕山出版社出版，实际上是一本带有导游、导览性质的图书，主要面向游客简单地介绍北京鲁迅博物馆的历史和现状。该书共13万字，分为如下章节：一、鲁迅故居；二、鲁迅生平陈列；三、文物收藏蔚为大观；四、科研成绩，硕果累累；五、鲁迅生平著译纪年。该书较为全面地介绍了北京鲁迅博物馆的展览、收藏、科研等方面的情况，可以使游客通过本书更全面地了解北京鲁迅博物馆的历史和现状。

11. 创办学术刊物《鲁迅研究资料》《鲁迅研究动态》（《鲁迅研究月刊》）

1976年5月，鲁迅研究室成立了《鲁迅研究资料》编辑部，开始筹备出版学术刊物《鲁迅研究资料》。10月，《鲁迅研究资料》第一辑由文物出版社出版，内部发行。编者在该期刊登的《编者的话》中指出了《鲁迅研究资料》的性质和创办《鲁迅研究资料》的目的："本书是以资料为主的内部刊物。为学

---

① 叶淑穗：《大型画册〈鲁迅〉的失误与失范》，《鲁迅研究月刊》，2011年第7期。
② 刘丽华、赵丽霞：《北京鲁迅博物馆》，北京：北京燕山出版社，2001年出版。

习、研究鲁迅和鲁迅著作，以及为编写鲁迅年谱、鲁迅传提供资料。本刊将以主要篇幅，发表关于鲁迅生平史实、鲁迅著作背景材料以及新发现的与鲁迅有关的革命文物等方面的文章，陆续刊载鲁迅生前友好以及与鲁迅有过直接或间接接触的各方面人士的回忆录、访问记，尽管其中有些人的政治状况也已发生变化，但由于他们同鲁迅有过一定接触，对他们提供的某些有用的材料，本刊仍酌量刊登，以供内部研究参考。这些资料由于种种原因不一定正确和准确，希望同志们注意比较鉴别，请勿公开引用。根据现实斗争需要，本刊将选登苏修和其他国家，以及港澳等地和国内资产阶级文人歪曲、诬蔑鲁迅的书籍和文章，作为反面教材供大家研究、批判。为了办好这个刊物，我们将努力实行开门办刊，欢迎广大工农兵和专业研究工作者踊跃投稿。本刊第一辑承北京电子管厂工人理论组协助编辑，在此表示感谢。1976 年 10 月 19 日。"①

这一辑刊登了如下的文章：在头条的位置，刊登了毛主席语录（共 14 条），以及叶剑英在 1940 年 10 月 19 日发表在重庆《新华日报》上的文章《我也来纪念鲁迅》；在"纪念鲁迅 学习鲁迅"栏目中，刊登了周建人的《学习鲁迅"韧"的战斗精神》一文；在"回忆录"栏目中，刊登了周建人的《关于绍兴的鲁迅故居》、曹靖华的《往事漫忆》、冯至的《笑谈虎尾记犹新》、赖少其的《一木一石》等文章；在"访问记"栏目中刊登了周建人的《略谈鲁迅》、唐弢的《回忆鲁迅及三十年代文艺界两条路线斗争》、茅盾的《我和鲁迅的接触》、胡愈之和冯雪峰的《谈有关鲁迅的事情》等文章；在"资料选载"栏目中刊登了许广平的《鲁迅回忆录》（11 篇）、许寿裳的《鲁迅的生活》、中山大学中文系《而已集》注释组的《鲁迅在广州》、戈宝权的《鲁迅作品在世界各国》、陈漱渝的《鲁迅留日时期接触〈共产党宣言〉的一点线索》、余延石的《鲁迅和〈共产党宣言〉》、佚名的《关于〈马克思读本〉和许广平同志的生词本》等文章；在"读鲁迅作品札记"栏目中刊登了杨天石的《〈中国地质略论〉的写作与中国近代史上的护矿斗争》。从上述《鲁迅研究资料》第一辑所刊登的文章内容来看，该刊虽然比较突出史料性，但是带有明显的政治意识形态色彩，侧重于刊登鲁迅的革命活动的资料，特别是鲁迅与中国共产党的联系的资料。另外，该刊的编辑也是在北京电子管厂工人理论组的协助下完成的，因此也带有工农兵三结合的时代特点。不过，该刊的出版受到了广大读者和研究者的欢迎，虽然是内部发行，但第一辑经过几次印刷之后，共发行了 70000 册。

---

① 编者：《编者的话》，《鲁迅研究资料》第一辑，北京：文物出版社，1976 年出版，第309 页。

1976 年 10 月粉碎"四人帮"之后，鲁迅研究领域也开始拨乱反正，清理"四人帮"的不良影响，首先就是揭露"四人帮"对鲁迅著作出版工作的迫害。鲁迅研究室编辑的《鲁迅研究资料》在 1977 年出版的第二辑中设立了"党和鲁迅""批判修正主义"等专栏，刊登了《苏修借鲁迅为题反华的荒谬论点和卑劣手法》《"四人帮"在三十年代部分反革命罪证资料的说明》、狄克的《我们要执行自我批判》和致鲁迅的一封信、蓝苹的《三八妇女节》、姚蓬子脱离共产党宣言和《关于以下九封信的说明》等文章，不仅突出鲁迅和共产党的亲密关系，而且紧密结合当时国内外的政治形势批判了"苏修"和"四人帮"对鲁迅的歪曲。

后来随着政治形势的变化，《鲁迅研究资料》从 20 世纪 80 年代初就逐渐淡化政治意识形态色彩，开始刊登新发现的鲁迅佚文、鲁迅书信，国内外的鲁迅研究资料，以及与鲁迅有过交往的人士的史料，另外，也刊登一些研究鲁迅史料的考证文章。进入 20 世纪 90 年代之后，鲁迅研究受到社会环境的影响，陷入低潮，《鲁迅研究资料》第 24 辑只印刷了 1650 册，加之，新发现的鲁迅研究资料也越来越少，而北京鲁迅博物馆同时出版《鲁迅研究资料》和《鲁迅研究月刊》（《鲁迅研究动态》在 1990 年 1 月更名为《鲁迅研究月刊》）这两份学术刊物在经费方面有些紧张，并且《鲁迅研究资料》后期的栏目设置与《鲁迅研究月刊》有些重合，有关鲁迅研究的资料也可以在《鲁迅研究月刊》上刊登，所以，北京鲁迅博物馆决定《鲁迅研究资料》在 1992 年出版第 24 辑之后就停刊。从 1976 年 10 月到 1992 年 10 月，《鲁迅研究资料》作为国内唯一有关鲁迅研究资料的刊物，共出版了 24 辑（每辑大约 30 万字），此外还出版了一辑增刊《鲁迅藏书研究》，刊登了大量的鲁迅研究资料，为推动鲁迅研究的深入开展做出了重要的贡献。

因为《鲁迅研究资料》的出版周期较长，基本上每年出版一辑，加之，鲁迅研究室在 1976 年成立之后，有时需要撰写文章对国内外歪曲、诬蔑鲁迅的文章做出及时的批驳，所以需要一个稳定的发表阵地，在这样的背景下，北京鲁迅博物馆决定创建一个不定期的刊物《鲁迅研究动态》。1980 年 4 月 5 日，《鲁迅研究动态》（内部发行）第 1 期出版，此后《鲁迅研究动态》（内部发行）在 1985 年 5 月改为月刊，定期出版。但是，《鲁迅研究动态》作为内部发行的刊物对其学术影响力有所限制，比如，国外学者因为不能订阅所以也很难看到这本刊物，因此北京鲁迅博物馆向国家新闻出版总署申请了正式的刊号，并在 1987 年 5 月获得国家新闻出版总署的批准，成为国内外公开发行的正式刊物。1990 年 1 月，《鲁迅研究动态》更名为《鲁迅研究月刊》，所设的栏目也基本稳定下来，主要有"鲁迅思想研究""鲁迅作品研究""鲁迅同时代人研究""国外鲁迅研究""青年论坛""史料""争鸣""书评""研究动态"等栏目。资深编辑王世家从1990年到2000年实际负责《鲁迅研究月刊》的编辑工作，在编辑部各位编辑的共同努力下，《鲁迅研究月刊》在学术界的影响力越来越大，逐渐形成了尊重作者、尊重学术的办刊风格，充分发挥该刊作为国内唯一拥有正式刊号的鲁迅研究学术期刊的作用，广泛地团结国内外的鲁迅研究学者，大力提携青年学者，推动鲁迅研究的深入发展。

2001年9月，《鲁迅研究月刊》实行改版，封面用彩色铜版纸印刷，内文也从64个页码扩大到96个页码，并新增加了"学术随笔"等栏目，但每期的印刷数量仍保持在2000册。另外，《鲁迅研究月刊》在2001年加入了"中国知网"，进一步促进了杂志的网络传播。在社会影响方面，《鲁迅研究月刊》也相继被收入北京大学图书馆编制的"全国中文核心期刊"目录和南京大学中国社会科学研究评价中心编制的"中文引文索引"期刊目录之中，成为核心期刊。2014年，北京鲁迅博物馆与北京新文化运动纪念馆合并之后，《鲁迅研究月刊》考虑到本馆的业务范围的扩大，也随之增加了不定期的栏目"新文化运动研究"。另外，《鲁迅研究月刊》考虑到订购杂志的数量维持在800册左右，赠阅杂志每期在300册左右，为了节约成本决定每期杂志印刷1200册，这样不仅可以节约一笔印刷经费，而且也可以减少保存每期剩余杂志的库房面积不足的压力。此后，《鲁迅研究月刊》一直在稳定地出版着，继续发挥引领国内鲁迅研究方向的作用。

12. 举办鲁迅研讨会

北京鲁迅博物馆从1956年建馆之后，因为缺乏研究人员，所以几乎没有举办过鲁迅研讨会。80年代，随着鲁迅研究成为国内学术界研究的热点，北京鲁迅博物馆鲁迅研究室主办或与其他单位联合举办了多场鲁迅研究学术座谈会。鲁迅研究室在20世纪80年代举办的鲁迅研究会议主要有如下几个：

1983年12月26日，北京鲁迅博物馆与中国鲁迅研究会、中国社会科学院文学研究所鲁迅研究室、人民文学出版社鲁迅著作编辑室联合举行了鲁迅研究座谈。已经在1983年1月退居二线担任北京鲁迅博物馆顾问的李何林主持会议，周扬、林默涵、唐弢、刘再复等领导和专家就中国鲁迅研究的现状发表了意见。[1] 这次会议是为纪念毛泽东诞辰90周年而举行的，在一定程度上向国内鲁迅研究界传达出中国鲁迅研究要按照毛泽东主席对鲁迅的高度评价这个方向

---

① 北京鲁迅博物馆编：《北京鲁迅博物馆五十年（1956—2006）》，第163页。

继续前进的含义。

1986 年 3 月，北京鲁迅博物馆举行了纪念鲁迅研究室成立十周年的学术座谈会，文化部顾问林默涵，鲁迅研究室顾问戈宝权、唐弢、林辰、周海婴，北京鲁迅博物馆顾问李何林、王士菁，鲁迅研究室的研究人员，以及曾经在鲁迅研究室工作或进修的研究人员参加会议。与会人员对鲁迅研究室成立十年以来的工作进行了回顾和总结。李何林在发言中指出：

> 十年来，编辑出版了《鲁迅研究资料》十五辑，共约五百万字；从 1980 年 4 月起，又从《资料》来稿中选择了有时间性的稿件另编印为《鲁迅研究动态》，约一、二月出一期，及时供读者参考，以补《资料》一年才能出一、二辑之不足，共出《动态》四十四期，约一百五十万字。我们在《资料》和《动态》中贯彻执行了毛主席和党中央批准下达的精神：对国内外歪曲诋毁鲁迅思想和著作的书籍、文章，进行了有理有据的批驳，无论他是国内外的名人，或者是文艺界的著名活动家或作家，我们都为鲁迅辩诬，其中自然包括海婴同志信中指出的对周作人和曹聚仁的批评。这类一面辩诬、一面阐述鲁迅思想和精神的文章，长短大约有一百篇。其中有些篇什其他著名文学刊物不予发表，或者不肯、不敢发表的，怕得罪名公巨卿，任其诬蔑诋毁鲁迅，因为鲁迅早在三十年代就去世了，不可能再拿起笔反击了。但是，他们不知道历史上的是非功过究竟是不容篡改的，鲁迅虽然不能说话了，但还有当时的和以后的广大读者，有当时留下的种种白纸黑字的材料，也还留下一些当时身临其境或参与其事的人。要想歪曲历史真相，虽有翻天妙手，也是难反转过来的。你虽然比鲁迅多活了几十年，但真理并不就在你那一边。①

李何林最后强调指出：

> 遵照毛主席和党中央十年前的批示精神，学习继承鲁迅反封建反资产阶级思想的战斗传统，阐述鲁迅思想和建设社会主义精神文明的关系，批驳歪曲诬蔑鲁迅的一切谰言等，似乎仍然是鲁迅研究室今后

---

① 李何林：《纪念北京鲁迅博物馆鲁迅研究室成立十周年（1976—1986）》，《关于鲁迅及中国现代文学》，第 220 页。

工作的方针！①

　　这次会议的举行，重申了国家为鲁迅研究室所设立的各项工作任务，强调鲁迅研究室要继续按照毛泽东主席的批示精神所指引的道路继续前进。

　　另外，北京鲁迅博物馆也举办过关于鲁迅的二弟周作人的学术研讨会。1986 年 11 月 12 日，鲁迅研究室主持召开了"敌伪时期周作人思想、创作研讨会"，楼适夷、林辰、许宝骙、高炎、舒芜、钱理群、张菊香以及当时在北京访学的日本学者木山英雄参加会议。沈鹏年在当年发表了关于周作人出任伪职是由中共北平市地下党安排的文章，在社会上引起了较大的反响。鲁迅研究室按照上级的要求，召集有关学者对周作人出任伪职的问题进行研讨，与会学者对沈鹏年的观点进行了批驳，其中许宝骙否认了沈鹏年采访自己时的有关谈话记录的内容，不过沈鹏年曾经采访过的高炎（曾经担任过周作人的秘书）没有否认沈鹏年采访自己时的有关谈话记录的内容，仍然坚持自己的说法。与会学者在这次会议上的发言（除高炎的发言之外），经过本人修改后都刊登在《鲁迅研究动态》1987 年第 1 期上，在一定程度上纠正了沈鹏年的文章在社会上所造成的不良影响。

　　此后，鲁迅研究室在 1987 年 10 月 14 日主办了"鲁迅与周作人比较研究学术讨论会"，全国各地研究鲁迅和研究周作人的学者共 50 多位参加了这次会议。这次会议也是新中国成立以后首次举办关于鲁迅与周作人比较研究的会议，与会学者从思想、创作角度对周氏兄弟进行了比较研究，相关论文都发表在《鲁迅研究动态》1988 年第 1 期上，不仅在很大程度上推动了鲁迅与周作人的比较研究，而且也极大地推动了周作人研究，使周作人研究逐渐成为中国现代文学研究领域的一个学术热点。

　　随着北京鲁迅博物馆学术影响力的逐渐扩大，中国鲁迅研究会的秘书处在 1992 年转移到北京鲁迅博物馆办公。中国鲁迅研究会第五次会员代表大会于 1992 年 5 月 29 日在成都举行，北京鲁迅博物馆顾问王士菁当选为副会长，鲁迅研究室主任陈漱渝当选为副会长兼秘书长。此后，因为中国鲁迅研究会所挂靠的单位中国社科院文学研究所对该会的支持力度较小，所以中国鲁迅研究会的秘书处就转移到北京鲁迅博物馆办公。由此北京鲁迅博物馆经常与中国鲁迅研究会合作举办学术研讨会，进一步提升了在鲁迅研究界的学术影响力，并发挥

----

① 李何林：《纪念北京鲁迅博物馆鲁迅研究室成立十周年（1976—1986）》，《关于鲁迅及中国现代文学》，第 220 页。

出引导国内鲁迅研究方向的作用。

值得一提的是，鲁迅研究室在 1998 年 12 月举办了《鲁迅研究月刊》出版 200 期座谈会，邀请在京的以及全国各地的鲁迅研究专家参加。与会学者回顾了《鲁迅研究月刊》的发展历程，并对如何办好刊物提出了建议。这次会议的举办，不仅为《鲁迅研究月刊》团结了一大批作者，而且也为今后更好地编辑出版《鲁迅研究月刊》打下了良好的基础。

2001 年 9 月 19 日，为纪念鲁迅诞辰 120 周年，中国作协、中国现代文学馆、北京鲁迅博物馆联合在中国现代文学馆举行纪念座谈会，首都文学界的 200 多人出席。梅志、陈漱渝、舒乙等先后发言，缅怀这位文化战线上的民族英雄，著名演员苏民和濮存昕朗诵了鲁迅作品的片段，钢琴家刘诗昆演奏了《命运》《黄河》等名曲表达对鲁迅的景仰和追思。同日，裘沙、王伟君作品展览"世界之鲁迅"也在中国现代文学馆开展。中国作协党组书记、副主席金炳华在座谈会上做了题为《学习发扬鲁迅精神　繁荣发展先进文化》的报告。从金炳华的报告可以看出，他通篇多处引用江泽民阐述"三个代表"重要思想内涵的讲话和江泽民在庆祝中国共产党成立 80 周年大会上发表的"七一"讲话，把鲁迅纳入了江泽民提出的"三个代表"重要思想的体系之中，强调鲁迅不仅是先进文化的代表，而且也是最广大人民利益的代表，指出"学习和宣传鲁迅站在时代前列、为发展中国的新文化而奋斗终生的崇高精神和风范，对于我们深入学习、领会和贯彻江总书记'七一'重要讲话和'三个代表'重要思想，增强为繁荣发展社会主义文学事业、建设当代中国先进文化做贡献的自觉性和使命感，具有重要的推动作用"①。

另外，进入 21 世纪之后，随着中外鲁迅研究学者学术交流的不断增加，北京鲁迅博物馆也开始举办国际鲁迅研讨会。2005 年 7 月 5 日，北京鲁迅博物馆与沈阳师范大学联合举办"现代东亚语境中的鲁迅研究——中韩鲁迅对话"国际学术研讨会，这也是首次邀请 10 位韩国鲁迅研究学者与中国鲁迅研究学者进行学术对话，同时，北京鲁迅博物馆与韩国学者联合编选的《韩国鲁迅研究论文集》也由河南文艺出版社在 2005 年 6 月出版。可以说，北京鲁迅博物馆通过举办这次会议和出版这本鲁迅研究论文集，把韩国鲁迅研究的重要成果介绍到中国，极大地促进了中韩两国鲁迅研究学者的学术交流。②

2006 年 10 月，北京鲁迅博物馆与中国现代文学研究会、绍兴市人民政府联

①　金炳华：《学习发扬鲁迅精神　繁荣发展先进文化》，《光明日报》，2001 年 9 月 19 日。

②　北京鲁迅博物馆编：《北京鲁迅博物馆五十年（1956—2006）》，第 188 页。

合主办的"鲁迅：跨文化对话"国际学术研讨会在绍兴市举行，上海鲁迅纪念馆、绍兴鲁迅纪念馆、绍兴文理学院作为协办单位也参与了这次会议的筹办工作。来自全国各地的 100 多位学者，以及来自日本、澳大利亚、美国的 10 多位学者参加了这次会议。与会学者围绕鲁迅与外国文化的关系进行研讨，涉及鲁迅的思想、创作与外国文化的关系，鲁迅创作与外国文学的比较研究，鲁迅在日本时期的生活和思想研究，以及鲁迅的翻译作品研究。同时，由北京鲁迅博物馆、上海鲁迅纪念馆、绍兴鲁迅纪念馆和绍兴文理学院共同出资出版的会议论文集《鲁迅：跨文化研究——纪念鲁迅逝世 70 周年国际学术研讨会论文集》也由河南大象出版社在 2006 年 10 月出版。2001 年，中国鲁迅研究会在绍兴举行纪念鲁迅诞辰 120 周年期间，因为学会领导层换届产生了一些纠纷，造成了学会的瘫痪，此后不再组织有关鲁迅的学术活动。在这样的背景下，北京鲁迅博物馆联合中国现代文学研究会、绍兴市人民政府，以及上海鲁迅纪念馆、绍兴鲁迅纪念馆、绍兴文理学院，共同举办这次会议，在很大程度上起到了团结全国各地的鲁迅研究者，引导全国鲁迅研究方向的作用。

2011 年 11 月 22 日，北京鲁迅博物馆与澳门大学、中国鲁迅研究会等机构联合举办了"鲁迅与汉语新文学"国际学术研讨会，来自美国、澳大利亚、新加坡、马来西亚及国内的 40 多位学者参加会议。与会学者围绕澳门大学朱寿桐教授提出的"汉语新文学"的概念（用汉语书写的"新文学"，包括中国现当代文学、海外华人文学在内），探讨鲁迅对中国现代文学以及海外华人文学的影响。这次会议也是北京鲁迅博物馆首次与澳门的机构联合在澳门举办国际学术研讨会，进一步推动了澳门乃至东南亚的鲁迅研究。

2016 年，北京鲁迅博物馆为纪念建馆 60 周年暨鲁迅逝世 80 周年，独立主办了"鲁迅遗产与当代中国"国际学术研讨会，来自全国各地的 130 多位学者以及来自日本、尼泊尔、美国的几位外国学者参加了这次会议。与会学者围绕鲁迅的文化遗产对当代中国文化建设的重要作用进行了研讨，同时还有部分学者对鲁迅在国内外的传播与研究进行了分析。这次会议是北京鲁迅博物馆首次独立主办国际性的学术研讨会，充分显示出北京鲁迅博物馆经过 60 年的发展，已经成为国内鲁迅研究活动的重要组织者和国内鲁迅研究的重要推动者。

13. 联合有关高校培养研究生

1982 年，时任北京鲁迅博物馆馆长的李何林被北京师范大学聘为中国现当代文学专业博士生导师，先后招收了 8 位博士和硕士研究生，其中的王富仁、金宏达等人还撰写了鲁迅研究方面的博士学位论文，特别是王富仁还是 1978 年实行学位制度以来，首位获得中国现代文学研究专业博士学位的学者，他所撰写的博士论文在学术界产生了重要的影响，代表了 20 世纪 80 年代的中国鲁迅研究范式的重要转变。此后，时任北京鲁迅博物馆馆长的王士菁也被北京师范大学聘为中国现当代文学专业博士生导师，先后招收了几位博士和硕士研究生。但是，从 80 年代中后期以来，因某些方面的原因，北京鲁迅博物馆就没有和北京师范大学再合作招收研究生了。

在 20 世纪 90 年代中期，北京鲁迅博物馆开始与河北大学联合招收硕士研究生，陈漱渝、姚锡佩等研究人员担任河北大学中国现当代文学硕士点的指导教师，不仅为该校的硕士研究生开设一些鲁迅研究方面的课程，还指导了一些硕士研究生撰写鲁迅研究方面的学位论文，培养了一批青年鲁迅研究学者。

2003 年 1 月，北京鲁迅博物馆中断了与河北大学合作招收硕士研究生的关系，开始与青岛大学合作创建鲁迅研究中心，并联合申报中国现当代文学专业的博士点。北京鲁迅博物馆的陈漱渝、张杰、孙郁、黄乔生、李林荣 5 位研究人员被青岛大学聘为中国现当代文学硕士点的导师，并招收了几届硕士研究生。此外，北京鲁迅博物馆还与青岛大学联合举行了"新时期鲁迅研究二十年"国际学术研讨会，出版了《鲁迅研究年鉴》（2012 年卷、2013 年卷、2014 年卷、2015 年卷、2016 年卷），进一步推动了鲁迅研究的开展。但是，因为青岛大学申报中国现当代文学博士点的工作出现困难，所以双方协议在 2015 年取消了合作关系。

总的来说，北京鲁迅博物馆发挥学术研究的优势，从 1982 年开始与有关高校联合招收博士、硕士研究生，不仅培养出中国第一批鲁迅研究方向的博士，而且也为鲁迅研究培养了一批新生的力量，为推动国内的鲁迅研究做出了重要的贡献。

14. 小结

回顾北京鲁迅博物馆建馆 60 年的学术研究和出版工作，可以看出北京鲁迅博物馆学术研究和出版工作大致可以分为如下几个时期：初创期（1956—1975），北京鲁迅博物馆编印了《鲁迅手迹和藏书目录》，初步整理了鲁迅收藏的金石拓片；发展期（1976—2002），北京鲁迅博物馆在 1976 年建立鲁迅研究室之后，在李何林馆长的带领下，学术研究和出版工作获得了突飞猛进的发展，陆续编辑出版了《鲁迅年谱》（四卷本）、《鲁迅手稿全集》，创办了学术刊物《鲁迅研究资料》《鲁迅研究动态》，联合培养鲁迅研究方向的博士生，极大地推动了 80 年代鲁迅研究的进展。在李何林于 1983 年 1 月退居二线之后，北京鲁迅博物馆的研究人员继续编辑出版了《鲁迅辑校古籍手稿》《鲁迅辑校石刻手稿》《鲁迅藏汉画像》（二卷）、《鲁迅藏书研究》《鲁迅回忆录》（6 卷）等一批重要的图书。拓展期（2003—2016），北京鲁迅博物馆的研究人员在孙毅（从2003 年至 2009 年主持北京鲁迅博物馆的工作）的带领下，编辑出版了《鲁迅译文全集》，举办了一系列的学术研讨会，不仅引领了国内鲁迅研究的发展方向，而且也促进了中外鲁迅研究界的学术交流，此外，北京鲁迅博物馆的研究人员从 2010 年以来又整理出版了《鲁迅著作初版本精选集》《鲁迅译作初版本精选集》《鲁迅藏外国版画全集》《鲁迅藏拓本全集》等大型的鲁迅文献资料集。总的来说，北京鲁迅博物馆的几代研究人员基本把北京鲁迅博物馆馆藏的有关鲁迅的文物和文献资料都系统整理并出版，为鲁迅研究奉献出重要的研究资料，而北京鲁迅博物馆的研究人员也通过整理馆藏的鲁迅文献形成了重视史料研究的学术传统。毋庸讳言，北京鲁迅博物馆所取得的学术研究成果中大多数都是论文集，具有理论性、系统性的鲁迅研究专著还不多，这与北京鲁迅博物馆在国内鲁迅研究领域的学术地位是不相称的。

另外，北京鲁迅博物馆通过编辑出版学术刊物《鲁迅研究月刊》，举办一系列的学术研讨会，不仅成为国内六家鲁迅纪念馆中学术研究水平最高的纪念馆，而且也成为国内鲁迅研究的中心之一，发挥出鲁迅研究活动的组织者和鲁迅研究方向的引导者的重要作用。

四、社会教育工作的历史与现状

回顾北京鲁迅博物馆社会教育工作的历史，可以看出该馆从 1956 年建馆之后到 1986 年，所组织的社会教育活动比较少；进入 20 世纪 90 年代之后，北京鲁迅博物馆作为“北京市爱国主义教育基地”和“北京市青少年教育基地”，逐渐加强对青少年的教育活动，所组织的社会教育活动才逐渐多了起来；进入21 世纪之后，北京鲁迅博物馆不仅结合每年的鲁迅纪念日组织一些社会教育活动，而且从 2000 年开始与北京的 6 家名人故居联合起来，共同在每年的国际博物馆日、中国文化遗产日组织一些社会教育活动，并在国内外巡回展览，较好地履行了“北京市爱国主义教育基地”和“北京市青少年教育基地”的教育使命。

1. 1956—1986 年期间的社会教育活动

北京鲁迅博物馆在 1956 年建馆之后，因为工作人员较少，只设立了陈列组、资料组和行政组，并由陈列组负责设计展览和接待群众工作。北京鲁迅博物馆在 1956 年到 1966 年“文革”爆发之前的社会教育活动比较少，主要是在1958 年响应国家的号召，派出三组工作人员分别赴东北三省、西南五省，以及北京郊区和天津，进行"鲁迅生平展览"的巡回展览。此外，北京鲁迅博物馆在 60 年代初还派讲解员到中学、工厂、文化馆宣讲鲁迅生平事迹，如在 1963 年 6 月 9 日，派人为北京 89 中初三毕业生做了《鲁迅怎样对待理想》的演讲。①

"文革"爆发后，北京鲁迅博物馆在 1967 年春季闭馆，到 1974 年 9 月 24 日才重新对外开放，并恢复各项业务活动。1975 年 2 月 18 日，北京鲁迅博物馆决定重新开展巡回展览活动，并派出工作人员携带新制作的"鲁迅生平展览"到北京郊区巡回展出。

进入 80 年代，随着鲁迅社会地位的显著提高，北京鲁迅博物馆也逐渐加强了社会教育工作。1985 年 1 月 3 日，北京鲁迅博物馆调整内部机构，将原来由陈列部承担的群众接待工作独立出来，设立了群众工作部，进一步加强面向观众的社会教育工作。此外，北京鲁迅博物馆还和苏州大学中文系合作，共同制作了电教片《鲁迅在北京》，并在本馆的陈列厅中向观众播放，开始尝试用电视片这种新的媒体来传播鲁迅。

1986 年，北京鲁迅博物馆采纳部分鲁迅研究者的建议，大致恢复了鲁迅故居中朱安卧室的原貌，并在鲁迅生平展览中减少了对鲁迅一生中的部分史实的遮蔽，讲解员在引导观众参观鲁迅故居时也开始讲解鲁迅与朱安的关系，从而逐步向观众展示出一个较为真实的鲁迅形象。

2. 1987—1999 年的社会教育活动

1987 年 1 月 7 日，北京鲁迅博物馆停止对外开放鲁迅生平展览（鲁迅故居继续对外开放），并把原来的陈列厅改造为鲁迅研究资料中心。但因为种种原因，新修建的陈列厅在 1993 年 5 月 24 日才动工，1994 年 9 月 30 日竣工，而新设计制作的鲁迅生平展览在 1996 年 10 月 16 日才正式对外开放。

另外，国家在 90 年代初开始加强爱国主义教育，陆续在全国各地评选出一批爱国主义教育基地。北京鲁迅博物馆也先后荣获如下称号：1992 年 4 月 28 日，被北京市人民政府命名为"北京市青少年教育基地"，1993 年，被北京市西城区人民政府命名为西城区青少年"两史一情"（中国近代史、中国革命史和国情）教育基地，1997 年，被北京市人民政府命名为"北京市爱国主义教育基地"。在这样的背景下，北京鲁迅博物馆按照上级部门的要求，加强了社会教育工作。如北京鲁迅博物馆 1997 年将群众工作部改为宣传教育部，从部门名称的变化就可以看出对宣传教育工作的重视。北京鲁迅博物馆组织了如下一些社会教育活动，并取得了良好的社会反响，先后在 1998 年 1 月，被评为西城区

---

① 北京鲁迅博物馆编：《北京鲁迅博物馆五十年（1956—2006）》，第 154 页。

"1996 年、1997 年校外教育先进单位"，在 1999 年 1 月 28 日，荣获"我爱北京、我爱博物馆"中小学生征文活动"优秀组织工作奖"，在 1999 年 3 月 20日，被评为"北京市青少年教育先进单位"。

北京鲁迅博物馆在这一阶段所举办的社会教育活动主要有如下几个：

（1）协助北京市 158 中学布置鲁迅展览室

北京市 158 中学的校址是原来的北京女子师范大学，鲁迅曾经在北京女子师范大学执教过，该校有意加强校园文化建设，面向全校学生宣传鲁迅。北京鲁迅博物馆因此决定将"鲁迅生平展览"的展板赠送给该校，在该校中布置一个鲁迅纪念室，从而有助于该校学生了解鲁迅的生平及杰出成就，继承鲁迅精神。① 北京市 158 中学为了更好地纪念鲁迅，在 1996 年鲁迅逝世 60 周年之际，正式更名为北京市鲁迅中学，成为面向中学生宣传鲁迅、弘扬鲁迅精神的重要阵地。另外，北京鲁迅博物馆与北京鲁迅中学也结成了业务共建单位，形成了较为密切的业务合作关系。如双方联合在 1997 年 10 月 22 日举办了"中学鲁迅作品研讨会"，邀请北京市部分中学语文教师研讨中学语文课本中鲁迅作品的教学问题，在一定程度上促进了北京市各中学加强对中学语文课本中鲁迅作品的教学和研究工作。

（2）举办"爱中华、学鲁迅、做脊梁"读书知识竞赛

为了纪念鲁迅逝世 60 周年，北京鲁迅博物馆面向全市中小学生，发起了"爱中华、学鲁迅、做脊梁"读书知识竞赛，引导中小学生通过学习鲁迅的有关作品，受到爱国主义教育，树立成为中华民族脊梁的远大志向。1996 年 10 月 16日上午，北京鲁迅博物馆隆重举行"纪念鲁迅博物馆建馆 40 周年暨缅怀鲁迅逝世 60 周年大会"，并举行了"爱中华、学鲁迅、做脊梁"读书知识竞赛颁奖仪式。获得奖项的中小学生通过这次竞赛不仅增加了对鲁迅的了解，而且也通过学习鲁迅知识受到了爱国主义教育。这次活动也是北京鲁迅博物馆首次举办面向全市中小学生的读书知识竞赛活动，不仅为今后举办类似的大型社会教育活动积累了经验，而且也进一步推动了全市中小学生学习鲁迅精神。

（3）举办"迎回归，学鲁迅"百人粉笔画大赛

为了迎接香港回归祖国，北京鲁迅博物馆和单位所在的福绥境社区在 1997年 5 月 27 日联合举行了"迎回归，学鲁迅"百人粉笔画大赛，同时还举行了"迎香港回归报告会"，福绥境社区的 600 多名中小学生参加了比赛和报告会。北京鲁迅博物馆通过和福绥境社区联合举办迎接香港回归祖国的活动，不仅发

---

① 北京鲁迅博物馆编：《北京鲁迅博物馆五十年（1956—2006）》，第 170 页。

挥出博物馆服务社区的职能，协助社区做好青少年学生的课外教育活动，而且也使社区的青少年学生受到了爱国主义教育。①

（4）举行中学生征文活动

为了纪念鲁迅先生，北京鲁迅博物馆与北京咸亨酒店联合在 1997 年 9 月 19 日举办中学生"咸亨杯征文"活动，共收到 497 篇参赛文章，从中评选出优秀奖 10 篇，纪念奖 10 篇。② 这次征文也是北京鲁迅博物馆首次与企业联合举办的宣传鲁迅的活动，但是因为宣传组织工作做得不充分，所以参加的中学生比较少，所取得的社会效果也有限。可以说北京鲁迅博物馆与企业联合举办的这次社会教育活动是不太成功的，要认真总结举办这次活动失败的教训，在今后举办类似的社会教育活动时，不仅要精心选择合作的企业，最好是选择文化类企业合作，而且要重视社会教育活动的前期准备工作，要精心策划社会教育活动的方案，这样才能取得较为理想的宣传教育效果。

1998 年 4 月，北京鲁迅博物馆和北京市西城区教育局联合举办"我心中的鲁迅"征文活动，这次征文活动分为中学和小学两组，全市有近 1 万名中小学生参加征文。9 月 25 日是鲁迅诞辰 117 周年的纪念日，北京鲁迅博物馆和西城区教育局联合举行"纪念鲁迅诞辰 117 周年暨我心中的鲁迅征文颁奖大会"，来自参加比赛的各学校的代表和获奖学生近 500 人参加颁奖大会。③ 此外，为了进一步促进中学生学习鲁迅，北京鲁迅博物馆将获奖作文编辑成《我心中的鲁迅》一书，由大象出版社在 1999 年 9 月出版。总的来说，北京鲁迅博物馆与西城区教育局联合举办的这次征文活动比较成功，不仅博物馆较好地发挥出面向广大青少年进行爱国主义教育的职能，而且教育局也通过组织参加征文的中小学生参观北京鲁迅博物馆，学习鲁迅的作品，增加了对鲁迅的认识和了解，从而受到了爱国主义教育。

（5）培训中学生志愿讲解员

北京鲁迅博物馆为了促进中学生学习鲁迅，并弘扬志愿精神，开始培训一些中学生担任志愿讲解员。如北京市和平街一中"中学生志愿讲解组"成员在经过北京鲁迅博物馆的培训之后，从 1998 年 10 月开始，每周六到北京鲁迅博物馆陈列厅担任志愿讲解员的工作。④ 另外，北京鲁迅博物馆也通过培训志愿讲解员的工作，和一些学校签订了共建精神文明的协议书，共同做好中学生的课外

① 北京鲁迅博物馆编：《北京鲁迅博物馆五十年（1956—2006）》，第 173 页。
② 北京鲁迅博物馆编：《北京鲁迅博物馆五十年（1956—2006）》，第 174 页。
③ 北京鲁迅博物馆编：《北京鲁迅博物馆五十年（1956—2006）》，第 175 页。
④ 北京鲁迅博物馆编：《北京鲁迅博物馆五十年（1956—2006）》，第 175 页。

教育工作。如北京鲁迅博物馆与北京市和平街一中在1999年5月20日签订了共建精神文明的协议书，双方不仅共同培养中学生志愿讲解员，还在同年的12月3日联合举办了"中学语文课本中鲁迅作品教学研讨会"，组织北京鲁迅博物馆的业务人员与中学语文教师共同研讨如何提高中学语文课本中鲁迅作品的教学水平。因此，可以说北京鲁迅博物馆通过培训中学生志愿讲解员取得了较好的效果，北京鲁迅博物馆通过培训中学生志愿讲解员不仅培养出一批热爱鲁迅的中学生，增加他们对鲁迅的认识和了解，从而传承鲁迅精神，而且也发挥出博物馆的社会教育职能，通过培训中学生参加周末的志愿讲解活动，让中学生在社会实践中受到锻炼。而北京鲁迅博物馆也通过培训中学生志愿讲解员，进一步加强与一些中学在业务方面的密切合作，共同做好中学语文中鲁迅作品的教学工作和共建精神文明的工作。

（6）联合举办中学生夏令营、冬令营活动

北京鲁迅博物馆发挥"北京市青少年教育基地"的作用，与有关机构合作举办中学生夏令营、冬令营活动。如在1999年2月9日，与西城区教育局联合举办了"爱我中华 世纪天津行"的博物馆冬令营活动，组织一批优秀的中学生到天津市参观一些博物馆，感受中华传统文化的魅力，从而受到爱国主义教育。但是因为活动经费、学生安全等方面的问题，这项活动未能继续开展下去。

（7）协助国内外的影视机构拍摄关于鲁迅的专题片

北京鲁迅博物馆不仅拥有鲁迅故居，还收藏了大量的有关鲁迅的文物和文献资料，因此，一些国内外的影视机构来到北京鲁迅博物馆拍摄有关鲁迅的资料和图片。如中央电视台青少部为纪念五四运动80周年，在1999年1月29日前来拍摄《鲁迅与五四》的专题片；日本仙台文学馆在1999年2月23日—25日，前来拍摄鲁迅的医学笔记；法国电视台与北京电视台《世界名人鲁迅》联合摄制组在1999年2月前来拍摄鲁迅收藏的陶俑7件，以及部分鲁迅照片。北京鲁迅博物馆通过提供场地和有关文物、文献资料，协助国内外的影视机构拍摄有关鲁迅的专题片，进一步促进了鲁迅在国内外的传播。

（8）举行纪念五四运动的演讲会

为了纪念五四运动80周年，北京鲁迅博物馆在1999年5月4日举行了"纪念五四、弘扬鲁迅精神——我以我血荐轩辕"演讲会，邀请各中学的600多名中学生代表参加。北京鲁迅博物馆把纪念五四运动和弘扬鲁迅的爱国主义精神结合起来，通过演讲会的形式向广大中学生宣传五四运动、宣传鲁迅，激发中学生弘扬五四运动前辈以及鲁迅的爱国主义精神。另外，这次中学生演讲会也是北京鲁迅博物馆在20世纪90年代首次以演讲会的形式举办社会教育活动，不仅增加了北京鲁迅博物馆举办社会教育活动的类型，而且也为今后举办类似的社会教育活动积累了经验。

3. 2000—2016 年的社会教育活动

进入 21 世纪之后，北京鲁迅博物馆的社会教育工作又迈上一个新的台阶，首先是机构名称的变化，宣传教育部在 2003 年 7 月 17 日更名为社会教育部，表明社会教育工作方式从以宣传教育为主转为以社会教育为主。其次是观众数量的明显增加，北京鲁迅博物馆于 2004 年在国家免费开放专项经费的支持下实行免费对外开放，并利用专项经费组织了一系列丰富多彩的社会教育活动，观众数量也随之有明显的增加。再次是改善硬件设施并编印小型宣传册，北京鲁迅博物馆在 2003 年在陈列厅安装了语音导览系统和触摸屏，并聘请中央广播电台和中国国际广播电台的著名播音员录制了中文、英文、日文三种语言的展览解说词，观众可以通过耳机边参观边聆听讲解。此外，北京鲁迅博物馆还组织社会教育部的工作人员针对观众的特点编印了《鲁迅生平》《鲁迅名言录》《鲁迅诗选》《北京鲁迅故居》《鲁迅遗印》《鲁迅形象选》6 本小型宣传册，方便观众更全面地了解鲁迅。最后是参加北京 7 家名人故居联盟，北京的 7 家名人故居（宋庆龄故居、北京鲁迅博物馆、郭沫若纪念馆、茅盾故居、老舍纪念馆、徐悲鸿纪念馆、梅兰芳纪念馆）在 2000 年联合起来，成立了北京名人故居联盟，共同组织一些文化活动和巡回展览，从而扩大了 7 家名人故居在社会上的影响。北京鲁迅博物馆也因为在社会教育方面所组织的一系列丰富多彩的活动，先后荣获了一些荣誉称号：2000 年 6 月，荣获"1999 年中央国家机关文明单位"，2000 年 12 月 19 日，被朝阳区教委命名为"朝阳区中学生成人预备期志愿活动基地"，2001 年 4 月 4 日，被北京市委宣传部评为"北京市 1999—2000 年度优秀爱国主义教育基地"，2001 年 5 月 24 日，被评为"中央国家机关思想教育基地"，2005 年 10 月 13 日，被北京市爱国主义教育基地领导小组评为"2001—2004 年北京市爱国主义教育基地先进工作单位"。

北京鲁迅博物馆在这一期间所组织的社会教育活动主要有如下一些：

（1）在中学生中传播鲁迅

北京鲁迅博物馆发挥"北京市青少年教育基地"和"北京市爱国主义教育基地"的功能，继续和一些中学结成共建单位，促进鲁迅在中学生中的传播。如在 2000 年 4 月 10 日，北京鲁迅博物馆与北京化工学院附中签订了共建精神文明单位协议，并制作了小型的"鲁迅生平事迹"展览到该校展出；在 2000 年 6 月 21 日，北京鲁迅博物馆与北京农业大学附中签订了共建精神文明协议书，并协助北京农业大学附中在 2001 年 9 月 24 日举办"纪念鲁迅诞辰 120 周年"宣传周活动，制作了一套小型的"鲁迅生平展"到该校展出，同时还向该校学生赠送了 200 份鲁迅生平简介；在 2001 年 9 月 26 日，北京鲁迅博物馆协助北京通州区运河中学举办"纪念鲁迅诞辰 120 周年"宣传月，制作了一套小型的"鲁迅生平展"到该校展出，同时还向该校学生赠送了 200 份鲁迅生平简介。①

　　此外，北京鲁迅博物馆还不定期派业务人员到一些中学做关于鲁迅的讲座，如在 2004 年 10 月，就派业务人员到北京市第四聋人学校、北京市月坛中学、北京市第三中学分别做了题为《直面苦难的鲁迅》《鲁迅与日本》《鲁迅的读书生活》的讲座。可以说，北京鲁迅博物馆通过与一些中学签订共建精神文明的协议，发挥出博物馆的社会教育职能，通过提供展览到校展出，派业务人员到校做讲座的形式，让中学生在校园中就能近距离看到鲁迅生平展览，听到关于鲁迅的讲座，从而促进了鲁迅精神在中学生中的传播。

　　（2）为大学生提供社会实践基地

　　北京鲁迅博物馆还为大学生提供社会实践的机会，使他们通过参与北京鲁迅博物馆的各项业务工作，既锻炼了实践能力，又加深了对鲁迅的认识和理解。如北京鲁迅博物馆在 2000 年 7 月 11 日安排中国人民大学的 6 名大学生志愿者来馆进行为期一周的义务讲解工作，在 2012 年安排中央财经大学税务学院的志愿者参加"鲁迅纪念周"活动，作为实习讲解员为观众进行现场讲解，在 2012 年安排中央财经大学文学院书法篆刻专业的同学参加"鲁迅纪念周"活动，现场为观众书写鲁迅的名言警句。

　　另外，文化部、国务院港澳办为增强港澳大学生对祖国文化的了解和认同，从 2005 年开始组织港澳大学生到祖国各地进行为期一个月的社会实践。北京鲁迅博物馆也从 2005 年开始，每年都接待 5 位左右的港澳大学生来馆进行社会实践活动。这些港澳大学生在北京鲁迅博物馆社会教育部工作人员的带领下，承担起为观众讲解、社会教育活动策划等方面的具体事务。如北京鲁迅博物馆在 2015 年安排来馆进行社会实践的港澳大学生参加了"寻找鲁迅足迹，品味书香西城"活动汇报展览的筹备工作，这些港澳大学生不仅参与设计制作展览，还担任展览开幕式的主持人。这些港澳大学生通过实践活动不仅锻炼了社会能力，而且通过亲自参与组织关于鲁迅的社会教育活动，增加了对鲁迅的认识和了解。

　　2011 年，共青团中央、国家民委为增强少数民族大学生对祖国文化的了解，推出了"全国少数民族大学生暑期实习计划"，组织少数民族大学生到北京等地进行为期一个月的实习活动。北京鲁迅博物馆也从 2011 年开始每年都接待 5 位

---

①　北京鲁迅博物馆编：《北京鲁迅博物馆五十年（1956—2006）》，第 179 页。

少数民族大学生来馆在社会教育部进行实习。这些少数民族大学生在社会教育部工作人员的指导下，参与一些关于鲁迅的社会教育活动工作，既锻炼了工作能力，也增加了对鲁迅的认识和了解。

可以说，北京鲁迅博物馆发挥出博物馆的教育职能，通过接纳在京的大学生进行社会实践，培养了这些大学生的实践能力，增加了他们对鲁迅的认识和了解。另外，北京鲁迅博物馆发挥出爱国主义教育基地的作用，通过接纳港澳地区的大学生，以及国内少数民族地区的大学生进行社会实践，让这些学生通过实践受到爱国主义教育，从而增加对祖国文化的认同，增强对祖国的凝聚力。

（3）与社区联合举办一些文化活动

北京鲁迅博物馆作为位于社区中的一个文化机构，经常联合周边社区举办一些文化活动，发挥出服务社区居民的作用。如北京鲁迅博物馆与福绥境街道联合在 2000 年 5 月 23 日举办了"少年英雄赞"展览，居住在福绥境街道的 800 多名中小学生参观了这个展览；在 2001 年 8 月 24 日，举办了"追寻世纪名人——知识竞赛"，福绥境街道 33 个居委会组织的代表队参加这次竞赛。另外，北京鲁迅博物馆还与金融街街道联合举办了"书香金融街系列文化活动——鲁博讲坛"系列讲座，如北京鲁迅博物馆在 2015 年 11 月 12 日邀请金融街街道的社区干部和居民来馆参观正在展出的"中国战斗——纪念抗日战争胜利 70 周年中国木刻展"，并聆听了北京鲁迅博物馆退休研究员李允经做的题为《回眸抗战版画》的讲座。可以说，北京鲁迅博物馆发挥出博物馆服务社区、地方的职能，通过与所在社区联合举办一些文化活动，不仅丰富了社区居民的文化生活，而且也让社区居民，特别是中小学生受到爱国主义教育。

（4）结合鲁迅纪念日，举办征文活动、书画展览、演讲会、文艺晚会等纪念鲁迅的文化活动

北京鲁迅博物馆经常结合鲁迅诞辰或逝世的纪念日举办一些纪念活动，这些纪念活动丰富多彩，包括征文、知识竞赛、书画展览、演讲会、文艺晚会等，推动了鲁迅在中小学生、社区居民中的传播。北京鲁迅博物馆举办的征文和竞赛活动主要有如下几个：2000 年 10 月 19 日，北京鲁迅博物馆为纪念鲁迅逝世 64 周年，举办了为期一周的"参观鲁迅博物馆，结识世纪文化名人"的知识问答活动，邀请来馆参观的观众参加回答有关鲁迅知识的问卷，并为获奖观众颁发有关鲁迅的宣传册和书籍作为奖励；2001 年 7 月 19 日，北京鲁迅博物馆与结成共建单位的一些中学联合举行了"学鲁迅，做真人"的征文活动，邀请共建单位北京市和平街一中、北京市日坛中学、北京市 159 中学、北京市鲁迅中学的中学生参加征文，使这些中学生通过学习鲁迅，树立做一个像鲁迅那样的

"真人"的人生目标；2001年8月15日和20日，北京鲁迅博物馆分别在《北京晚报》《中学生作文导报》（初、高中版）刊登了"纪念鲁迅诞辰120周年——鲁迅知识竞赛试题"，组织广大市民和中学生参加这次鲁迅知识竞赛。鲁迅之子周海婴特地为这次活动颁发的奖品签名。

北京鲁迅博物馆举办的书画展览主要有如下几个：2000年9月30日，北京鲁迅博物馆举办了"庆祝千禧年国庆暨纪念鲁迅诞辰119周年——青少年'鲁迅名言名句'书法展"；2001年12月21日，北京鲁迅博物馆与中国画研究会联合举办"纪念鲁迅诞辰120周年全国书画大赛作品展览"；2002年1月11日，与宋庆龄故居联合举办的"纪念鲁迅诞辰120周年——少年书画展"在宋庆龄故居展出；2002年8月16日，举办了"纪念鲁迅赴日百年全国书法大赛"。

北京鲁迅博物馆举办的演讲会和文艺晚会主要有如下几个：2001年4月23日，在多功能厅举办了"纪念中国共产党建党80周年、鲁迅诞辰120周年五四青年演讲会"，来自北京10所中学的12名中学生代表进行演讲；2002年4月26日，举办"纪念五四青年节暨延安文艺座谈会讲话60周年——名家名篇朗诵会"，来自北京19所中学的学生代表参加朗诵，近300名学生参会会议；2005年3月29日，与北京市作协、北京市鲁迅中学、中国人民抗日战争纪念馆、老舍纪念馆等单位联合在国家广电总局礼堂举办了"不能忘却——纪念抗日战争胜利60周年"文艺演出，邀请部分中学生、大学生、社区居民、讲解员和特邀艺术家参加演出；2015年5月4日，与北京市西城区教委、景山街道办事处、金融街街道办事处、159中学、北京外国语大学等13家单位联合在159中学礼堂举办"'勿忘历史 圆梦中华'——纪念新文化运动100周年、五四运动96周年"文艺会演。

总的来说，北京鲁迅博物馆在鲁迅诞辰或逝世的纪念日举办了一系列的纪念鲁迅的活动，不仅充分利用纪念鲁迅的时间节点，可以更好地突出举办这些纪念活动的意义与价值，取得更好的社会反响，从而达到更好地宣传鲁迅、纪念鲁迅的效果，而且也通过与一些有关机构联合举办纪念鲁迅的活动，充分发挥出博物馆的社会教育职能，整合社会资源，共同做好宣传鲁迅、纪念鲁迅的工作，从而促使鲁迅在社会上的传播。

（5）结合国际博物馆日举行纪念鲁迅的系列活动

北京鲁迅博物馆在1997年就开始参加北京市文物局主办的5·18国际博物馆日纪念活动，进入21世纪之后，北京鲁迅博物馆开始结合国际博物馆日在本馆组织一些纪念活动。如在2004年5月18日，举办了"我喜欢的鲁迅名言评选"活动，邀请观众选出自己喜欢的鲁迅名言，并请擅长书法的志愿者将这些名言写成书法作品赠送给观众留念；在 2012 年 5 月 18 日，北京鲁迅博物馆为了纪念鲁迅来京 100 周年暨中国博物馆创建 100 周年，组织了博物馆"嘉年华"活动，包括"纪念鲁迅进京百年、中国博物馆百年'百分百'抽奖活动"，"集点返奖活动"（在鲁迅生平陈列厅、鲁迅旧居设置了几个"集印点"，观众可以用免费领取的"鲁迅藏笺谱便笺本"在"集印点"盖上印章），版画拓印活动（拓印一些鲁迅收藏的版画以及鲁迅设计的书刊封面），"鲁迅知识问答"活动，赠送鲁迅名言书法作品活动，观众通过参与上述活动不仅增加了参观活动的趣味性，留下深刻的印象，而且也增加了对鲁迅的认识和了解。可以说，北京鲁迅博物馆在组织面向来馆参观的观众的社会教育活动时，不再以单纯面向观众静态展示的方式来组织这些活动，而是开始组织观众参与这些活动，通过设计趣味性的活动，来增加这些活动对观众特别是青少年的吸引力，从而使观众可以在轻松有趣的互动中增加对鲁迅的认识和了解。

（6）举行"鲁迅纪念周""鲁迅纪念月"活动

为了加强中国传统文化的教育作用，国家在 2008 年将清明节列为法定假日，北京市委宣传部因此在 2008 年布置全市的名人故居开展在清明节纪念名人的相关活动，倡导广大市民参加"清明时节缅怀名人，走进故居"活动。北京鲁迅博物馆由此在 2008 年清明节策划了"鲁迅纪念周"活动，组织一些观众向鲁迅献花，以此来缅怀鲁迅。2012 年，北京鲁迅博物馆决定深化纪念鲁迅的活动，将"鲁迅纪念周"扩大为"鲁迅纪念月"，在每年的 3 月 5 日到 4 月 5 日，举行纪念鲁迅的系列活动。如北京鲁迅博物馆 2015 年的"鲁迅纪念月"就组织了"翰墨书香怀鲁迅""丁香花海怀鲁迅""春光丽影寻鲁迅"和"丹青妙手绘鲁迅"系列活动，分别邀请北京市西城区金融街老人协会的书画分会和摄影分会、《北京青年报社区传媒》小记者站、北京市西城区展览路少年宫等社会团体和机构的成员到北京鲁迅博物馆以鲁迅、北京鲁迅博物馆的风景和建筑等题材进行书法、绘画、摄影创作，通过艺术创作的形式表达对鲁迅的纪念。另外，北京鲁迅博物馆还组织共建学校的中小学生来馆举行"清明时节诵鲁迅"活动，由讲解员在"'三味书屋'互动学习室"中为中小学生讲解鲁迅的三篇作品《战士和苍蝇》《最先与最后》《未有天才之前》。在讲课的最后阶段，邀请学生根据自己对这三篇文章的内容以及对鲁迅本人的理解，创作儿童画，以此来表达对鲁迅的纪念。在 5·18 国际博物馆日，北京鲁迅博物馆将这些艺术作品制作成"香远益清——2015 年'鲁迅纪念月'艺术活动成果展"进行展出，不仅表达了观众对鲁迅的纪念，而且也促进了北京鲁迅博物馆与共建单位、周边社区的文化交流。可以说，北京鲁迅博物馆发挥博物馆的社会教育职能，结合国家重视中国传统文化的政策，策划在每年清明节举行的"鲁迅纪念周"活动，以及后来的"鲁迅纪念月"活动，不仅较好地表达了观众对鲁迅的缅怀之情，而且也通过举办丰富多彩的活动，丰富了参与这些活动的观众的精神文化生活，让共建学校的中小学生与博物馆所在社区的居民受到了爱国主义教育，达到了很好的宣传效果。

（7）参加北京名人故居联盟，共同组织社会教育活动

2000 年，北京的几家名人故居在郭沫若纪念馆举行会议，商量如何应对名人故居观众冷清的问题（北京鲁迅博物馆当时每年的观众数量在 30000 人次左右），决定发起组建北京名人故居联盟，最初有宋庆龄故居、北京鲁迅博物馆、郭沫若纪念馆、老舍纪念馆、梅兰芳纪念馆等 6 家名人故居。该联盟的成员此后有一个变动过程，在 2010 年形成了北京 8 家名人故居联盟：徐悲鸿纪念馆一度加入，又因为闭馆多年而退出，后来在新馆建成开放之后重新加入；北京新文化运动纪念馆也一度加入该联盟，但因为与名人故居的性质有明显不同，后来又退出；2007 年，李大钊故居建成开放之后，也加入了该联盟。

北京 6 家名人故居联盟中的 6 家名人故居虽然规模不同，有的名人故居甚至只有 1~2 名工作人员，有的名人故居有 60 多位工作人员，但是它们的共同点就是所组织的社会教育活动比较少，在社会上的影响力也很小。在 2000 年建立北京名人故居联盟之后，首先确定 6 家名人故居都是纪念中国 20 世纪的文化名人这一最大共同点，然后发挥各自单位的资源优势，共同策划组织一些社会教育活动，逐渐在社会上产生了较大的影响。如 7 家名人故居在 2001 年 4 月 1 日启动了"追寻世纪名人"活动，并共同推出了北京 7 家名人故居联票，采用优惠销售联票的形式，带动观众到 7 家名人故居参观，让观众通过 7 位 20 世纪中华名人不平凡的人生经历来追寻 20 世纪中国的社会发展进程。2001 年 4 月 10 日，北京鲁迅博物馆、郭沫若纪念馆、茅盾故居、老舍纪念馆联合发起了"名人名篇教学与名人纪念馆座谈会"，邀请部分中学语文教师研讨中学语文课本中名人名篇的教学与名人纪念馆的社会教育活动如何衔接的问题，鼓励中学生在课余时间到名人纪念馆亲身感受名人的生平与创作情况，从而加深对中学语文课本中名人名篇的认识与理解。①

北京名人故居联盟所策划的社会教育活动最大的亮点是结合每年的国家政治大事策划相应的展览，然后组织展览到全国各地巡回展出。2002 年 5 月 17 日，北京名人故居联盟结合 5 月 18 日的国际博物馆日，在宋庆龄故居举行了

---

① 北京鲁迅博物馆编：《北京鲁迅博物馆五十年（1956—2006）》，第 178 页。

"世纪名人万里行"展览开幕式，由此拉开了北京名人故居联盟在国内巡回展览的序幕。这次巡回展览因为经费有限（每家名人故居出资 2000 元），所以展览方法简单（用"易拉宝"形式制作展览），但是却取得了较好的社会反响（时任国家文物局局长张文彬在 2002 年 5 月 18 日举行的纪念国际博物馆日活动中，称赞北京名人故居联盟到全国各地举办巡回展览类似于内蒙古乌兰牧骑的文化下乡，因此称赞北京名人故居联盟是全国博物馆界的"乌兰牧骑"①），为北京名人故居联盟今后的巡回展览奠定了良好的基础。此后，北京名人故居联盟所策划的巡回展览得到了北京市委宣传部的高度重视，为此专门下拨经费支持北京名人故居的社会教育活动。在北京市委宣传部、北京市文物局、北京市西城区委宣传部的大力支持下，北京名人故居联盟所策划的年度教育活动越来越多。如在 2004 年，策划了"漫步名人故居"巡回展览；在 2005 年结合抗日战争胜利 60 周年，策划了"传承先进文化、追寻世纪名人暨纪念中国人民抗日战争胜利 60 周年——名人在抗战中"巡回展览；在 2006 年结合当年国际博物馆日主题，策划了"共有的文明——名人与文化遗产"巡回展览；在 2008 年结合北京奥运会的举办，策划了"文化名人与世界文化""文化名人与北京"两个巡回展览；在 2009 年结合新中国成立 60 周年，策划了"文化名人与新中国"巡回展览；在 2011 年结合中国共产党成立 90 周年，策划了"文化名人与中国共产党"巡回展览；在 2012 年结合北京市宣传"北京精神"活动，策划了"文化名人与北京精神""为了中华民族的崛起——文化名人的爱国情怀"两个巡回展览；在 2013 年结合习近平总书记提出的"中国梦"口号，策划了"20 世纪文化名人的中国梦"巡回展览；在 2014 年结合国家提倡的中国精神和家风教育，策划了"大家风范 中国精神——20 世纪八大文化名人的人格和家风"巡回展览；在 2015 年结合抗日战争胜利 70 周年，策划了"文化名人与民族精神"巡回展览；在 2016 年结合当年国际博物馆日的主题"博物馆与文化景观"，策划了"文化名人与文化景观——名人·名居·名树"巡回展览。此外，北京名人故居联盟也逐渐扩大，从 6 家到 7 家，再到 8 家，最后从北京扩展到江苏、浙江、四川、福建、广东等省的名人故居，逐渐形成全国性的 20 世纪中华文化名人联盟。

北京名人故居联盟的另外一个亮点就是组织"中华世纪名人展览"赴世界

---

① 赵笑洁：《八家名人故居纪念馆合作活动大事记（2000—2014）》，《大家风范 中国精神——北京八家名人故居联合活动十五年》，钱振文主编，北京：社会科学文献出版社，2015 年出版，第 181 页。

各地展出。2004年6月9日，北京名人故居联盟策划制作的"中华世纪名人展览"代表团赴新加坡、马来西亚举办展览，此后陆续赴韩国、日本、巴基斯坦、土耳其、肯尼亚、埃及、加拿大、澳大利亚等国巡回展出，较大地促进了包括鲁迅在内的中华名人在世界各国的传播。

此外，北京名人故居联盟还注重到边远地区举行巡回展览，进行文化下乡、文化扶贫活动。如北京名人故居联盟在2005年4月12日，携带"追寻世纪名人"展览到河北定州廉台乡的农村小学巡回展出，不仅为边远地区的小学生带来了精神文化食粮，同时还向几所小学捐赠了1800多册图书，100多件旧办公用品，和2000多件文体用品，改善了他们的办公和学习条件。因此，北京名人故居联盟也被誉为博物馆界的"乌兰牧骑"，极大地发挥出博物馆的社会教育功能，为国内博物馆界的巡回展览工作探索出成功的经验。

值得一提的是，北京鲁迅博物馆牵头组织了北京名人故居联盟2013的主题活动，结合习近平总书记提出的"中国梦"伟大设想，在5月策划了"20世纪文化名人的中国梦"展览，开始在全国各地巡回展览，另外还结合北京市西城区的爱国主义教育月活动，策划了"访文化名人 看传统老宅 赏古树名木——走进北京八家名人故居"展览，在北京8家名人故居中巡回展出。值得一提的是，北京鲁迅博物馆还设计了北京8家名人故居联盟的LOGO，以及有关纪念品，使8家名人故居有了统一的形象标志，提升了北京8家名人故居的凝聚力，为北京8家名人故居联盟的未来发展做出了重要的贡献。北京鲁迅博物馆时任馆长杨阳在"20世纪文化名人的中国梦"巡回展览的开幕式上对北京8家名人故居联盟成立13年以来的工作进行了回顾和总结，特别指出了北京8家名人故居联盟在全国举行巡回展览的目的："八家名人故居联盟一直秉持着两个重要的理念，一是坚持以价值观为基础的遗产保护模式，坚持将更大的精力用于馆藏文物多元价值的开发、利用，尤其是名人文化的社会政治价值，通过对名人文化遗产进行深度阐释，发现名人遗产中与当前政治热点、文化焦点的对接处。二是我们坚持认为享受和拥有文化遗产是所有公民的基本权利，博物馆不应该成为储藏文物的象牙塔，而应该成为广大人民群众接受精神食粮的文化公园和向人民群众输送精神食粮的传送带，因此，十几年来，我们坚持把展览送到北京和外省市的老少边穷地区和弱势群体之中。"① 总的来说，北京鲁迅博物馆在加入北京名人故居联盟之后，在社会教育工作方面有了很大的提升，可以依托北京名人

---

① 北京鲁迅博物馆编印：《北京八家名人故居联盟2013年系列文化活动宣传册》，内部资料，铅印本，2014年印刷，第26页。

故居联盟的资源，不仅在每年将鲁迅展览送到国内各地进行巡展，而且也基本上每年都把鲁迅展览送到国外展出，而北京鲁迅博物馆也发挥出自身的资源优势为北京名人故居联盟的业务发展做出过重要的贡献。

（8）举办"在鲁迅身边听讲座"系列活动

2005 年，北京鲁迅博物馆与北京日报报业集团同心出版社联合在北京鲁迅博物馆多功能厅举办了"在鲁迅身边听讲座"的系列活动，从鲁迅研究专家朱正在 2005 年 3 月 27 日主讲第 1 期讲座《真假鲁迅——鲁迅史料中的真伪问题》，到中国人民大学张鸣教授在 2006 年 5 月 28 日主讲第 29 期讲座《中国社会合作化道路的回顾与前瞻》，一共举办了 29 场讲座。后来因为北京鲁迅博物馆闭馆修改鲁迅生平陈列而停止。这些讲座的讲题多元化，只有朱正和陈丹青主讲的两次讲座是关于鲁迅的，另外，主讲人都是各领域的著名专家、学者，如著名胡适研究专家耿云志、著名作家莫言、著名画家陈丹青、著名历史学家葛承雍、著名学者崔卫平、台湾学者林谷芳等，所以吸引了很多听众前来北京鲁迅博物馆参观并聆听讲座。北京鲁迅博物馆通过举办上述讲座，不仅发挥出博物馆的社会教育功能，而且，通过报刊媒体对这些讲座的报道，也进一步扩大了北京鲁迅博物馆在社会上的影响。

（9）开发面向中小学生的校外教育课程

北京鲁迅博物馆作为"北京市青少年教育基地"，还按照教育基地建设的要求针对中小学生开发了一系列的校外教育课程，组织中小学生在寒暑假到馆学习有关鲁迅的校外课程，如"现代作家经典品读"系列课程，包括"三味书屋读鲁迅""中小学鲁迅作品双师教学课""闻香识鲁迅"；"鲁迅的艺术生活"系列课程，包括"年画里的春天""藏书票里的翰墨书香""鲁迅书籍封面设计欣赏与书皮手做体验""重温鲁迅的书信时光"；"拓印惊奇——版画艺术教育系列"，包括"一叶知秋——版画里的印痕之美""鲁迅设计'袋'着走""萌芽木刻——版画创作入门""中国传统木刻拓印"等，涵盖了鲁迅作品阅读与教学，鲁迅的书法艺术、封面设计艺术，以及鲁迅倡导的木刻艺术的欣赏与亲身体验等，使学生通过这些课程的学习和亲手操作，加深对鲁迅以及年画、木刻等中国传统文化遗产的了解与认识。

其中"三味书屋读鲁迅"课程，"是北京鲁迅博物馆专门为青少年量身打造的阅读体验课程，活动通过学生阅读、老师阅读创作指导、文章情景再现等方式，从鲁迅作品中品味文学之美，通过多种阅读方式，发现更多接近文学经典的途径"。这一课程是结合中小学生的年龄特点设计的，用鲁迅的 41 篇文章提炼出 7 个主题："鲁迅的动物世界""和鲁迅一起写人""和鲁迅一起读书""和鲁迅一起读报""和鲁迅一起看中国人""和鲁迅一起看天才""鲁迅的思想世界"。学生在讲解员的带领下，通过阅读、欣赏某一个主题的有关文章，从而加深对鲁迅的认识。① 这个课程不仅获得了学生的欢迎，而且也在 2014 年荣获了北京市校外教育优秀案例二等奖。可以说，北京鲁迅博物馆发挥博物馆社会教育的职能，充分挖掘馆藏的丰富文献，结合青少年学生的特点，设计面向中小学生的校外课程，用丰富多彩的体验活动，不仅使青少年学生在北京鲁迅博物馆所精心营造的鲁迅文化环境中感受到一个与中小学语文课本中不一样的鲁迅，从而增加对鲁迅的认识和理解，而且也使中小学生通过亲手做版画设计、木刻拓印等活动，增加对中国传统文化的认识和了解。

（10）联合举行"寻找鲁迅足迹，品味书香西城"探究性学习活动

2015 年年初，北京鲁迅博物馆与北京市西城区展览路街道少年宫联合组织了 3000 多名中小学生参加"寻找鲁迅足迹，品味书香西城"探究性学习活动。"活动以鲁迅在北京的足迹为线索，引导学生在家长的陪同下，利用寒暑假时间发现民国时期北京的独特风貌，感受北京深厚的文化底蕴。"这次活动共设立了 6 站，第 1 站的主题为"北大小学生——北大红楼"，第 2 站的主题为"会馆里的'狂人'——绍兴会馆"，第 3 站的主题为"和鲁迅一起逛街——琉璃厂"，第 4 站的主题为"和小鸭子一起到鲁迅家串门——新街口八道湾"，第 5 站的主题为"探访北京最古老的胡同——砖塔胡同"，第 6 站的主题为"到鲁迅家串门——鲁迅博物馆"。"每一站都为同学们设定了要完成的任务，给出了分年级的任务要求。同学们通过实地参观、实践体验、上网搜集、书籍阅读等方式完成任务。"②

同学们在完成参观任务之后，还通过摄影照片、绘画作品、手抄小报、撰写寻访故事的形式汇报这次探究性学习的见闻和收获。北京鲁迅博物馆和展览路少年宫的工作人员从这些汇报成果中选出 60 份作品，制作成展览在北京鲁迅博物馆展出，并对获奖的同学进行奖励。可以说，北京鲁迅博物馆发挥出社会教育职能与北京市西城区展览路街道少年宫联合组织的这次探究性学习活动是比较成功的。学生们既通过寻访鲁迅在西城区的活动地点，"探究"鲁迅在这些地点的生活和创作情况，在"探究"之后还要"学习"，学生们利用在参观鲁迅在西城区的活动地点之后的所见所闻所感，创作了历史故事、摄影作品、绘

---

① 北京鲁迅博物馆编印：《鲁博教育活动手册》，内部资料，铅印本，2014 年印刷，第 2 页。

② 北京鲁迅博物馆编印：《"寻找鲁迅足迹，品味书香西城"活动汇报展宣传册》，内部资料，铅印本，2015 年印刷，第 4 页。

画作品、手抄小报等，不仅加深对鲁迅生活和创作的认识，而且也通过实地参观民国时期重要的历史文化景点，加深对西城区历史和文化的了解，受到爱国主义教育。但是很遗憾，这项活动的主办方考虑到种种原因，只举办了一次就不再举办了。

4. 小结

回顾北京鲁迅博物馆社会教育工作的历史，可以看出经过近 50 年的发展，特别是在 2004 年实行免费开放之后，北京鲁迅博物馆的社会教育工作有了明显的发展，并取得了丰硕的成果：社会教育活动从数量较少、形式单一发展到数量较多、形式丰富多彩；从单纯面向观众进行讲解、宣传到面向中小学生、社区居民、各界观众开发出体验型、探究性等多种形式的教育活动；从一个馆做小型的社会教育活动到联合北京及全国各地的名人故居共同举办社会教育活动；从一个馆在国内各地举办巡回展览到联合北京及国内各地的名人故居共同在世界各国举办巡回展览。总之，北京鲁迅博物馆发挥出博物馆的社会教育功能，作为"北京市青少年教育基地"和"北京市爱国主义教育基地"，承担了北京市中小学生的校外教育工作，北京地区的大学生、港澳大学生以及少数民族大学生的社会实践工作和国情教育工作，社区文化建设工作，中外文化交流工作，为传播鲁迅、弘扬鲁迅精神做出了重要的贡献。但是，北京鲁迅博物馆的社会教育工作也存在一些问题。首先就是观众数量较少。北京鲁迅博物馆每年的观众数量基本维持在 6 万人次左右，这个观众数量不仅和绍兴鲁迅纪念馆每年大约 200 万人次的观众数量无法相比，也远远低于上海鲁迅纪念馆每年大约 30 万人次的观众数量。其次是所策划组织的社会教育活动相对来说偏少。目前每年策划的社会教育活动主要面向中学生，因为中学生平时的学习任务较重，所以这些活动多安排在寒暑假以及 4 月的"鲁迅纪念月"，其余时间组织的社会教育活动较少。解决上述问题，就需要更好地发挥出北京鲁迅博物馆的社会教育职能，策划更多的面向各界观众的社会教育活动，这样才能吸引中学生以及各界观众前来参观，从而将鲁迅精神传播到更多的观众之中。

五、国际文化交流工作的历史与现状

鲁迅从 1912 年 5 月到 1926 年 8 月在北京生活了 14 年，并在北京登上了文坛，创作了一批重要的作品，因此，北京鲁迅博物馆也吸引了一些国外友人前来参观。回顾北京鲁迅博物馆对外文化交流的历史，可以看出，从 1956 年到 1977 年期间（其中从 1967 年春季到 1974 年 9 月 24 日闭馆），对外文化交流活动较少；从 1978 年到 1996 年（其中 1987 年 1 月到 1996 年 10 月 16 日，因为扩建陈列厅而停止开放展览，只开放鲁迅故居），对外文化交流的活动逐渐多了起来，并多次赴外国举办鲁迅展览；从 1997 年到 2016 年，对外文化交流的范围进一步扩大，对外文化交流的形式也不再仅限于举办展览，开始举办学术研讨会等。

1. 对外单项交流阶段（1956—1977）

据《北京鲁迅博物馆五十年（1956—2016）》一书记载，在北京鲁迅博物馆于 1956 年 10 月 19 日正式对外开放之前，就有日本友人前来参观鲁迅故居，如日本作家德永直、中村元右卫门等人在 1955 年 2 月参观鲁迅故居。内山嘉吉等人在 1956 年 7 月 4 日参观鲁迅故居[1]。

北京鲁迅博物馆正式对外开放之后，前来参观的外国友人逐渐多了起来，逐渐发挥出对外文化交流的重要作用，促进了中国与友好国家的文化交流。这些外国友人大致可以分为如下几类：

首先是日本友人、日本作家，如日本友人中岛健藏在 1957 年 4 月前来参观；日本友人风见章在 9 月 6 日前来参观；日本作家池田幸子在 1958 年 11 月 27 日前来参观；内山完造夫人、内山嘉吉夫妇在许广平的陪同下在 1959 年 10 月 19 日前来参观并留言；日本文学代表团的野间宏、竹内实在 1960 年 6 月 17 日前来参观；日本友人安井郁在 1961 年 12 月 31 日前来参观。

其次是苏联、朝鲜等社会主义国家的友人、作家，如苏联作家西蒙诺夫在 1957 年 12 月 10 日前来参观；苏联对外文化协会奥斯特洛夫斯娅（作家奥斯特洛夫斯基的夫人）在 1959 年 11 月 28 日前来参观并留言；捷克斯洛伐克科学院布尔吉契卡院士等人在 1960 年 4 月 2 日来馆参观并留言："我们很高兴地参观了鲁迅博物馆，并高兴地看到了他的作品翻译成了捷克斯洛伐克文"[2]；朝鲜博物馆代表团全体成员在 1960 年 11 月 12 日来馆参观并留言："伟大文豪鲁迅先生的思想将同中国人民一样万古长青"[3]；民主德国专家布莱施耐德在 1961 年 9 月 23 日前来参观并留言："通过参观感到鲁迅是被中国人民热爱和尊敬的。鲁迅不仅活在中国人民心中，而且活在世界人民心中，他为自由和人类做了斗争，德国人民敬仰伟大的无产阶级作家——鲁迅。鲁迅精通马克思和歌德的语言。"[4]

①　北京鲁迅博物馆编：《北京鲁迅博物馆五十年（1956—2006）》，第 150 页。
②　北京鲁迅博物馆编：《北京鲁迅博物馆五十年（1956—2006）》，第 150 页。
③　北京鲁迅博物馆编：《北京鲁迅博物馆五十年（1956—2006）》，第 153 页。
④　北京鲁迅博物馆编：《北京鲁迅博物馆五十年（1956—2006）》，第 154 页。

　　再次是欧美左翼文化人士，如比利时画家麦绥莱勒，法国画家罗尔·马克莱在 1958 年 11 月 1 日前来参观；冰岛作家安德列生、托娜在 1959 年 5 月 20 日前来参观；美国作家菲利浦·丹纽斯在 1959 年 7 月 1 日前来参观并留言："鲁迅是世界上最伟大的作家之一，他经常是站在人民一边的。美国人民也将像世界上其他国家人民一样去了解他。他是新中国人民文学的榜样，他是为全人类服务的"①；丹麦作家盖布里尔森在 1959 年 9 月 27 日前来参观；瑞典诗人布隆拜在 1959 年 10 月 14 日前来参观并留言："这是关于伟大的革命作家生平和著作的一个很好的展览。"②

　　最后是亚非拉第三世界国家的友人，如印度国际大学教授兼中国学院院长谭云山在 1959 年 11 月 28 日前来参观并留言："鲁迅先生精神不死，后辈小子应该学习"③；阿根廷作家格尔顿夫妇在 1962 年 10 月 19 日前来参观；刚果作家昂巴·木卡尼亚在 1963 年 7 月 9 日前来参观并留言："当把知识赋予人民的时候，这种知识是无穷的。"④

　　此外，北京鲁迅博物馆还接待了一些外国政党的领导人参观，为中国对外高层交往发挥作用。如印度尼西亚共产党副主席约多在 1959 年 10 月 31 日前来参观并留言："印度尼西亚的革命文化工作者和人民一向认为鲁迅是一位伟大的爱国者。鲁迅不仅属于中国，他也属于印度尼西亚，属于世界"⑤；泰国共产党中央两位领导同志在 1961 年 11 月 10 日前来参观；马来西亚共产党主席与总书记在 1963 年 7 月 26 日来馆参观。

　　"文革"爆发后，北京鲁迅博物馆在 1967 年春季闭馆，在 1974 年 9 月 24 日才重新开放。不过，一些日本友人在 20 世纪 70 年代初也经过有关部门的批准，前来参观鲁迅故居。如鲁迅的友人内山嘉吉夫妇在 1971 年 10 月 13 日前来参观鲁迅故居并留言："经十二年再来参观鲁迅博物馆和鲁迅先生故居，感动更深更新，复知鲁迅先生之伟大深厚之一生"⑥；鲁迅的学生增田涉在 1973 年 10 月 8 日前来参观鲁迅故居；日本作家井上靖、白土武夫等人在 1975 年 5 月 8 日前来参观；日本的滨口夫妇、藤山爱一郎、宫川寅藏，日本美术代表团，分别在

---

① 北京鲁迅博物馆编：《北京鲁迅博物馆五十年（1956—2006）》，第 152 页。
② 北京鲁迅博物馆编：《北京鲁迅博物馆五十年（1956—2006）》，第 152 页。
③ 北京鲁迅博物馆编：《北京鲁迅博物馆五十年（1956—2006）》，第 152 页。
④ 北京鲁迅博物馆编：《北京鲁迅博物馆五十年（1956—2006）》，第 154 页。
⑤ 北京鲁迅博物馆编：《北京鲁迅博物馆五十年（1956—2006）》，第 156 页。
⑥ 北京鲁迅博物馆编：《北京鲁迅博物馆五十年（1956—2006）》，第 156 页。

1975 年 6 月前来参观①；日本友人西园寺公一在 8 月 2 日前来参观。此外，在有关部门的安排下，北京外国语学院的各国留学生也在 1975 年 6 月参观北京鲁迅博物馆，增加对鲁迅的认识和了解。

"文革"结束之后到 1978 年之间，也就是在 1977 年，还有一些日本的友人、欧美的友人，以及海外的华人前来北京鲁迅博物馆参观，如日本学者菅野俊作在 4 月 1 日前来参观；日本友人宫崎世民在 4 月 5 日前来馆参观；内山嘉吉夫妇在 6 月 16 日第三次前来参观；美国友人韩丁及其女儿卡玛在 7 月 2 日前来参观；加拿大麦吉尔大学华人教授林光达夫妇在 10 月 20 日前来参观并座谈；美籍华人王浩在 11 月 11 日前来参观并座谈。另外，瑞典作家代表团在 11 月 5 日前来参观并协商北京鲁迅博物馆在 1978 年赴瑞典举办鲁迅展览的方案。

总的来说，北京鲁迅博物馆在这一时期主要的对外交流活动就是接待外宾参观，让外宾通过参观北京鲁迅博物馆增加对鲁迅的认识，以及对现代中国文化的认识。因为中国当时所处的国际环境，所以前来参观的外宾以社会主义国家及第三世界的官员、学者，欧美的左翼人士，以及日本对华友好人士为主，普通的外国游客几乎没有。在某种程度上也可以说，北京鲁迅博物馆作为对外展示中国文化的窗口，承担着向来访的国外观众宣传鲁迅、宣传社会主义新中国的作用。

2. 对外双向交流阶段（1978—1996）

随着国家在 1978 年实行对外开放政策，北京鲁迅博物馆的对外文化交流工作也逐渐开展起来。北京鲁迅博物馆在这一时期（其中因为扩建陈列厅，在 1987 年到 1996 年停止开放展览，只开放鲁迅故居）主要的对外文化交流活动是赴外国举办鲁迅展览，赴外国参观有关博物馆、图书馆，接待国外学者及普通游客。

北京鲁迅博物馆在这一期间曾经多次赴外国举办鲁迅展览。首先是 1978 年至 1981 年赴瑞典、挪威、联邦德国举办鲁迅巡回展览。1977 年 2 月 25 日，瑞中友好协会向中国人民对外友好协会发出在瑞典举办鲁迅展览的邀请。经中国人民对外友好协会和国家文物事业管理局协商，决定由北京鲁迅博物馆承担赴瑞典举办鲁迅展览的任务。1978 年 10 月 1 日，作为纪念中华人民共和国成立 29 周年的活动之一，北京鲁迅博物馆和中国出国展览公司联合制作的"鲁迅——中国现代最伟大的文学家"展览在瑞典国家艺术博物馆开幕，国家文物事业管理局局长王冶秋、北京鲁迅博物馆馆长李何林、鲁迅之子周海婴组成的中国代

---

①　北京鲁迅博物馆编：《北京鲁迅博物馆五十年（1956—2006）》，第 158 页。

表团参加了展览的开幕式。这次展览的展期一个月，观众达到1.8万人次。① 这个展览的成功举办，也标志着北京鲁迅博物馆的对外文化交流工作进入了双向交流的阶段。此后，这个鲁迅展览继续在欧洲巡回展出：1979年4月23日，挪中友好协会理事勃克曼夫妇邀请赴瑞典的"鲁迅——中国现代最伟大的文学家"展览，由中国驻瑞典大使馆负责转运到挪威，在奥斯陆的蒙克博物馆继续展出，展期一个月；1980年年初，在挪威的"鲁迅——中国现代最伟大的文学家"展览又被转运到联邦德国的各大城市巡回展出。这次展览在国内也引起了良好的反响，1981年8月15日出版的《人民日报》特地刊登了介绍北京鲁迅博物馆在联邦德国举办鲁迅展览的报道。② 1981年6月29日，"鲁迅——中国现代最伟大的文学家"展览的全部展品在瑞典、挪威、联邦德国巡回展出后安全运回北京鲁迅博物馆。这次在瑞典、挪威、联邦德国举办的鲁迅巡回展览，也是北京鲁迅博物馆首次在国外举办鲁迅展览，不仅在一定程度上促进了鲁迅在瑞典、挪威、联邦德国的传播，而且也为北京鲁迅博物馆今后在国外举办鲁迅展览积累了经验。

其次是1991年赴日本举办鲁迅展览。在鲁迅诞辰110周年之际，日本仙台东北大学的西泽润一郎校长组织了"仙台祭"实行委员会，举行了一系列纪念鲁迅的活动，并特别邀请北京鲁迅博物馆赴仙台举办"鲁迅与日本"文物展。这次展览在1991年9月24日开幕，展出了鲁迅在日本留学期间的一些笔记和文稿等珍贵文物，不仅是对鲁迅诞辰110周年的纪念，也促进了中日文化交流。此外，北京鲁迅博物馆在1995年11月29日，与来访的日本福冈市综合图书馆代表团达成加强双方文化交流的协议，并在1996年8月1日派代表团赴日本参加福冈市综合图书馆举办的"竹内实文库·鲁迅展"开幕式，并为这个展览提供了部分展品。

再次是1992年赴印度举办鲁迅展览。应印度有关方面的邀请，北京鲁迅博物馆在1992年1月赴印度新德里举办了"鲁迅生平著作展"，中国驻印度大使在开幕式上致辞。这次展览不仅较大地推动了鲁迅在印度的传播与研究，也促进了中印两国的文化交流。

除了赴国外举办鲁迅展览之外，北京鲁迅博物馆还为了扩建新馆舍在1986年7月组成代表团赴日本国立历史民俗博物馆访问，协商双方今后的合作意向，并考察了东京、京都等地的著名博物馆，学习国外著名博物馆在运营、展览等

---

① 北京鲁迅博物馆编：《北京鲁迅博物馆五十年（1956—2006）》，第160页。
② 北京鲁迅博物馆编：《北京鲁迅博物馆五十年（1956—2006）》，第161页。

方面的先进经验。

值得一提的是，北京鲁迅博物馆在这一期间除了接待外国的普通游客之外，还接待了多批鲁迅研究学者，特别是日本鲁迅研究学者的学术访问，促进了中外鲁迅研究学者间的学术交流。如日本"鲁迅之友会"代表团10多人在1981年8月3日前来参观并与北京鲁迅博物馆的研究人员举行座谈会，交流两国鲁迅研究的信息；日本东京大学教授尾上兼英夫妇在1989年9月11日前来参观；日本东京女子大学教授伊藤虎丸在1989年9月13日前来参观并与北京鲁迅博物馆的部分研究人员交流；日本京都大学名誉教授竹内实在1992年9月前来参观并与北京鲁迅博物馆的有关研究人员座谈；日本福井县立大学看护短期大学部教授泉彪之助在1993年8月23日前来访问，不仅在北京鲁迅博物馆做了《藤野严九郎在福井与美国邓恩医生简历》的演讲，还帮助北京鲁迅博物馆翻译了馆藏的鲁迅医学笔记中的部分内容[1]；日本东京大学丸山昇率领10多位"中国三十年代文学研究会"学者在1994年8月22日前来参观并与北京鲁迅博物馆的有关研究人员举行座谈会；日本东北大学阿部兼也、渡边襄、千代木等在1994年11月14日前来访问，并赠送了一批有关鲁迅在仙台的研究资料；日本日中友好协会池上正治在1996年3月20日前来访问，并赠送鲁迅"柔道入门誓约书"彩色照片两幅。

此外，北京鲁迅博物馆在这一期间也接待了一些日本友好团体前来访问。如日本书法家协会代表团10多人在1981年9月22日前来参观并座谈，在座谈会结束之后还表演书法并将作品送给北京鲁迅博物馆收藏；日本日中青年友好代表团在1984年9月30日前来参观，并与北京鲁迅博物馆的职工举行联欢会；日本体育版画协会旅游团在1992年9月前来参观并与北京鲁迅博物馆的研究人员座谈有关鲁迅收藏的版画；日本笔会会长尾崎秀树率领日本笔会代表团在1995年5月19日前来访问。

在这一时期前来北京鲁迅博物馆访问的外国高级官员比较少，只有委内瑞拉总统埃里拉在1981年11月1日前来参观。[2] 在某种程度上也可以说，随着中国国内政治局势的变化，以及国际环境的变化，鲁迅在中国的社会地位也有明显的变化，不再像20世纪60年代那样被视为革命家，而是被视为文学家、思想家，与这种变化相应的就是前来参观北京鲁迅博物馆的国外政治人物人数的明显减少，以及前来参观北京鲁迅博物馆的国外鲁迅研究学者人数的明显增加。

---

[1]　北京鲁迅博物馆编：《北京鲁迅博物馆五十年（1956—2006）》，第170页。

[2]　北京鲁迅博物馆编：《北京鲁迅博物馆五十年（1956—2006）》，第162页。

可以说，北京鲁迅博物馆所承担的对外文化交流的职能不再是带有政治化色彩的对外交流，而是更加突出对外的文化交流和学术交流。

3. 对外文化交流的深化阶段（1997—2016）

1996 年 10 月，北京鲁迅博物馆新扩建的陈列厅正式对外开放，并拥有了可以举办临时展览的多功能厅，此后，北京鲁迅博物馆的各项业务工作都有了明显的进展，特别是进入 21 世纪之后，北京鲁迅博物馆积极拓展对外文化交流的渠道，在对外文化交流方面取得了重要的成果。

首先是展览实现了双向交流，不仅多次赴外国举办鲁迅展览，还邀请外国的一些机构在北京鲁迅博物馆举办展览。北京鲁迅博物馆在这一期间赴外国举办的展览主要有如下几类：

（1）参加北京名人故居联盟组织的"中华世纪名人展览"到世界各国巡回展览。

北京名人故居联盟在 2000 年成立之后，从 2004 年开始组织"中华世纪名人展览"到外国巡回展览，如 2004 年 6 月 9 日赴新加坡、马来西亚举办展览；2005 年 5 月 22 日赴韩国釜山大学举办展览；2006 年 6 月 15 日赴日本举办展览；2007 年 11 月 23 日赴澳大利亚悉尼大学举办展览；2012 年 9 月 18 日赴法国巴黎中国文化中心举办展览；2013 年 11 月 11 日赴巴基斯坦自然历史博物馆举办展览；2014 年 7 月 10 日赴土耳其 DOGUS 大学举办展览；2015 年赴肯尼亚内罗毕国家博物馆举办展览。其中 2013 年赴巴基斯坦举办的展览是由北京鲁迅博物馆牵头组织的。[①] 这次展览得到了中国驻巴基斯坦大使馆的大力支持，时任大使孙卫东亲自担任讲解员，用流利的英语为参加展览开幕式的巴基斯坦多位部长级官员讲解宋庆龄、鲁迅、郭沫若、茅盾、老舍、梅兰芳、徐悲鸿等文化名人的生平以及他们为中华之崛起而做出的卓越贡献。这次展览在巴基斯坦引起了较好的社会反响，巴基斯坦国家电视台以及有关报纸都对展览做了详细的报道。此外，这个展览在巴基斯坦自然历史博物馆展完之后，还由巴基斯坦方面负责把展览转送到伊斯兰堡的一些大学和其他城市进行巡回展览。总之，这个展览不仅促进了包括鲁迅在内的 8 位中华名人的事迹和精神在巴基斯坦各地的传播，而且也促进了中巴两国之间的友好交往。

（2）参加外国举办的中国文化节、文化周以及有关的展览会

北京鲁迅博物馆在上级有关部门的安排下，或应外国有关机构的邀请，多

---

① 钱振文：《我馆主持的"中华名人展"亮相巴基斯坦首都》，北京鲁迅博物馆网站，ht-tp：//www.luxunmuseum.com.cn，发布日期：2013-11-21。

次携带"鲁迅生平展览"或馆藏的美术作品参加在国外举办的文化节或有关中国的文化活动。

2009 年 10 月 10 日，中国文化部与中国驻尼泊尔大使馆联合在尼泊尔首都加德满都举办"中国文化节"，不仅安排北京鲁迅博物馆携带"鲁迅生平展览"参加，还指定北京鲁迅博物馆负责在"中国文化节"期间举办的"今日中国面面观"（中国文化部提供）和"感动江苏·走进南通"（江苏省政府提供）这两个展览的布展工作。尼泊尔政府总理马达夫·库马尔·内帕尔在文化部外联局副局长李鸿、中国驻尼泊尔大使邱国洪和尼泊尔文化中心主席迪巴克先生陪同下兴致勃勃地参观了"鲁迅生平展览"，并对陪同人员说："我很早就通过阅读鲁迅的作品认识了鲁迅，读过鲁迅的《阿 Q 正传》。尼泊尔人民也都知道鲁迅的名字，很多人读过他的作品，鲁迅是非常伟大的人物。"① 这次展览是北京鲁迅博物馆首次在尼泊尔举办关于鲁迅的展览，获得了较好的社会反响，不仅促进了鲁迅在尼泊尔的传播，而且也为北京鲁迅博物馆与尼泊尔有关机构的未来合作打下了良好的基础。

2009 年 10 月 17 日至 2010 年 2 月 14 日，由中国文化部和欧罗巴利亚艺术节组委会联合举办的"怒吼吧，中国！——鲁迅、麦绥莱勒与中国先锋派艺术展（1919—1949）"在比利时根特美术馆展出。这次展览由中国美术馆、比利时根特美术馆、北京鲁迅博物馆、上海鲁迅纪念馆共同承办，并提供了 240 多件展品。北京鲁迅博物馆提供了鲁迅收藏的格罗斯和梅斐尔德的版画作品（均是国家一级文物），以及鲁迅收藏的麦绥莱勒创作的 5 本版画集，并由馆领导带领文物保管人员赴比利时布展、参加展览开幕式。② 这次展览是为了纪念中华人民共和国成立 60 周年，以及欧罗巴利亚艺术节举行 40 周年而举办的系列展览中最重要的一个展览，不仅促进了鲁迅在欧洲的传播，而且也促进了以鲁迅与比利时画家麦绥莱勒为纽带的中比两国之间的文化交流。

2012 年 11 月 15 日至 22 日，印度中国研究所和尼赫鲁大学联合举办"印度鲁迅文化周"，包括有印度、中国（其中有两位北京鲁迅博物馆的研究人员）、韩国、日本、意大利、德国、法国、新加坡 8 个国家的鲁迅研究学者参加的"鲁迅及其遗产"国际学术研讨会，以及由北京鲁迅博物馆举办的"鲁迅生平"

---

① 鲁宣：《中国文化节"鲁迅生平展"赴尼泊尔展出圆满成功》，北京鲁迅博物馆网站，http：//www.luxunmuseum.com.cn，发布日期：2009-10-23
② 夏晓静：《欧罗巴利亚中国艺术节"怒吼吧，中国！——鲁迅、麦绥莱勒与中国先锋派艺术（1919—1949）展"在比利时根特美术馆隆重开幕》，北京鲁迅博物馆网站，http：//www.luxunmuseum.com.cn，发布日期：2009-10-28

展览和鲁迅著作改编的电影招待晚会。中国驻印度大使馆临时代办邓锡军在展览开幕式致辞时指出："鲁迅作为'中国文化新军伟大旗手'在中国具有重要的历史地位和作用，并在世界上拥有广泛的影响。""中印两国应不断增强相互理解与信任，充实战略合作内涵，深化各领域互利合作，推动两国关系持续健康稳定发展，为本地区乃至世界的和平与发展做出贡献。"① 这个鲁迅生平展览在新德里展完之后，还由中国驻印度大使馆负责安排到泰戈尔的故乡加尔各答继续展出，以鲁迅与泰戈尔这两位中国和印度的代表性作家为中心，推动中印文化交流。另外，这次展览也是北京鲁迅博物馆继 1992 年之后，再次在印度举办鲁迅生平展览，不仅促进了鲁迅在印度的传播与研究，而且也在中印两国之间的外交关系出现困难的情况下促进了中印两国之间的文化交流。

2014 年 8 月 8 日至 11 月 9 日，韩国光州双年展 20 周年纪念特别企划展"甘露——1980 以后"在韩国光州市立美术馆开幕，这次展览由财团法人光州双年展主办，北京鲁迅博物馆协办。北京鲁迅博物馆为展览提供了馆藏的 58 件版画作品，包括鲁迅收藏的新兴木刻作品 15 幅，胡风收藏的抗战版画作品 37 幅以及北京鲁迅博物馆近年征集的抗战版画作品 6 幅。这次展览在韩国引起了较好的社会反响，韩国 CBS 电视台、JTBC 电视台、KBC 电视台以及 OhmyNews 等门户网站均及时报道了这次展览的开幕式以及北京鲁迅博物馆提供的重要展品。② 这次展览的成功举行，不仅促进了鲁迅在韩国的传播，也促进了中韩两国之间的文化交流。

（3）联合国内外的有关机构共同举办鲁迅以及五四新文化运动展览

2009 年 9 月 5 日，北京鲁迅博物馆与北京新文化运动纪念馆联合在新加坡国家图书馆举办了"新潮澎湃，英杰辈出"——纪念五四新文化运动 90 周年的展览。新加坡新闻、通信及艺术部代部长吕德耀、中国驻新加坡大使馆文化参赞朱琦等参加了展览的开幕式。这次展览以图片与实物相结合的形式进行展示，展品中包括蔡元培、陈独秀、鲁迅、胡适等五四新文化运动相关人物的一些手迹的复制品，较为完整地展现了五四新文化运动的过程和深远影响。另外，在展览期间还面向公众举行了两场关于五四新文化运动的讲座，通过展览和讲座

---

① 吴一涵：《驻印度使馆临时代办邓锡军出席"印度鲁迅文化周"暨鲁迅研究国际会议》，北京鲁迅博物馆网站，http://www.luxunmuseum.com.cn，发布日期：2012-11-27
② 常楠：《我馆馆藏版画作品参加韩国光州双年展 20 周年纪念特别企划展"甘露——1980 以后"》，北京鲁迅博物馆网站，http://www.luxunmuseum.com.cn，发布日期：2014-08-15

的方式进一步促进了五四新文化运动在新加坡的传播。①

2013 年 10 月 12 日至 10 月 20 日，"鲁迅—和光：中日儿童版画展"在日本东京举行。这次展览由日本东京学校法人和光学园（简称：和光学园）、上海市人民对外友好协会、上海鲁迅纪念馆和北京鲁迅博物馆联合举办。中国驻日本大使馆政治部参事官赵伟、上海市人民对外友好协会日本处副处长周国荣、和光学园理事长奥平康照等分别在开幕式上致辞。这次展览展出了北京鲁迅博物馆馆藏的内山嘉吉在 20 世纪 30 年代寄赠给鲁迅的日本小学生创作的 49 幅版画，和光学园现在的学生新创作的 40 幅版画，以及上海市三新学校学生新创作的 40 幅版画。② 这次展览通过展示鲁迅收藏的 20 世纪 30 年代日本儿童创作的版画，以及中日两国儿童新创作的版画，表达出通过中日两国儿童版画的交流来推动 21 世纪中日两国民间友好交流的愿望。

2016 年 6 月 25 日，北京鲁迅博物馆与匈牙利裴多菲文学博物馆联合举办的"诗的力量——鲁迅、裴多菲文学生涯展"在裴多菲文学博物馆举行开幕式。这个展览共分为三部分：由裴多菲文学博物馆负责制作了第一部分"裴多菲生平和文学业绩"，由北京鲁迅博物馆负责制作了第二部分"鲁迅：精神界之战士"和第三部分"自由与爱情：裴多菲在中国"。中国驻匈牙利大使馆文化参赞郭晓光在开幕式致辞时高度评价这个展览极大地促进了中国和匈牙利两国之间的文化交流。③ 这个展览在 8 月 25 日结束之后，还在裴多菲的故乡继续展出到 10 月 25 日。裴多菲文学博物馆的馆长在 2007 年访问北京鲁迅博物馆时就提出举办这个展览，经过双方的共同努力，克服了多种困难，终于在 2016 年顺利举办。可以说，这个展览的成功举办，不仅促进了鲁迅在匈牙利的传播，而且也以鲁迅与裴多菲为纽带促进了中国和匈牙利两国之间的文化交流。

（4）在国外主办鲁迅以及五四新文化运动的展览

2005 年 11 月 14 日—21 日，北京鲁迅博物馆应邀赴韩国首尔中国文化中心举办"鲁迅的读书生活"展览，中国驻韩国大使馆文化参赞出席展览开幕式并致辞。这次展览还与韩国学者合作特别设立了鲁迅在韩国的传播与研究的展板。

---

① 姜异新：《五四新文化运动展在新加坡成功举办》，北京鲁迅博物馆网站，http://www.luxunmuseum.com.cn，发布日期：2009-09-25

② 夏晓静：《"鲁迅—和光：中日儿童版画展"在日本东京展出》，北京鲁迅博物馆网站，http://www.luxunmuseum.com.cn，发布日期：2013-10-22。

③ 姜异新：《"诗的力量——鲁迅、裴多菲文学生涯展"在匈牙利裴多菲文学博物馆举办》，北京鲁迅博物馆网站，http://www.luxunmuseum.com.cn，发布日期：2016-06-30。

通过这次鲁迅展览和鲁迅研讨会，不仅促进了中韩两国鲁迅研究界的学术联系，也促进了中韩两国的文化交流。另外，北京鲁迅博物馆还在 2006 年 1 月 11—17 日，应邀赴新加坡举办"鲁迅的读书生活"展览，促进了鲁迅在新加坡的传播。

此后，北京鲁迅博物馆的出国展览以"鲁迅生平展览"为主。2013 年 10 月 2 日，北京鲁迅博物馆应马来西亚创价学会的邀请，在马来西亚吉隆坡举办了"鲁迅生平展览"，中国驻马来西亚大使馆文化处主任高炜以及马来西亚文化界人士共 100 多人参加展览的开幕式。这次展览为期 15 天，组织的活动比较多，包括一场鲁迅研究国际学术研讨会，一场马来西亚青年座谈鲁迅的交流会，两场关于鲁迅的学术演讲，以及六场鲁迅著作改编的电影放映和观后感交流会。①这次活动得到了马来西亚最大的华文报纸《星洲日报》的大力支持，用较多的版面报道了这次展览所举办的相关活动。此外，马来西亚的《东方日报》《中国报》《南洋商报》等媒体也多次报道这次展览，较大地促进了鲁迅在马来西亚华人中的传播。

2013 年 12 月 6 日，北京鲁迅博物馆应尼泊尔德夫科塔—鲁迅学会的邀请在尼泊尔学院举办了"鲁迅生平与创作展览"，中国驻尼泊尔大使馆文化处主任张冰以及尼泊尔各界人士共 150 多人参加了展览的开幕式。尼泊尔德夫科塔—鲁迅学会配合展览还举办了有尼泊尔、中国、美国等国鲁迅研究学者参加的"德夫科塔与鲁迅"学术研讨会。②这次展览是北京鲁迅博物馆第二次在尼泊尔举办鲁迅展览，不仅再次推动了鲁迅在尼泊尔的传播与研究，而且促进了以鲁迅与尼泊尔著名作家德夫科塔为代表的中尼两国的文化交流。

2015 年 4 月 25 日，北京鲁迅博物馆（北京新文化运动纪念馆）在美国休斯敦举办了"回眸五四"展览，展览包括 50 块展板以及 59 件实物，介绍了胡适的一生主要经历，并介绍了他在美国学习和工作期间的情况。5 月 31 日，展览转移到洛杉矶继续展出。可以说，这次展览的成功举办进一步促进了五四新文化运动在美国的传播。

北京鲁迅博物馆在这一期间在本馆举办的外国展览主要有如下几个：

（1）联合举办"鲁迅与藤野先生图片展"

2009 年 9 月 18 日，"纪念鲁迅诞辰 128 周年——鲁迅与藤野先生图片展"在北京鲁迅博物馆开幕。这次展览由北京鲁迅博物馆和日本东北大学鲁迅研究

---

① 姜异新：《北京鲁迅博物馆和马来西亚创价学会联合举办"鲁迅生平展"》，北京鲁迅博物馆网站，http://www.luxunmuseum.com.cn，发布日期：2013-10-25。

② 高晓芬：《"鲁迅生平与创作展览"在尼泊尔展出》，北京鲁迅博物馆网站，http://www.luxunmuseum.com.cn，发布日期：2013-12-30。

课题组联合举办，展览内容分为七个部分："鲁迅留学日本时的仙台""鲁迅与仙台医学专门学校""鲁迅在仙台医学专门学校以及公寓的交友关系""幻灯事件""鲁迅的'医学笔记'与藤野严九郎""芦原的藤野先生""鲁迅在仙台的史迹"，重点展示鲁迅留学仙台时期的社会状况、人际交往，以及鲁迅的医学笔记与别的同学的医学笔记的异同点。① 这次展览不仅较为全面地展示出日本学者长期以来所搜集、整理的鲁迅在仙台留学时期的有关史料的图片，而且也从医学专业的角度对鲁迅的医学笔记进行了初步的研究，进一步推动了以鲁迅与藤野先生为纽带的中日两国的民间友好交流。

（2）联合举办"佐喜真美术馆藏凯绥·珂勒惠支版画展"

2011 年 9 月 17 日，北京鲁迅博物馆、中国人民大学文学院、北京市房山区文联联合在北京鲁迅博物馆举办了"佐喜真美术馆藏凯绥·珂勒惠支版画展"，展出了日本佐喜真美术馆提供的珂勒惠支版画原作 58 件。当天下午，在北京鲁迅博物馆举办了"在远东的天空下——凯绥·珂勒惠支版画艺术研讨会"，中、日、韩三国的部分学者和相关人士，就鲁迅与凯绥·珂勒惠支的交往，以及凯绥·珂勒惠支在中、日、韩三国的传播与影响进行了讨论。② 这次展览是日本佐喜真美术馆收藏的珂勒惠支版画在杭州展出之后，在中国的第二次展出，通过这次展览以及研讨会，不仅促进了凯绥·珂勒惠支在中国的传播，也促进了鲁迅与凯绥·珂勒惠支的相关研究。

（3）联合举办"索伦·克尔凯郭尔诞辰 200 周年纪念展"

2013 年 6 月 21 日—7 月 5 日，北京鲁迅博物馆与丹麦驻华大使馆、丹麦文化中心、哥本哈根克尔凯郭尔基金会、中国社会科学出版社等单位为纪念丹麦著名哲学家索伦·克尔凯郭尔诞辰 200 周年，联合举办了索伦·克尔凯郭尔诞辰 200 周年纪念展。这次展览用图片的形式展出了克尔凯郭尔的生平，同时展出了克尔凯郭尔所撰写的部分丹麦文著作及部分著作的中文译本，此外还特别展出了北京鲁迅博物馆馆藏的鲁迅收藏的克尔凯郭尔著作的部分德文译本和日文译本。③ 这次展览不仅促进了克尔凯郭尔在中国的传播，也促进了以克尔凯郭尔与鲁迅为代表的中丹两国之间的文化交流。

---

① 鲁宣：《"纪念鲁迅诞辰 128 周年——鲁迅与藤野先生图片展"开幕式在鲁博举行》，北京鲁迅博物馆网站，http：//www.luxunmuseum.com.cn，发布日期：2009-09-25。

② 鲁宣：《鲁迅博物馆举办"佐喜真美术馆藏凯绥·珂勒惠支版画展"暨研讨会》，北京鲁迅博物馆网站，http：//www.luxunmuseum.com.cn，发布日期：2011-09-21。

③ 鲁宣：《鲁迅博物馆举办丹麦哲学家克尔凯郭尔诞辰 200 周年纪念展》，北京鲁迅博物馆网站，http：//www.luxunmuseum.com.cn，发布日期：2013-06-21。

（4）联合举办"人民的歌手——尼泊尔诗人德夫科塔生平展"

2015 年 9 月 7 日，为庆祝中国和尼泊尔建交 60 周年，北京鲁迅博物馆和尼泊尔"德夫科塔—鲁迅学会"联合主办，中国人民大学文学院、北京阿尼哥艺术公司协办的"人民的歌手——尼泊尔诗人德夫科塔生平展"暨"德夫科塔与鲁迅"学术研讨会在北京鲁迅博物馆召开。拉克斯米·普拉萨德·德夫科塔（1909—1959）是尼泊尔现代文学史的开创者，类似鲁迅在中国现代文学史上的地位，这次展览用图片、手稿、书籍等文物及油画作品、音像资料展示了德夫科塔一生的主要经历和成就。另外，尼泊尔的一些文化界人士为了纪念德夫科塔，并促进尼泊尔与中国的文化交流，在 2012 年成立了"德夫科塔—鲁迅学会"。在举办这个展览的同时，"德夫科塔—鲁迅学会"的 10 多位成员还与中国的鲁迅研究者就鲁迅与德夫科塔的文学比较，以及中国和尼泊尔两国之间的文化交流进行了研讨。① 这次活动的成功举办，不仅促进了鲁迅与德夫科塔的比较研究，以及北京鲁迅博物馆与尼泊尔友好人士的友谊，而且也促进了以鲁迅与德夫科塔为纽带的中国和尼泊尔的文化交流。

其次是学术实现了双向交流，不仅多次赴外国参加学术会议，也联合外国的一些机构共同举办有关研讨会，并邀请一些外国学者在北京鲁迅博物馆做学术报告。

北京鲁迅博物馆从 2000 年以来陆续邀请了一些外国学者和作家来馆做学术报告或举行座谈会。如在 2000 年 5 月 7 日邀请日本东京大学的丸尾长喜教授来馆做题为《偏要对鲁迅精神的一个接近》学术报告；在 2003 年 12 月 5 日，邀请韩国外国语大学朴宰雨教授来馆做题为《韩国鲁迅研究的历史和现状》报告；在 2004 年 10 月 28 日，邀请日本学者木山英雄来馆做关于周作人的学术报告，并聘木山英雄为北京鲁迅博物馆荣誉研究馆员；在 2007 年 11 月 9 日，邀请日本学者中岛长文先生来馆访问，并与有关研究人员举行座谈会；在 2008 年 8 月 11 日，邀请美国普林斯顿大学东亚系周质平教授来馆做题为《林语堂：在革命与怀旧之间》的学术报告；在 2009 年 1 月 17 日，邀请诺贝尔文学奖获得者、日本著名作家大江健三郎先生，中国社科院外文所陈众议研究员、许金龙研究员等一行来馆参观，并与有关研究人员举行座谈会；在 2009 年 11 月 3 日，邀请德国波恩大学的顾彬（Wolfgang Kubin）教授来馆做题为《鲁迅在德国》的学术报

① 鲁宣：《"人民的歌手——尼泊尔诗人德夫科塔生平展"暨"德夫科塔与鲁迅"学术研讨会在北京鲁迅博物馆开幕》，北京鲁迅博物馆网站，http：//www.luxunmuseum.com.cn，发布日期：2015-09-07。

告；在 2011 年 3 月 11 日，邀请日本埼玉女子短期大学的宫泽真一教授来馆做了题为《鲁迅著作的英、日文翻译》的学术报告；在 2013 年 4 月 1 日，邀请澳大利亚新南威尔士大学寇志明教授来馆做题为《英语世界研究鲁迅的成果》的学术报告。可以说，北京鲁迅博物馆通过邀请国外鲁迅研究学者来馆访问并做学术报告，不仅促进了中外鲁迅研究学者之间的学术交流，而且也有助于提升北京鲁迅博物馆在国外鲁迅研究领域的学术影响力。

另外，北京鲁迅博物馆还与外国的一些学术机构联合在北京鲁迅博物馆举办学术研讨会。如在 2004 年 9 月 6—8 日，邀请日本东京大学名誉教授丸山昇及 30 多位"中国三十年代文学研究会"成员来馆与中国的一些鲁迅研究学者举行学术对话会，并在 9 月 8 日聘请丸山昇为北京鲁迅博物馆荣誉研究馆员；在 2005 年 9 月 27 日，北京鲁迅博物馆与日本东北大学、日本驻华大使馆、日本仙台市政府联合举办了"鲁迅的起点：仙台的记忆"国际学术研讨会，日本有 30 多位代表和鲁迅研究学者参加会议，全国各地的 50 多位鲁迅研究学者也应邀参加会议。与会学者重点研讨了鲁迅在仙台时期的思想和生活，以及鲁迅与藤野先生的师生情谊，认为仙台是鲁迅人生中重要的驿站。同时，北京鲁迅博物馆与日本东北大学联合编辑的《鲁迅与仙台》（中文版）也由中国大百科全书出版社在 2005 年 9 月出版。这次会议的举行，以及《鲁迅与仙台》（中文版）的出版，不仅促进了中日鲁迅研究学者间的学术交流，而且也在一定程度上推动了以鲁迅与藤野先生的师生情谊为代表的中日民间友好的发展。

此外，北京鲁迅博物馆还举办过一些外国学者的著作中文版的出版研讨会。如在 2008 年 10 月 11 日，与三联书店联合主办了日本学者木山英雄的著作《北京苦住庵记》中文版的出版研讨会；在 2013 年 9 月 3 日，与清华大学东亚文化讲座联合举办了"小森阳一先生还历纪念及小森阳一先生著作《文学的形式与历史》汉译本出版研讨会"，中日两国的 30 多位学者参加会议。可以说，北京鲁迅博物馆与有关出版机构和大学联合举办外国学者著作的中文版出版研讨会，虽然这些著作的内容与鲁迅研究不太密切，但是这些著作都是国外优秀的学术著作，而出版这些外国优秀学术著作的中文版无疑也会促进中外学术交流。

需要强调的是，北京鲁迅博物馆的研究人员在这一期间还多次赴外国参加学术会议，如在 2005 年 11 月 14—21 日，北京鲁迅博物馆的 6 位业务人员组成代表团赴韩国参加由韩国鲁迅研究会和韩国外国语大学联合主办的"21 世纪鲁迅研究的连续性与变化"国际学术研讨会，北京鲁迅博物馆同时还在首尔中国文化中心举办了"鲁迅的读书生活"展览。① 这次鲁迅研讨会和鲁迅展览的成功举行，不仅为北京鲁迅博物馆与韩国鲁迅研究界未来的合作奠定了坚实的基础，而且也极大地促进了中韩两国鲁迅研究界的学术交流。另外，北京鲁迅博物馆馆长杨阳、副馆长黄乔生在 2012 年 6 月 17 日至 22 日赴挪威奥斯陆参加国际博物馆协会文学专业委员会年会，不仅参加了会议讨论，还在会议期间同参加这次会议的俄罗斯托尔斯泰博物馆、肖洛霍夫博物馆、匈牙利裴多菲博物馆、瑞典斯特林堡博物馆的有关代表进行了交流，达成学术和展览交流的初步意向。② 这也是北京鲁迅博物馆的代表首次参加国际博物馆学会文学专业委员会的会议，不仅扩大了北京鲁迅博物馆在国际博物馆界的影响，而且也通过考察挪威的有关博物馆和参加会议讨论，学习了国际著名文学博物馆的运营经验。

再次是在北京鲁迅博物馆中建立裴多菲、藤野严九郎、史沫特莱的雕像，促进了中匈、中日、中美的文化交流。北京鲁迅博物馆的陈列厅前的庭院中矗立着裴多菲（2003 年设立）、藤野严九郎（2007 年设立）、史沫特莱（2010 年设立）的半身铜雕像，这些铜像设立在北京鲁迅博物馆，一方面是因为他们都是与鲁迅有关的历史人物，如鲁迅在文章中介绍过裴多菲，并与裴多菲有着精神联系，鲁迅与藤野严九郎有师生之情，鲁迅与史沫特莱有深厚的友谊，另一方面也通过纪念鲁迅与这三位历史人物来分别推动中匈、中日、中美之间的民间交流。

裴多菲的半身铜像是匈牙利政府赠送给北京鲁迅博物馆的（北京鲁迅博物馆此前赠送鲁迅的半身铜像给裴多菲博物馆），并在 2003 年 8 月 27 日举行了铜像揭幕仪式。正在中国访问的匈牙利共和国总理麦杰希·彼德博士和中国文化部部长孙家正为铜像揭幕，国家文物局局长单霁翔，鲁迅之子周海婴，裴多菲研究专家兴万生等 100 多位各界人士参加了揭幕仪式。北京鲁迅博物馆制作的"鲁迅与裴多菲"小型展览也同时开幕。③ 此后，因为裴多菲铜像设立在北京鲁迅博物馆，匈牙利的一些政府官员和政党领袖在来北京访问时，经常会到北京鲁迅博物馆向裴多菲铜像献花，并参观北京鲁迅博物馆的鲁迅生平展览。如匈牙利社会党主席兰德沃伊·伊尔迪科在 2010 年 3 月 18 日前来参观了鲁迅故居和鲁迅生平事迹展览，并向裴多菲铜像献花。另外，匈牙利驻华大使馆在每年的匈牙利国庆日时都会到北京鲁迅博物馆向裴多菲铜像献花，并在北京鲁迅博物

① 北京鲁迅博物馆编：《北京鲁迅博物馆五十年（1956—2006）》，第 190 页。
② 鲁宣：《我馆领导赴挪威参加 2012 年国际博物馆协会文学专业委员会年会》，北京鲁迅博物馆网站，http://www.luxunmuseum.com.cn，发布日期：2012-07-18。
③ 北京鲁迅博物馆编：《北京鲁迅博物馆五十年（1956—2006）》，第 183 页。

馆举行庆祝国庆的活动。可以说，设立在北京鲁迅博物馆中的裴多菲铜像，起到了促进中匈两国文化交流的作用，北京鲁迅博物馆也因此成为中国和匈牙利两国官方交流和文化交流的中心。

2006 年，为了纪念鲁迅与藤野先生在仙台"惜别"100 周年，北京鲁迅博物馆与藤野先生的故乡日本福井县芦原市政府商定将鲁迅铜像和藤野先生的铜像互赠对方，并分别将一尊鲁迅铜像和一尊藤野先生铜像赠送给鲁迅留学过的日本东北大学。经过北京鲁迅博物馆、日本福井县芦原市政府和日本东北大学的共同努力，三地在 2007 年陆续举办了鲁迅铜像和藤野先生铜像的揭幕典礼。2007 年 3 月 23 日，在福井县芦原市举行了藤野先生铜像和鲁迅铜像的揭幕典礼，中国驻日本大使馆李东翔公使和胡志平一等秘书、北京鲁迅博物馆孙毅馆长和黄乔生馆长助理、日本国会参议员和众议员、日本内阁官员、日本东北大学大西仁副校长、藤野先生的后代等约 70 人参加仪式；2007 年 6 月 21 日，在日本东北大学举行了藤野先生铜像和鲁迅铜像的揭幕典礼，中国驻日本大使馆王毅大使、北京鲁迅博物馆杨晋英书记、日本福井县芦原市新任市长桥本达也、鲁迅的孙女周宁夫妇、藤野先生的后代藤野幸弥先生等，以及东北大学的师生代表、仙台市政府官员代表等 100 多人参加了仪式，同时还出版了由芦原市政府和东北大学联合编辑的《惜别百年——藤野先生与鲁迅》一书；2007 年 9 月 25 日，在北京鲁迅博物馆举行了藤野先生铜像的揭幕典礼，文化部副部长（亦担任中国鲁迅研究会会长）郑欣淼、北京鲁迅博物馆馆长孙毅、日本芦原市市长桥本达也、日本东北大学副校长大西仁共同为铜像揭幕，东北大学鲁迅医学笔记研究小组成员、鲁迅长孙周令飞等中日两国的 100 多位代表参加了仪式。北京鲁迅博物馆馆长孙毅在揭幕仪式上致辞时指出："藤野先生铜像的落成，不仅是历史的见证，也是我们两国知识界和民间友谊的见证。每每看到这尊亲切的雕像，我们就感到一种义务和使命，那就是把鲁迅那代人的美好的精神继承下来，为东亚的和平与发展，为现代文明的进化多做贡献。鲁迅博物馆愿意为此竭尽全力，因为我们知道，我们在沿着鲁迅的路在续写新的历史。"① 可以说，北京鲁迅博物馆与日本福井县芦原市政府合作在中日三地分别建立鲁迅铜像和藤野先生铜像，不仅促进了以鲁迅与藤野先生师生情谊为纽带的中日民间友好交流，而且也为纪念中日邦交正常化 35 周年暨中日文化交流年献上了一份厚礼。此后，经常有来自日本的政府官员、文化界人士，以及普通游客前来北

---

① 鲁宣：《藤野先生铜像揭幕式在北京鲁迅博物馆隆重举行》，北京鲁迅博物馆网站，ht-tp：//www.luxunmuseum.com.cn，发布日期：2007-10-18。

京鲁迅博物馆参观，并瞻仰藤野先生的铜像。

最后，北京鲁迅博物馆作为北京重要的人文景点，也多次接待外国政府的高级官员参观访问，发挥出中国对外文化交流的重要窗口作用。如 2003 年 5 月 24 日，美国、印度、澳大利亚、智利等 10 多个国家驻华大使馆的文化官员共 40 多人集体到北京鲁迅博物馆参观，时任副馆长孙毅亲自为来访的各国文化外交官讲解鲁迅生平和主要成就，并陪同他们参观鲁迅故居、鲁迅生平展览①；2003 年 11 月 4 日，奥地利外交部长一行前来参观鲁迅故居和鲁迅生平展览；2003 年 12 月 6 日，新加坡文化部部长一行 10 多人前来参观鲁迅故居和鲁迅生平展览；2004 年 5 月 14 日，日本驻华大使馆井出敬二公使前来参观鲁迅故居和鲁迅生平展览。此后，也有多位外国政府的高级官员前来参观访问。

附带提及，2016 年 9 月 18 日—19 日，北京鲁迅博物馆还邀请日本 NPO 剧团仙台小剧场在北京西城区文化中心演出了两幕十场话剧《远火——鲁迅在仙台》。这部话剧是"以日本东北大学'鲁迅研究课题组'正逐渐解明的鲁迅研究新成果为基础，将'仙台时代的鲁迅'和'鲁迅时代的仙台'进行舞台化的尝试"②。这次演出作为北京鲁迅博物馆举办的纪念鲁迅诞辰 135 周年、逝世 80 周年的一个重要活动，获得了较好的社会反响。另外，这次演出也是北京鲁迅博物馆首次邀请外国的剧团来北京进行演出，为北京鲁迅博物馆今后举办类似的演出活动打下了良好的基础。

4. 小结

回顾北京鲁迅博物馆对外文化交流的历史，可以看出，北京鲁迅博物馆在 1996 年新的陈列厅建立并重新开放之后，拥有了举办文化交流活动的场地，由此才逐渐较多地开展对外文化交流活动。特别是鲁迅研究专家孙毅在 2002 年担任业务副馆长并在 2003 年主持北京鲁迅博物馆的全面工作之后，北京鲁迅博物馆在对外文化交流方面进入了一个新的发展阶段，不仅推动鲁迅展览赴国外展出，而且联合国外的有关机构举办了一系列的学术交流活动，极大地推动了北京鲁迅博物馆的展览、学术研究等各项业务工作的发展，发挥出北京鲁迅博物馆在推动中华文化走出去，增强中华文化"软实力"方面的重要作用。总的来说，北京鲁迅博物馆的对外文化交流工作主要是面向日本、韩国、尼泊尔、印度、新加坡、马来西亚等中国周边的亚洲国家传播鲁迅，这主要是因为在历史

---

① 北京鲁迅博物馆编：《北京鲁迅博物馆五十年（1956—2006）》，第 182 页。

② 鲁宣：《纪念鲁迅诞辰 135 周年、逝世 80 周年中日友好交流活动——日本话剧〈远火——鲁迅在仙台〉在北京演出取得圆满成功》，北京鲁迅博物馆网站，http：//www.luxunmuseum.com.cn，发布日期：2016-09-26。

上鲁迅曾经对这些中国周边国家的文学和左翼文化产生过重要的影响；展望未来，北京鲁迅博物馆作为国内六家鲁迅纪念馆中规模最大的一个馆要肩负起推动鲁迅在世界各国传播的使命，在做好对周边国家传播鲁迅的同时，还要积极拓宽对外文化交流的渠道，设法在非洲、欧洲乃至大洋洲、美洲等国家开展传播鲁迅的活动。

六、结语

北京鲁迅博物馆在 1956 年建馆之初就确定了如下工作任务和使命：

> 北京鲁迅博物馆是一座纪念性的文学博物馆。它的任务是通过陈列向广大群众进行爱国主义和国际主义的思想教育；还要整理、保管和收集鲁迅的各种手迹、藏书以及其他有关的文物资料，并以此进行科学研究，使这些资料在社会主义文化建设中发挥其应有的作用。[①]

从 1956 年到 2016 年，北京鲁迅博物馆经历了一个曲折的发展过程，已经从一个仅有 10 多位工作人员的小型博物馆发展成为拥有 100 多位工作人员（其中有 80 位正式编制的工作人员，此外还有 20 多位劳务派遣工作人员）的中型博物馆，在鲁迅文物收集和保管、鲁迅学术研究、鲁迅展览以及社会教育、对外文化交流等方面取得了丰硕的成果，不仅成为国内鲁迅文物资料的收藏中心、鲁迅研究中心、鲁迅展示中心，而且成为首批国家一级博物馆，为保护鲁迅文化遗产，弘扬鲁迅精神，推动鲁迅研究做出了重要的贡献。

但是，北京鲁迅博物馆依然存在如下问题。首先是鲁迅文物的保护和利用问题。北京鲁迅博物馆为了保护鲁迅文物，只在鲁迅生平陈列中使用了少量的鲁迅文物，其余的鲁迅文物大部分沉睡在文物库房之中。北京鲁迅博物馆虽然在近年来策划了一些馆藏文物的展览赴各地巡回展出，但受制于文物安全的问题，这些展览所能展出的文物数量也很有限。另外，北京鲁迅博物馆虽然制作了鲁迅藏品的数据库，但是这个数据库只是内部使用，外界的研究人员或感兴趣的人士无法通过这个数据库查阅有关鲁迅文物的相关信息。因此，在做好鲁迅文物保护的前提下，还要大力解决鲁迅文物的展示问题和对外开放文物数据库的问题，从而更好地服务广大观众。其次是现在展示的鲁迅生平陈列在内容

[①]　北京鲁迅博物馆编：《鲁迅博物馆》"前言"，北京：文物出版社，1959 年出版，第 1—2 页。

和形式方面都已经显得陈旧。这个鲁迅生平陈列是 2006 年设计制作的，并且只是在 1996 年鲁迅生平陈列的基础上进行小规模的修改，已经无法适应当代观众的参观要求，亟须重新设计制作新的鲁迅生平陈列，从而吸引广大观众前来参观。再次是观众数量较少。北京鲁迅博物馆近几年通过举行一些社会教育活动和展览，吸引了一些观众，但是多年来观众数量都在每年 6 万人次左右，这明显与北京鲁迅博物馆的社会地位不相称。因此，北京鲁迅博物馆要设法挖掘各种资源，举办更多的社会教育活动和展览，吸引更多的观众前来参观。最后是业务人员年龄偏大，面临着鲁迅研究人才队伍断层的问题。北京鲁迅博物馆的业务人员以 60 后为主，70 后仅有 5 位，而 80 后的业务人员还不能承担起鲁迅博物馆的各项业务工作，因此需要补充研究力量。

值得一提的是，国家文物局在 2011 年委托中国博物馆协会组织了首批国家一级博物馆运行情况的评估，北京鲁迅博物馆和上海鲁迅纪念馆作为国家首批一级博物馆都参加了这次评估。评估结果显示，在首批 83 家国家一级博物馆（实际上有 82 家首批国家一级博物馆参加评估）中，作为中央级博物馆的北京鲁迅博物馆的评估得分排名第 51 位，而作为地方博物馆的上海鲁迅纪念馆的评估得分排名第 22 位。虽然中国博物馆协会组织的首次国家一级博物馆运行情况的评估主要是对博物馆运行情况的各种量化指标进行打分，可能存在一些评估指标不合理之处，不能完全客观地反映出 82 家首批国家一级博物馆的运行情况，但是这个评估结果无疑也从量化指标的角度揭示出北京鲁迅博物馆与同类型的上海鲁迅纪念馆在博物馆运行方面存在着较为明显的差距。坦率地说，作为国家文物局直属的唯一一个博物馆，北京鲁迅博物馆与文化部直属的国家博物馆和故宫博物院等世界著名的博物馆一样都是行政级别为正局级的博物馆，但是在人员规模、藏品数量、展览数量、学术研究成果数量、观众数量等方面比国家博物馆、故宫博物院等大型的博物馆要小得多，只能算是国内的一个中型博物馆，因此在博物馆运行情况的各项评估指标方面落后国家博物馆、故宫博物院等大型的博物馆，也是可以理解的。但是，北京鲁迅博物馆与同类型的上海鲁迅纪念馆相比较，不仅行政级别更高，工作人员更多，与鲁迅有关的藏品更多，却在博物馆运行情况的总分排名方面较大幅度地落后于上海鲁迅纪念馆，这就表明北京鲁迅博物馆的运行机制在一定程度上妨碍了北京鲁迅博物馆的业务发展。因此北京鲁迅博物馆的领导需要高度重视这次博物馆运行情况的评估结果，认真分析在评估结果方面与上海鲁迅纪念馆存在的差距，通过实行制度改革，调动全馆工作人员的积极性，努力做好博物馆的各项业务工作，争取在下一次博物馆运行情况评估中取得更好的成绩，这样才能更好地发挥出博物馆纪念鲁迅、传播鲁迅的职能。

第四章

广州鲁迅纪念馆的历史和现状研究（1959—2016）

1957 年 11 月，中共广东省委和广东省人民政府决定把大钟楼前的广场命名为"革命纪念广场"，在鲁迅曾经居住过的大钟楼建立广州鲁迅纪念馆，并把广州鲁迅纪念馆的筹备工作交给广东地方博物馆（后来更名为广东省博物馆）。经过一年多的紧张工作，广州鲁迅纪念馆与广东省博物馆一起在 1959 年 10 月 1 日作为广东省向新中国成立 10 周年献礼的重点工程正式开放。

广州鲁迅纪念馆从筹备之初就归广东省博物馆管辖，是广东省博物馆下属的一个小型纪念馆，行政工作由广东省博物馆负责，广州鲁迅纪念馆只有少数几位工作人员负责该馆的日常运行。直到 2012 年 8 月，广州鲁迅纪念馆才单独建制，成为独立的一个人物类纪念馆，并负责管理全国重点文物保护单位国民党一大会议旧址大钟楼和广东省重点文物保护单位清代贡院明远楼。但是因为大钟楼在 2007 年被鉴定为危楼，并开始维修改造，所以直到 2016 年 11 月 12 日于孙中山先生诞辰 150 周年之际，广州鲁迅纪念馆新的鲁迅生平陈列才重新开放。

广州鲁迅纪念馆在独立建制之后，所拥有的藏品就是从广东省博物馆调拨的文物，总数还不到 100 件，主要分为鲁迅书信、鲁迅文稿、鲁迅题字、鲁迅照片等几类。这些藏品主要来源于鲁迅亲人的捐赠，书信收信人家属的捐赠，有关部门的移交。如广东木刻家罗清桢的家属罗凡捐赠了鲁迅致罗清桢的书信 16 封、鲁迅为《木刻》月刊题字 1 件、鲁迅半身照 1 张；周作人捐赠了《中国文学史札记》2 页；许广平捐赠了鲁迅与许广平在广州的合影 1 张；广东省文物管理委员会移交了鲁迅致何白涛的书信 15 封、鲁迅致刘炜明的书信 3 封；广东省委移交了鲁迅致徐懋庸的书信 1 封；中山大学图书馆移交了《中山大学校报汇刊》1 套。其余的藏品主要是一些在 20 世纪六七十年代创作的关于鲁迅的美术作品。此外，广州鲁迅纪念馆在独立建制之前，一直是广东省博物馆的内设机构，社会教育工作都是由广东省博物馆社教部负责的，因此广州鲁迅纪念馆没有独立从事过社会教育活动。广州鲁迅纪念馆直到 2016 年 10 月在重修开放之后，才从 2017 年开始独立进行一些社会教育活动。因此，广州鲁迅纪念馆的业务工作主要是鲁迅展览和鲁迅研究与图书出版工作。

一、展览工作的历史与现状

1. 鲁迅在大钟楼上的卧室以及"紧急会议室"的复原

1959 年年初，许广平在广东从化休养期间，曾应广东地方博物馆筹备处（负责筹备广州鲁迅纪念馆的工作）之邀到广州鲁迅纪念馆指导工作。许广平在参观时指认了鲁迅的卧室兼工作室的大致位置，并手绘了其内部陈设的示意图。许广平考虑到年代久远，记忆模糊，所以建议广州鲁迅纪念馆暂缓复原鲁迅的卧室兼工作室，先做出一个鲁迅的卧室兼工作室模型供观众参观，等调查清楚之后再复原鲁迅的卧室兼工作室。广州鲁迅纪念馆接受了这一建议，在 1959 年 10 月 1 日正式对外开放时，仅在大钟楼二楼的几个房间内布置了鲁迅生平展览，并复原了位于大钟楼一楼的教务处办公室，没有复原位于大钟楼二楼的鲁迅的卧室兼工作室。

广州鲁迅纪念馆在正式开放之后，继续搜集鲁迅的卧室兼工作室的相关资料，并调查访问了一些和鲁迅同期在中山大学任职的老人，在 1963 年、1972 年、1980 年、1982 年分别制订了四个复原鲁迅的卧室兼工作室的方案之后，终于在 1982 年大致复原了鲁迅的卧室兼工作室，以及"紧急会议室"的原貌。

（1）1963 年的复原方案

广州鲁迅纪念馆的档案资料中有一份在 1963 年油印的《关于鲁迅卧室和"紧急会议室"复原方案（草稿）》，内容如下：

> 鲁迅卧室和会议室的复原工作，根据许广平同志回忆材料，我们曾经访问过了过去与中山大学有关的十多位老人，如 1927 年任中大总务处长沈鹏飞，注册部主任黄巽，语音学教授方孝岳，曾在中大任助教的罗宗堂，中山大学学生王克欧、赖先声、杨仲明；以及其他有关人员，如胡根天、郭瘦真、阮退之；曾经参加工人运动的罗大明等多位同志。根据这些老人的回忆，一致认为现在的二楼房间已经做了许多变动，特别是楼板，原来是木板的，现在已铺上瓷砖，天花板也比以前华丽。礼堂的原貌大体没有变动，唯卡楼栏杆原来是铁的，现在改为木的；原来的讲台没有装饰，现在加上了华丽的帷屏。
>
> 根据所有记忆清楚的老人确认，会议室和鲁迅卧室都在二楼西边

的直长房里（长度由南而北），南端是会议室，北端隔成一小间，是"非主任之流不得住"的房间，就是鲁迅曾住过的卧室。

现将其各项复原依据材料分述一下：

一、卧室

主要是依据许广平回忆的材料为根据，就房间情况，依照其他人的回忆证实是没有错误的。如许寿裳回忆他与鲁迅同住时的一段写道："那时候，他住在中山大学的最高最大的一间房——通称'大钟楼'……书桌和床铺，我的和他的，占了屋内对角线的两端。"（《亡友鲁迅印象记》73 页）关于房间陈设情况，鲁迅铺位、书桌在西南端入口，许寿裳的铺位、书桌在东北端，入门右侧放置一个煮水用的汽炉。如附图。

关于鲁迅的床铺，许广平同志说，"是一种木床，两个条凳，上搭几块木板，蚊帐用几根竹竿撑起来，如此而已"。"许寿裳的用床也是木板床"。

室内陈设的用具，除床、书桌、书架、皮箱、网篮外，还有瓷痰盂一个。（"痰盂与他不生什么关系，只用作处理烟灰。"《关于鲁迅先生的生活》）

桌面陈设：墨、砚、笔、烟灰缸、象牙烟嘴

床铺陈设：陈嘉庚鞋一双

书架陈设：《做什么》《少年先锋》

《向导》《人民周刊》（？）

《创造周刊》《语丝》

《老子道德经》《冲虚至德真经》

《文心雕龙补注》一部四本、《现代理想主义》

《粤讴》《广东新语》

（根据鲁迅日记）

二、会议室

根据所访问的老人，一致认为会议室是长方形的房间，中间置一长方形桌，周围约可坐20人，桌椅都是极平常的杉木制品，椅子也是很普通的，有靠背木椅。

关于会议室的陈设、装饰，根据沈鹏飞、黄巽、方孝岳三位，他们在中大时期比较长，都认为会议室是很简朴的，唯黄巽先生认为：除了中间围绕桌子的椅子外，靠墙间似乎还有像沙发之类的座位。

　　依据目前所掌握的资料，我们认为可以进行大体复原工作。由于原址历逾数十年之久，房屋也经过了变动，几十年前的家具也难以找到，所以复原工作，也只能做到大体上的恢复原状；卧室复原的原则，做到大体恢复原状之外，还要力求注意符合鲁迅生活的简朴气氛。

张竟拟稿

1963 年 9 月 5 日

　　（本文是张竟拟稿，蔡语邨馆长审核批示。文中批语是蔡语邨馆长手迹）①

　　从这份复原方案中可以看出，广州鲁迅纪念馆按照许广平的意见，为了搞清楚鲁迅的卧室和"紧急会议室"的原貌，调查访问了多位曾与鲁迅同期在中山大学工作、学习的老人，并在充分考虑到所访问的各位老人的意见以及许寿裳等人回忆鲁迅在广州时期的文章中的相关内容之后，拟订出这份复原方案。1964 年上半年，广州鲁迅纪念馆按照这份复原方案大致恢复了鲁迅卧室和"紧急会议室"的内部陈设状况，并对观众开放。需要指出的是，这次复原强调"卧室复原的原则，做到大体恢复原状之外，还要力求注意符合鲁迅生活的简朴气氛"。另外，广州鲁迅纪念馆在复原鲁迅的卧室时虽然使用了许广平捐赠的蚊帐、皮箱等鲁迅在广州时期使用过的原物，但没有按照许广平的回忆，把鲁迅的床铺复原为两个条凳上搭几块木板的形式，而是使用了广州常见的普通木床来当作鲁迅和许寿裳的床铺，这样的话就使复原后的鲁迅的床铺的陈设与鲁迅当时居住的情况有明显的不同。

　　（2）1972 年的复原方案

　　1966 年 5 月"文化大革命"爆发之后，广州鲁迅纪念馆紧密结合当时政治形势的变化，多次修改了鲁迅生平陈列的内容，但仍然跟不上政治形势的发展，因此不得不停止对外开放。1972 年，为了加强对革命群众的教育，同时也为来广州参加商品交易会的外宾提供一个可以参观的文化场所，广东省革委会决定重新开放广州鲁迅纪念馆。于是广州鲁迅纪念馆的革委会按照上级的要求又制订了一个鲁迅卧室和"紧急会议室"的复原方案。

　　广州鲁迅纪念馆的档案中有该馆在 1972 年制订的《关于鲁迅卧室和"紧急会议室"复原方案》，其主要内容与 1963 年拟订的复原方案大致相同，不过还

---

① 广州鲁迅纪念馆编：《关于鲁迅卧室和"紧急会议室"复原方案（草稿）》，1963 年，油印，广州鲁迅纪念馆藏档案资料。

是增加了如下的一些内容：

…………

除以上资料之外，未再获得新的资料。一九六一年、六二年，许广平同志两次来我馆，我们向她提问，她都未作答具体问题，她说："我早已知无不言，言无不尽了。"

按以上资料，全部复原工作已于一九六四年上半年复原成现在这个样子，曾摄影送许广平同志，长期不见她对我们的工作表示意见。（她早于一九六八年逝世。）

四、现在仍要进行如下几项工作

1. 鲁迅用过的藤箱要复制；在北京鲁迅博物馆里，有鲁迅在广州时用过的书箱两个，也要复制。

2. 桌上的用具要认真选购。

3. 原来的汽炉已遗失，要找回一个，小方桌一张。

4. 现在鲁迅卧室的床，不符合原状，要依照许广平同志的意见，重新制作两副床板，整旧如旧复原。

5. "紧急会议室"内要学习"农民运动讲习所旧址"的办法，宣传"鲁迅在紧急会议上"的战斗精神，拟挂画照一幅。

6. 根据其他材料，鲁迅到中大后，许多所谓名人请鲁迅吃饭，鲁迅不应邀，并在传达室的信箱上退回宴帖，写明"概不赴宴"等字。此事，要研究当时的传达室在哪里，有否必要布置？要统一研究。

7. 按照过去复原的现状，需要请有关的老先生再来看看，核实一下，如果达到基本如此，才能开放。

张竟拟稿①
1972.6.15

从上述内容中可以看出，这次复原除了增加鲁迅在广州时期用过的书箱、藤箱等物品的复制品外，还有两个重要的改动：首先是按照许广平的回忆，把1963年复原方案中的木板床更换为两个条凳上搭几块木板的床铺，使其更符合鲁迅当时床铺的原貌；其次是在"紧急会议室"中挂上一幅"鲁迅在紧急会议

---

① 广州鲁迅纪念馆编：《关于鲁迅卧室和"紧急会议室"复原方案》，1972年，油印，广州鲁迅纪念馆藏档案资料。

上"的油画，这是为了突出鲁迅在"紧急会议"上所表现出的战斗精神，使观众通过画面可以更加形象地了解当时会议的场景。

另外，广州鲁迅纪念馆在 1980 年制订的《关于钟楼上鲁迅卧室兼工作室和校务会议室的复原方案》中有如下内容："'文化大革命'期间参观者较多，为了疏通观众出场，又将复原的房间缩小了。"也就是说，广州鲁迅纪念馆在 1972 年重新复原鲁迅的卧室时，考虑到观众非常多，所以在鲁迅卧室中留出了疏通观众的通道，从而改动鲁迅卧室中的内部陈设的位置，把鲁迅卧室的面积缩小了。

（3）1980 年的复原方案

"文化大革命"结束之后，广州鲁迅纪念馆为了消除"文化大革命"的影响，纠正鲁迅生平陈列中存在政治错误的一些内容，于是又在 1980 年再次修改鲁迅生平陈列的内容，以及鲁迅卧室和"紧急会议室"中的内部陈设。

1980 年 7 月 28 日，广州鲁迅纪念馆向有关人士发出了《征求对复原鲁迅卧室和校务会议室的意见》的公函：

> 本馆经常接待各国来宾和旅游参观者，但是，一九二七年鲁迅在钟楼居住和工作过的旧址，以及钟楼礼堂（孙中山召开国民党第一次全国代表大会的会址，也是当年许多重要革命会议的活动场所之一）均未复原，致使我们工作处于被动局面。[1]

这封公函附录了《关于一九二七年鲁迅在钟楼上的卧室兼工作室和"紧急会议室"的复原方案》，主要内容如下：

> 一九六四年本馆根据许广平回忆鲁迅在钟楼上居住的方位，并提供了鲁迅当年用过的卧具等实物，做了初步的复原，经过多年展出，广泛地征求意见，许多同志根据许寿裳《亡友鲁迅印象记》中回忆与鲁迅在广州同住的叙述，以及其他有关材料，认为这个初步复原的布局不合理，希望复原得更合理、更完善一些。
>
> 多年来，曾得到与鲁迅在中山大学任职共事的沈鹏飞先生、黄巽先生、费鸿年先生、周鼎培先生亲临到馆参观指导，何思源先生又撰

---

[1]　广州鲁迅纪念馆：《征求对复原鲁迅卧室和校务会议室的意见》，1980 年 7 月 28 日，油印，广州鲁迅纪念馆藏档案资料。

写了《回忆鲁迅在中山大学情况》一文，对鲁迅在钟楼居住的旧址原状提出了宝贵意见，为我们进一步搞好复原的布局提供了很好的条件。

上述回忆材料，其共同点，认为鲁迅卧室在钟楼二楼西侧，与许广平的回忆是一致的，也一致认为二楼房间间隔已经变动较大。目前力求将原状恢复，首先要使卧室兼工作室的工作与会客处，以及会议室各自的位置的安排复原得较为合理，然后才能充实室内陈设等工作。

兹将各种意见综合调整如下：

这示意图根据几位老先生的回忆，同时亦考虑到许寿裳 1947 年出版《亡友鲁迅印象记》叙述他与鲁迅在钟楼居住的事实："书桌和床铺，我的和他的，占了屋内对角线的两端"，"两不相妨，因为这间楼房的对角线实在来得长"，"我喜欢早眠早起，而鲁迅不然"，"晚餐后，鲁迅的方面每有来客络绎不绝，大抵至十一时才散，客散以后，鲁迅才开始写作"。因此，复原首先要考虑到他们彼此居住期间"两不相妨"，许要早睡，而鲁迅则十一时还要会客的事实。如果会客都在寝室内，恐怕就不够合理。特拟制图两种，以供参考研究，以便择定一种作为复原方案。

会议室北墙挂了孙中山象〔像〕，并遗嘱"革命尚未成功，同志仍须努力"的对联。（据有关老人回忆，会议室墙上应挂象〔像〕。按历史事实，一九二五年孙中山逝世后，即开始实行挂象〔像〕和做纪念周活动。因此，会议室里应挂孙中山象〔像〕。）

以上综合各种意见，所做的复原方案是否妥当，请审阅。

广州鲁迅纪念馆①

一九八〇年七月十五日

从上述内容可以看出，这个复原方案参考许寿裳的回忆文章，为了解决鲁迅和许寿裳作息时间不同但又"两不相妨"的问题，不仅按照多位老人所指出的"房间的布局太窄"的意见，扩大鲁迅卧室的面积，而且决定在鲁迅卧室中辟出一个会客的空间，不过，这个会客的空间的位置具体是在鲁迅卧室中靠近会议室的地点，还是位于鲁迅和许寿裳两人的床铺及书桌之间，还不能确定。另外，这次复原最重要的修改是在校务会议室的墙上悬挂孙中山像和总理遗嘱，

---

① 广州鲁迅纪念馆编：《关于一九二七年鲁迅在钟楼上的卧室兼工作室和"紧急会议室"的复原方案》，1980 年，油印，广州鲁迅纪念馆藏档案资料。

从而能够符合历史原貌。

(4) 1982 年的复原方案

广州鲁迅纪念馆在 1980 年制订复原方案并征求了有关人士的意见之后，当时并没有复原鲁迅的卧室和校务会议室，而是继续修改复原方案的内容，并在 1982 年又制订了复原鲁迅卧室和校务会议室的具体方案，内容如下：

关于钟楼上鲁迅卧室兼工作室和校务会议室的复原方案

一、情况

鲁迅卧室兼工作室和鲁迅主持中大教务的会议室的复原工作，于一九六四年上半年按许广平回忆，结合初步调查材料做了初步复原。"文化大革命"期间参观者较多，为了疏通观众出场，又将复原的房间缩小了，经过多年的开放，收到了许多很好的意见。在进行深入调查中，除对鲁迅所居住的房间的位置没有不同意见之外，大部分意见认为房间的布局太窄。其理由是：许寿裳于 1947 年出版的《亡友鲁迅印象记》回忆中说："书桌和床铺，我的和他的，占了屋内对角线的两端"，"我和鲁迅合居期间，我喜欢早眠早起，而鲁迅不然，各行其是，两不相妨，因为这间楼房的对角线实在来得长"。因此，一致认为这种布局显然不合理。另外，校务会议室的位置，据当时与鲁迅同在中大任事的老人就有几种不同意见：有的说会议室在二楼中间东侧；有的说在鲁迅卧室的南面；有的说鲁迅迁居白云楼之后，会议室才在南面，极不一致。唯一认为会议室在二楼是一致意见。

二、拟订的方案

在将各种回忆材料印发征求意见之后，于去年十二月五日上午邀请中大中文系陈则光教授、李伟江讲师和鲁迅研究小组郑心伶、陈列部叶贡根（了解许广平来馆时意见者）共同讨论了各种回忆材料和复原方案，认为许广平和许多老人都说钟楼内前半部楼上楼下房间间隔已有所变动，因此复原工作应依据二楼间隔的原有结构，和一致肯定鲁迅住房的方位为依据，斟酌有关的意见来决定可以做出合理解释的方案。（见附件：鲁迅卧室兼工作室和校务会议室复原示意图）

二楼原为木板楼板，解放后省教育厅接管使用时已铺了地砖。据省教育厅行政科长区同志说，解放后教育厅使用这座楼房时并未改动房屋结构，因此，我们认为按房间结构安排是合理的。楼上已铺的地板砖可不再拆除，以利保护楼板。

　　请审核批示

鲁迅纪念馆①

（张竞拟稿）

1982 年 1 月 21 日

　　1982 年 3 月 22 日，黄巽和沈鹏飞在收到广州鲁迅纪念馆拟订的 1982 年的复原方案后，致信广州鲁迅纪念馆，谈了他们对 1982 年复原方案的意见。

　　广州鲁迅纪念馆：

　　看了鲁迅在钟楼上时的教务会议室和鲁迅卧室兼工作室等旧址的最后复原图纸，感到比较合理，可作为最后复原方案。据我印象，谨提两点意见作为研究：

　　一、鲁迅卧室的入门处，我以前也提过意见，我觉得入门进入房间处应有一个屏风或是一个板障。

　　二、现在图纸上各个房间应以一个门出入，似乎没有像图纸那样多的门。鲁迅房间与会议室之间，也不应多一个门。有人说会议室在东边，我的印象会仪［议］室是在西南边，即与鲁迅相隔之处就是。

　　三、会议室上应挂有孙中山先生的像，每次开教务会议都恭读总理的遗嘱。

黄巽②

1982.3.22

　　我的意见大致与黄巽教授的意见相符。

沈鹏飞

1982.3.22

　　广州鲁迅纪念馆吸收了黄巽和沈鹏飞的意见，在鲁迅卧室入门处设立了一个屏风，并在校务会议室悬挂了孙中山的画像。1982 年 4 月 22 日，黄巽又应广州鲁迅纪念馆之邀，前来审查鲁迅卧室和校务会议室复原的状况，并谈了几点意见：

---

①　广州鲁迅纪念馆编：《关于钟楼上鲁迅卧室兼工作室和校务会议室的复原方案》，1982 年，油印，广州鲁迅纪念馆藏档案资料。

②　黄巽 1982 年 3 月 22 日致广州鲁迅纪念馆书信，广州鲁迅纪念馆藏档案资料。

255

黄巽先生审查鲁迅卧室复原时的意见

1982.4.22 上午

会议室是由南北行排。孙中山像应在北面挂。总理遗嘱，初时没有，以后有才合理。是用印刷的。旁边应设置茶桌。

……

黄巽说，现在这个复原比以前合理得多了。鲁迅卧室入门处的板障屏风，一般是能摆的，约一人高一点。按以前房屋结构，钟楼二楼前有拱门通到会议室走道，现在房屋已改变，做到大概符合历史原样就可以了。现在已达到八九程［成］了，不可能复原到十足程度。楼下两边走廊的房间的办公设置是（图略），二楼房间办公设置：（图略）。①

从上述内容可以看出，鲁迅卧室和校务会议室的复原已经得到了黄巽等当时与鲁迅同时期在中山大学工作过的老人的认可，达到了历史原样的"八九成了"。从广州鲁迅纪念馆的档案中可以看出，鲁迅的卧室和校务会议室从1982年复原之后，直到1997年时都没有再改动过。后来，广州鲁迅纪念馆在2007年重修大钟楼之后于2016年恢复开放时，鲁迅的卧室和校务会议室仍然采用了1982年时的复原方案。

2. 鲁迅生平陈列的概况

回顾广州鲁迅纪念馆历年的鲁迅生平陈列，大致可以划分为如下几个阶段：初创期（1959年鲁迅生平陈列），异化期（1966年鲁迅生平陈列，1973年鲁迅生平陈列，1976年鲁迅生平陈列），拨乱反正期（1980年鲁迅生平陈列），深化期（1986年鲁迅生平陈列，1996年鲁迅生平陈列），高峰期（2016年鲁迅生平陈列）。从这些展览大纲的主要内容中可以看出广州鲁迅纪念馆所塑造的鲁迅形象的变化过程。

（1）初创期：1959年的鲁迅生平陈列

广州鲁迅纪念馆1959年的鲁迅生平陈列由时任广东省博物馆副馆长的蔡语邨负责设计，《鲁迅生平展览大纲》的主要内容如下：

（一）序幕厅

（二）1927年1月至3月底，鲁迅在广州中山大学担任教务主任时

---

① 广州鲁迅纪念馆编：《黄巽先生审查鲁迅卧室复原时的意见》，1982年，油印，广州鲁迅纪念馆藏档案资料。

居住的房间复原。

（三）第一部分，1881年9月至1918年4月，鲁迅在绍兴、南京、日本、杭州、北京情况的陈列，共分4组。第1组：童年及书塾生活；第2组：日本留学，提倡科学与文学生涯的开端；第3组：参加旧民主主义的革命团体——光复会；第4组：1909年从日本回国后的鲁迅。

（四）第二部分，1918年5月至1926年12月，鲁迅在北京、厦门情况的陈列，共分4组。第1组：五四；第2组：北大；第3组：1925年的鲁迅；第4组：1926年9月，鲁迅到厦门大学。

（五）第三部分，1927年1月到9月底，鲁迅在广州情况的陈列，共分4组。第1组：（1）中共二大宣言，（2）中国国民党一大宣言，（3）全国农民运动讲习所，（4）北伐誓师大会，（5）北伐军进军路线图，（6）郭沫若同志推荐鲁迅来中山大学，（7）两广区党员要求中大当局聘请鲁迅，（8）鲁迅表达去中大的愿望，（9）陈延年烈士，（10）毕磊烈士；第2组：鲁迅来到中大；第3组：中共就"四一二"反革命政变致民众的宣言；第4组：（1）芳草街北新书屋旧址，（2）香港基督教青年会，（3）黄埔军校，（4）鲁迅作《魏晋风度及文章与药与酒之关系》演讲。

（六）第四部分，1927年10月至1936年10月，鲁迅在上海情况的陈列，共分13组。第1组：景云里；第2组：毛主席《新民主主义论》中关于鲁迅的论述，鲁迅50岁生辰照，鲁迅在"左联"成立大会上的讲话；第3组：1931年的鲁迅（照片），柔石等"左联"五烈士；第4组：1932年，鲁迅与瞿秋白会见；第5组：（1）1932年的鲁迅（照片），（2）高尔基，（3）中苏建交电文，（4）鲁迅《祝中俄文字之交》，（5）鲁迅《答国际文学社问》，（6）鲁迅等祝贺高尔基创作四十周年的贺电，（7）鲁迅翻译的高尔基童话《俄罗斯的童话》，（8）鲁迅翻译的《毁灭》，（9）鲁迅《我们不再受骗了》；（余略）[1]

从上述展览大纲的内容，可以看出这次展览按照时间顺序叙述了鲁迅一生的重要经历，紧密结合中国革命的形势来突出鲁迅的革命活动，以及鲁迅与中共的亲密关系，试图塑造出革命家鲁迅的形象。而文学家鲁迅的形象在这个展

---

[1] 广州鲁迅纪念馆编：《广州鲁迅纪念馆陈列计划（初稿）》，油印，1959年2月，广州鲁迅纪念馆藏档案资料。

览中被有意地遮蔽了，即使展览中提到的鲁迅的几篇文章，和鲁迅的一些文学活动，也是为了突出革命家鲁迅的形象。

另外，值得一提的是，这个展览还紧密结合中苏友好的背景，以较多的篇幅叙述鲁迅与苏联的关系，特别是鲁迅与苏联革命作家如高尔基的"文字之交"（同时遮蔽了鲁迅与俄罗斯作家如果戈理、安特莱夫等，以及被打倒的苏联作家托洛茨基，《阿Q正传》的俄文翻译者王希礼等的"文字之交"）。此外，这个展览还结合当时的文字改革等活动，专门设立了鲁迅与文字改革的板块。总而言之，这个展览把鲁迅的人生经历与当时国家的一些方针政策紧密结合起来，通过鲁迅来宣传当时国家的一些方针政策。

（2）异化期：1966年到1976年的鲁迅生平陈列

1966年"文化大革命"爆发后，急剧变化的政治形势使广州鲁迅纪念馆在1959年制作的鲁迅生平陈列需要做出重大修改。广州鲁迅纪念馆在1966年8月1日发布了《有关鲁迅纪念馆修改的一些说明》，指出修改鲁迅生平陈列的原因：

> 现在由于革命形势发展的要求，我们觉得，在现在的陈列的基础上有进一步调整、提高的必要。根据纪念馆的特点，我们觉得应该以毛主席思想为指导，以鲁迅跨越旧民主主义和新民主主义两个时期的活动为主体，明确指出三十年代作家，并没有而且也不可能系统地解决"文艺为工农兵服务"和"文艺工作者与工农兵相结合"的根本问题。
>
> …………
>
> 鲁迅所走的道路正是一个从旧知识分子改变为无产阶级知识分子的道路，鲁迅"从绅士阶级的逆子贰臣"进到无产阶级的劳动群众的真正的友人以至于战士，这一伟大转变，是"从痛苦的经验和深刻的观察之中"得来的，是伟大的党帮助、支持下得来的，这也正给现阶段资产阶级知识分子改造成为无产阶级知识分子以光辉的榜样。①

在上述思想的指导下，广州鲁迅纪念馆在1966年8月制定了新的《鲁迅生平陈列大纲》，主要内容如下：

---

① 广州鲁迅纪念馆编：《有关鲁迅纪念馆修改的一些说明》，1966年8月1日，油印，广州鲁迅纪念馆藏档案资料。

序幕厅

鲁迅石膏头像

毛主席语录：《新民主主义论》中关于鲁迅的论述

第一部分：鲁迅的青少年时代

陈列中心意图：通过介绍鲁迅诞生前的时代背景，青少年时代的学校生活和辛亥革命前后的活动，表现鲁迅如何在半殖民半封建社会的条件下，成长为爱国主义者和革命民主主义者。其中着重指出，资产阶级领导的旧民主主义革命的失败，使鲁迅感到怀疑、失望，他在冷静中再去摸索新的政治力量。共分4组。第1组：鲁迅诞生的时代背景；第2组：早期的爱国主义思想；第3组：从事文艺活动，参加辛亥革命；第4组：对辛亥革命的失望，摸索新的革命道路。

毛主席语录：《新民主主义论》

第二部分：在中国共产党和马克思主义的影响下，鲁迅找到了革命的新道路。

陈列中心意图：由于十月革命的影响，五四运动的发生和中国共产党的成立，中国人民反帝、反封建的斗争，在中国共产党的领导下进入了新阶段。时代推动鲁迅，在中国共产党和马克思主义的影响下，鲁迅看到新世纪的曙光，以革命文学作为战斗的武器，向帝国主义和封建主义的黑暗势力冲锋陷阵。共分4组。第1组：五四运动，中共的成立；第2组：积极投身新文化运动；第3组：对封建社会无情鞭挞，对劳动人民深切同情；第4组：（余略）

第三部分：在革命斗争中不断成长

陈列中心意图：随着革命的深入发展和知识分子的分化，鲁迅思想中的矛盾也在发展。小资产阶级立场的局限性，革命民主主义思想，同新的革命形势战斗要求的不能适应，已在他的心中深有抵触。在中国共产党领导的大革命胜利进展的鼓舞下，1927年1月，他毅然来到广州。在此，他得到中共粤区党委的亲切关怀和大力支持，以高度的革命热情，开始了新的战斗。不久，大资产阶级叛变了革命，阶级关系发生了新的变化，这个剧变，特别是对广州"四一五"反革命血腥罪行的目睹，使鲁迅陷入极度的悲愤。他的进化论思想，彻底破灭了。共产主义者的英勇牺牲，使鲁迅看到了他们是真正的中国民族解放的英勇战士，这促使鲁迅如饥似渴地阅读了大量的马列主义书籍。马列主义的普遍真理同鲁迅自己的丰富的战斗经验联系起来，不仅使他看到了中国革命的前途，而且用阶级斗争的观点代替了进化的观点，坚决地站到了无产阶级的立场。共分6组。第1组：北伐进军前后的广州；第2组：党给予鲁迅的力量；第3组：号召青年读书不忘革命，提倡平民文学；第4组：坚决抗议蒋介石反革命的血腥暴行；第5组：顽强的斗争；第6组：认真研究马列主义，向无产阶级革命道路前进。

第四部分：高举无产阶级文化革命旗帜（后修改为：为共产主义事业），战斗到底

陈列中心意图：鲁迅离开广州到上海后，在中共的直接领导和帮助下，在严重的白色恐怖中，在文化战线上的反"围剿"斗争中，鲁迅继续向国民党反动派进行不屈不挠的斗争。鲁迅为共产主义事业战斗到最后一刻钟，成为文化战线上空前的民族英雄。毛主席语录……

共分9组。第1组：在"左联"；第2组：揭露蒋介石法西斯的"民族主义文学"，批判"第三种人""自由主义"；第3组：在白色恐怖中，进行英勇的战斗；第4组：鲁迅和党的密切关系；第5组：（后删去"介绍苏联革命文学"）提倡革命的木刻艺术；第6组：抗议法西斯的暴行；第7组：对党中央毛主席的坚定信念；第8组：拥护毛主席的正确路线，提出"民族革命战争中的大众文学"的口号；第9组：鞠躬尽瘁，死而后已。

结束厅

陈列历年举行的有关纪念活动的图片及解放后出版的鲁迅著作的各种版本。

毛主席语录：鲁迅的两句诗……①

从上述内容可以看出，这个展览最突出的地方就是较多地引用了毛主席语

---

① 广州鲁迅纪念馆编：《广州鲁迅纪念馆陈列计划（草案）》，1966年8月，油印，广州鲁迅纪念馆藏档案资料。

录，也可以说这个展览完全是以毛泽东思想为指导，把鲁迅的人生经历与中国革命的进程紧密地结合起来，片面突出鲁迅的革命活动，把鲁迅塑造成在中共的影响下从旧民主主义者改造成为无产阶级革命家的榜样，从而为当时社会上正在进行的知识分子改造运动服务。另外，因为中苏友好关系的破裂，陈列大纲中原有的鲁迅与苏联有关的内容被删除了，而鲁迅与瞿秋白、冯雪峰等共产党人的有关内容也因政治形势的变化被删除，由此确保鲁迅生平陈列的内容紧密配合当时国家的政策方针的变化，不能犯政治方面的错误。

随着"文化大革命"的进展，广州鲁迅纪念馆的这个鲁迅生平陈列的部分内容也因为政治形势的不断变化而无法公开展出，不得不闭馆。1972 年年底，广东省革委会为了教育广大工农兵群众，也为了给前来广州参加商品交易会的外国宾客提供一个可以参观的文化场所，决定重新开放广州鲁迅纪念馆。① 为此，广州鲁迅纪念馆又在 1973 年 5 月再次修改了鲁迅生平陈列的内容，这次修改后的《鲁迅生平陈列大纲》的主要内容如下：

第一部分：

一组：寻找救国救民的真理

二组：五四文化新军的英勇旗手

第二部分：

一组：大革命高潮中来到广州

二组：依靠共产党，开展革命斗争

三组：血的教训，轰毁进化论思想

四组：严于解剖自己，在斗争中前进

第三部分：

一组：刻苦学习马列主义

二组：击溃形形色色反动文艺的猖狂进攻

三组：在白色恐怖中英勇战斗

四组：揭露国民党反动派卖国，反对帝国主义侵略

五组：批判"左"右倾机会主义，坚决执行毛主席的革命路线

---

① 广州鲁迅纪念馆编：《张春芳、曾庆榴、谢彬等同志的意见》，1973 年，油印，广州鲁迅纪念馆藏档案资料。

六组：为共产主义事业战斗到生命最后一息①

从上述内容中可以看出，这次展览在 1966 年鲁迅生平展览的基础上又结合当时的政治形势，不再展示鲁迅在辛亥革命之前的生活，而是主要展示鲁迅一生中主要的革命活动，特别是鲁迅在广州受到中共的影响开始思想转变，并在上海时期学习马列主义，反抗国民党反动派的暴政及帝国主义的侵略而进行的斗争，从而塑造出革命家鲁迅的形象，这不仅遮蔽了文学家鲁迅的真实形象，而且也极大地歪曲了鲁迅的真实形象。1976 年，广州鲁迅纪念馆又结合不断变化的政治形势对这个展览大纲进行了部分修改，但是展览的主题仍然是塑造革命家鲁迅的形象。

（3）拨乱反正期：1980 年的鲁迅生平陈列

随着"文化大革命"的结束，广州鲁迅纪念馆也紧密配合国内政治形势的变化，在 1980 年修改了鲁迅生平陈列。为了提高展览的学术水平，广州鲁迅纪念馆在 1980 年 1 月 11 日邀请广州的部分鲁迅研究学者就鲁迅生平陈列的修改提出参考意见。广州鲁迅纪念馆吸收了其中的一些意见，在 1980 年 5 月设计出新的《鲁迅生平展览大纲》，主要内容如下：

序幕厅

第一部分：在绍兴、南京、日本、杭州、北京（1881—1918）

一、家庭的破落和对农村的接触

二、寻求革命的道路

第二部分：在北京（1918—1926.8）

一、向封建宗法社会制度猛烈袭击

二、对帝国主义、封建军阀及其附庸做斗争

第三部分：在厦门、广州（1926.9—1927.9）

一、认为"世界都正由愚人造成"

二、在中山大学教学活动中

三、坚定地站在共产党一边

---

① 广州鲁迅纪念馆编：《广州鲁迅纪念馆陈列修改大纲（第六稿）》，1973 年 5 月，油印，广州鲁迅纪念馆藏档案资料。

四、要建设革命文学，必先改变旧社会

五、在血的教训中轰毁进化论思路

六、抨击国民党右派的叛变罪行

七、确信"惟新兴的无产阶级者才有将来"

第四部分：在上海（1927. 10—1936. 10）

一、学习和宣传马列主义文艺理论

二、发展左翼文艺运动

三、击溃各种反动文艺理论的进攻

四、反抗国民党反动派的法西斯统治

五、揭露国民党反动派的反共、卖国政策，反对帝国主义的侵略

六、促进中外文化交流

七、伟大的革命友谊

八、拥护抗日民族统一战线

九、鞠躬尽瘁，死而后已

第五部分：纪念鲁迅　学习鲁迅①

　　从上述展览大纲的内容可以看出，新的鲁迅生平陈列在形式上拨乱反正，恢复了 1959 年鲁迅生平陈列按照时间叙述鲁迅生平经历的形式，增加了鲁迅在绍兴、南京、日本、杭州、北京时期主要的生平经历，已经完全摆脱"文化大革命"期间的单纯地叙述鲁迅思想变化的鲁迅生平陈列的形式。另外，这个鲁迅生平陈列最明显的变化，是删除了"文化大革命"期间鲁迅生平展览中大量使用的毛主席语录，不再把鲁迅塑造为毛主席的小兵。值得一提的是，这个鲁迅生平陈列还紧密结合当时国家实行对外开放的政策，专门增加了鲁迅"促进中外文化交流"的相关内容。另外，这个鲁迅生平陈列还结合国家当时平反冤假错案的政策，设立了"伟大的革命友谊"一节，恢复了鲁迅与瞿秋白、冯雪峰等中国共产党人交往的内容。但是，这个新的鲁迅生平陈列在主题上，仍然较为突出鲁迅的"革命家"的一面，淡化鲁迅"文学家"的一面。因此，这个鲁迅生平陈列体现出历史转折期的特点，虽然转变了"文化大革命"期间的鲁

---

① 广州鲁迅纪念馆编：《广州鲁迅纪念馆陈列计划（初稿）》，1980 年 6 月，油印，广州鲁迅纪念馆藏档案资料。

迅生平陈列的形式，但是在鲁迅生平陈列的主题上仍然没有完成转型。

（4）深化期：1986年到1996年的鲁迅生平陈列

随着国内政治形势的变化，特别是国内鲁迅研究的新进展，广州鲁迅纪念馆在1980年设计的鲁迅生平陈列大纲已经不符合时代的要求了，因此，广州鲁迅纪念馆在1986年再次对鲁迅生平陈列进行了修改，新的《鲁迅生平陈列大纲》的主要内容如下：

序幕厅

鲁迅的方向，就是中华民族新文化的方向（屏幕上方覆字）

鲁迅雕像一座

鲁迅是中国文化革命的主将 ……毛泽东《新民主主义论》

鲁迅自传（《集外集》）

目录

第一部分：在绍兴、南京、日本、杭州、北京（1881—1926）

一、诞生在民族危难的时代

二、发出科学和民主救中国的呼声

三、向封建宗法社会制度猛烈袭击

四、扩大文艺阵地，搏击黑暗风暴

第二部分：在广州（包括厦门）（1927.1—1927.9）

一、奔赴革命策源地，开辟文艺新战线

二、号召读书不忘革命

三、宣传改造旧社会，建设革命文学

四、抨击国民党右派叛变的罪行

五、赞美"地火"，瞻望前程

第三部分：在上海（1927.10—1936.10 ）

一、高举左翼文艺运动的旗帜

二、扶持青年创作，坚持革命文学方向

三、倡导版画，培养青年

四、促进中外文化交流

五、怒向刀丛觅小诗

六、参加抗日民族统一战线，与共产党人并肩前进

第四部分：纪念鲁迅，学习鲁迅①

应当说，这个鲁迅生平陈列在 1980 年鲁迅生平陈列的基础上有了明显的深化，重点叙述鲁迅的文学活动和文学贡献，从而淡化鲁迅的革命家形象，突出鲁迅的文学家形象和思想家形象。需要特别指出的是，这个鲁迅生平陈列把鲁迅与中国共产党的关系首次定位在与中国共产党人并肩前进，不再像以前的鲁迅生平陈列那样刻意突出中国共产党人对鲁迅的影响，乃至中国共产党对鲁迅的领导了，这无疑是鲁迅生平陈列设计思想的一个重大转变。

进入 90 年代，随着社会形势的变化，以及鲁迅研究的深入，广州鲁迅纪念馆又在 1996 年对鲁迅生平陈列进行了修改。这次修改是在 1986 年鲁迅生平陈列大纲的基础上有所增补，没有改动 1986 年鲁迅生平陈列的框架结构。② 另外，广州鲁迅纪念馆在 1991 年按照上级机关的要求，在钟楼大礼堂恢复了国民党一大的会议场景，并在大礼堂左侧的附属建筑内设立了"国民党'一大'展览"，这虽然在一定程度上减少了原来的鲁迅生平陈列的展示空间，但在很大程度上拓展了广州鲁迅纪念馆的业务发展空间，使广州鲁迅纪念馆不再单纯是纪念鲁迅、展示鲁迅的纪念馆，此外还是纪念国民党一大、展示国民党一大的纪念馆。

（5）高峰期：2016 年的鲁迅生平陈列

进入 21 世纪，在经济市场化浪潮的冲击下，鲁迅已经完全走下了圣坛。国内的鲁迅研究也有了新的变化，其中广东的鲁迅研究专家林贤治撰写的《人间鲁迅》等著作引起了较为强烈的社会反响。另外，社会上涌现出了一些否定鲁迅的言论，这都在一定程度上影响到公众对鲁迅形象的认知。2007 年，因为大钟楼维修，广州鲁迅纪念馆闭馆。2012 年，广州鲁迅纪念馆脱离广东省博物馆单独建制，成为独立的法人机构，获得了新的发展机遇。为了纪念鲁迅先生逝世 80 周年，广州鲁迅纪念馆在 2016 年设计了全新的鲁迅生平陈列大纲。这次鲁迅生平陈列大纲定名为《在钟楼上——鲁迅与广东》陈列，主要内容如下：

第一部分：人生之路——鲁迅生平掠影

---

① 广州鲁迅纪念馆编：《鲁迅纪念馆辅助陈列计划大纲（第三稿）》，1986 年 7 月，油印，广州鲁迅纪念馆藏档案资料。

② 广州鲁迅纪念馆编：《广州鲁迅纪念馆基本陈列大纲和细目（校改本）》，1996 年 12 月，油印，广州鲁迅纪念馆藏档案资料。

第二部分：南下之梦——鲁迅的广州岁月

第一单元：中山大学的大忙人

第二单元：朝花夕拾白云楼

第三单元：大作家的寻常生活

第三部分：名人之交——鲁迅与广东名人

第四部分：青年之谊——鲁迅与广东木刻青年

第五部分：风子之爱——鲁迅与许广平①

　　从上述鲁迅生平陈列大纲的内容可以看出，这次鲁迅生平陈列不仅完全摆脱以前按照时间叙述鲁迅生平经历的形式，采用专题的形式，重点展示鲁迅在广东期间的生活与创作，以及与广东人的交往，更是首次展示鲁迅与广东籍的女大学生许广平的恋爱经过。另外，这个鲁迅生平陈列大纲在展示手段方面也有突破，不再是单纯地用文字、图片等展示，而是引入多媒体技术，用动画的形式生动形象地展示出鲁迅与许广平的甜蜜爱情。此外，这个鲁迅生平陈列还突出展示了鲁迅在广东的日常生活，设立了鲁迅与许广平在广州市的艳芳照相馆拍摄照片的场景，以及鲁迅在广东期间足迹所到之处的地图，这都在很大程度上塑造出"人间鲁迅"的形象。可以说，广州鲁迅纪念馆在2016年设计的鲁迅生平陈列顺应时代发展的潮流，吸收鲁迅研究领域的新成果，结合广东的地域文化，主要展示鲁迅在广州时期的日常生活，以及鲁迅与广东各界人士的交往，特别是鲁迅与许广平两人的爱情生活，从而塑造出可亲可爱的人间鲁迅形象。

　　3. 小结

　　回顾广州鲁迅纪念馆从1959年以来到2016年所设计制作的多个鲁迅生平陈列，可以看出该馆鲁迅生平陈列主题的变化不仅在很大程度上反映出鲁迅的形象在中国社会上的变化，而且也在很大程度上反映出中国政治形势的变化，可以说，鲁迅的社会形象与中国政治形势紧密相关，鲁迅的社会形象在一定程度也是中国政治形势的一个症候，鲁迅社会形象的变化可以鲜明地体现出中国政治形势的变化。因此，在鲁迅生平陈列中如果像"文革"时期那样紧密配合政治运动，突出展示鲁迅的革命活动方面的内容，刻意塑造出革命家鲁迅的形象，就会在一定程度上把鲁迅推上圣坛，遮蔽鲁迅的真实形象。广州鲁迅纪念馆作

---

① 广州鲁迅纪念馆编：《在钟楼上——鲁迅与广东》，广州：岭南美术出版社，2016年出版，第1页。

为国家设立的纪念鲁迅的公益型的文化事业单位，不仅肩负着保存鲁迅遗产、传播鲁迅精神的使命，而且也在很大程度上承担着面对社会大众进行社会主义意识形态的宣传教育功能，需要处理好传播鲁迅精神与面向社会公众进行社会主义意识形态宣传教育的功能这两者之间的关系。正确的做法应当是从鲁迅生平中挖掘出与社会主义意识形态教育紧密相关的史实，客观、全面地向公众展示有关的文献史料，从而凸现出鲁迅生平中的一些事迹对社会公众所具有的教育意义，通过润物细无声的方法使观众在参观鲁迅生平陈列时受到社会主义意识形态教育。

二、学术研究与图书出版工作的历史与现状

广州鲁迅纪念馆筹建于 1957 年 11 月，但是直到 2012 年 8 月独立建制之前都一直归广东省博物馆管辖。长期以来，因为业务人员较少，所以在鲁迅研究领域没有多少重要的研究成果。（张竟在 1961 年调入广州鲁迅纪念馆，直到 1997 年完全退休，在这 30 多年中，广州鲁迅纪念馆从事鲁迅研究工作并取得较多研究成果的人员主要是张竟，在张竟退休后，特别是广州鲁迅纪念馆在 2012 年独立建制之后至今都没有专门从事鲁迅研究的人员。）

不过，广州鲁迅纪念馆在传播鲁迅方面做出了一些成绩，组织出版的连环画《鲁迅在广州》印数达到 250 万册，在当时产生了重大的影响。

1.《鲁迅在广州》（连环画）："文革"时期发行量最大的鲁迅题材的宣传品

1976 年 1 月，署名为广州鲁迅纪念馆、《鲁迅在广州》连环画创作组（夏晔、李瑞祥、潘晋拔绘画）的《鲁迅在广州》（60 开国画黑白版）由人民美术出版社，首印 150 万册，很快销售一空；同年 9 月，第二次印刷 100 万册（部分是 60 开国画棕色版）。同时，还出版了 24 开国画彩版，首次印刷 7.25 万册。

在这本连环画的扉页是红色字体的毛主席语录：

鲁迅是中国文化革命的主将，他不但是伟大的文学家，而且是伟大的思想家和伟大的革命家。鲁迅的骨头是最硬的，他没有丝毫的奴颜和媚骨，这是殖民地半殖民地人民最可宝贵的性格。鲁迅是在文化战线上，代表全民族的大多数，向着敌人冲锋陷阵的最正确、最勇敢、最坚决、最忠实、最热忱的空前的民族英雄。鲁迅的方向，就是中华民族新文化的方向。

这本连环画共 108 页，有 108 幅图，分为如下四个章节：

1. 初到广州
2. 演讲台上
3. 血的教训
4. 战斗前进①

这本连环画在主题上紧密结合当时的政治形势，对鲁迅在广州期间的一些活动进行政治化解读，刻意塑造出"革命家"鲁迅的形象，如第 108 页的说明文字是："面对反动派的无耻诽谤，鲁迅巍然屹立。中秋之夜，他豪情满怀，挥笔写道：'时大夜弥天，璧月澄照，饕蚊遥叹，余在广州。'表达了他对革命的坚定信念和对敌人的极端蔑视。"② 其实鲁迅的这段话是暗讽高长虹的，并非表达他对革命的坚定信念。

另外，这本连环画为了突出中国共产党对鲁迅的领导，还虚构了一些情节，如第 27 页的说明文字是："《向导》，是当时中共中央的机关刊物，毛主席的一些重要著作也在这里发表，威望高，影响大。鲁迅对它更是手不释卷，认真阅读。"③ 严格来说，这些虚构的鲁迅认真学习毛主席著作的情节就是对历史事实的歪曲。

在艺术手法上，这本连环画采用国画中的线条手法勾勒人物形象，把正面人物都塑造得高大、威武、正义凛然，把反面人物都塑造得猥琐、丑陋、矮小，由此表达出明显的政治含义：赞美正面人物，批判反面人物。这种单纯地把人物形象分为正面人物和反面人物的创作手法，虽然能鲜明地表达出绘画者的政治立场，但却无法客观地描绘出这些历史人物的真实形象。

可以说，这本连环画迎合时代的政治需要，片面地描述鲁迅在广州时期的战斗经历，塑造出"革命家"鲁迅的形象，并借此表达出现实的政治目的：要响应毛主席的号召，学习鲁迅的榜样：

---

① 广州鲁迅纪念馆、《鲁迅在广州》连环画创作组（夏晔、李瑞祥、潘晋拔绘画）：《鲁迅在广州》（60 开国画黑白版），北京：人民美术出版社，1976 年 1 月出版。
② 广州鲁迅纪念馆、《鲁迅在广州》连环画创作组（夏晔、李瑞祥、潘晋拔绘画）：《鲁迅在广州》（60 开国画黑白版），第 108 页。
③ 广州鲁迅纪念馆、《鲁迅在广州》连环画创作组（夏晔、李瑞祥、潘晋拔绘画）：《鲁迅在广州》（60 开国画黑白版），第 27 页。

在今天，我们更要学习鲁迅坚定地站在无产阶级立场上，对反动派进行不屈不挠的斗争意志；学习他善于总结经验，严于解剖自己，自觉改造世界观，不断革命，不断前进的精神，把无产阶级专政下的继续革命进行到底！①

总之，广州鲁迅纪念馆通过连环画这种通俗的艺术形式来传播"革命家"鲁迅的精神，虽然带有明显的局限和不足，但却在当时产生了巨大的社会影响。

2.《鲁迅》画册："文革"时期鲁迅题材美术作品的经典

1976 年 9 月，上海人民出版社编辑出版了美术图片集《鲁迅》，收录了"文革"期间创作的一些以鲁迅为主人公的美术作品，这些美术作品大多收藏在上海鲁迅纪念馆和广州鲁迅纪念馆。

画册的封面是张松鹤创作的《鲁迅》（雕塑），其后依次是单行之和吕长天创作的《弃医从文》（油画），王维新创作的《五四新文化运动的英勇旗手》（套色木刻），陈逸飞、魏景山创作的《鲁迅到平民学校》（油画组画之一），广鲁创作的《鲁迅在广州》（国画），魏景山创作的《迎着战斗风暴前进》（油画），邵隆海创作的《夜访鲁迅》（油画），秦大虎创作的《深夜写作》（油画），陈逸飞创作的《唯有新兴的无产者才有将来》（油画），李以泰创作的《马克思主义是最明快的哲学》（木刻），谭尚忍创作的《鲁迅与陈赓》（套色木刻），哈琼文创作的《"在你们身上，寄托着中国与人类的希望——致中共中央祝贺长征胜利"》（油画）和汤小铭创作的《永不休战》（油画）。

这些画基本上代表了"文革"期间创作的以鲁迅为题材的美术作品的特点，不仅重点描绘鲁迅革命性的一面，而且借鉴"三突出"的创作方法，在构图、着色等方面都刻意突出鲁迅的战斗精神，其中以汤小铭在 1971 年创作的油画《永不休战》最有代表性，也最为著名。

1971 年，广州鲁迅纪念馆为恢复开放而重新布置鲁迅生平展览，汤小铭参加了这个展览的设计工作，并受命创作了表现晚年的鲁迅在病中坚持写作的一幅油画。这幅油画受到了各界的好评，汤小铭于是在 1972 年又在这幅画的基础上重新绘制了一幅来参加全国第二届美术展览，并把这幅画定名为《永不休战》。这个名字出自鲁迅在去世前两个多月写的《答徐懋庸并关于抗日民族统一战线问题》一文，此画也因此成了鲁迅与"四条汉子"做斗争的写照。这幅油

①　广州鲁迅纪念馆、《鲁迅在广州》连环画创作组：《鲁迅在广州》（60 开国画黑白版）"前言"，第 6 页。

画充分表现出"文革"美术作品塑造鲁迅的特点，在全国第二届美展上引起了广泛的关注，一举成为当时所有描绘鲁迅的美术作品中最著名的作品。

陈逸飞撰写了《无产阶级彻底革命精神的颂歌》一文，高度评价这幅油画的艺术技巧："为了表现鲁迅在病中这一特定的情节，作者用了盖在膝上的毯子，放在背后的枕头等，删去了其他生活中不必要的细节，因此更能突出表现其主要部分，使主题更加鲜明。作者很好地发挥了熟练的油画技巧，并大胆地将色彩处理成冷调子，衬托出了鲁迅当时战斗环境的艰苦，更有力地表现了鲁迅永不休战的崇高思想境界。"① 1976年，刚刚复刊的《美术》杂志第2期，不仅以整页篇幅刊登这幅油画，而且发表了骁名的文章《不克厥敌，战则不止——重谈〈永不休战〉》，文章高度评价汤小铭成功地塑造出病中的鲁迅形象，指出："画历史人物、历史事件，必须从现实的阶级斗争、路线的需要选择题材、确定主题。《永不休战》从1972年创作以来，一直在现实革命斗争中起着教育人民、鼓舞人民的战斗作用，一个重要的经验就在这里……让我们学习鲁迅的革命精神，继承鲁迅的革命遗志，英勇战斗，'永远进击'，去夺取反击右倾翻案风斗争的更大胜利！"②

《永不休战》这幅油画虽然在"文革"时期被政治斗争利用，但在当代油画史上仍然占有重要地位，许多美术画册都收录这幅作品。例如，1999年出版的《20世纪中国美术——中国美术馆藏品选》不仅收录了这幅画，而且对这幅画做出了高度评价："汤小铭创作的这幅带有鲜明主题的鲁迅肖像画，以写实的手法，精谨的选型，沉稳的色调，娴熟的技巧，刻画了这位中国新文化运动旗手不屈不挠的形象。画面呈三角形的构图，浓重的缁衣使病中的鲁迅形象如同雕塑般坚实有力，他那犀利中略带忧郁的眼神，双唇紧闭的脸庞，紧握毛笔的双手，无不传递着鲁迅这位文学革命家的气质和个性。鲁迅身边桌上的闹钟、药瓶和厚厚的书籍、文稿等细节的描绘，都映现着鲁迅先生'生命不息、战斗不止'的革命斗争精神。"③

在某种程度上可以说，正是广州鲁迅纪念馆宣传鲁迅的工作需要才促成了汤小铭的《永不休战》这幅经典画作的诞生，因此，广州鲁迅纪念馆、上海鲁迅纪念馆等机构对于汤小铭、陈逸飞等画家在"文革"期间的美术创作产生了

---

① 陈逸飞：《无产阶级彻底革命精神的颂歌》，《美术作品介绍》，1973年第1辑。
② 骁名：《不克厥敌，战则不止——重谈〈永不休战〉》，《美术》，1976年第2期。
③ 刘曦林主编：《20世纪中国美术——中国美术馆藏品选》，杭州：浙江人民美术出版社，济南：山东美术出版社，1999年出版。转引自中国美术馆网站《永不休战》作品简介，http://www.namoc.org/zsjs/gczp/cpjxs/201304/t20130416_219355.htm。

深远的影响。

3. 《鲁迅在广州》："文革"时期出版的重要的鲁迅传记

1977年11月，张竟撰写的《鲁迅在广州》由广东人民出版社正式出版，首印5万册。作者在这本书的"后记"中指出："本书尝试以传记的形式，扼要描述鲁迅在广州时期的战斗历程。"① 从这本书的内容来看，该书与《鲁迅在广州》（连环画）在内容方面有较多的相似处，因此，该书很可能是在《鲁迅在广州》（连环画）的基础上创作完成的。

该书的扉页是毛主席语录：

鲁迅是中国文化革命的主将，他不但是伟大的文学家，而且是伟大的思想家和伟大的革命家。鲁迅的骨头是最硬的，他没有丝毫的奴颜和媚骨，这是殖民地半殖民地人民最可宝贵的性格。鲁迅是在文化战线上，代表全民族的大多数，向着敌人冲锋陷阵的最正确、最勇敢、最坚决、最忠实、最热忱的空前的民族英雄。鲁迅的方向，就是中华民族新文化的方向。

该书的目录如下：

一、开辟新战线

（一）奔赴广州

（二）首次交锋

（三）在受包围中

（四）香港之行

（五）支持进步 反对倒退

二、胜利不忘进击

（一）秘密的会见

（二）"愿意听听大炮的声音"

（三）要"永远进击"

三、在血腥的屠杀中坚持战斗

（一）横眉冷对

（二）彻底决裂

① 张竟：《鲁迅在广州》，广州：广东人民出版社，1977年11月出版，第115页。

四、英勇不屈
（一）在讲演台上
（二）痛斥"巴儿狗"
（三）揭露"振兴国粹"的伎俩
（四）要"防被欺"

五、总结经验 继续前进
（一）解剖自己　坚持战斗
（二）瞻望前程

后记
附录：鲁迅在广州大事记①

　　从上述内容可以看出，这本书主要以毛泽东对鲁迅的评价为指导，紧密结合当时的政治形势，突出描述鲁迅在广州期间的政治斗争情况，以及鲁迅在中国共产党影响下从革命民主主义者转变成共产主义者的过程，塑造出"革命家"鲁迅的光辉形象。

　　该书从整体上都是从政治意识形态的角度描述鲁迅在广州的战斗经历，即使对鲁迅的某些作品也是从政治意识形态的角度进行解读，如书中这样对《野草·题辞》进行解读：

　　　　工人阶级总同盟罢工斗争过去了，革命力量虽然暂时遭到挫折，但是革命者正在转入地下，积聚力量，组织队伍，继续战斗。珠江两岸的木棉树高耸入云，朵朵红花鲜艳夺目，象征着地下革命之火正在熊熊燃烧。四月二十六日，鲁迅奋笔疾书，写下了《野草·题辞》：
　　　　"地火在地下运行，奔突；熔岩一旦喷出，将烧尽一切野草，以及乔木，于是并且无可朽腐。"
　　　　"但我坦然，欣然。我将大笑，我将歌唱。"
　　　　鲁迅怀着对革命必定胜利的信念，坚信中国共产党领导的工农大众的革命烈火必将迅速燃遍全中国，黑暗一定逝去，光辉灿烂的新世界一定出现。这是他对革命胜利的预言，同时也是他表示在革命胜利

---

① 张竟：《鲁迅在广州》，第1页。

之日，将以无比的欢欣来歌颂那伟大的春天。①

另外，书中还为了突出中国共产党对鲁迅的领导而虚构了一些情节，如书的末尾这样描述鲁迅离开广州奔赴上海的情景：

> 鲁迅坚信"惟新兴的无产者才有将来"。残酷的阶级斗争，使鲁迅的骨头锻炼得更硬了！党领导下的工农大众的战斗精神，激励着鲁迅坚持不懈地向敌人冲锋陷阵。他怀着丰富而又宝贵的阶级斗争经验和对反动派的满腔仇恨，以新的战斗风貌，和新的战斗姿态，离开广州，奔赴上海。
>
> 九月二十七日，天空晴朗。趁反动派监视稍微松懈，鲁迅和许广平登上太古轮公司的"山东"号轮船，离开了这个曾经作为革命根据地，而正在遭受着反动势力蹂躏的英雄城市广州，向着中国共产党的诞生地——上海前进！
>
> 浩瀚的大海，奔腾澎湃。海燕在茫茫的海面上飞翔。鲁迅身穿灰白色长衫，站在船头，秋风拂拂，衣襟在风中飘动。他展望前方，豪情满怀，他仿佛听到了毛主席领导的秋收起义，进军井冈山的隆隆炮声。他瞻望革命的光辉前景，觉得"中国现在是进向大时代的时代"了！
>
> 大海波涛汹涌，鲁迅巍然屹立船头，轮船劈波斩浪，前进！前进！②

在某种程度上可以说，这本书不能算作鲁迅研究的学术成果，只能算作一个"文革"期间关于鲁迅的宣传品。

4. 《对话鲁迅馆》：展现广州鲁迅纪念馆在 21 世纪的新形象

2007 年，广州鲁迅纪念馆因为钟楼出现倾斜而闭馆，并从 2011 年开始维修钟楼。2012 年 8 月，因广东博物馆迁离位于革命纪念广场的原址，广州鲁迅纪念馆开始独立建制，并接管原由广东省博物馆管辖的中国国民党一大旧址（位于钟楼一层，是全国重点文物保护单位）和清代广东贡院的明远楼（俗称红楼，位于钟楼后面，是广东省文物保护单位），"因此，该馆不仅是单纯的人物类、

---

① 张竞：《鲁迅在广州》，第 105—106 页。

② 张竞：《鲁迅在广州》，第 114 页。

文学类的纪念馆，还是历史专题类纪念馆、遗址类纪念馆，而钟楼和红楼分别是中国近代古典建筑的典范。由此可见，广州鲁迅纪念馆是一个融文学、艺术、历史、政治、建筑为一体的纪念馆"。而该馆的工作"不仅是鲁迅陈列与研究，还包括近代广东文学与艺术、国民党一大与中国近代史、广东贡院与科举文化等几个方面的陈列展览与研究工作"①。需要指出的是，中共广东省委机构编制委员会办公室规定广州鲁迅纪念馆的机构职能是："主要任务：宣传研究鲁迅精神，征集、收藏、保管和研究相关文物；保护附近国民党一大会议旧址等有关文物。"② 因此，广州鲁迅纪念馆还是以纪念鲁迅为主要工作的纪念馆。

广州鲁迅纪念馆在钟楼维修期间，开始重新设计关于鲁迅、国民党一大旧址和明远楼的三个展览。2014 年 12 月，广东省文物局、广州鲁迅纪念馆编的《对话鲁迅馆》一书由广东经济出版社出版。该书收录了广州鲁迅纪念馆的领导和工作人员撰写的有关鲁迅、国民党一大旧址和清代科举文化方面的文章，同时还有广州鲁迅纪念馆承办的全国六家鲁迅纪念馆年度会议的有关文章，另外，还有部分广东的学者撰写的关于鲁迅的研究文章。这显示出广州鲁迅纪念馆的业务研究已经不单纯是鲁迅研究了，还包括国民党一大研究、清代科举文化研究等方面。

书中最重要的文章是广州鲁迅纪念馆副馆长吴武林撰写的《寻找共振，激发共鸣——散论广州鲁迅纪念馆的现状、问题、机遇与挑战》。这篇文章客观分析了广州鲁迅纪念馆的现状、问题，并展望了广州鲁迅纪念馆未来的机遇与挑战。吴武林在综合分析了广州鲁迅纪念馆（该文中简称：广鲁馆）的优势与不足之后，指出了广州鲁迅纪念馆未来的发展方向：

> 在陈列内容设计上，广鲁馆策划了三个基本陈列——"在钟楼上——鲁迅与广东陈列""钟声：1924——中国国民党第一次全国代表大会历史陈列"和"从红楼到钟楼——清代广东科举名人与广东近代教育史陈列"，内涵丰富，涉及面广泛，内容设计注重吸取新的学术研究成果，突破历史教科书的模式和狭隘的意识形态化灌输，但求历史之真，不隐恶，不虚美，以符合当代观众的历史认识水平。形式上，我们可以考虑更为鲜活的陈列展示语言，调动多维度的陈列语言，结

---

① 苏桂芬：《序一》，《对话鲁迅馆》，广东省文物局、广州鲁迅纪念馆编，广州：广东经济出版社，2014 年 12 月出版，第 1 页。

② 转引自吴武林：《寻找共振，激发共鸣——散论广州鲁迅纪念馆的现状、问题、机遇与挑战》，《对话鲁迅馆》，第 7 页。

合古迹或遗址，调动对受众的视觉感知与身心体验，使陈列更具可读性和可观性，强化人物的历史环境的还原感，带给人们全新的视觉感知与身心体验。整体形式风格与旧址同气相契，使小小的博物馆、纪念馆既具有鲜明的地域文化特色，又力求做到科学性、艺术性、地域性、观赏性与人性化相结合。将地域性与民族性、传统与现代、学术性与趣味性有机结合起来，从而起到教化与审美的双重结合。①

2015 年，广州鲁迅纪念馆完成了大钟楼和明远楼的维修工作，并在 2016 年 10 月 19 日重新开馆时推出了三个展览："在钟楼上——鲁迅与广东陈列""钟声：1924——中国国民党第一次全国代表大会历史陈列"和"从红楼到钟楼——清代广东科举名人与广东近代教育史陈列"，这三个基本陈列体现了广州鲁迅纪念馆在单独建制之后在展览方面新的变化，基本上实现了吴武林的上述设想。广州鲁迅纪念馆也由此不再仅仅是鲁迅生平陈列，而是形成了鲁迅生平陈列、中国国民党一大旧址陈列和清代广东贡院的明远楼陈列这三个基本陈列齐头并进的新格局，获得了新的发展机遇。

5. 小结

一个博物馆（纪念馆）的主要业务工作大致可以划分为文物（藏品）的征集、保管、研究和展示等四个方面。回顾广州鲁迅纪念馆在鲁迅研究与传播方面的历史，可以看出专业研究人员对于一个纪念馆是何等重要。该馆因为专门从事鲁迅研究的人员较少，甚至长期以来只有一、二人，所以在鲁迅研究领域没有取得一些重要的学术研究成果，这对于一个纪念馆来说无疑是令人遗憾的。需要指出的是，该馆在 1977 年组织出版的《鲁迅在广州》（连环画）取得了广泛的社会影响，虽然对于在"文革"期间传播鲁迅做出了重要的贡献，但是却在一定程度上歪曲了鲁迅的真实形象。这个案例也为鲁迅纪念馆传播鲁迅留下了深刻的教训：面向社会公众宣传鲁迅精神要实事求是，不能歪曲鲁迅的真实形象，因为通过歪曲鲁迅的形象来宣传某些政策，即使在当时取得了巨大的社会反响，达到了宣传目的，但这些都不会长久的，历史的发展终将会纠正这些错误的行为。对于鲁迅纪念馆来说，传播鲁迅精神的功能与面向公众进行社会主义意识形态的宣传教育的功能，两者并不是矛盾的，而是相辅相成的，只有尊重史实，鲁迅纪念馆才能发挥好这两个功能。

① 吴武林：《寻找共振，激发共鸣——散论广州鲁迅纪念馆的现状、问题、机遇与挑战》，《对话鲁迅馆》，第 11—12 页。

三、结语

广州鲁迅纪念馆是一个小型的纪念馆，从1959年首次对外开放鲁迅生平展览，到2016年首次作为独立建制的法人机构对外开放新的鲁迅生平展览，虽然经历了一个曲折的发展过程，但是在鲁迅文物的征集和保管、鲁迅展览，以及社会教育等方面都取得了一些成绩，为鲁迅在广东的传播做出了重要的贡献。

另外，虽然广州鲁迅纪念馆在2012年8月开始单独建制，迎来了新的发展机遇，但是该馆也存在着一些问题。首先就是工作人员偏少的问题。广州鲁迅纪念馆的正式人员编制仅有8位工作人员，却要同时承担鲁迅在大钟楼的卧室、中国国民党一大旧址和清代广东贡院的明远楼这三个旧址的管理、研究和展示的工作，以及鲁迅生平展览的工作，因此存在着业务人员特别是专门从事鲁迅研究的人员明显偏少的问题，这是广州鲁迅纪念馆亟待解决的一个重大问题。其次是存在缺少举办展览场地的问题。广州鲁迅纪念馆位于大钟楼，一直缺乏专业的展览厅，只能利用大钟楼的左侧回廊布置鲁迅展览，因为场地环境和面积所限，鲁迅展览只能简略展示鲁迅的生平，以及鲁迅在广州的生活和工作情况。最后是如何处理鲁迅、国民党一大和明远楼这三个业务方向的侧重点问题。广州鲁迅纪念馆同时承担着鲁迅在大钟楼的卧室、中国国民党一大旧址和清代广东贡院的明远楼这三个旧址的管理、研究和展示的任务，但广州鲁迅纪念馆的单位名称中带有"鲁迅"两字，无疑是以纪念鲁迅为中心工作，因此存在着如何协调好三个旧址的管理，聚焦中心工作的问题。

附带指出，广州鲁迅纪念馆负责管理的大钟楼中不仅有鲁迅的旧居，而且也有中国国民党举行一大会议时的旧址，随着国家对台统战工作的需要，有关部门决定广州鲁迅纪念馆重新开放时，不仅要展示鲁迅的故居，而且也要展示中国国民党举行一大会议时的旧址，因为中国国民党举行一大会议时的旧址是国共第一次合作和中国共产党建立统一战线的地点，所以要将广州鲁迅纪念馆建成爱国主义教育基地和统一战线教育基地。从广州鲁迅纪念馆选择在2016年11月12日即孙中山诞辰150周年纪念日正式对外开放，就可以看出有关部门要求广州鲁迅纪念馆服务国家战略，将管理好中国国民党举行一大会议时的旧址作为一项特别重要的工作，发挥好对台统战工作的重要作用。这也是广州鲁迅纪念馆需要承担并完成的一项重要使命。

第五章

厦门鲁迅纪念馆的历史和现状研究 （1976—2016）

鲁迅在 1926 年 9 月至 1927 年 1 月在厦门大学执教，中华人民共和国成立之后，为了纪念鲁迅，厦门大学中文系教师陈梦韶得到时任校长王亚南的支持，在 1952 年 10 月 19 日建立了"鲁迅纪念室"。这个"鲁迅纪念室"初期设立在厦门大学映雪楼中的一个房间，收藏了一些与鲁迅有关的物品、书刊等。1953年秋，厦门大学决定把鲁迅在集美楼上居住过的宿舍恢复原貌，作为新的"鲁迅纪念室"，陈梦韶邀请时任全国人民代表大会副委员长郭沫若为"鲁迅纪念室"题写了室名。1956 年 10 月 19 日，厦门大学为了纪念鲁迅逝世 20 周年，又把鲁迅宿舍西边的房间改为"鲁迅文物陈列室"，陈梦韶邀请国家副主席宋庆龄为"鲁迅文物陈列室"题写了室名。① 1966 年"文化大革命"爆发之后，陈梦韶被打倒，"鲁迅纪念室"和"鲁迅文物陈列室"也遭到红卫兵的冲击，遗失了一些重要的藏品。

1976 年，为纪念鲁迅逝世 40 周年暨来厦门大学执教 50 周年，厦门大学校领导接受当时担任"鲁迅纪念室"负责人的林宗熙的建议，决定把"鲁迅纪念室"扩建为厦门鲁迅纪念馆，并把集美楼上二层的六个房间都交给厦门鲁迅纪念馆使用。经过几个月的紧张工作，厦门鲁迅纪念馆在 10 月 19 日正式建成并开放。从 1976 年 10 月至 2016 年，厦门鲁迅纪念馆的各项业务工作随着时代的变迁也经历了一个明显的变化过程。

一、藏品征集和保护工作的历史与现状

厦门鲁迅纪念馆的藏品征集工作可以说在建馆之前就已经开始了。陈梦韶作为负责人在 1952 年建立"鲁迅纪念室"之后，就开始搜集与鲁迅有关的书刊等藏品，并把自己珍藏的鲁迅撰写的《〈绛洞花主〉小引》的手稿捐给"鲁迅纪念室"，成为鲁迅纪念室最重要的藏品。但是经历过"文革"的冲击，有一些

---

① 陈元胜：《陈梦韶评传》，香港：东西文化事业有限公司，2016 年出版，第 83 页。

重要的藏品，如宋庆龄题写的"鲁迅文物陈列室"及写给"鲁迅纪念室"的信件，陈梦韶捐献的《中国小说史略》第三版等都不幸遗失。

1976 年 5 月，林宗熙作为"鲁迅纪念室"负责人，随《鲁迅的战斗一生》剧组到北京、上海等地搜集到较多的与鲁迅有关的图片及一些鲁迅的文稿和物品的复制件，不仅充实了馆藏，而且也用于布置鲁迅生平展览。

厦门鲁迅纪念馆正式建成开放之后，林宗熙在 1978 年又从一位来馆参观的观众那里听到苏煌保存了厦门大学文科学生送别鲁迅的合影照片的消息，经过努力，顺利地从苏煌那里征集到这张非常宝贵的照片的原件。

1981 年，林宗熙和王守桢两人在赴上海鲁迅纪念馆征集藏品时，得到了该馆新发现"厦门市文化界追悼鲁迅先生大会"寄给许广平的 60 多幅挽联中还有 7 幅挽联得以保存下来的消息，于是两人就买来笔墨和布匹，一起花了两个多小时临摹了这些挽联，此外还"征集到厦门市追悼大会印制的纪念书签、《闽南文艺协会会刊》'追悼鲁迅先生专号'（载有马寒冰、陈梦韶、胡资周等人文章）、《漳州复兴日报》'哀悼鲁迅先生特刊'、泉州追悼鲁迅先生大会合影以及鲁迅离开厦门大学时学生自治会、女生同学会写在虎皮宣纸上的送别辞等一批珍贵文物"①。这些藏品后来成为"鲁迅在厦门"专题展览的主要展品。

2006 年，厦门鲁迅纪念馆得到鲁迅之子周海婴的支持，用周海婴寄存在厦门鲁迅纪念馆的关于鲁迅和许广平的一批重要物品，布置了"鲁迅与许广平"的专题展览。此外，厦门鲁迅纪念馆还收到了厦门市民洪卜仁捐赠的《鼓浪》杂志第一、五、六、七期，其中的第七期杂志尤为珍贵，纠正了研究界此前认为《鼓浪》只出版过六期的观点，这些杂志后来也被作为重要的展品进行展出。

二、展览工作的历史与现状

1. 鲁迅卧室陈设的演变

鲁迅宿舍的原貌展示是厦门鲁迅纪念馆展览工作中的重要组成部分。1953年，陈梦韶负责恢复鲁迅宿舍的工作，他虽然与当时在厦门大学执教的鲁迅有过多次交往，对鲁迅在厦门大学的生活和工作情况有所了解，但是仍然通过走访一些当年进入鲁迅宿舍拜访过鲁迅的人士，通过调查和研究，希望能更准确地恢复鲁迅宿舍的原貌。陈梦韶经过一番调查和研究，对鲁迅宿舍中主要物品的陈设情况进行了初步的复原，具体情况也写入了他在 1954 年出版的《鲁迅在

---

① 林宗熙：《在鲁迅纪念馆工作的日子里》，厦门大学校友会网站，https：//alumni. xmu. edu. cn/info/1020/3078. htm，2011 年 08 月 15 日。

厦门》一书之中：

> 在这间房子靠东墙壁一边，鲁迅先生放下他的睡床、箱子和衣架。
> 靠西木板墙一边，放下一张藤的圆桌，圆桌四周放下一把长躺椅，三
> 把靠背椅，客人来了，就围着这圆桌而谈。背面有两个大窗门，可以
> 遥望南普陀寺。在这两个大窗门前端：东边放下一至两层的茶几，茶
> 几的上面有时摆着一盘糖果，茶几中层经常放置三本相册；西边放下
> 一张写字桌，桌上放着笔砚印泥等，记得还有一个闹钟。写字桌左边
> 靠木板墙处，放下一个书架。南边有两个大房门，门的外面是走廊，
> 凭倚走廊的石栏杆，可以远眺巍然矗立在鹭江那边的南太武山。这两
> 个大房门：靠东那边的门是锁死的，门内放置一个小水缸、脸盆架及
> 火酒炉等；靠西这边的门是活的，鲁迅先生日常出入以及客人来往，
> 都取道于此。在两个大房门中间的一堵墙壁下，放着一张厨桌，桌上
> 经常放着麦精鱼肝油及散拿吐瑾，还有一些铝制用具及四周用水围着
> 以防蚂蚁的装着白糖的瓷罐子。他所嗜食的香蕉、柚子，或其他点心，
> 也都是放在这张厨桌上的。①

1976 年下半年，厦门大学在筹建厦门鲁迅纪念馆时，仍然按照陈梦韶在
1954 年的上述考证内容来恢复鲁迅的宿舍。但是，菲律宾华侨洪学琛（当年是
《波艇》的编辑和撰稿人，曾经到鲁迅的宿舍拜访过鲁迅）在 1977 年参观厦门
鲁迅纪念馆时认为现在鲁迅宿舍中的陈设情况和他记忆中的鲁迅宿舍中的陈设
情况有很大的不同，并应厦门鲁迅纪念馆负责人林宗熙之邀，撰写文章回忆鲁
迅在厦门时期的情况，指出："鲁迅的写字桌，是放在寝室的中央，睡床放在靠
近左边的壁边（按：西边）。"② 林宗熙比较重视洪学琛的上述回忆，为了查清
楚鲁迅当年宿舍陈设的真实情况，他又继续搜集相关资料进行研究，后来在新
出版的《鲁迅手稿全集·书信》中看到鲁迅在 1926 年 10 月 4 日致许广平的书
信中有鲁迅手绘的宿舍陈设图，由此得出如下的结论：

> 据此可知，鲁迅住室中的摆设，准确的情况应是这样的：床在靠
> 西（左边）门内临壁的地方。床的右边是一个衣橱，衣橱的右边是一

---

① 陈梦韶：《鲁迅在厦门》，北京：作家出版社，1954 年出版，第 50 页。
② 洪学琛：《回忆鲁迅在厦大杂记》，《厦门大学学报》，1982 年 S1 期。

个书橱，皆临壁而置。靠西墙角的窗下，摆着先生的两只柳条箱，两窗之间，则是火酒灯摆放的地方。北边墙的中央，摆了一张四方桌，在衣橱和火酒灯两者成一直线的正中点，与东西墙夹角成对角线的位置，是鲁迅的办公桌和木椅，办公桌的旁边，就是那把"大发其怒之后"才"格外添了"的躺椅。（《两地书·四六》）①

林宗熙据此对鲁迅宿舍中原来的陈设情况进行了修改，但是陈梦韶显然并不认同林宗熙的上述修改，并在 1983 年发表了《集美楼上鲁迅宿舍陈设辨考》② 一文，坚持自己原来的观点。另外，陈梦韶还在他和孙腾芳共同编选的《鲁迅生平史料汇编》第四辑（鲁迅在厦门）中附录了题为"鲁迅宿舍中的一角"③ 照片，照片中就是他负责布置的鲁迅宿舍内主要物品陈设情况的场景，借此表达出他仍然坚持自己的观点。

2014 年，陈梦韶之子陈元胜在《鲁迅与林惠祥的博物情怀》一文中指出林宗熙理解错了鲁迅手绘的宿舍位置图的方向，而鲁迅手绘的宿舍器具摆放草图只是鲁迅移居集美楼宿舍第 9 天时，临时摆放器具的情况。因为鲁迅在 9 月 26 日粉刷东墙壁后不得不移动原来器具的摆放位置。而林惠祥曾多次到鲁迅宿舍拜访过鲁迅，认为陈梦韶恢复鲁迅宿舍的情况是符合当年情形的。④

可以说，有关鲁迅在厦门大学宿舍中的陈设的具体情况，一直有争议，至今仍没有形成一致的意见。厦门鲁迅纪念馆现在展示的鲁迅宿舍的陈设状况，大致采用了林宗熙的考证结论，并没有延续使用陈梦韶的考证结论。

2. 鲁迅生平陈列的概况

厦门鲁迅纪念馆在 1976 年建成对外开放之后，所展示的鲁迅生平陈列的主题也有一个明显的变化过程，大致来说主要有 1976 年的鲁迅生平陈列，1981 年的鲁迅生平陈列和 2006 年的鲁迅生平陈列。另外，厦门鲁迅纪念馆还随着时代的变迁，在 1988 年、1996 年、1999 年对鲁迅生平陈列的内容做过局部的修改，但是这些修改都没有改变当时鲁迅生平陈列的框架。

---

① 林宗熙：《鲁迅在厦大故居摆设的辨考》，《厦门大学学报》1982 年 S1 期。

② 陈梦韶：《集美楼上鲁迅宿舍陈设辨考》，《厦门大学学报》（哲学社会科学版·文学语言专号），1983 年 4 月印刷。

③ 薛绥之主编，陈梦韶、孙腾芳编选：《鲁迅生平史料汇编》第四辑（鲁迅在厦门），天津：天津人民出版社，1983 年出版。

④ 陈元胜：《鲁迅与林惠祥的博物情怀》，《上海鲁迅研究》，2014 年春季号，上海：上海社会科学院出版社 2014 年出版，第 155 页。

（1）1976 年的鲁迅生平陈列

笔者在厦门鲁迅纪念馆、厦门大学档案馆都没有查找到 1976 年鲁迅生平陈列的大纲，甚至联系了当时负责设计制作这个展览的林宗熙先生，也没有能找到这个鲁迅生平陈列的大纲。因此，只能通过有关资料来介绍这个鲁迅生平陈列的一些情况。

1976 年 6 月，当时正在上海搜集鲁迅资料的"鲁迅纪念室"负责人林宗熙写信给厦门大学中文系的领导，提出把"鲁迅纪念室"扩建为鲁迅纪念馆的建议，并很快从上海启程返校。林宗熙在《从鲁迅纪念室到鲁迅纪念馆》一文中回忆了设计制作这个鲁迅生平陈列的情况：

> 没想到回校后，校党委不仅已批准将鲁迅纪念室扩为鲁迅纪念馆，还同时解决了系办公室搬移的难题。校党委书记曾鸣、副书记司守行等领导专门听取纪念活动准备工作汇报，对鲁迅纪念室扩为鲁迅纪念馆做了具体指示，要求一周内拿出详细布展方案，校党委审查后报送省委宣传部批准。系领导则要求我在 4 天内完成这个任务，组织现代文学教研室及相关领导、教师审议定稿。好在受益于全程跟随纪录片拍摄，有耳闻目染和各个馆的鼎力支持，使我有一个学习、思考和积累的基础，更主要是，一路接触各地的鲁研专家，让我较为清晰地了解了鲁迅的生平，对鲁迅各个时期的重大事件及其背景有进一步的认识，得以按时编写出两万多字，具体到每份文物、资料、照片解说词的陈列方案，包括布展原则与宣传主题。同时，根据我校场地有限的情况，浓缩各馆重点，运用新征集到的资料、照片单列出鲁迅在厦门的部分，尽力以小而精构成自己的特色。经过系、校领导层层讨论、修改、吸纳各方意见后报省委宣传部，何若人部长亲自审批了方案。
> …………
> 经过日作夜赶，终于在 9 月底按计划完成布展，接受系校、省领导的审查；并在 10 月初于我校召开的"纪念鲁迅诞生九十五周年、逝世四十周年和他到厦大任教五十周年"系列活动期间，首次面向来自全国各地的与会者预展，参考唐弢、王瑶、李何林、陈漱渝等鲁研专家参观后留下的宝贵意见，修改布展方案后正式开放。省委宣传部、厦门市委还决定：开展后的厦门大学鲁迅纪念馆列为厦门市外事接待单位。参观的人络绎不绝；我曾统计过，1976—1983 年，开馆 7 年接待观众 50 万人次，在早期厦门特区对外开放接待工作方面，鲁迅纪念

馆亦曾发挥它的作用。①

因为这个鲁迅生平陈列在设计制作时正处于"文革"后期，加之，又由福建省委宣传部、厦门大学党委、厦门大学中文系等各级领导层层审核陈列大纲的内容，所以就不可避免地要紧密结合当时的政治形势来展示鲁迅的生平，从而把鲁迅塑造成一个无产阶级战士和"党的小兵"。另外，这个鲁迅生平陈列结合集美楼二层的六个房间的情况，做了如下的安排："集美楼东边第一间为前言、绍兴时期、日本时期、北京时期，其次是广州、上海时期，特辟一室为厦大时期，还有一间展示鲁迅的影响，加上一间故居，共有五间房。集美楼西边第一间则为会议室。"② 附带指出，这个鲁迅生平陈列运用新征集到的资料重点展示"鲁迅在厦门"的部分，但是林宗熙在《从鲁迅纪念室到鲁迅纪念馆》一文中说是在 1981 年制作的鲁迅生平展览中才单独设立了一个房间重点展示鲁迅在厦门大学的生活、工作和创作的情况，因此具体情况还有待于进一步考证。

（2）1981 年的鲁迅生平陈列

林宗熙在《从鲁迅纪念室到鲁迅纪念馆》一文中也简单介绍了 1981 年鲁迅生平陈列的情况：

> 1981 年，为迎接厦大校庆 60 周年和鲁迅 100 周年诞辰，鲁迅纪念馆再次修改整顿版面、展品内容，鲁迅在厦门史迹专辟一室，成为有别于各馆的特色，慎重运用新发现的照片、文稿、史料，辅以较详尽的文字介绍，努力全面、生动地展示鲁迅在厦门的生活、工作、译著及社会活动史实。其中，鲁迅在厦门任课的课程表、鲁迅为陈梦韶先生《绛洞花主》剧本所题"小引"、上海馆提供的文学院师生挽留鲁迅致辞和送别照片、当年厦大地下党负责人罗扬才参加的青年学生送别鲁迅照片（原件）成为弥足珍贵的馆藏珍品。鲁迅逝世后由时任中华中学教导主任高云览为大会主席，马寒冰、苏节等进步人士为组委的"厦门市文化界追悼鲁迅先生大会"寄给许广平的 60 几［多］副挽联中得以保存下来的 7 副挽联及大会派发的纪念品复制件，印证了鲁

① 林宗熙：《从鲁迅纪念室到鲁迅纪念馆》，《南强情怀》，厦门大学校友总会编，厦门：厦门大学出版社，2012 年出版，第 33 页。
② 苏永延：《厦门大学鲁迅纪念馆简介》，厦门大学中国语言文学系网站，https://chinese.xmu.edu.cn/2016/1024/c11706a223563/page.htm。

迅的伟大民族气节在厦门人民心中的巨大影响与厦门人民对他的永恒怀念。①

　　总的来说，这个鲁迅生平陈列在1976年鲁迅生平陈列的基础上，只是删掉了一些已经不符合当时政治形势的带有"文革"色彩的内容，增加了近几年新征集到的史料，并把"鲁迅在厦门"的内容用一个单独的房间来展示，没有改动原来鲁迅生平陈列的基本框架。1988年，厦门鲁迅纪念馆又对鲁迅生平陈列的内容"做了小规模的改动，主要是去掉一些极'左'时期的提法，并撤下少部分带有浓重'文革'色彩的展品，力求以更客观真实的面目展示鲁迅的形象"②。由此也可以看出，厦门鲁迅纪念馆结合国内政治形势的变化，并吸收国内鲁迅研究的一些新成果，多次对鲁迅生平陈列中的一些涉及政治因素的内容进行删改，从而确保鲁迅生平陈列中不能出现违背国家当时方针政策的内容。

　　（3）2006年的鲁迅生平陈列

　　厦门鲁迅纪念馆从1976年建馆以来，所制作的鲁迅生平陈列都是由本单位的老师设计制作的。2006年，为了纪念鲁迅逝世70周年和到厦门大学任教80周年，厦门鲁迅纪念馆邀请上海鲁迅纪念馆负责设计新的鲁迅生平陈列，因为上海鲁迅纪念馆当时设计制作的鲁迅生平陈列在内容和形式方面都具有创新性，不仅在国内鲁迅研究界获得好评，而且在国内博物馆界也获得了好评。厦门鲁迅纪念馆这次展示的鲁迅生平陈列不仅在内容上，而且在形式上都有新的变化。

　　首先，对五个展室的内容进行调整。第一室简要回顾了鲁迅的人生轨迹及思想历程；第二室陈列鲁迅在厦门时的历史文物资料；第三室是鲁迅与许广平专题展览；第四室辟作纪念室；第五室为鲁迅故居。③ 同时，厦门鲁迅纪念馆还接受周海婴的建议，在"鲁迅与厦门大学"的专题展览中突出鲁迅作为教育家的一面。另外，新设立了"鲁迅与许广平"专题展厅。"鲁迅与许广平"专题展厅所展示的内容分为如下四个部分："我可以爱""向着爱的方向奔驰""十年携手共艰危""我要把一切还给鲁迅"，用周海婴寄存在厦门鲁迅纪念馆中的关于鲁迅与许广平的一些物品系统展示了鲁迅与许广平从相识到相知、相爱，以及共同生活、一同战斗的人生历程。

---

①　林宗熙：《从鲁迅纪念室到鲁迅纪念馆》，《南强情怀》，第34页。
②　苏永延：《厦门大学鲁迅纪念馆简介》，厦门大学中国语言文学系网站，https：//chinese. xmu. edu. cn/2016/1024/c11706a223563/page. htm
③　苏永延：《厦门大学鲁迅纪念馆简介》，厦门大学中国语言文学系网站，https：//chinese. xmu. edu. cn/2016/1024/c11706a223563/page. htm

其次，注重展览的形式设计，开始使用专业的展览设备（如恒温恒湿的展柜）来展示一些具有重要文物价值的鲁迅文稿、鲁迅和许广平用过的物品等实物，从而增加观众对鲁迅的认识和了解。如观众可以通过许广平使用的钩织毛衣的钩针，以及她为鲁迅缝制的茶壶套，感受到许广平对鲁迅的爱情。

这个鲁迅生平陈列在成功展出之后，获得了较好的社会反响，成为厦门鲁迅纪念馆的基本陈列，直到 2016 年都没有再进行重大的修改。

三、学术研究与图书出版工作的历史与现状

因为鲁迅曾经在厦门大学任教，所以厦门大学与鲁迅有了一层密切的关系，厦门大学中文系从 20 世纪 50 年代建立"鲁迅纪念室"之后，就不断有学者从事鲁迅研究。厦门鲁迅纪念馆在 1976 年建立之后，就归属厦门大学中文系管理，但是从建馆以来就没有独立的人员编制，一直都是由中文系的一位老师兼职管理。因此，厦门鲁迅纪念馆的研究工作就与厦门大学中文系师生的鲁迅研究工作合为一体了。回顾厦门大学中文系师生的鲁迅研究学术史，可以看出其研究领域主要集中在鲁迅在厦门时期的史料整理与研究，代表学者有陈梦韶、孙腾芳、孙立川等；鲁迅在厦门时期的创作及思想研究，代表学者有庄钟庆、庄明萱、应锦襄、徐怀中等。

1. 鲁迅在厦门时期的史料整理研究

陈梦韶作为厦门大学"鲁迅纪念室"的创建人，在 1954 年出版的《鲁迅在厦门》一书不仅开启了鲁迅在厦门时期史料整理与研究的学术领域，而且也启发了其他学者以鲁迅生活过的城市为中心对鲁迅相关的史料进行整理和研究。客观地说，陈梦韶的这本只有 4.7 万字的著作虽然采用了实地调查和访问一些当事人的研究方法，对鲁迅在厦门时期的生活、工作及交游情况进行了初步的整理和研究，但是在整体上仍然显得不够全面和深入。陈梦韶在该书出版之后，继续从事这一领域的研究，但是他在 1966 年"文革"爆发后不久就被关入牛棚，不得不中断这一研究工作。"文革"结束之后，陈梦韶对《鲁迅在厦门》一书做了增补和修订，但是至今未能正式出版。另外，陈梦韶还和同事孙腾芳在 1978 年编著了《鲁迅在厦门事迹辨考》（蜡刻油印本，共两辑，16 开 270 页）。笔者未能找到这两辑资料，不过从该书的"弁言"中可以看出其主要的内容：

伟大文学家，伟大思想家，伟大革命家鲁迅先生，于一九二六年

九月至一九二七年一月，曾在厦门大学担任国学研究院及文科国文系教授。虽已离开厦门大学半个世纪了，但我们如今还是念念不忘他。

他在厦门时的时代背景、社会情况、政治气氛，从本辑资料可以领略一二。他在厦门大学的著作情形、生活状况、社会活动，从本辑资料也可窥见一斑。

在厦门时的言行，有的讹误，不合事理，已加纠正。所接触人物，有的不见于日记，无从闻知，已予介绍。所住宿舍，所到地方，后人向往，有心瞻仰，都经查清，示其地址，明其变迁。

两辑报道资料，或经本校师生调查，或由社会人士回忆。敬爱鲁迅先生，是其共同动机。谨志一言，表示谢意。

1983 年十月十九日，编者记于厦门。①

1983 年，陈梦韶和孙腾芳又在这两辑资料集的基础上，共同编著了《鲁迅生平史料汇编》第四辑（鲁迅在厦门）一书，该书的"编辑例言"如下：

图片分别置于各地区文字资料的前面，原件和回忆录、访问、调查，按全书体例依次序列其后，同时编写鲁迅在各地的活动简表，与鲁迅有关的人物小传，以及鲁迅到过的地方介绍等。鲁迅自述中的史料和有关鲁迅在各地区活动的资料，以及有关研究的专著、文章，另附索引，以备翻检。②

可以说，这本书是鲁迅在厦门时期史料整理和研究的集大成之作，几乎囊括了当时所能搜集到的鲁迅在厦门时期的相关史料，为后人的相关研究奠定了坚实的史料基础。

2. 鲁迅在厦门时期创作与思想研究

正是由于厦门大学中文系的师生在鲁迅研究领域取得了较为丰硕的成果，所以国家出版事业管理局在 1976 年委托厦门大学中文系的部分教师承担鲁迅在厦门时期撰写的《汉文学史纲要》以及《两地书》这两本书的注释工作。何建华、应锦襄、苏景昭等老师组成《汉文学史纲要》注释组，庄钟庆、庄明萱、

---

① 陈梦韶、孙腾芳：《鲁迅在厦门事迹辨考》，（蜡刻油印本，共两辑，16 开 270 页），厦门大学中文系，1978 年油印。转引自陈元胜《鲁海蠡酌管窥述论》，未刊稿。
② 薛绥之主编，陈梦韶、孙腾芳编：《鲁迅生平史料汇编》第四辑（鲁迅在厦门），第 186 页。

任伟光等老师组成《两地书》注释组。两个注释组的成员根据所搜集的材料，按照人民文学出版社拟定的注释词条的要求，编撰了注释词条的初稿，后又经过反复修改，最后形成了多种注释稿本，其中最为重要的是 1977 年 7 月人民文学出版社出版的"征求意见"本。在此基础上，上述两个注释组的部分老师还参加了人民文学出版社 1981 年版《鲁迅全集》中的《汉文学史纲要》和《两地书》这两本书的注释工作，为 20 世纪 80 年代的鲁迅研究做出了重要的贡献。

庄钟庆、庄明萱这两位老师后来继续从事《两地书》的注释工作，并在 2008 年出版了《〈两地书〉集注》一书。这本书不仅在注释体例上创新性地采用集注的形式来注释《两地书》，而且还在具体的注释条文中增加了大量的史料，从而使这本书具有重要的学术研究价值。两位作者在"序言"中指出：

> 在注本中，汇集了各个版本的注释，可以认为，这本身就是一种最为核心资料的荟萃。同时，我们在新增加的条目中，又注入了较为详细的相关资料。如引用了北伐节节进展的消息，包括全国性及浙江、广东、福建的报道；鲁迅在厦大的人事关系、任课和授课、创作与学术研究、指导文艺青年；在校内国学馆、集美楼、映雪楼、群贤楼、同安楼、囊萤楼及到厦门市区、鼓浪屿、集美学校活动等情况的资料。（中略）还有，在全书注释之后，增加了附录部分，收入 16 篇有参考性的文稿。（中略）把上述各类资料汇集在一起，分别加以处理，以期有助于还原当年的社会面貌和生活情景，便于从多个侧面去了解作品的内涵，并可借此留住一些难得资料，增加注本的资料性和功能性。上述种种，既是我们着重探索和尝试的地方，也是我们追求的重要方面，或许可以说是这个注本的重要特色。①

可以说，这本著作不仅带有资料价值，是《两地书》注释的集大成之作，充分体现了厦门大学几位老师长期从事《两地书》研究所取得的学术水平，而且也具有重要的研究价值，是对《两地书》中的重要史实进行深入研究的学术著作，进一步推动了《两地书》研究的深入开展。

3. 撰写鲁迅在厦门时期的人物传记

为了纪念鲁迅、学习鲁迅，厦门大学中文系（实际上由孙腾芳和许怀中共

---

① 庄钟庆、庄明萱编撰：《〈两地书〉集注》，厦门：厦门大学出版社，2008 年出版，第 3 页。

同撰写）在 1976 年撰写了《鲁迅在厦门》一书，该书由福建人民出版社在 1976 年 9 月出版，修订本在 1978 年 10 月出版。作者在该书的"前言"中指出：

> 本书采取叙事与议论结合的方法，介绍了鲁迅在厦门时期的思想、著作、战斗事迹和生活片段。全书共分十四章。各章从不同侧面，分别介绍了鲁迅来厦门的时代背景和厦大的环境；叙述了鲁迅艰苦战斗的精神和留下的光辉业绩；表述了鲁迅对尊孔复古逆流、"现代评论派"走卒、资产阶级思想作风、革命队伍中的投机者的坚决反击和深刻批判；阐述了鲁迅通过学习、总结和自我解剖，在思想上有了很大的发展和变化，充分显示了他的彻底革命精神。
>
> 毛主席多次号召我们学习鲁迅。鲁迅在厦门期间，坚忍不拔、战斗不息的革命精神；艰苦奋斗、平易近人的生活作风；严于解剖自己、总结斗争经验、认真改造世界观的高度的革命自觉性，都是值得我们学习的。特别是在当前深入批邓，反击右倾翻案风中，更有现实意义。（按：最后的这句话在"修订本"的"前言"中被删除了。）①

从上述介绍内容中，可以看出这本书紧密结合国内的政治运动，对鲁迅在厦门时期的某些生活片段、一些工作状况及部分创作等进行政治化的解读，带有鲜明的"文革"时代色彩。

随着"文革"的结束，国内政治形势发生了急剧的变化，该书因此在 1978 年 10 月又出版了"修订版"，主要内容基本不变，只是删除了书中存在的一些不符合当时国内政治形势的言论。因此，从整体上来说，《鲁迅在厦门》的"修订本"仍然是对鲁迅在厦门时期的生活、工作、交游、创作等进行政治化的解读，从而起到引导读者学习鲁迅革命精神的作用。

4. 举办鲁迅研究学术研讨会

厦门大学设立厦门鲁迅纪念馆的目的一方面是纪念鲁迅，另一方面也是发挥大学中科研力量强大的优势，通过研究鲁迅来发挥引领学术研究的社会功能。

（1）举办福建省纪念鲁迅诞生 100 周年学术研讨会

1981 年 10 月 19 日，中共中央在北京隆重举行了纪念鲁迅诞辰 100 周年的大会，时任总书记胡耀邦在会议上发表了重要讲话。这次会议的举行，不仅纠正了"文革"时期在政治上歪曲利用鲁迅的错误，向国内外表明了中国在"文

---

① 厦门大学中文系编著：《鲁迅在厦门》，福州：福建人民出版社，1976 年 9 月出版。

革"后对鲁迅的重新评价，而且也通过对鲁迅的重新评价，表达出中国将实行对外改革开放的新政策的信息。各省也陆续举行纪念鲁迅的系列活动。在这样的背景下，厦门大学于9月19日承办了福建省纪念鲁迅诞生100周年的纪念大会。另外，作为纪念鲁迅诞生100周年的重要活动之一，厦门大学同时对厦门鲁迅纪念馆的鲁迅生平陈列进行修改之后，重新开放了厦门鲁迅纪念馆。

厦门大学党委书记曾鸣在纪念大会上做了重要讲话，他在回顾了鲁迅一生的光辉业绩之后，指出：

> 我省面对台湾，国家指定在厦门设立经济特区，我们肩负着实现"四化"宏伟目标的历史使命，站在统一祖国、建设祖国的最前线。统一祖国和建设祖国的根本目的，除了满足人民群众对于物质生活的需要，还要满足人民群众对于文化生活的需要。我们要在党的十一届六中全会精神的光辉照耀下，使我省不仅在经济建设上迅速发展起来，而且要大力加强建设社会主义的精神文明。这才是纪念鲁迅、学习鲁迅的最实际行动。我们可以断言：鲁迅的精神，将是激励我们建设社会主义的物质文明和精神文明的巨大力量![1]

厦门大学通过举办这次纪念鲁迅的大会和重新修改厦门鲁迅纪念馆的鲁迅生平陈列的内容，不仅紧密配合中共中央的重大决策，重新评价鲁迅，纠正了厦门大学在"文革"时期研究鲁迅、宣传鲁迅的工作中存在的政治意识形态方面的错误，而且也为厦门大学今后的研究鲁迅、宣传鲁迅的工作指明了新的方向。

（2）举办"鲁迅与中外文化"学术研讨会

为了纪念鲁迅逝世50周年暨来厦门大学任教60周年，厦门大学联合福建省文联、福建省社会科学院、福建师范大学等单位，于1986年9月8日至12日在厦门大学举办了"鲁迅与中外文化"学术研讨会。

20世纪80年代，中国实行对外改革开放的政策，不可避免地遭遇到中外文化的交流与碰撞的问题。在这样的时代背景下，当代的中国该如何面对外来文化的冲击，又该如何面对中国传统文化的延续，就成为学术界研究的热点问题。厦门大学于是把这个热点问题与纪念鲁迅结合起来举办了这次会议。

---

[1] 曾鸣：《在福建省纪念鲁迅诞辰100周年大会上的讲话》，《厦门大学学报》，1982年S1期。

与会学者重点研讨了鲁迅与外国文化的关系，也有部分学者研讨了鲁迅与中国传统文化的关系。王瑶在这次会议之后出版的会议论文精选集的《序言》中指出：

> 鲁迅的"拿来主义"思想集中地体现了本世纪中国人民在中外文化关系问题上进行长期探索所得出的科学结论；它已经经受了历史的检验，并将继续接受检验。毛泽东在四十年代曾明确地指出"鲁迅的方向，就是中华民族新文化的方向"（《新民主主义论》）；我以为今天依然如此，在对待中外文化关系问题上仍然要坚持"鲁迅的方向"，这是不能动摇的。当然，随着变化了的新情况和面临的新问题，鲁迅当年探索的结论也需要不断丰富与发展。①

可以说，这次会议取得了较为丰硕的研究成果，不仅进一步深化了对"鲁迅与中外文化关系"这一研究课题的研究，而且也体现出鲁迅的中外文化观特别是他所倡导的"拿来主义"对当代中外文化交流的借鉴意义，从而发挥出鲁迅研究成果对于当代中国文化建设的参考价值。

（3）举办"鲁迅与世界"国际学术研讨会

为了纪念鲁迅逝世 70 周年暨来厦门大学任教 80 周年，厦门大学在 2006 年 4 月 3 日至 6 日举办了"鲁迅纪念馆重修开馆仪式暨鲁迅国际学术研讨会"，这次会议也是厦门大学为纪念建校 85 周年而举办的主题为"厦门大学走向世界"系列活动中一个重要活动。

与会学者围绕"厦门时期的鲁迅""鲁迅与中国文化省思""国内外鲁迅研究回顾与走向"等主要议题进行了学术研讨，这次会议不仅有学者披露了新发现的鲁迅在厦门时期的有关史料，而且也有来自韩国、日本、法国、新加坡等国的学者分别介绍了各国鲁迅研究的新成果，体现出鲁迅研究的国际性。另外，鲁迅之子周海婴和鲁迅孙子周令飞不仅参加了厦门鲁迅纪念馆的开幕式，而且也作为鲁迅的后代首次在鲁迅研讨会上发言。周令飞代表周海婴在这次学术研讨会上做了《鲁迅是谁?》的发言，呼吁社会各界重视鲁迅的普及工作，把 2006 年作为"普及鲁迅元年"，让鲁迅走下圣坛回到人间，让鲁迅精神真正地

---

① 王瑶：《序言》，《鲁迅与中外文化》，福建省纪念鲁迅逝世 50 周年学术讨论会论文选编组编，厦门：厦门大学出版社，1987 年出版，第 3—4 页。

活进21世纪。①

(4) 举办"中日视野下的鲁迅"国际学术研讨会

鲁迅曾经留学日本多年，与日本的一些人士保持着密切的联系，因此在新中国成立之后，鲁迅也成为中日民间友好交往的桥梁。厦门大学作为鲁迅曾经工作过的大学，继承鲁迅的精神，发挥鲁迅在中、日民间外交方面的桥梁作用。

为了纪念鲁迅，并进一步促进厦门大学与日本东北大学（该校的前身是鲁迅曾经留学过的仙台医专）的学术交流与合作，厦门大学联合日本东北大学、北京鲁迅博物馆在2009年9月24日至26日，在厦门大学举办了"中、日视野下的鲁迅"国际学术讨论会，会议的议题有"中、日视野下的鲁迅""鲁迅与日本""鲁迅与外国文学""鲁迅与中国新文化运动""鲁迅与中国现当代文学""性别视野下的鲁迅"等。② 厦门大学在这次会议期间还举办了日本东北大学制作的"鲁迅在仙台"图片展，鲁迅的孙子周令飞与藤野严九郎先生的孙子藤野幸弥的对话以及日本仙台部分市民演出的话剧《远火——仙台的鲁迅》等活动，不仅促进了厦门大学与日本东北大学的文化交流，也促进了中日友好交流。

四、社会教育工作的历史与现状

社会教育工作是纪念馆的一个重要功能。虽然厦门鲁迅纪念馆从建馆至今都没有一个专职的工作人员，但是厦门鲁迅纪念馆可以说是和厦门大学中文系融为一体的，所以依托于厦门大学中文系的学术力量，做了许多传播鲁迅的工作。

1. 编印关于鲁迅的通俗读物

在"文革"时期，厦门大学中文系结合当时的政治运动，先后编印了《鲁迅杂文选析》（厦门大学中文系印）、《鲁迅反尊孔言论选》（厦门大学中文系1973年印刷)、《学习鲁迅参考资料》（厦门大学中文系现代文学教研组1974年油印)、《鲁迅评〈水浒〉文章简析》（福建人民出版社1975年出版)、《鲁迅批孔文选讲解》（陕西人民出版社1975年出版)、《鲁迅评法家》（福建人民出版社1976年出版)、《鲁迅论历史》（福建人民出版社1978年出版)、《〈朝花夕拾〉浅析》（福建人民出版社1978年出版)、《鲁迅论中国古典文学》（福建人

① 朱水涌、王烨主编：《鲁迅：厦门与世界》，厦门：厦门大学出版社，2008年出版，第1页。

② 唐琰、廖丽华：《"中日视野下的鲁迅"国际学术研讨会综述》，《鲁迅研究月刊》，2009年第12期。

民出版社 1979 年出版）。另外，厦门大学革委会在 1976 年编印了《毛主席论鲁迅》，厦门大学图书馆在 1976 年编印了《书刊资料第一期：学习鲁迅永远进击》等。这些关于鲁迅的通俗读物虽然基本上都是紧密结合当时政治运动所编写的，带有明显的意识形态色彩，但对于传播鲁迅发挥了重要的作用。

值得一提的是，厦门鲁迅纪念馆在 1978 年编印了《鲁迅在厦门著作名篇印谱》，请知名的书法家、篆刻家余刚、王守桢把鲁迅在厦门时期所写的重要文章的篇名以及演讲题目刻成印章，然后配以简明的介绍性文字，编成一册，并请鲁迅的三弟周建人题写了书名。这册印刷精美的印谱也成为厦门大学送给重要客人的礼物。

2. 制作《鲁迅在厦门》的纪录片

1981 年，为了纪念鲁迅诞生 100 周年及厦门大学建校 60 周年，厦门鲁迅纪念馆的负责人林宗熙利用常年搜集的鲁迅在厦门的文献资料，撰写了《鲁迅在厦门》电视文献纪录片的脚本，并由福建电视台拍成纪录片。该片是第一部关于鲁迅在厦门的电视纪录片，在 1981 年 9 月 25 日即鲁迅诞生 100 周年的纪念日在福建电视台正式播出，稍后中央电视台、厦门电视台也相继转播，对于纪念鲁迅、传播鲁迅做出了重要的贡献。[1]

3. 作为厦门市对外接待基地，承担对外宣传的工作

厦门鲁迅纪念馆在 1976 年 10 月正式建成开放后也成为厦门市的一个重要的文化景点。随着厦门经济特区在 1980 年开始建设，并在 1985 年扩大到厦门全岛，福建省委宣传部和厦门市委决定把厦门鲁迅纪念馆列为厦门市外事接待单位，对来自海内外的客人开放，从而发挥厦门鲁迅纪念馆的对外宣传鲁迅、宣传厦门、宣传中国改革开放的独特作用。[2]

4. 承担教育基地的功能

厦门鲁迅纪念馆位于厦门大学之中，承担着面向本校大学生的教育任务。首先，作为爱国主义教育基地，厦门大学每年新入学的大学生都会参观厦门鲁迅纪念馆，从中了解厦门大学的历史，并接受爱国主义教育；其次，作为学生的课程体验基地，厦门大学中文系把厦门鲁迅纪念馆作为中文系的学生学习中国现代文学课程的体验基地，在此讲授"中国现代文学史""中国现代文学作品选"等课程；最后，作为学生的实践基地，厦门鲁迅纪念馆因为缺乏工作人员，所以经常会培训一些厦门大学的学生作为志愿者，承担讲解员工作和鲁迅纪念

---

① 林宗熙：《从鲁迅纪念室到鲁迅纪念馆》，《南强情怀》，第 34 页。

② 林宗熙：《从鲁迅纪念室到鲁迅纪念馆》，《南强情怀》，第 33 页。

馆的日常管理工作，从而保障纪念馆的正常运转。①

另外，厦门鲁迅纪念馆还是厦门市的爱国主义教育基地，承担面向全市乃至全省的学生进行课外教育的任务，每年都要接待大量的青少年学生来馆参观学习。厦门鲁迅纪念馆还在 2001 年发起了"鲁迅在我心中"的征文比赛，通过征文活动来促进广大青少年学生学习鲁迅、理解鲁迅。

5. 承担对海外华人宣传鲁迅的任务

厦门大学发挥地域优势，长期以来重视对东南亚国家的研究。在改革开放之后，厦门大学中文系的一些教师也从事东南亚华文文化的研究。庄钟庆教授利用到新加坡讲学的机会，联系新加坡文艺协会出版厦门大学学者的鲁迅研究论著。从 2006 年开始，新加坡文艺协会陆续出版了多部关于鲁迅的研究著作。据庄钟庆回忆：

> 在东南亚出版的华文书籍，专题研究的有：《鲁迅杂文的现实主义衍变》（庄钟庆，2008 年）、《现代文学中的鲁迅文学传统》（苏永延，2006 年），还有鲁迅研究的方方面面，如万平近的《新文学比较研究》（2006 年）采用比较方法揭示鲁迅思想与创作的特色，郑楚的《新文学主潮论纲》（2006 年）论述鲁迅与新文学主潮的关系，苏景昭的《中国现当代民族性的承继》（2008 年）用鲁迅精神观照中国当代文学。王丹红及郑楚的论著中都有专文论述东南亚华文文学与鲁迅的关系。还有，向东南亚华人介绍鲁迅在厦门的研究成果，如陈天助的《茅盾与新文学精神》一书中专论鲁迅在厦门的文章。②

厦门大学中文系的学者在新加坡出版机构用中文出版的鲁迅研究方面的论著，不仅对于鲁迅在新加坡等东南亚国家华人读者中的传播做出了重要的贡献，而且也进一步促进了中国与东南亚国家的文化交流。

五、结语

虽然鲁迅在厦门大学任教仅四个半月，但是鲁迅却给厦门大学留下了深远

---

① 苏永延：《厦门大学鲁迅纪念馆简介》，厦门大学中国语言文学系网站，https://chinese. xmu. edu. cn/2016/1024/c11706a223563/page. htm

② 苏永延：《研究鲁迅是为了更好地纪念鲁迅、传播鲁迅》，《上海鲁迅研究》2016 年夏季卷，上海：上海社会科学院出版社，2016 年出版，第 217 页。

的影响：厦门大学的校名使用鲁迅的手迹集字而成；厦门大学校园内不仅设立了鲁迅纪念馆，而且竖立了鲁迅雕像，建立了鲁迅广场；《厦门大学报》的副刊的名字《波艇》和厦门大学中文系学生组建的文学社团所办的刊物《鼓浪》就来自鲁迅指导厦大青年学生创办的《波艇》和《鼓浪》这两个刊物。厦门鲁迅纪念馆及其前身鲁迅纪念室可以说是厦门大学的一张名片，从1976年建馆以来至2006年已经接待了100多万名观众，其中包括了多位来厦门大学访问的党和国家领导人及国内外的著名人士，为提升厦门大学的影响力和知名度发挥出重要的作用。

但是，厦门鲁迅纪念馆作为唯一建立在大学中的鲁迅纪念馆，却从建馆以来至今都没有专门的工作人员，以及稳定的业务经费，这在很大程度上限制了厦门鲁迅纪念馆的各项事业的发展。展望厦门鲁迅纪念馆的未来发展，首要的工作就是要把厦门鲁迅纪念馆建成真正纪念馆，现在的厦门鲁迅纪念馆因为没有一个专职的工作人员和稳定的年度业务经费，还不能称为一个真正的纪念馆，而一个纪念馆如果没有专职的工作人员和稳定的经费是很难正常开展各项业务工作的。其次，要解决厦门大学中文系教师中从事鲁迅研究的队伍已经基本断层的问题。随着老一辈学者的陆续退休，目前厦门大学中文系教师中从事鲁迅研究的队伍已经青黄不接，甚至已经没有专门从事鲁迅研究的教师，这在很大程度上会对厦门鲁迅纪念馆各项业务工作的开展造成困难。因为厦门鲁迅纪念馆只有做好研究鲁迅的工作，才能更好地纪念鲁迅、传播鲁迅。

附带指出，厦门大学不仅拥有面向东南亚国家传播中国文化的区位优势，而且拥有较为完备的研究中华文化的学科体系，此外还在五大洲13个国家建立了16所孔子学院和43个孔子学堂，拥有在国外推广中国文化的成功经验，因此国家汉语国际推广领导小组办公室暨孔子学院总部为了适应国家在国外大量建立孔子学院推广中华文化的需要，在2013年决定与厦门大学合作建立孔子学院院长学院，主要承担培训中国的大学与外国的大学等机构合作建立的孔子学院的外方及中方院长，以及各国孔子学院的骨干教师的任务，并为各国汉学家来华进修、研究提供服务。2016年7月3日至12日，由孔子学院总部主办、厦门大学承办的第一期孔子学院外方院长培训班在厦门大学举行，来自31个国家的41个孔子学院的外方院长参加了培训。应当说孔子学院总部与厦门大学合作建立的孔子学院院长学院在2016年正式建成并运行，也为厦门鲁迅纪念馆带来了良好的发展机遇，厦门鲁迅纪念馆需要抓住这个机遇，要争取把以鲁迅为代表的中国现代文学和现代文化纳入孔子学院院长学院的培训内容之中，让这些孔子学院的外方院长既要了解以孔子为代表的中国传统文化，也要了解以鲁迅为代表的中国现代文化，此外，也要争取把推动鲁迅在国外的传播纳入各国孔子学院承担的中华文化对外传播的工作之中，从而推动鲁迅在国外的传播与研究。另外，厦门鲁迅纪念馆也要争取厦门大学的大力支持，在厦门大学与外国的大学合作建立的 16 所孔子学院和 43 个孔子课堂中，精心策划一些面向外国学习汉语者的传播鲁迅的文化活动，并与一些外国的汉学家联合举办鲁迅研讨会，从而更好地发挥出厦门鲁迅纪念馆服务国家战略的职能。

第六章

南京鲁迅纪念馆的历史和现状研究（2006—2016）

南京鲁迅纪念馆位于南京师范大学附属中学的校园内，是把鲁迅曾经读书过的南京陆师学堂附设矿路学堂遗存的一栋旧楼加以改造后作为馆舍，由南京师范大学附属中学管理。南京鲁迅纪念馆在 2006 年 4 月 27 日正式成立，这是国内六家鲁迅纪念馆中成立最晚的一家，也是唯一一家建立在中学内的鲁迅纪念馆，填补了南京作为鲁迅生活过的城市但却没有鲁迅纪念馆的空白。

一、展览工作的历史与现状

南京鲁迅纪念馆因为成立得较晚，加之馆舍空间有限，初期只有两个展室（面积大约 70 平方米），所以只有一些复制的图片和实物，至今没有与鲁迅有关的定级的文物。不过，南京鲁迅纪念馆位于南京师范大学附属中学的校园内也有独特的优势：南京师范大学附属中学在校园文化建设方面大力弘扬鲁迅精神，营造浓厚的鲁迅氛围，不仅在校园内陆续建立了"鲁迅园"景区，以及鲁迅、巴金、胡风等南京师范大学附属中学校友的雕像，而且在语文教学中加强对鲁迅作品的教学研究，并在 2011 年对南京鲁迅纪念馆进行扩建改造（扩建后有四个展室，面积大约 220 平方米），然后以南京鲁迅纪念馆作为基地依托的硬件，在 2012 年成功建立了江苏省的"走进鲁迅"课程基地。

1. 2006 年的展览

南京鲁迅纪念馆首任馆长徐昭武老师在《南京鲁迅纪念馆开馆记》中指出："我们的布展设计是：介绍鲁迅生平，以在南京为主；介绍鲁迅作品，以收入中小学教材的为主；纪念鲁迅，以弘扬鲁迅精神，进行爱国主义教育、革命传统教育为主，努力把鲁迅纪念馆办成爱国主义教育基地。60 平方米的展厅主要展示鲁迅在南京的学习和工作情况，展览采用了所能搜集到的许多实物和图片，形象地展示了 1898 年 5 月至 1898 年 10 月，鲁迅就读江南水师学堂；1898 年 10 月至 1902 年 2 月就读江南陆师学堂附设矿路学堂；1910 年 9 月，率绍兴府中学堂师生参观南洋劝业会；1912 年 2 月至 1912 年 5 月，应聘南京临时政府教育部；以及 1914 年鲁迅在南京为母亲捐刻《百喻经》的情景。展览以'亲近鲁迅、学习鲁迅'作结，着重介绍鲁迅与南京师大附中及南京师大附中学习鲁迅、弘扬鲁迅精神的情况。"①

南京鲁迅纪念馆在设计这个展览时，考虑到展览场地的面积有限，加之位于南京师范大学附属中学的校园内，无法在教学时间内对外界观众开放，主要面向本校的中学生，所以主要抓住南京和南京师范大学附属中学这两个关键点，突出鲁迅在南京的学习和工作情况，以及中学语文教材中鲁迅作品的教学工作，重点介绍鲁迅与南京特别是南京师范大学附属中学的关联，以及中学语文教材中鲁迅作品的概况。总之，南京鲁迅纪念馆的这个展览虽然以图片为主，缺乏有关的文物，但是可以在一定程度上促进中学生对鲁迅的理解与认识。

2. 2012 年的展览

南京鲁迅纪念馆在 2012 年重修扩建后，对原来的展览内容进行修改补充，分为"鲁迅与南京""附中人与鲁迅""鲁迅与教材：与鲁迅相遇在作品中""鲁迅与教材：鲁迅作品中的那些人"，并结合建设江苏省的"走进鲁迅"课程基地的需要，增设了"鲁迅图书阅览室"等学生活动的空间。

一楼第 1、2 展室的题目是："鲁迅与南京：去寻求别样的人们"，这一部分是利用 2006 年展览的内容，通过"图片及实物资料直观呈现鲁迅先生青少年读书求学时期在南京留下的足迹"。一楼第 3、4 展室的题目是："附中人与鲁迅"，这一部分是"以巴金、胡风、黄源、杨杏佛、王景山、钱理群等校友为主体，介绍他们与鲁迅的关系，他们与鲁迅之间的故事，探求鲁迅对于附中校友以及附中的影响，展示校友有关鲁迅的研究著作"。二楼第 1、2、3 展室的题目是"鲁迅与教材：与鲁迅相遇在作品中"，这一部分主要"梳理出鲁迅作品在中小学课本中的呈现脉络，以图文结合的方式介绍。对于教材中出现的重点文章分小说、散文、诗歌、杂文等文体进行专版介绍，向观众展示作品的出处、主旨提要、专家解读、相关美术作品等"。二楼第 4 展室的题目是"鲁迅与教材：鲁迅作品中的那些人"，这一部分主要"对于教材中鲁迅作品涉及的重要文化名人进行专版介绍：人物图片、人物简介、在鲁迅作品中的出处、与鲁迅的关系等"。而"鲁迅图书阅览室"（一楼第 3、4 展室兼图书资料室，二楼第 3、4 展室兼学习活动室），主要"集中收藏鲁迅著作及相关研究著作、美术作品，收集整理中学教材中鲁迅作品教学资源，收藏有关鲁迅作品的影音资料。配备电子

_____

① 徐昭武主编：《追寻鲁迅在南京》，北京：中国画报出版社，2007 年出版，第 184 页。

演示屏、多台电脑，能进行电子阅读；拥有较强处理功能的电脑、能制作高清晰图片的扫描仪、能播放不同种类影碟的音像播放设备和投影"①。

总的来说，这个展览大体上沿用了 2006 年展览的设计框架，因展览场地的扩大，可以对原来展览的部分内容进一步充实与提高，并新增了一些新发现的相关史料（如增加了一些有关的图片与文物复制品），从而使展览的内容和形式又有了明显的提升。值得一提的是，这次扩建之后，还新增加了多功能的"鲁迅图书阅览室"，从而可以为学生提供学习和社会实践活动的空间，更好地发挥纪念馆的教育功能 。

3. 流动展览

在固定的鲁迅展览之外，南京鲁迅纪念馆还举办过关于鲁迅的流动展览，如和北京鲁迅博物馆合作，为纪念鲁迅到南京读书 100 周年，在 2008 年 11 月31 日举办过"鲁迅的读书生活"图片展。这个展览以时间为线索，分为"青少年时代""苦读岁月""创作与翻译""从教授到自由撰稿人""书刊的编辑与出版"五个部分，用 80 个展板图文并茂地展示了鲁迅一生的读书情况，可以使学生从中了解鲁迅的读书生活和读书方法。

二、学术研究与图书出版工作的历史与现状

南京鲁迅纪念馆在建立之初就附属于南京师范大学附属中学，没有独立的人员编制，因此也没有专职的研究人员。不过，南京师范大学附属中学在 1978年就建立了"鲁迅纪念室"，语文组的一些教师从那时就开始研究鲁迅，主要的研究方向是鲁迅与南京的史料研究，中学语文教材中的鲁迅作品研究等。

1. "鲁迅与南京"史料的整理与研究

南京不仅是鲁迅人生道路上第一个重要的转折点，而且也是鲁迅走向世界的起点。鲁迅在 1898 年 10 月到 1902 年 3 月在江南陆师学堂附设的矿路学堂读书，接触到西方的科学与文化，并以优异的成绩从江南陆师学堂附设的矿路学堂毕业后赴日本留学，为后来取得的辉煌成就奠定了坚实的基础。江南陆师学堂遗留的部分建筑物就在南京师范大学附属中学的校园内，为了纪念鲁迅在南京的读书经历并弘扬鲁迅精神，南京师范大学附属中学在 1978 年建立了"鲁迅纪念室"，开始了"鲁迅在南京"这一研究课题的资料搜集和研究工作。"鲁迅纪念室"最初的成果就是俞润生、许祖云、徐昭武三位语文老师共同编著的

---

① 南京师范大学附属中学编：《"走进鲁迅"课程项目专家论证会交流资料》，内部资料，铅印本，2013 年 5 月印刷。

《鲁迅生平史料汇编（鲁迅在绍兴、鲁迅在南京）》第一辑（天津人民出版社，1981 年版，约 12 万字）。2006 年，南京师范大学附属中学在"鲁迅纪念室"的基础上，又建立了南京鲁迅纪念馆，徐昭武老师作为南京鲁迅纪念馆的创建人和首位馆长主编出版了《追寻鲁迅在南京》（中国画报出版社，2007 年版）一书。该书在《鲁迅生平史料汇编（鲁迅在绍兴、鲁迅在南京）》第一辑的基础上，修改编辑体例，拓展搜集资料的范围，增补了大量的相关史料。2016 年，为了纪念鲁迅诞辰 135 周年暨逝世 80 周年，徐昭武老师又在《追寻鲁迅在南京》一书的基础上，增补新发现的相关史料和研究文章，编著出版了《寻求别样的人们：鲁迅在南京》（江苏凤凰文艺出版社，2016 年出版，近 38 万字）一书。

翻阅《寻求别样的人们：鲁迅在南京》一书，可以看到该书有如下特点：

（1）史料丰富。鲁迅在南京学习和工作的时间加起来大约有 4 年：1898 年 5 月 7 日到达南京，5 月 24 日考入江南水师学堂，10 月转入江南陆师学堂附设的矿路学堂，1902 年 3 月 24 日离开南京赴日本留学，另外，鲁迅在 1912 年 2 月下旬到 4 月中旬曾经在南京临时政府教育部工作。但是因为时代的久远，鲁迅在南京学习和工作期间的相关史料留存下来的并不多。徐昭武等南京师范大学附属中学"鲁迅纪念室"的老师克服种种困难，通过实地调查、访问当事人、查找文献、请教鲁迅亲属和有关研究专家的方式，搜集了鲁迅在南京时期的一些史料，并在 1981 年结集为《鲁迅生平史料汇编（鲁迅在绍兴、鲁迅在南京）》第一辑出版。难能可贵的是，徐昭武老师在此书出版之后仍然继续搜集学术界新发现的鲁迅在南京的相关史料，经过近 40 年的不懈努力，终于出版了《寻求别样的人们：鲁迅在南京》一书。可以说，这本书是徐昭武老师用 40 年的时间搜集鲁迅在南京生活 4 年的资料的最终成果，不仅收录了目前所知的鲁迅在南京的全部史料，如"寻访鲁迅在南京""鲁迅在南京读书期间所写的诗文""鲁迅在南京读书时期的重要文物""南京在鲁迅笔下生辉""回忆鲁迅在南京"等，而且还拓展了史料的范围，收入了"江南水师学堂的文献资料"和"江南陆师学堂的文献资料"，以及"鲁迅与南京师大附中""与鲁迅在南京有关的人物、地名、书刊等"相关的背景资料，为"鲁迅在南京"的学术研究打下了坚实的史料基础。

（2）考辨严谨。需要特别指出的是，这本书不仅仅是一本史料汇编，其中也有一些研究文章，如徐昭武老师撰写的《鲁迅与金陵刻经处》《骆博凯与江南陆师学堂》《鲁迅留日的背景及嘉纳治五郎访问陆师学堂》等，后两篇都是利用近几年新发现的相关史料所撰写的文章。关于鲁迅在 1914 年捐款给金陵刻经处刻印《百喻经》的原因，有鲁迅重视《百喻经》文学特色之说，有鲁迅为母祝寿之说，徐昭武老师通过走访金陵刻经处并查阅相关文字记载，指出金陵刻经处的人士代代相传，一直说是鲁迅为祝寿而刻印《百喻经》，加之刻经的时间较为缓慢，因此不能否认鲁迅提前两年刻印《百喻经》是为母祝寿之说。另外，关于鲁迅的《自题小像》一诗的写作时间，学术界主要有 1901 年说、1902 年说、1903 年说这三种观点，徐昭武老师通过辨析这三种观点的论据，指出从鲁迅在 1931 年 2 月两次重录这首诗的跋语可以看出这首诗作于 1901 年，因此把这首诗作为鲁迅在南京读书期间的诗文收入本书之中。

（3）图文并茂。这本书不是单纯收录相关的文字资料，而且还附有 381 幅插图，其中不仅有相关历史人物和地点的老照片，部分重要图书和报刊的封面，而且也有较为罕见的鲁迅在南京读书期间所作的读书笔记的影印件，编者通过这些插图，不仅可以图文并茂地展示相关的历史材料，增加史料的形象性，而且也可以帮助读者重回历史的现场，增加对鲁迅在南京期间的学习和生活状况的感性认识。

俗语说"十年磨一剑"，如果从 20 世纪 70 年代末的鲁迅纪念室算起，徐昭武老师从事"鲁迅在南京"的资料搜集和研究工作，也接近 40 年了。他在这 40 年中都在持续地磨"鲁迅在南京"这一把宝剑，终于以精益求精的"工匠精神"，磨出了《寻求别样的人们：鲁迅在南京》这一把"宝剑"，不仅为"鲁迅在南京"的研究的拓展与深入做出了重要的贡献，而且也较为全面地展示了南京师范大学附属中学几十年来从事"鲁迅与南京"史料的整理与研究的学术成果。

2. 中学语文鲁迅作品教学研究

大约是因为南京师范大学附属中学与鲁迅有一些特殊的联系，所以语文教研组的教师长期以来形成了对中学语文教材中鲁迅作品的教学方法进行研究的传统，但相关的研究成果都比较零散。直到 2012 年，由兼任南京鲁迅纪念馆馆长的倪峰老师作为课程基地的负责人，以语文教研组的教师为核心，联合历史教研组、地理教研组、政治教研组、美术教研组的部分老师作为课程基地的师资队伍，并以南京鲁迅纪念馆作为课程基地的硬件设施，成功申报了江苏省的"走进鲁迅"课程基地，开始以"走进鲁迅"为核心主题，构建一个跨学科多层次的课程体系，从而使南京师范大学附属中学对中学语文教材中的鲁迅作品的研究在整体上提升了一个台阶，初步形成了一个研究体系。

2016 年，由南京鲁迅纪念馆馆长倪峰老师和南京师范大学附属中学语文教研组长张小兵老师牵头，以"建设走进鲁迅课程基地，丰富学生学习方式"为题成功申报了南京市的教育科研课题。该课题的研究目标是：

1. 以"走进鲁迅"为主题，构建从必修课程，到校本选修，再到实践活动的多层次课程体系。

2. 通过多层次课程体系的开发建设，着力在教学实践中培养学生理性批判的思维品质，并切实促进学生形象思维能力的提升，从学习环境、学习对象、学习方式、学习过程等方面培养并优化学生自主、合作、探究的新型学习方式。

3. 将"走进鲁迅"课程基地建设为中学生学习鲁迅作品的中心，中学教师进行鲁迅作品教学的研究和培训中心，大专院校及科研院所有关鲁迅研究及中国现当代文学研究的实践基地。

该课题的研究重点是：

1. 研制"走进鲁迅"系列课程，开发具有时代性、探究性、实践性特色的课程资源。

2. 在课程基地建设过程中，围绕学习环境、学习对象、思维品质、学习过程等环节，培养并优化学生自主、合作、探究的新型学习方式，进行整合型学习、体验型学习、学术型学习、E学习的实践研究。①

虽然这一研究课题还在进行之中，但是课题组成员已经在中学语文教材中的鲁迅作品教研方面取得了一些前期成果，通过发表教研论文、教学设计等形式对南京师范大学附属中学的鲁迅作品教研情况进行了理论研究，另外，还通过举行学术讲座、公开观摩课、教学研讨会等形式，对南京师范大学附属中学的鲁迅作品教研情况进行了展示和传播。因此，通过本课题的深入研究，可以把江苏省"走进鲁迅"课程基地的建设经验理论化、系统化，为其他中学的鲁迅课程教学提供参考样本，最终实现课题组的如下愿望：

希望以"走进鲁迅"课程基地的建设为平台，充分发掘鲁迅这一

---

① 倪峰、张小兵：《"建设走进鲁迅课程基地，丰富学生学习方式"课题开题报告》，南京市教学研究室网站，http://www.njsjys.cn/News/A01-01-03-12396.htm，更新时间：2016年12月27日。

丰富的思想文化资源，创建具有鲜明主题的教学环境，建设促进学生自主学习的互动平台，开发丰富而有特色的课程资源，引领学生学习鲁迅文章，发扬鲁迅精神，并以鲁迅为原点，辐射开去，在学习中培养、锻炼并提升学生的理解力、思维力、探究力、实践力，转变学生的学习方式，形成学生实践创新的有效途径。①

三、社会教育工作的历史与现状

1. 举办全国性的鲁迅作品教学研讨会

虽然南京鲁迅纪念馆、南京师大附属中学语文组与江苏省"走进鲁迅"课程基地都是南京师范大学附属中学设立的机构，但实际上是一套人马三个牌子，所以经常共同组织一些关于鲁迅的教学研讨活动和鲁迅作品教学的公开课观摩活动。

江苏省"走进鲁迅"课程基地的第一个建设目标就是"建立国家必修课程中鲁迅作品教学研讨的中心"：

> 拟在每一学年对中学教材中的鲁迅作品开展专题教学研究活动，开设观摩研讨课，邀请专家学者开设专题讲座，组织论坛活动，培养一批对鲁迅作品"学有心得、深有研究"的教师队伍，充分发掘和传承鲁迅作品中对学生为学、为文乃至为人的积极因素。②

2016年，南京鲁迅纪念馆、南京师大附属中学语文组与江苏省"走进鲁迅"课程基地为了纪念鲁迅诞辰135周年及逝世80周年，共同策划了南京师范大学附属中学2016年度的"鲁迅周"纪念活动，这次"鲁迅周"的主题是"为了忘却的记念——鲁迅先生诞辰135周年暨逝世80周年纪念"，在10月10日至14日这一周集中举行了全校纪念鲁迅的主题晨会、学生创作的鲁迅题材的文创展览、中学语文鲁迅作品教学的学术论坛、鲁迅研究专家讲座、鲁迅题材图书的校园书市等活动。

10月13日举行的"中学鲁迅作品教学论坛"，来自北京、上海、绍兴、南

---

① 倪峰、张小兵：《"建设走进鲁迅课程基地，丰富学生学习方式"课题开题报告》，南京市教学研究室网站，http://www.njsjys.cn/News/A01-01-03-12396.htm，更新时间：2016年12月27日。
② lsq：《"走进鲁迅"课程基地建设实施方案》，南京师范大学附属中学网站，http://202.102.17.68，发布时间：2012/11/7 8:36:57

京等地的一线语文教师分享了鲁迅作品教学的体验与反思。北京师范大学第二附属中学的王玫老师致力于发掘鲁迅作品中的写作资源来指导当下的写作教学实践，上海鲁迅中学的许晴洁老师介绍了学校整体的鲁迅文化课程构架，北京三里屯一中的毕于阳老师分享了个人在处理鲁迅文本教学中的得失，南京树人学校的刘竹君老师具体介绍了带领初中生阅读《朝花夕拾》的步骤与思考，绍兴鲁迅中学的苗金德与南京师范大学附属中学的周春梅老师重点交流鲁迅作品选修课程的开发与实施，南京师范大学附属中学 IB 项目部的郝彧老师则就国际课程中鲁迅小说集《呐喊》的阅读教学分享了经验。[①] 另外，福建省特级教师陈日亮老师和中国人民大学文学院的孙郁教授分别为参会的教师们做了题为《我在课堂讲鲁迅》和《鲁迅的文章观念》的学术报告，北京鲁迅博物馆的王德厚研究员为全校师生做了题为《我们今天怎样认识鲁迅》的学术报告。

　　这次"中学鲁迅作品教学论坛"的成功举办，不仅对当前的中学语文教材中鲁迅作品的教学情况做了总结和分析，为当前中学语文鲁迅作品的教学工作提供了有益的参考意见，而且也在一定程度上扩大了南京鲁迅纪念馆以及江苏省"走进鲁迅"课程基地的影响，发挥课程基地对其他中学语文教学工作的带头示范功能。

　　2. 围绕"走进鲁迅"的主题，为本校学生设立系列选修课程

　　江苏省"走进鲁迅"课程基地的第二个建设目标就是"以'走进鲁迅'核心主题，开发建设一系列选修课程"：

　　　　围绕"走进鲁迅"这一主题，依据附中的育人目标以及附中语文组老师们的文化背景，结合校内外资源，我们设计了三个层次的选修课程的开发系列：

　　　　第一个层次是多角度地进行鲁迅作品的研读学习，力求引领学生直观地了解鲁迅、认识鲁迅，更充分地发掘鲁迅所创造的文学、文化和精神财富。"鲁迅作品选读"（国家选修）、"杂文读写"（校本选修）、"图说鲁迅小说"（校本选修）等归属于这一系列。第二个层次是借助对鲁迅作品的深度阅读，进一步通过鲁迅的视角去探究中国文学、中国文化，认识中国历史特别是中国近现代史。"《中国小说史略》

---

① 王春玉：《南京鲁迅纪念馆、南京师大附中成功举办"为了忘却的记念——鲁迅诞辰135周年暨逝世 80 周年"系列活动》，南京师范大学附属中学网站，http：//202.102.17.68，发布时间：2016/10/22 22：13：00

讲读"（校本选修）、"跟鲁迅解读中国历史"（校本选修）、"鲁迅启蒙文选讲"（校本选修）等归属于这一系列。第三个层次是以鲁迅为原点延伸开去，引领学生领略中国现当代文学风貌，认识鲁迅所处的时代，了解五四以来中国新文化的发展状况。"现当代文学流派选讲"（校本选修）、"台港文学选读"（校本选修）、"现当代通俗文学选读"（校本选修）、"现当代女性文学选读"（校本选修）、"与鲁迅同时代的那些人"（校本选修）、"旧期刊中的新文学风景"（校本选修）等归属于这一系列。①

《"走进鲁迅"课程基地选修课程建设简表》对上述课程做了简单的介绍：
第一层次选修课程：

"鲁迅作品选读"课程简介："著名学者钱理群教授曾在附中为学生讲授过'鲁迅作品选读'的选修课程。本课程以此为基础，精选适合中学生阅读的各体鲁迅作品，既能体现出鲁迅的文学成就，又能勾勒出鲁迅的思想轮廓，还能还原出鲁迅其人的真实状貌，能较好地引领中学生'走进鲁迅'。"

"杂文读写"课程简介："杂文是一种短小灵活，能体现思想性情的文体。没有鲁迅便没有杂文文体的兴盛。鲁迅的杂文各种风格兼备，堪称典范。本课程精选鲁迅代表性的杂文，并延及受鲁迅影响的其他杂文作家的作品，通过文本品读，解其文，析其法，进而指导学生进行杂文写作的实践。"

"图说鲁迅小说"课程简介："无数画家用自己的画笔演绎解读鲁迅的作品，使得鲁迅及其作品在艺术的平台焕发出新的生命力。将经典绘画与鲁迅的小说文本比照阅读，既可以更加形象化地对鲁迅的作品加深理解，也能在欣赏画面、探求画家构思用心的基础上提升学生的审美能力。"②

其中的"图说鲁迅小说"课程由兼任南京鲁迅纪念馆馆长倪峰老师负责设

① Lsq：《"走进鲁迅"课程基地建设实施方案》，南京师范大学附属中学网站，http：//202.102.17.68，发布时间：2012/11/7 8：36：57
② 南京师范大学附属中学编：《"走进鲁迅"课程项目专家论证会交流资料》，2013年5月印刷。

计和执教。这个课程的设计思路是：

> 以与鲁迅及鲁迅作品相关的插图、连环画等美术形式为切入点，从图画的角度来解读鲁迅的小说作品。对于学生学过的文本，熟文重温，讲出新意，以图为主；对于新鲜文本，讲深讲透，图文并重。将文学解读、艺术欣赏、知识拓展与美术实践结合起来，用适合中学生的教学方式给学生以多层次的收益。

例如，在讲解鲁迅的小说《故乡》时，在"文本解读"的栏目下有 5 个问题，在"绘画欣赏"的栏目下，提供范曾、杨涵、古元、丁聪、司徒乔等画家绘制的关于鲁迅与闰土再次相见场景的五幅画作，并提出了如下 5 个问题：

> 1. 欣赏几幅不同画家创作的《故乡》的插图，说说画家在构图表现上的共性是什么。（感受闰土的形象，思考画家不约而同描绘水生形象的作用。）
>
> 2. 相比于小说中的文字描述，你认为插图和文字谁的表现力更强？为什么？
>
> 3. 如果要你再挑选一个细节来代表《故乡》一文，你会挑选文中的哪一个细节来绘画？为什么？你会怎样画？（从画法、构图、造型、色彩等角度谈谈自己的看法。）
>
> 4. 请从韩和平的这组画（五幅插图）中挑选两幅，通过揣摩人物表情，理解环境，为图片中人物配上对话。[1]

通过上述内容，可以看出"图说鲁迅小说"课程不仅可以图文并茂地解读鲁迅的作品，有助于拉进学生与鲁迅作品的距离，消除学生对鲁迅作品的畏难心理，而且在教学方法方面，也注重发挥学生的主观能动性和创造性，促使学生动脑、动手来学习鲁迅的作品，从而达到让学生更深入、全面地理解鲁迅的作品的教学目的。

3. 策划以"走进鲁迅"为主题的学生社会实践活动

江苏省"走进鲁迅"课程基地的第三个建设目标就是"将南京鲁迅纪念馆

---

[1]　南京师范大学附属中学编：《"走进鲁迅"课程项目专家论证会交流资料》，2013 年 5 月印刷。

建设成以'走进鲁迅'为主题的综合实践活动基地"：

> 附中将在南京鲁迅纪念馆原有的基础上对纪念馆进行扩建改造，增强其应用功能并放大其教育、研究功能。主要是面向中小学学生，突出与中小学教育教学紧密相连的内容。
>
> 正在扩建改造的鲁迅纪念馆，一方面将推出专题文字图片及实物展览，使之成为学生了解鲁迅的爱国情感教育的基地；另一方面将收集整理有关鲁迅及其作品的研究专著、美术资料和影像作品，以及有关中小学教材中鲁迅作品教学研究的相关资料，建设"鲁迅图书阅览室"，收藏鲁迅、巴金、胡风的著作及研究著作、教学案例等，使之成为一个鲁迅作品教学资料的整合平台和研究中心；另外，将为学生提供活动的空间，使之成为学生阅读鲁迅、学习鲁迅、进行相关学科活动的场所。打造成一个中学鲁迅作品教学研究的中心和以"走进鲁迅"为主题的综合实践活动基地。[1]

南京鲁迅纪念馆因为设立在南京师范大学附属中学的校园内，所以还结合宣传鲁迅的工作，面向本校的中学生推出了一系列的社会实践活动，具体的活动项目有：

1. 志愿担任南京鲁迅纪念馆讲解员。
2. 把鲁迅作品拍摄制作成系列电视散文。（团队活动）
3. 设计制作南京鲁迅纪念馆的纪念品，如书签、藏书票等。
4. "图说鲁迅作品人物"创作活动。
5. "鲁迅思想的当代意义"系列主题辩论赛（或相关主题的沙龙交流活动）。
6. "我和鲁迅"校际联谊活动。（鼓励学生走进其他小学、初中、高中分享自己的研读感悟）
7. 中午推出"午间小剧场"的影视观摩活动。
8. 每学期定期设计组织"鲁迅周"。[2]

---

① Lsq：《"走进鲁迅"课程基地建设实施方案》，南京师范大学附属中学网站，http：//202.102.17.68，发布时间：2012/11/7 8：36：57
② 南京师范大学附属中学编：《"走进鲁迅"课程项目专家论证会交流资料》，2013 年 5 月印刷。

其中招聘学生志愿讲解员的社会实践活动，不仅可以培养一批熟悉鲁迅及其作品的中学生担任面向观众的讲解工作，而且也可以弥补纪念馆缺乏工作人员的不足（南京鲁迅纪念馆从开馆至今只有一位语文教研组的老师兼任馆长，此外就没有工作人员，因此无法维持纪念馆的日常运转），从而保证纪念馆可以在周一到周五的规定时间段开放。

而设计制作南京鲁迅纪念馆的纪念品及"图说鲁迅作品人物"创作活动，不仅可以发挥学生的主观能动性，促进学生更深入地学习鲁迅的作品，从中寻找到艺术创作的灵感，而且也可以培养学生的想象力和创造力，制作出一批既带有鲁迅元素又贴近当代中学生审美特点的艺术作品。2016 年 10 月 10 日，南京鲁迅纪念馆举办了"纪念大先生"文创艺术作品展，集中展示了参与这项社会实践活动的中学生制作的以鲁迅为题材的木刻、绘画、书签、藏书票、剪纸、书籍装帧设计、书法作品、摄影作品、音乐作品等，这些艺术作品都是中学生在对鲁迅及其作品有了进一步的了解之后，通过艺术创作来表达自己对鲁迅及其作品的理解和认识，虽然在艺术水平上还显得比较稚嫩，但是大都带有青年学生的朝气和活力，充分展示出当代中学生对鲁迅认知的多元化。

总的来说，南京鲁迅纪念馆策划的上述社会实践活动是较为成功的，不仅可以更好地发挥纪念馆的教育功能，通过丰富多彩的活动向中学生宣传鲁迅，而且也可以锻炼学生的活动能力，并在一定程度上弥补纪念馆缺少工作人员的不足。

需要补充说明的是，上述实践活动虽然主要面向南京师范大学附属中学的学生，但有一些实践活动从南京师范大学附属中学拓展到校外，可以面向南京市乃至江苏省其他城市的广大中学生组织相关的活动，从而进一步扩大南京鲁迅纪念馆的社会教育功能。

4. 组织教工剧团演出鲁迅题材的话剧

南京鲁迅纪念馆还组织南京师范大学附属中学的一些教师用艺术的形式宣传鲁迅。2011 年 11 月 30 日，为了纪念鲁迅诞辰 130 周年，由南京鲁迅纪念馆时任馆长龚修森老师发起，并由南京师范大学附属中学的教师和员工组成的南京师范大学附属中学教工剧团在南京师范大学附属中学剧场面向全校师生举行了题为"故事新编"的话剧专场演出，剧目包括由南京师范大学附属中学的老师结合鲁迅作品创作的两部话剧《之子于归》和《尖脚猫游戏》。"在《之子于归》中，包括鲁迅作品《离婚》《伤逝》《祝福》加上鲁迅杂文和演讲稿中的一些言论，还有胡适的诗，再加易卜生的《玩偶之家》中的部分内容。而三幕剧

《尖脚猫游戏》，改编自卡尔维诺短篇小说《做起来》，糅合进鲁迅作品中的一些人物和某些现代元素，是一部带荒诞色彩的讽刺剧。"①

这两部结合鲁迅作品创作的话剧取得了良好的反响，成为南京师范大学附属中学教工剧团的保留剧目，后来也多次演出过，这也是南京鲁迅纪念馆为宣传鲁迅做出的新的贡献。

5. 举行中学生纪念鲁迅的征文活动

为纪念鲁迅诞辰 125 周年暨逝世 70 周年，南京鲁迅纪念馆与南京师范大学附属中学、《中学生阅读》（高中版）杂志社在 2006 年 4 月 1 日联合发起了"我读鲁迅"的征文活动，截止到 10 月 1 日，共收到来自全国 22 个省、市、自治区的 5800 多篇征文，经过评委的评选，共选出一等奖 5 名，二等奖 20 名，三等奖 50 名。② 这次大型的征文活动是南京鲁迅纪念馆建馆之后组织的第一个大型社会活动，不仅在一定程度上促进广大中学生学习鲁迅作品，传承鲁迅精神，而且也很好地提升了刚成立的南京鲁迅纪念馆在社会上的知名度，为南京鲁迅纪念馆的未来发展奠定良好的基础。

另外，南京师范大学附属中学语文教研组和江苏省"走进鲁迅"课程基地从 2013 年起，每两年举办一次面向全校中学生的"鲁迅杯"时论征文比赛，"以近期国际国内时事为论说对象，旨在激发培养学生独立思想与理性批判的精神，促进学生关注社会人生"③。在 2013 年举办的首届"鲁迅杯"时文写作大赛中，共收到校内外的中学生撰写的 1500 多篇文章，经过评选，共评出一等奖 14 名，二、三等奖 119 名。这次征文比赛，不仅促进鲁迅精神在中学生中的传播，而且也促使中学生树立公民意识，关注社会现实问题。

四、结语

回顾南京鲁迅纪念馆建馆以来的发展过程，可以看出该馆虽然存在一些体制上、地理位置上的局限，但是能创造性地利用一些资源，推动纪念馆业务的开展。

例如，纪念馆的一个重要功能就是对社会公众开放，但是南京鲁迅纪念馆设立在南京师范大学附属中学的校园内，为了维护校园的教学秩序，南京鲁迅纪念馆无法在正常的教学时间内对外界观众开放，只能在教学时间之外接待一

---

① 王璟：《南师附中将鲁迅名篇编成话剧上演》，《扬子晚报》，2011 年 12 月 31 日。
② 徐昭武主编：《追寻鲁迅在南京》，第 186 页。
③ Lsq：《南师附中首届"鲁迅杯"时文写作大赛圆满结束》，南京师范大学附属中学网站，http：//202.102.17.68，发布时间：2014/1/3 15：36：06

些预约参观的团体观众，这在很大程度上影响到南京鲁迅纪念馆发挥社会教育的功能。不过，南京鲁迅纪念馆结合南京师范大学附属中学的教育工作，不仅面向校内的中学生设计出丰富多彩的与鲁迅有关的社会实践活动，通过实践活动拉近中学生与鲁迅及其作品的距离，促进中学生对鲁迅的认识与理解，而且还与南京师范大学附属中学语文教研组合作成功申报了江苏省的"走进鲁迅"课程基地，这个课程基地通过对中学语文教材中鲁迅作品的教研活动，对南京市乃至江苏省的中学语文教材中鲁迅作品的教学发挥示范和引领作用，并逐步发展成为国家必修课程中鲁迅作品教学研讨的中心。因此，这个课程基地的建设也可以说是南京鲁迅纪念馆依托南京师范大学附属中学发挥出了最重要的社会教育功能，为中学语文教材中鲁迅作品的教研工作做出了重要的贡献。

再如，作为一个纪念馆，需要拥有一定数量的工作人员，特别是业务人员，这样才能保障纪念馆的正常运营，但是南京鲁迅纪念馆在建馆之初就没有专门的人员编制，从建馆以来至今都是由南京师范大学附属中学的一位语文老师兼任馆长，这为南京鲁迅纪念馆各项业务工作的开展带来极大的困难。南京师范大学附属中学作为百年名校，不仅拥有一批高水平的中学教师队伍，而且拥有一大批优秀的中学生，此外，还拥有一大批杰出的校友。南京鲁迅纪念馆充分利用南京师范大学附属中学所拥有的丰富人力资源开展了一些业务工作，如聘请一些校友做关于鲁迅的讲座，组织本校的语文教研组老师从事中学语文教材中鲁迅作品的教研活动，组织本校的教工话剧团演出根据鲁迅作品改编的话剧，组织本校的中学生志愿者担任纪念馆的讲解员，组织本校的中学生参加阅读鲁迅的征文和鲁迅题材的文创作品设计大赛等。总之，南京鲁迅纪念馆在没有一个专职工作人员的情况下，依托于南京师范大学附属中学的人力资源，顺利地开展了一系列的业务活动，从而推动了纪念馆各项业务工作的正常进行。

总的来说，南京鲁迅纪念馆已经与南京师范大学附属中学融为一体，为今后的发展奠定了良好的基础。展望南京鲁迅纪念馆的未来，南京师范大学附属中学如果能为纪念馆设立一些专门的人员编制，每年提供一定数量的用于征集、保管、展览、研究、社会教育等业务方面的经费，无疑会促进纪念馆各项业务的发展。

此外，南京鲁迅纪念馆不能停留于目前执行的主要面向本校师生开放的政策，最终还是要克服各种困难实现在工作日可以接待外来观众参观的目标，进而尝试制作流动展览在南京市，乃至江苏省进行巡展，继续举办面向南京市乃至江苏省和全国的中学语文课本中鲁迅作品的教学研讨会，从而发挥出南京鲁迅纪念馆应当承担的在南京市乃至江苏省传播鲁迅、研究鲁迅的职能。

结　论

一、国内六家鲁迅纪念馆的性质、使命和任务

中国博物馆学对于中国博物馆的性质、使命和任务的论述虽然在不同时期有所差异，但其基本观点都强调博物馆的社会属性。如文化部文物局主编的《中国博物馆学概论》（1985 年出版）指出：

> 博物馆属于上层建筑的范畴，是一定社会政治、经济的反映，反过来又为一定的社会的政治、经济服务。不同社会的博物馆，都有其自身的社会属性和阶级属性。中国博物馆工作者必须运用辩证唯物主义和历史唯物主义的观点、立场和方法，研究历史和自然，研究文物和标本，加强博物馆陈列的思想性、科学性和艺术性，科学地表现社会历史和自然历史的发展进程，正确地揭示其规律，对人民群众进行历史唯物主义、爱国主义、共产主义教育和革命传统教育，满足人民群众日益增长的精神文明需要。①

国家文物局组织编写的文物博物馆系列教材《中国博物馆学基础》（修订本，2001 年出版）指出：

> 我国博物馆作为中国特色的社会主义文化建设的一部分，是凝聚和激励全国各族人民的重要力量，担负着提高全民族的思想道德素质和科学文化素质，为经济发展和社会全面进步提供强大的精神动力和智力支持，负有培育有理想、有道德、有文化、有纪律的公民的历史

---

① 文化部文物局主编：《中国博物馆学概论》，北京：文物出版社，1985 年出版，第 2 页。

使命。

　　博物馆作为文化基础设施，又是营造良好的文化环境，提高社会文明度的重要条件，也是建设现代文明城市的主要标志之一。

　　博物馆的基本任务：适应社会主义现代化建设的需要，收集保藏文物和标本，进行科学研究，举办各种陈列展览，提高整个中华民族的思想道德素质和科学文化素质，促进社会主义精神文明建设，为社会主义现代化建设服务。①

　　上述观点不仅表明了中国博物馆的本质属性，也指出了中国博物馆区别于国外博物馆特别是资本主义国家博物馆的根本特点。

　　新中国建立之后，国家开始把纪念鲁迅纳入社会主义文化建设的整体工程之中，陆续在鲁迅生活过的城市建立了上海鲁迅纪念馆（1951年建立，现在是归属于上海市文化广播影视管理局管辖的正处级公益性事业单位）、绍兴鲁迅纪念馆（1953年建立，现在是归属于绍兴市文化旅游投资有限公司管辖的正科级公益性事业单位）、北京鲁迅博物馆（1956年建立，现在是归属于国家文物局管辖的正局级公益性事业单位）、广州鲁迅纪念馆（1959年建立，现在是归属于广东省文化旅游厅管辖的正处级公益性事业单位）、厦门鲁迅纪念馆（1976年建立，不是独立法人事业单位，一直归属于副部级公益性事业单位厦门大学管辖）、南京鲁迅纪念馆（2006年建立，不是独立法人事业单位，一直归属于副处级公益性事业单位南京师范大学附属中学管辖）。四家具有独立法人地位的鲁迅纪念馆作为国家设立的公益性事业单位，和行政机关相似，不仅单位分别具有正局级、正处级、正科级的行政级别，而且也都设立了党组织，各项工作均在党组织的领导之下进行，这既是六家鲁迅纪念馆的政治属性，也是六家纪念馆区别于外国纪念馆特别是资本主义国家纪念馆的根本特点。因此从政治角度来说，这六家鲁迅纪念馆是中华人民共和国上层建筑的一部分，必然要承担国家赋予的使命和任务：不仅要承担保存鲁迅文化遗产、弘扬鲁迅精神、宣传鲁迅生平事迹和重要成就、推动鲁迅研究、促进中外文化交流的基本任务，而且要承担起对观众特别是青少年进行爱国主义教育和社会主义教育，提高整个中华民族的思想道德素质和科学文化素质，促进社会主义精神文明建设，为社会主义现代化建设服务的使命。

---

　　① 王宏钧主编：《中国博物馆学基础》（修订本），上海：上海古籍出版社，2001年版，第46页。

需要指出的是，几家鲁迅纪念馆对于所承担的传播鲁迅精神的功能和面向公众进行社会主义意识形态的宣传教育的功能，在不同的时期有明显的侧重。例如，上海鲁迅纪念馆、北京鲁迅博物馆、绍兴鲁迅纪念馆、广州鲁迅纪念馆四家鲁迅纪念馆建立于 20 世纪 50 年代，业务工作特别是鲁迅展览工作不可避免地受到国内政治形势变化的影响，在 20 世纪 50—90 年代之间更多地侧重向社会公众进行社会主义意识形态宣传教育的功能；20 世纪 90 年代以来，特别是进入 21 世纪之后，国内六家鲁迅纪念馆的业务工作特别是鲁迅展览工作，更多地侧重传播鲁迅精神的功能。总的来说，传播鲁迅精神的功能与面向公众进行社会主义意识形态的宣传教育的功能，两者并不是矛盾的，而是相辅相成的。面向社会公众宣传鲁迅精神要坚持历史唯物主义和辩证唯物主义，要实事求是，不能歪曲鲁迅的真实形象。只有尊重史实，六家鲁迅纪念馆才能发挥好这两个功能。

此外，六家鲁迅纪念馆也要高度重视普及鲁迅的工作。北京鲁迅博物馆的首任馆长李何林在 20 世纪 80 年代撰写的《希望有更多的普及鲁迅著作的读物》一文中呼吁重视普及鲁迅的工作：

> 比起十年动乱以前，研究队伍显然是壮大了。现在的问题是，我们这两千人大半是搞提高工作的，做普及工作的人不多。如果我们不改变这种情况，不向广大群众宣传鲁迅和普及鲁迅作品，则今后写出来的学术论著只有两千人能看懂，或只有四五十岁的人愿意看，二三十岁的人看不懂，那么，鲁迅这份宝贵的思想文化遗产就无法交给广大群众和子孙后代了。这是一个大问题。可是我们有些同志不正视这个问题。埋头做"锦上添花"的工作是需要的，不过没有"雪中送炭"的工作，你的"锦上添花"工作将失去基础。①

总之，六家鲁迅纪念馆作为国家设立的公益性事业单位，要处理好保存鲁迅文化遗产与宣传鲁迅、普及鲁迅的关系，要通过基本陈列、临时展览、社会教育活动、学术研究等业务工作，做好普及鲁迅的工作，阐释好鲁迅精神的当代价值和意义，从而使鲁迅精神薪火相传，绵延不绝。上述业务工作，既是六家鲁迅纪念馆的使命和任务，也是衡量六家鲁迅纪念馆发展水平的标准。

① 李何林：《希望有更多的普及鲁迅著作的读物》，《关于鲁迅及中国现代文学》，李何林著，天津：天津人民出版社，1996 年出版，第 151 页。

二、国内六家鲁迅纪念馆业务工作的回顾与总结

上海鲁迅纪念馆、绍兴鲁迅纪念馆、北京鲁迅博物馆都是在 20 世纪 50 年代建立的，不仅建馆的历史较长，收藏的鲁迅文物也较丰富，而且单位的工作人员也较多（其中上海鲁迅纪念馆的在编职工有 50 人左右，绍兴鲁迅纪念馆的在编职工有 23 人，北京鲁迅博物馆的在编职工有 80 人），因此下文简称这三个馆为"三大"鲁迅纪念馆。广州鲁迅纪念馆、厦门鲁迅纪念馆，虽然分别在 20 世纪 50 年代和 20 世纪 70 年代建馆，但是收藏的鲁迅文物较少，单位的工作人员也很少，其中广州鲁迅纪念馆只有 8 位正式编制的工作人员，而厦门鲁迅纪念馆和南京鲁迅纪念馆甚至没有专职的工作人员，只有一位兼职的工作人员负责纪念馆的各项业务；另外，广州鲁迅纪念馆和厦门鲁迅纪念馆收藏的鲁迅文物数量较少，南京鲁迅纪念馆因为建馆较晚，甚至没有按照《文物认定管理暂行办法》可以定级的鲁迅文物，因此下文简称这三个馆为"三小"鲁迅纪念馆。

六家鲁迅纪念馆从各自建馆以来到 2016 年的各项业务工作都取得了一些成绩，其中以"三大"鲁迅纪念馆所取得的业务成果成最为突出，概括如下：

1. 五家鲁迅纪念馆为征集和保护鲁迅文物做出了重要的贡献

藏品是一个博物馆各项业务的基础。五家鲁迅纪念馆从建馆以来就重视征集有关鲁迅的文物，鲁迅家人、亲友以及社会各界人士也向几家鲁迅纪念馆捐赠了大量的鲁迅文物。可以说，经过几十年的努力，国内已知的有关鲁迅的文物基本都被妥善地收藏在五家鲁迅纪念馆、国家图书馆（国家将大量的鲁迅手稿移交给国家图书馆收藏），以及少量的博物馆（如广西壮族自治区博物馆收藏着鲁迅书写的一幅书法作品）、档案馆（如中央档案馆收藏了鲁迅的 3 封书信）之中，保存在个人手中的有关鲁迅的文物已经非常少了。随着国家经济的快速发展，五家鲁迅纪念馆获得了稳定的文物保护经费，陆续都拥有了专业化的文物库房或保护文物的恒温恒湿的设备，使收藏在五家鲁迅纪念馆之中的鲁迅文物都得到了较好的保护。如果没有五家鲁迅纪念馆对鲁迅文物的征集和保护，鲁迅文物就很可能会散佚、损坏，因此，可以说五家鲁迅纪念馆为征集和保护鲁迅文物做出了重要的贡献。

此外，在鲁迅文物已经基本征集完毕的背景下，五家鲁迅纪念馆的文物征集和保管工作发生了一些变化：在做好保护馆藏鲁迅文物的前提下，陆续将征集鲁迅文物的工作扩大到征集鲁迅友人以及鲁迅同时代人的文物。如绍兴鲁迅纪念馆在 1997 年筹备建立"许钦文文库"，收藏许钦文家属捐献的关于许钦文

的文献资料，上海鲁迅纪念馆在 1999 年设立了"朝华文库"，征集与鲁迅有过交往人士的文物，北京鲁迅博物馆在 2007 年建立了"胡风文库"，收藏胡风家属捐献的关于胡风的文献资料。这些文献资料对于研究鲁迅的生平交往以及鲁迅的传播都具有重要的学术价值。

2. 六家鲁迅纪念馆在不同时期制作的鲁迅展览和巡回展览为促进鲁迅在全国各地的传播做出了重要的贡献

博物馆是宣传教育机构，举办展览是博物馆面向观众进行宣传教育的重要方式。六家鲁迅纪念馆建馆以来都制作了一些关于鲁迅的展览，其中"三大"鲁迅纪念馆制作的鲁迅展览比较多，"三小"鲁迅纪念馆制作的鲁迅展览相对来说比较少。这些鲁迅展览虽然受到政治意识形态的影响，展览主题经常随着时代的变化而变化，在不同的历史时期塑造出不同的鲁迅形象，但是都可以帮助观众通过实物、手稿、图片等展品增加对鲁迅的认识与了解，从而促进了鲁迅的传播。

毋庸讳言，"三大"鲁迅纪念馆在"文革"期间制作的鲁迅生平展览，受到"文革"时期极"左"思潮的影响，把鲁迅塑造为"无产阶级文化大革命"的伟大旗手，"党的一个小兵"，这不仅极大地歪曲了鲁迅的真实形象，而且也把鲁迅作为阶级斗争、路线斗争的政治工具，对鲁迅的传播造成了极大的负面影响。

另外，需要指出的是，"三大"鲁迅纪念馆在 20 世纪 80 年代中期之前制作的鲁迅展览都不同程度地存在着一些遮蔽鲁迅的现象，如刻意遮蔽鲁迅与朱安的婚姻史实，在展览中既不展出朱安的形象，也不提到鲁迅与朱安结婚的史实；将鲁迅、林语堂与厦门大学"泱泱"社成员合影中的林语堂修成两块大石头；将鲁迅与萧伯纳等 7 人在宋庆龄家的合影照片修掉在当时被视为负面人物的伊罗生、林语堂两人，变成 5 人合影；将鲁迅葬礼照片上站在宋庆龄身边的胡风修掉等。"三大"鲁迅纪念馆在恢复鲁迅在绍兴、北京、上海故居的原貌时，也存在遮蔽鲁迅的现象，如北京鲁迅博物馆不仅撤下鲁迅书桌上曾经摆放的俄国作家安特莱夫的照片，甚至把鲁迅故居中的朱安卧室改名为鲁迅藏书室；上海鲁迅纪念馆也将鲁迅故居中原来挂着的两幅带有裸女图像的版画撤下，另外还一度撤下瞿秋白送给鲁迅的书桌；绍兴鲁迅纪念馆在 20 世纪 80 年代以前则将鲁迅故居原来五楼五底的房子改为两楼两底的房子，以免观众认为鲁迅出身地主家庭。应当说，随着时代的发展，"三大"鲁迅纪念馆制作的鲁迅展览中遮蔽鲁迅的现象逐渐减少，但是依然存在着遮蔽鲁迅的现象，如虽然作为历史见证者的许羡苏和鲁迅研究专家陈漱渝等人分别撰文呼吁在鲁迅故居的鲁迅书桌上重新摆放安特莱夫的照片，但北京鲁迅博物馆至今仍未恢复鲁迅书桌上摆放的俄国作家安特莱夫的照片。如果说"三大"鲁迅纪念馆在 20 世纪 80 年代中期之前制作的鲁迅展览中存在着一些遮蔽鲁迅的现象，主要是受到当时政治环境的影响，鲁迅纪念馆为了塑造鲁迅的崇高形象，不得不故意遮蔽鲁迅的某些历史细节，那么在 20 世纪 80 年代中期之后的鲁迅展览中存在的遮蔽鲁迅的现象，很大原因在于鲁迅纪念馆的一些领导存在疏于研究、疏于管理的行为，没有能够响应一些学者的呼吁，纠正展览中存在的史实错误，恢复鲁迅故居的真实原貌。

此外，"三大"鲁迅纪念馆制作的鲁迅展览中还存在一些史实错误，最离谱的错误是将鲁迅在 1936 年 1 月 9 日与日本记者原胜（浅野要）的合影及鲁迅同时拍摄的单人照片误标为"大病初愈后在大陆新邨寓所门前所摄之二，1936 年 3 月 23 日摄于上海。史沫特莱摄""大病初愈后在大陆新邨寓所门前所摄之一，1936 年 3 月 23 日摄于上海。史沫特莱摄"[1]。这一错误从北京鲁迅博物馆在 1976 年编辑的《鲁迅 1881—1936》相册就开始了，此后包括北京鲁迅博物馆的一些研究人员出版的鲁迅著作中，乃至在 2006 年制作的鲁迅生平陈列中，仍然沿袭这一错误说法，直到 2016 年仍然没有纠正这一错误。其实这两张照片都是原胜（浅野要）在 1936 年 1 月 9 日拍摄的，而且鲁迅当时也没有生病。需要指出的是，北京鲁迅博物馆展览部的工作人员陆晓燕以"晓燕"为名在 1982 年 7 月 27 日出版的《人民日报》上发表了《鲁迅与浅野要》[2] 一文就已经指出了这一错误，此后陆晓燕在 1984 年 11 月又在北京鲁迅博物馆编辑的《鲁迅研究资料》第 14 辑上发表了译文《紧邻鲁迅先生》，并在这篇译文后面附录的"译者后记"[3] 中介绍了这篇文章的原作者日本人原胜和鲁迅交往的情况，特别指出《鲁迅》照片集中第 100 幅照片和第 102 幅照片都注错了拍摄时间和拍摄者。但是陆晓燕的上述文章没有引起有关研究者的重视，导致这一错误延续了 40 年。

鲁迅曾对内山完造说："中国把日本全部排斥都行，可是只有那认真却断乎排斥不得。无论有什么事，这一点，那一点是非学习不可的。"[4] 从北京鲁迅博

---

① 北京鲁迅博物馆编：《鲁迅 1881—1936》，北京：文物出版社，1976 年 8 月出版，第 100 页，102 页。另外，合影还修掉了原胜，只剩下鲁迅一人。

② 晓燕（陆晓燕）：《鲁迅与浅野要》，《人民日报》，1982 年 7 月 27 日。

③ 陆晓燕：《紧邻鲁迅先生·译者后记》，《鲁迅研究资料》第 14 辑，北京鲁迅博物馆编，天津：天津人民出版社，1984 年出版，第 259—260 页。

④ 内山完造：《鲁迅先生》，雨田译，《译文》（月刊）（上海）新第二卷第三期，1936 年 11 月 16 日出版。

物馆编辑的《鲁迅》照片集，到林贤治、黄乔生、赵瑜等一些鲁迅研究者撰写的关于鲁迅的著作，再到几家鲁迅纪念馆的鲁迅生平基本陈列，都注错了这两张鲁迅照片的时间，并导致了对照片的错误解读，由此也可以看出不仅鲁迅研究工作需要严肃认真的研究态度，而且鲁迅纪念馆的业务人员在从事普及鲁迅、宣传鲁迅的工作时，更需要严肃认真的工作态度，这样才能避免一些完全可以避免的错误，把较为真实的鲁迅传播给大众。

3. "三大"鲁迅纪念馆的学术研究成果和学术组织工作推动了鲁迅研究的深入发展。

学术研究工作是博物馆的重要职能之一，而博物馆的学术研究通常是以对藏品的研究为主。著名博物馆学专家苏东海研究员指出中国人物类纪念馆的首要工作是学术研究：

> 人物类纪念馆和一般博物馆、纪念馆的不同点，首先是它以社会精英为主体的、以社会精英作为传主而建立的博物馆、纪念馆。
>
> 人物类纪念馆在功能上与一般博物馆、纪念馆也应有所不同。一般博物馆的功能是收藏、科研和传播，但在人物类纪念馆里，它们的基础是科研，这与一般博物馆、纪念馆以文物为基础的情况不同。人物类纪念馆应该把科研放在第一位，只有这样才能够使人物类纪念馆的精英性体现出来。没有科学研究，人物类纪念馆是不可能办下去的。[①]

"三大"鲁迅纪念馆都收藏了一些鲁迅文物和相关文献资料，所以，"三大"鲁迅纪念馆的业务人员从 20 世纪 50 年代建馆以后，就开始征集鲁迅文物，并对这些文物进行研究，此外，如绍兴鲁迅纪念馆、北京鲁迅博物馆还访问了一些与鲁迅有过交往的人士，整理了一些回忆鲁迅的资料。进入 20 世纪 80 年代之后，随着国家对鲁迅的高度重视，"三大"鲁迅纪念馆的业务人员在鲁迅研究领域取得了丰硕的学术成果，如北京鲁迅博物馆编辑出版了《鲁迅手稿全集》《鲁迅年谱》（四卷本）、《鲁迅辑校古籍手稿》《鲁迅辑校石刻手稿》（后两种与上海鲁迅纪念馆合编）等大型的鲁迅研究文献资料，编辑出版了《鲁迅研究

---

① 苏东海：《人物类纪念馆的基本特征是什么?》，《人物类博物馆、纪念馆现状与发展前瞻学术研讨会论文集》，上海鲁迅纪念馆编，上海：百家出版社，2002 年出版，第 9—10 页。

资料》《鲁迅研究动态》（后来改名为《鲁迅研究月刊》）等学术刊物；上海鲁迅纪念馆编辑了《版画纪程——鲁迅藏中国现代木刻全集》《鲁迅著作初版本影印丛书》，出版了学术刊物《纪念与研究》（后来改名为《上海鲁迅研究》）；绍兴鲁迅纪念馆出版了学术刊物《绍兴鲁迅研究》等。总的来说，"三大"鲁迅纪念馆的学术研究以鲁迅文献的整理和鲁迅史料研究为主，涌现出李何林、叶淑穗、王德厚、陈漱渝、裘士雄、周国伟、王锡荣等著名的鲁迅研究专家，成为中国鲁迅研究领域的一支重要的研究力量，其中李何林还被誉为鲁迅研究领域的"实证"学派的旗帜。①

　　除了为鲁迅研究界提供丰富的鲁迅研究史料之外，"三大"鲁迅纪念馆对鲁迅研究的贡献还在于提供学术研究成果的发表阵地，组织学术会议等。"三大"鲁迅纪念馆创办的《鲁迅研究月刊》《上海鲁迅研究》《绍兴鲁迅研究》，克服种种困难，一直坚持出版，目前是国内仅存的三个鲁迅研究学术刊物，不仅为国内外的鲁迅研究学者和青年研究生提供发表鲁迅研究文章的平台，而且这些杂志还通过设立有关的鲁迅研究专栏和鲁迅研究专辑，来引导鲁迅研究的发展方向。此外，"三大"鲁迅纪念馆还多次结合鲁迅的纪念年份，举办鲁迅研讨会，不仅通过学术研讨的形式表达出对鲁迅的纪念，而且也通过设计学术研讨会的主题和议题来引导国内鲁迅研究的发展方向。总的来说，"三大"鲁迅纪念馆的学术研究工作不仅取得了丰硕的研究成果，而且也在较大程度上推动了中国鲁迅研究的深入发展，为 20 世纪 80 年代鲁迅研究范式从政治研究到文化研究的转变做出了重要的贡献。如北京鲁迅博物馆首任馆长李何林作为新时期实行学位制度以来首批中国现代文学研究专业的博士生导师，指导了新时期以来第一批鲁迅研究方向的博士生王富仁、金宏达，其中王富仁的博士学位论文产生了重要的社会影响，标志着 20 世纪 80 年代鲁迅研究范式的转变。

　　但是，"三大"鲁迅纪念馆的学术研究工作还存在一些不足。仅以六家鲁迅纪念馆中科研实力最强的北京鲁迅博物馆来说，北京鲁迅博物馆收藏了大量的鲁迅及与鲁迅有关的同时代人的遗物，总数 7 万多件，但是因为种种原因（特别是对研究者查阅资料有一些限制条件），许多有价值的藏品没有得到充分的利用和研究，在一定程度上造成了这些藏品的价值被淹没和浪费，从而使人们包括鲁迅研究者对鲁迅生平和创作中的一些问题缺乏正确的认识。

　　例如，现在鲁迅研究界认为现存鲁迅留下来的最早的手迹是鲁迅在 1897 年 7 月手抄的《二树山人写梅歌》（这幅手迹收藏在绍兴鲁迅纪念馆），但是北京

---

　　①　张铁荣：《鲁迅研究史上"实证"派的旗帜》，《鲁迅研究月刊》，2005 年第 2 期。

鲁迅博物馆的文物库房中保存着一个鲁迅手写的《拟购书目》，这幅鲁迅手迹是周作人在 20 世纪 60 年代捐献给北京鲁迅博物馆的。从周作人为这个《拟购书目》所写的说明文字中可以看出这幅手迹是鲁迅在 1897 年以前撰写的。通过对《拟购书目》中的这些书籍的出版时间的考证，可以大致确定这个《拟购书目》应当写在 1894 年 4 月鲁迅从亲戚家避难回到家中之后到 1896 年 12 月之间，因此也应当是现存最早的鲁迅手迹了，从中可以看出少年鲁迅对美术的热爱。遗憾的是，鲁迅的这幅手迹在周作人捐给北京鲁迅博物馆之后，并没有得到北京鲁迅博物馆和鲁迅研究者的重视，以至于关于鲁迅留下来的年代最早的手迹是鲁迅手抄的《二树山人写梅歌》的说法一直没有得到更正。

再如，鲁迅在日本弘文书院留学时同宿舍的同学沈瓞民在 1961 年捐给北京鲁迅博物馆一封鲁迅（信末署名：周树人）等六人在 1904 年春联名给他的书信，北京鲁迅博物馆也在《北京鲁迅博物馆五十年（1956—2006）》一书的"捐赠者名录"中做了如下记录："沈瓞民（1961 年）1 月 4 日，将鲁迅等人 1904 年联名致其书信 1 封捐赠我馆收藏。"① 但是这封信一直没有得到正确的研究。沈瓞民在 1961 年 9 月 23 日的《文汇报》上发表的《回忆鲁迅早年在弘文学院的片段》② 一文中回忆了鲁迅在弘文书院的生活片段，并披露了这封信的内容。虽然鲁迅研究者对这篇文章很熟悉，但是没有人对这封信进行深入的研究。曾经参加 1981 年版《鲁迅全集》编注工作的朱正先生在 1982 年所做的一次题为《鲁迅传记资料的真伪问题——1982 年在一个现代文学教师进修班上讲》③ 的讲课中对沈瓞民的这篇回忆文章提出了疑问。大约就是因为这个原因，人民文学出版社 1981 年版和 2005 年版的《鲁迅全集》都没有收入这封书信。但是，通过对这封书信原件的研究，可以从鲁迅亲笔署名"周树人"这一点认定这封信不仅是现存年代最早的鲁迅书信（1981 年版和 2005 年版的《鲁迅全集》中收录的最早的鲁迅书信是鲁迅在 1904 年 10 月 8 日在仙台撰写的致蒋抑卮的信，而这封鲁迅等六人联名的书信应当写于 1904 年 3 月中下旬），而且按照《鲁迅全集》的"编辑体例"（由《鲁迅全集》收录鲁迅和茅盾联名致伊罗生的三封书信的事实可以看出，《鲁迅全集》收录书信的要求是有鲁迅的署名，无论是亲笔签名或他人代为签名。从收藏在哈佛大学燕京图书馆中的鲁迅和茅

---

① 北京鲁迅博物馆编：《北京鲁迅博物馆五十年（1956—2006）》，铅印本，2006 年，第 138 页。

② 沈瓞民：《回忆鲁迅早年在弘文学院的片段》，《文汇报》，1961 年 9 月 23 日，3 版。

③ 朱正：《鲁迅传记资料的真伪问题—1982 年在一个现代文学教师进修班上讲》，《鲁迅的一个世纪：朱正谈鲁迅》，朱正著，武汉：湖北人民出版社，2007 年版，第 41—42 页。

盾联名致伊罗生书信的原件中可以看出有几封信是茅盾执笔撰写的，如在鲁迅
和茅盾于 1934 年 7 月 14 日联名致伊罗生的信中，鲁迅不仅在这封信的末尾署
名，此外还在署名后增加了一些文字；在鲁迅和茅盾联名于 1934 年 7 月 31 日致
伊罗生的信中，全信中不仅没有鲁迅的任何文字，而且连鲁迅的名字也是茅盾
代签的；在鲁迅和茅盾于 1934 年 8 月 22 日联名致伊罗生的信中，鲁迅只是在这
封信的末尾署了一个名字。但是这三封书信都被作为鲁迅的书信收入《鲁迅全
集》之中，并同时加了注释，说明该信是茅盾起草的①）应当作为鲁迅书信收
入《鲁迅全集》之中。这封信的价值不仅在于它有鲁迅的亲笔签名和疑似鲁迅
在书信正文空白处添加的一些文字，更在于它是现存最早的有鲁迅亲笔签名的
书信，同时也是鲁迅在南京矿路学堂和东京弘文学院的同学们留存至今的极少
的手稿之一，是反映鲁迅和他的同学们当时生活和思想情况的一个很好的物证。

　　总的来说，虽然五家鲁迅纪念馆的业务人员和国内外的一些鲁迅研究者在
鲁迅藏品研究方面取得了一些有价值的研究成果，但是因为种种原因，五家鲁
迅纪念馆收藏的大量藏品还有进一步深入研究的价值。通过研究这些保存下来
的和鲁迅有关的藏品，可以了解鲁迅生平和创作中的一些历史细节，从而有助
于人们准确地理解和认识鲁迅的生平和创作。

　　4. 六家鲁迅纪念馆在不同时期举办的社会教育活动为普及鲁迅做出了重要
的贡献。

　　对观众进行宣传教育是博物馆业务工作的一个重要组成部分。"博物馆的活
动和社会教育职能，不能不受到社会一定的政治、经济、科学文化教育等因素
的制约和影响，中国的博物馆是为社会主义、为人民服务的。它的基本任务是
促进人民群众文化和科学素质的提高，促进我国社会主义精神文明的建设。"②
在六家鲁迅纪念馆中，有五家鲁迅纪念馆作为政府认定的爱国主义教育基地和
青少年教育基地（其中绍兴鲁迅纪念馆和上海鲁迅纪念馆是全国爱国主义教育
基地，北京鲁迅博物馆是北京市爱国主义教育基地，厦门鲁迅纪念馆是厦门市
爱国主义教育基地，广州鲁迅纪念馆是广州市爱国主义教育基地），承担着对观
众，特别是青少年进行爱国主义教育和社会主义教育的任务。

　　六家鲁迅纪念馆分别位于北京、上海、绍兴、广州、厦门、南京，除了厦
门鲁迅纪念馆和南京鲁迅纪念馆因为分别位于厦门大学校园内和南京师范大学
附属中学校园内，为了不影响正常的教学秩序，限制对外开放之外，其余四家

---

① 　鲁迅：《鲁迅全集》，人民文学出版社 2005 年版，第 309 页、316 页、319 页。
② 　王宏钧主编：《中国博物馆学基础》（修订本），第 44 页。

鲁迅纪念馆在正常情况下（在"文革"期间和维修建筑期间，曾经停止对外开放）都会对外开放。在 20 世纪 80 年代之前，四家鲁迅纪念馆主要通过讲解的形式对观众进行宣传教育，此外，还举办过巡回展览，如北京鲁迅博物馆在 1958 年到 1960 年，曾经制作鲁迅流动展览到北京郊区，以及 10 多个省市进行巡回展览，使外地的观众也可以观看到鲁迅展览，从而促进了鲁迅在全国各地的传播。在 20 世纪 80 年代中期之后，"三大"鲁迅纪念馆在讲解和巡回展览之外，开始结合纪念鲁迅的年份，组织了一些征文、知识竞赛、演讲会等丰富多彩的社会教育活动，进一步促进了鲁迅的传播，另外，北京鲁迅博物馆通过在全国各地特别是边疆省份举办巡回展览，促进了鲁迅在全国各地的传播。进入 21 世纪之后，六家鲁迅纪念馆，特别是"三大"鲁迅纪念馆发挥出爱国主义教育基地和青少年教育基地的功能，借鉴国内外博物馆的先进经验，并结合青少年的特点，策划了一批体验型、实践型、探究学习型的社会教育活动，使广大青少年通过亲身参与活动，不仅增加了对鲁迅的了解和认识，还受到了爱国主义教育和社会主义教育。其中绍兴鲁迅纪念馆的社会教育活动较为突出，不仅观众数量巨大，从 2010 年开始，基本上每年都有 200 万观众（在国内的纪念馆、名人故居中，只有曲阜的孔庙和韶山的毛泽东故居的每年观众数量和绍兴鲁迅纪念馆差不多），而且面向青少年开发的"鲁迅故里研学游""三味书屋研学游"等社会教育活动非常成功，受到国内外观众的欢迎。绍兴鲁迅纪念馆也因为在举办社会教育活动方面取得了突出的成绩，先后在 1994 年被国家文物局评为"全国优秀社会教育基地"，在 1996 年 11 月被国家教委、民政部、文化部、国家文物局、共青团中央、解放军总政治部评为"全国百个中小学爱国主义教育基地"，在 1997 年 6 月，被中央宣传部评为"全国百个爱国主义教育示范基地"，在 2011 年 6 月，被全国红色旅游工作协调小组评为"全国红色旅游工作先进集体"，在 2009 年 6 月，被国家文物局评为国家二级博物馆，成为国内纪念馆举办社会教育活动的一面旗帜，引领了国内纪念馆社会教育活动的发展方向。

总的来说，六家鲁迅纪念馆通过举办多种形式的鲁迅展览，与中小学密切配合进行校外教育，与所在城市、街道、社区及有关机构共建精神文明工作，很好地承担起在国内宣传鲁迅、普及鲁迅，对观众进行爱国主义教育和社会主义教育的使命和任务。

5. "三大"鲁迅纪念馆在国外举办的鲁迅展览促进了鲁迅在世界各地的传播

鲁迅在日本、韩国、新加坡、马来西亚、印度、尼泊尔等周边国家具有重要的影响力，"三大"鲁迅纪念馆不仅在国内举办了一些以鲁迅为主题的中外学术交流和展览交流的工作，也通过与国外有关机构合作，在国外举办了一些鲁迅题材的展览和鲁迅学术研讨会，不仅促进了鲁迅在国外的传播，而且也促进了中外文化交流，为推动中华文化走出去，增强中华文化"软实力"的国家战略做出了重要的贡献。但是，相对于"三大"鲁迅纪念馆的收藏、展览、研究、社会教育等方面的工作来说，目前"三大"鲁迅纪念馆的对外文化交流工作还比较薄弱，呈现出零散化、随机性的特点，缺乏长远的系统的规划，加之，"三大"鲁迅纪念馆缺乏对外文化交流的专业人才，所以，"三大"鲁迅纪念馆的对外文化交流工作在短时期内很难有一个明显的提升。

此外，进入 21 世纪之后，随着国际政治形势的不断变化，鲁迅在国外的传播与研究工作处于较为冷清的状态，国外的鲁迅研究队伍也已经处于青黄不接的状态。例如，苏联曾经翻译出版过大量的鲁迅作品，但是在苏联解体之后，俄罗斯从 1992 年到 2006 年都没有再出版过鲁迅的作品选和鲁迅研究著作。即使是在把鲁迅视为国民作家的日本，能称为鲁迅研究专家的学者还不到 10 位，而且这些学者的年龄大多已经退休或接近退休，中青年的鲁迅研究学者较少。鲁迅是中国作家，推动鲁迅在国外的传播与研究，毫无疑问应当是中国的六家鲁迅纪念馆的责任和义务。为了从根本上解决鲁迅在国外传播与研究所存在的上述问题，需要国家有关部门把推动鲁迅在国外的传播与研究工作纳入国家的对外文化战略之中，提供相关的政策和经费的支持，以国内"三大"鲁迅纪念馆为依托机构，与国外的大学，以及中国驻外的文化中心和孔子学院密切合作，有计划地安排在国外举办鲁迅研讨会和鲁迅展览，从而推动鲁迅在国外的传播与研究工作。

6. "三小"鲁迅纪念馆作为小型纪念馆，虽然为纪念鲁迅、传播鲁迅做出了一些重要的贡献，但是依然存在着发展的困境

首先就是缺乏充足的业务人员。厦门鲁迅纪念馆和南京鲁迅纪念馆建馆至今都没有专职的工作人员，主要依靠一位教师兼职担任馆长，而广州鲁迅纪念馆在独立建制之前也只有几名工作人员，在独立建制之后虽然有 8 名工作人员的编制，但是这 8 名工作人员却要负责大钟楼中的鲁迅旧居、中国国民党一大旧址，和广东贡院明远楼这三个文物保护单位的文物保护、展览、社会教育、研究等方面的工作，明显人手不足。其次，缺乏较为充足的业务经费。博物馆是公益性机构，自身没有经费来源，因此需要上级机构提供较为充足的业务经费，才能维持一个博物馆的文物征集、展览开放、社会教育、研究等方面的业务工作。目前厦门鲁迅纪念馆和南京鲁迅纪念馆因为没有设立专职的工作人员

岗位，所以一方面没有专职的工作人员开展各项业务工作，另一方面也没有较为充足的业务经费来开展各项业务工作，而一个纪念馆如果没有专门的工作人员和稳定的业务经费就很难发展起来，从而影响这个纪念馆发挥出自身所应承担的社会功能。而广州鲁迅纪念馆在独立建制之后，拥有8位工作人员和稳定的业务经费，每年都会举行一系列的展览和社会教育工作，很好地承担起在广州传播鲁迅的社会功能。最后，"三小"鲁迅纪念馆在面临诸多困难的情况下，仍然坚持发展有关业务工作，为国内小型博物馆的业务发展探索出一条较为可行的发展道路。截至2016年年底，国内虽然建立了4873家博物馆①，但其中超过一半的都是小型博物馆。毋庸讳言，国内存在着明显的博物馆"大跃进"的现象，一些政府机构存在着重视建立博物馆的数量，却轻视博物馆可持续发展的问题，因此，国内的小型博物馆普遍存在着既缺乏高水平的业务人员，又缺乏充足的业务经费的问题，都在不同程度上面临着发展的困境。相对来说，"三小"鲁迅纪念馆虽然面临着发展困境，但是依然在博物馆各项业务方面都取得了一些成绩。广州鲁迅纪念馆作为一个小型的博物馆，克服各种困难，在博物馆各项业务建设方面取得了较好的成绩，为国内小型博物馆的发展树立了一个榜样，而厦门鲁迅纪念馆和南京鲁迅纪念馆依托所在的学校，充分利用各种社会资源，也在博物馆各项业务发展方面取得了一定的成就。总之，小型博物馆在面临发展困境的时刻，不能单纯地等待上级机构的人员和经费的支持，不能止步不前，要充分挖掘各种可以利用的社会资源，共同促进博物馆的业务发展。

三、国内六家鲁迅纪念馆业务工作的前瞻

21世纪是全球化的时代、网络化的时代，也是中华文化全面复兴、中华民族实现伟大复兴的"中国梦"的时代，在这样的时代背景下，国内六家鲁迅纪念馆的业务工作也面临着一些机遇和挑战。六家鲁迅纪念馆要适应网络时代的变化，积极创新传播鲁迅的手段，使鲁迅在21世纪的中国产生出更大的影响，从而助力中华民族伟大复兴的"中国梦"早日实现。

1. 进一步提升研究和展览水平，让藏品"活"起来

2013年12月30日，习近平总书记在主持中共中央政治局第十二次集体学习时发表讲话指出："要系统梳理传统文化资源，让收藏在禁宫里的文物、陈列

---

① 王珏、李素利：《全国博物馆数近5000座 让逛博物馆成为一种生活方式》，《人民日报》，2017年7月6日，9版。

在广阔大地上的遗产、书写在古籍里的文字都活起来。"① 习近平总书记的这个讲话为国内博物馆今后的业务工作指明了方向。另外，国际博物馆协会在2007年8月24日通过的新修订的《国际博物馆协会章程》对博物馆做了如下的定义："博物馆是一个为社会及其发展服务的、向公众开放的非营利性常设机构，为教育、研究、欣赏的目的征集、保护、研究、传播并展出人类及人类环境的物质及非物质遗产。"② 结合这个定义，可以说六家鲁迅纪念馆的目标定位就是"为教育、研究、欣赏的目的征集、保护、研究、传播并展出"鲁迅文化遗产的一个向公众开放的非营利性常设机构。鉴于鲁迅的遗物基本上都已经被收藏在国内五家鲁迅纪念馆及国家图书馆之中，征集鲁迅遗物的工作已经越来越少了，所以，六家鲁迅纪念馆的主要任务就是"为教育、研究、欣赏的目的保护、研究、传播并展出"鲁迅的文化遗产（包括物质及非物质遗产）。六家鲁迅纪念馆要按照国际博物馆协会对博物馆的定义来回顾并总结各自建馆以来的经验和教训，要充分利用好收藏的大量的鲁迅藏品：首先，通过对这些藏品的全面深入研究，不仅可以更好地认识并保护这些藏品，而且也可以更好地传播并展示这些藏品，真正地让这些藏品"活"起来；其次，通过对这些藏品的客观展示，不仅可以用带有鲁迅生活信息的实物来还原历史场景，增强展览的吸引力，而且也可以使观众通过藏品来直观地、形象地感知鲁迅，拉近观众与鲁迅之间的距离，从而深化对鲁迅的传播，真正地让真实的鲁迅在观众中"活"起来；最后，国内六家鲁迅纪念馆在今后的发展过程中，要吸收各自建馆以来在各项业务工作方面的经验和教训，聚焦主业，真正地把工作重心放在与鲁迅有关的藏品的征集、保护、传播与展示等方面，充分地利用好藏品，让藏品真正地"活"起来，用藏品来形象地展示出鲁迅生活和创作过程中的一些历史细节，从而发挥出六家鲁迅纪念馆在传播鲁迅的文化遗产方面不可替代的核心作用。总之，六家鲁迅纪念馆只有让藏品"活"起来，才能让鲁迅在观众中"活"起来。

另外，六家鲁迅纪念馆还保存了一些鲁迅同时代人的文献资料，但是这些文献资料还没有得到研究者的重视。仅以北京鲁迅博物馆的藏品为例来探讨一些中国现代作家全集在收录作家的书信时所存在的一些问题。

20世纪80年代以来，国内陆续出版了众多的中国现代作家的全集，并且有

---

① 习近平：《习近平谈文物工作》：人民网，http：//politics.people.com.cn，发布日期：2016年04月12日18：11

② 转引自陈刚：《智慧博物馆——数字博物馆发展新趋势》，《中国博物馆》，2013年第4期。

多部全集还在进入 21 世纪之后出版了增补本，这些中国现代作家全集的出版在很大程度上推动了现代文学研究的学科进展。但是在肯定这些现代作家全集所具有的学术价值的同时，也无法否认其中的一些作家全集的编纂存在着如下的问题。

首先，失收了部分已经公开发表的书信，使全集不全。一些中国现代作家全集的编者在编辑作家全集时，特别是在编辑作家全集的增补修订本时，没有能够搜集到全部已经发表的作家书信，从而使新修订的全集也不全。如 1997 年出版的《茅盾全集·书信卷》和 2015 年出版的《茅盾全集》（修订版）都失收了保存在北京鲁迅博物馆之中，并且早在 1987 年就已经公开发表的茅盾分别在 1937 年 3 月 21 日、1937 年 7 月 11 日、1937 年 11 月 17 日致许广平的三封书信；1992 年出版的《郁达夫全集》和 2007 年出版的《郁达夫全集》（修订版）都失收了保存在北京鲁迅博物馆之中，并且分别在 1987 年发表的郁达夫的一封书信和在 1991 年发表的郁达夫在 1933 年 5 月 6 日、1933 年 5 月 17 日、1934 年 5 月 28 日、1934 年 9 月 20 日致李小峰的 4 封书信；花山文艺出版社在 1997 年出版的《俞平伯全集》失收了保存在北京鲁迅博物馆之中，并且在 1982 年发表的俞平伯在 1922 年 3 月 14 日致孙伏园的信；花山文艺出版社在 1998 年出版的《郑振铎全集》失收了北京鲁迅博物馆保存的 18 封郑振铎书信，其中有 15 封书信已经公开发表过；海燕出版社 2015 年出版的《台静农全集》失收了北京鲁迅博物馆收藏的，并在 1982 年就已经公开发表的李霁野、韦丛芜和台静农三人联名在 1932 年 8 月 7 日致鲁迅的书信。

其次，失收了部分已知的书信，使全集不全。如 2008 年出版的《萧军全集》失收了萧军的 6 封书信，这 6 封书信都收入北京鲁迅博物馆保存的，由萧军在 1981 年将自己所保存下来的一些关于纪念鲁迅的资料编辑成的《鲁迅先生纪念史料辑存选录》（打印本）一书之中。

再次，失收了部分收藏在纪念馆中的未发表的书信，使全集不全。一些全集的编者在编辑作家全集时，没有去查阅各个作家纪念馆的藏品，如在北京鲁迅博物馆的藏品中就有茅盾、郁达夫等著名作家的没有公开发表过的一些书信，其中的一些书信如茅盾在 1951 年 9 月 6 日致许广平的书信至今也没有被收入《茅盾全集》之中。

最后，失收了部分带有书信功能的请柬和便条。一些现代作家全集的编者在编辑作家全集时，没有花费精力从一些作家纪念馆的藏品中挖掘并整理出作家的一些未公开发表过的便条、请柬等相关文字，而一些带有书信功能的便条和请柬应当被视为书信收入作家全集之中。北京鲁迅博物馆的资料库中收藏了一些鲁迅留下来的便条和一张请柬，如鲁迅在 1935 年 11 月 6 日致萧军的便条（外书一包，洋二十五元，乞面交环龙路一六六号江苏饭店三楼孟十还先生收　豫托十一月六日）和鲁迅在 1933 年 4 月 19 日寄给姚克的请柬，这些便条和请柬也应当被作为书信收入《鲁迅全集》之中。

另外，还存在删掉书信的部分内容和部分附件，使收录的部分书信内容不完整的问题。一些作家全集的编者在编辑作家全集时删掉了一些书信的附件，这方面最突出的就是人民文学出版社出版的 1981 年版和 2005 年版《鲁迅全集》。在这两部《鲁迅全集》中，有一些鲁迅书信是带有附件的，但是查阅北京鲁迅博物馆所收藏的鲁迅书信的原件时，发现仍然有一些书信的附件没有收入这两个版的《鲁迅全集》之中。很显然，这些书信的附件虽然被保存下来，但是没有被附在《鲁迅全集》所收录的书信之后，最大的可能就是被《鲁迅全集》书信卷的编者删掉了。而删掉了鲁迅部分书信的附件，就破坏了鲁迅书信的完整性，因此《鲁迅全集》的编者应当把保存下来的鲁迅书信的附件完整地收入《鲁迅全集》之中。

例如，1981 年版和 2005 年版的《鲁迅全集》都删掉了鲁迅在 1934 年 8 月 9 日致唐弢的书信的附件：一个带有内山完造和鲁迅笔迹的由内山书店印刷的《日语学习书目》。这个《日语学习书目》是唐弢先生捐献给北京鲁迅博物馆的，他在 1972 年 10 月 19 日致北京鲁迅博物馆的信中说希望将他保存的五封鲁迅给他的书信和鲁迅给他的一个《日语学习书目》交给北京鲁迅博物馆保存，并在信中介绍了自己发现这个《日语学习书目》的经过，最后还提出了处理意见：

> 1959 年我正式调北京，处理了一些旧书，又从一本线装书内，找到夹在里面的先生于 1936 年 3 月 17 日给我的一封信，书已给蟑螂咬坏，因此信也缺了一角。在这封信内，还夹有《日语学习书目》一纸，也是先生寄给我的。许（广平）编《鲁迅书简》第二封（1934 年 8 月 9 日夜，《全集》未收录）里说："内山书店的关于日文书籍的目录，今寄上。上用箭头的是书店老板所推举的；我以为可缓买或且不买的，就上面不加圈子。"指的就是这张书目，当时没有找到，这时却发现了，上有先生加的圈，本应作为 1934 年 8 月 9 日夜那封信的附件。①

---

① 唐弢：《唐弢文集》第 10 卷，北京：社会科学文献出版社，1995 年版，第 806—807 页。

从上述内容可以看出，唐弢作为收信人指出这张《日语学习书目》"本应作为1934年8月9日夜那封信的附件"。按照唐弢的观点，这个书目单也应当作为附件和鲁迅在1934年8月9日致他的那封信一起被收入《鲁迅全集》之中。但是唐弢的这个意见没有被《鲁迅全集》的编者采纳，以致现在收入《鲁迅全集》之中的鲁迅在1934年8月9日致唐弢的书信实际上是一封残简。

总之，编辑和出版中国现代作家的全集无疑是一件极为重要的工作，而"全集"之所以叫"全集"，就是因为它所收录的文章是全的，或者是在当时的条件下，收录的文章是最全的。但是，因为种种因素，可以说，目前出版的所有的中国现代作家的全集基本上都是不全的。最令人遗憾的，就是已经出版的一些中国现代作家的全集总是漏收这些作家已经公开发表的一些文章和书信，人为地造成"全集"不全的情况。从上文所列举的一些作家全集所漏收的书信状况，可以看出一些中国现代作家全集的编者在编辑作家全集时不太重视从鲁迅纪念馆等作家纪念馆中搜集作家文章和书信。希望今后再出版这些作家的全集的修订本时，全集的编者能认真地搜集一些作家纪念馆中所保存的作家的文章和书信，从而减少全集收录作家文章和书信时可能存在的漏收一些文章和书信的失误。

另外，对于收藏着丰富藏品的"三大"鲁迅纪念馆来说，藏品还有很大的研究空间。借着习近平总书记关于保存和传承文化遗产的讲话的东风，包括"三大"鲁迅纪念馆在内的众多的中国现代作家纪念馆也加强了对现代作家藏品的研究和展览工作，这不仅有助于研究者把此前沉睡在文物库房之中的一些作家的文章和书信挖掘并整理出来，从而促进中国现代作家的研究工作，而且也有助于现代作家全集的编纂和出版工作，从而出版多部可以说得上是收录文章最全的现代作家全集。

2. 鲁迅研究需要创新，创新鲁迅研究要从新编《鲁迅年谱》开始

回顾百年中国鲁迅研究的学术史，可以说中国鲁迅研究存在的最大的问题就是创新性不足。张梦阳研究员在1995年举行的"全国鲁迅研究学术研讨会"上谈到编辑《1913—1983年鲁迅研究学术论著资料汇编》的感受时曾经指出："80余年的鲁迅研究论著，95%是套话、假话、废话、重复的空言，顶多有5%谈出些真见。"他稍后又再次指出："后来经再三统计、衡量才发现，我所说的真见之文占5%，并非是少说了，而是扩大了，其实占1%就不错，即一百篇文章有一篇道出真见就谢天谢地了。"[①] 1995年至今，中国鲁迅研究虽然又取得了

---

① 张梦阳：《我观王朔看鲁迅》，《文学自由谈》，2000年第4期。

一大批的研究成果，但张梦阳研究员在 20 多年前发出的上述观点仍然是值得深思的，中国鲁迅研究在整体上依然存在着创新性不足的问题。

史料的发掘与研究对鲁迅研究的重要性不言而喻，在某种程度上也可以说，鲁迅研究的基石就是史料研究，而鲁迅史料研究的偏弱也是导致中国鲁迅研究在整体上创新性不足的原因之一。因此，"三大"鲁迅纪念馆要发挥收藏了大量的鲁迅文物及丰富的相关文献资料的优势，进一步加强鲁迅史料方面的研究，这样才能为未来的鲁迅研究奠定坚实的研究基础，从而促进鲁迅研究的创新发展。

另外，中国批评史比较重视"知人论世"的研究方法，而年谱就是对一个作家进行"知人论世"研究的最好的工具。鲁迅在《〈且介亭杂文〉序言》中也指出："分类有益于揣摩文章，编年有利于明白时势，倘要知人论世，是非看编年的文集不可的，现在新作的古人年谱的流行，即证明着已经有许多人省悟了此中的消息。"① 中国现代文学研究领域的一些学者也强调年谱对于现代作家研究的重要价值，如作为中国现代文学研究学科的开创者之一的王瑶教授就进一步指出："年谱是一种个人编年体的传记，是研究历史人物的基本资料。它可以提供谱主活动的时代背景和谱主思想变化的根据和线索；也可以从籍贯与家庭、行踪与交游等方面为理解谱主的业绩和贡献提供必要的参考资料。"②

综上所述，可以看出年谱对于一个作家的研究无疑具有最重要的价值，但是令人遗憾的是，中国鲁迅研究虽然已经有 100 多年的历史了，但是至今仍然没有一部较为全面客观地记录鲁迅一生行状和业绩的《鲁迅年谱》，在某种程度上也可以说，中国鲁迅研究的基石还没有完全奠定。因此，创新鲁迅研究需要从新编《鲁迅年谱》开始，用辩证唯物主义和历史唯物主义的观点系统地搜集、整理、鉴别百年以来国内外所发现的关于鲁迅的相关史料，编定一套客观全面地反映鲁迅一生行状和业绩的《鲁迅年谱》，并在此基础上制作《鲁迅年谱》数据库，这样就可以从整体上对鲁迅有一个较为全面的认识，从而为今后的鲁迅研究奠定坚实的基础。北京鲁迅博物馆曾经编撰过《鲁迅年谱》（四卷本），因此，六家鲁迅纪念馆应当联合起来，充分利用馆藏的丰富资料，共同编撰新版的《鲁迅年谱》，为推动鲁迅研究做出贡献。

3. 推动鲁迅文化走出去，促进中外文化交流

1936 年 7 月 21 日，鲁迅在得知他的小说集《呐喊》即将被翻译成捷克文在

① 鲁迅：《鲁迅全集》第六卷，北京：人民文学出版社，2005 年出版，第 3 页。
② 王瑶：《王瑶全集》第八卷，石家庄：河北教育出版社，2000 年出版，第 170 页。

捷克出版的消息之后，很高兴地撰写了《〈呐喊〉捷克译本序言》一文，指出："自然，人类最好是彼此不隔膜，相关心。然而最平正的道路，却只有用文艺来沟通，可惜走这条道路的人又少得很。"① 从这一段话也可以看出鲁迅对中外文化交流的一个重要观点，即重视各国之间的"文字之交"，就是希望通过文学作品的翻译来促进不同国家人民之间的交流和理解。可以说，鲁迅本人也是身体力行了这一观点。回顾鲁迅的文学活动经历，可以看出他的文学翻译活动从1903 年就开始了，直到 1936 年逝世前夕，翻译了 15 个国家的 110 位作者的 244 种作品，共留下了大约 239 万字的翻译作品。

需要指出的是，鲁迅花费了大量心血所翻译的外国作家和学者的著作及文章不仅为现代中国的文坛输入了异国的文学作品，对现代中国文学和文化产生了一些影响，而且也为中国和这些国家的文化交流奠定了坚实的基础，在某种程度上也可以说是促进了中国与一些国家的"文字之交"。但是，随着"冷战"的结束，特别是 20 世纪 90 年代以来，世界局势发生了巨大的变化，曾经作为中国和苏联以及中东欧国家文化交流重要媒介之一的鲁迅，已经逐渐淡出了中外文化交流的舞台。

进入 21 世纪，文化建设再次上升为国家战略层面，特别是中共十八大的报告首次提出了"扎实推进社会主义文化强国建设"的号召，要求切实增强国家"软实力"和中华文化的国际影响力。中共十八届三中全会的报告又进一步提出了"扩大对外文化交流，加强国际传播能力和对外话语体系建设，推动中华文化走向世界"② 的要求。2013 年 9 月和 10 月，习近平总书记分别在访问哈萨克斯坦和印度尼西亚时提出了共同建设"丝绸之路经济带"和"21 世纪海上丝绸之路"（简称"一带一路"）的倡议，2014 年 12 月，中央经济工作会议把"一带一路"确定为优化经济发展格局的三大战略之一。在这样的国家战略的背景下，面对如何扩大中外文化交流，如何增加中华文化的国际影响力等问题，六家鲁迅纪念馆可以从鲁迅先生的翻译实践以及他对中外文化交流的观点中得到一些启示。

首先，"推动中华文化走向世界"，增强国家"软实力"和中华文化的国际影响力，需要重视鲁迅在中外文化交流中所倡导的"文字之交"的观点。在某种程度上也可以说，鲁迅也是现代中国与世界各国"文字之交"的先驱和杰出

---

① 鲁迅：《鲁迅全集》第六卷，北京：人民文学出版社，2005 年版，第 533 页。

② 《十八届三中全会公报》，人民网，http://cpc.people.com.cn，2013 年 11 月 12 日 22：45

代表：他通过文学创作来表述现代中国，通过翻译把世界各国的文学作品介绍给中国的读者；而世界各国的汉学家通过翻译鲁迅的作品和研究鲁迅，从而帮助世界各国的读者通过鲁迅的作品来了解现代中国。因此，鲁迅所倡导的"文字之交"，不是单向的，而是双向的，重点在于世界各国之间通过文学作品的相互引进和输出，逐渐形成不同国家之间的文化交流，从而促使各国人民"彼此不隔膜，相关心"。就政府提出的增强国家"软实力"和中华文化的国际影响力的战略而言，其最终目的还是希望通过推动中华文化走出国门来促进世界各国人民对中华文化的理解，而要达到这一目的，就不能单纯采用政府输出文化的办法，一味地把中华文化送出去，而应当采用政府之间的文化交流和民间的文化交流相结合的办法，在通过政府和民间的合力把中华文化传播出去的同时，也应当通过政府和民间的共同努力把一些优秀的外国文化请进来，通过不同层面的中外文化交流，逐渐加深中国人民和世界各国人民之间的相互理解。

其次，推动"一带一路"建设，需要重视鲁迅在"一带一路"国家和地区的历史上的影响。需要指出的是，当前的"一带一路"建设虽然主要是指中国与"一带一路"国家之间的经济交流，但是也不能忽视中国与"一带一路"国家之间的文化交流，可以说，中国与世界各国的文化交流是和经济交流相辅相成的，没有很好的文化交流也很难有很好的经济交流。鲁迅是中国文化"软实力"的杰出代表，他的文学创作和翻译与现在的"一带一路"国家和地区有着一定的联系：鲁迅生前对中东欧弱小民族文学的翻译，为中国与中东欧各国的文化交流奠定了基础，而中东欧国家就是现在"丝绸之路"经济带的主要国家；鲁迅的文学创作对东南亚、南亚乃至非洲的一些国家的左翼文学产生了重要的影响，而这些国家就是"21世纪海上丝绸之路"沿途的主要国家。因此，六家鲁迅纪念馆要延续鲁迅与"一带一路"国家和地区的"文字之交"，继续推动鲁迅在世界的传播和研究，从而促进中国与世界各国特别是"一带一路"国家和地区的经济交流，最终实现增强国家"软实力"和中华文化国际影响力的战略目标。

4. 顺应博物馆界的潮流，构建"智慧鲁迅纪念馆"

目前六家鲁迅纪念馆的鲁迅基本陈列，除广州鲁迅纪念馆现在展出的鲁迅展览是2016年设计制作的之外，其余的都接近或超过10年了，如绍兴鲁迅纪念馆现在展出的鲁迅展览是在2004年设计制作的，北京鲁迅博物馆和厦门鲁迅纪念馆现在展出的鲁迅展览都是在2006年设计制作的，上海鲁迅纪念馆和南京鲁迅纪念馆现在展出的鲁迅展览分别是在2011年、2012年设计制作的，按照国内博物馆的基本陈列大致每隔10年就要重新设计一次的惯例，五家鲁迅纪念馆都面临着重新设计新的鲁迅基本陈列的问题。如何在当前的社会、政治、文化的背景下，面向广大观众，特别是青少年观众，设计出一个可以展示 10 年左右的新的鲁迅基本陈列？解决这个难题，可以借鉴"智慧博物馆"的理论，建构"智慧鲁迅纪念馆"。

信息技术专家陈刚在国内较早对"智慧博物馆"理论进行研究，并在 2013 年对"智慧博物馆"的概念进行阐释：

> 智慧博物馆是以数字博物馆为基础，充分利用物联网、云计算技术，构建的以全面透彻的感知、宽带泛在的互联、智能融合的应用为特征的新型博物馆形态。从技术角度来看，智慧博物馆可以表示如下：智慧博物馆=数字博物馆+物联网+云计算。①

此后，《中国博物馆》杂志在 2015 年第 2 期推出了"智慧博物馆"专栏，邀请政府主管官员和博物馆界学者共同探讨在国内博物馆中建设智慧博物馆的问题。国家文物局副局长宋新潮提出了"智慧博物馆"的建设途径：

> 狭义地说，智慧博物馆是基于博物馆核心业务需求的智能化系统；广义地说，智慧博物馆是基于一个或多个实体博物馆（博物馆群），甚至是在文物尺度、建筑尺度、遗址尺度、城市尺度和无限尺度等不同尺度范围内，搭建的一个完整的博物馆智能生态系统。智慧博物馆以多模态感知"数据"替代数字博物馆的集中式静态采集的"数字"，并以此为基础，建立更加全面、深入和泛在的互联互通，消除信息孤岛，使人与人、人与物、物与物之间形成系统化的协同工作方式，从而形成更为深入的智能化博物馆运作体系。智慧博物馆淡化了实体博物馆相互之间以及实体博物馆与数字博物馆之间的界限，形成了以不断创新的技术手段为支撑，线上线下相结合的新型博物馆发展模式。②

结合上述观点，六家鲁迅纪念馆可以协商共同构建"智慧鲁迅纪念馆"的问题，通过在线下建立实体鲁迅纪念馆和在线上建立网上鲁迅纪念馆、鲁迅文物及文献资料数据库的形式，建立统一规划、协同利用的"智慧鲁迅纪念馆"。

---

① 陈刚：《智慧博物馆——数字博物馆发展新趋势》，《中国博物馆》，2013 年第 4 期。
② 宋新潮：《关于智慧博物馆体系建设的思考》，《中国博物馆》，2015 年第 2 期。

建立"智慧鲁迅纪念馆"有如下优点：

首先，可以打破时空界限。如六家鲁迅纪念馆分别位于六个城市，各有特色，有机会参观六个鲁迅纪念馆的观众不多，而建立"智慧鲁迅纪念馆"之后，全世界的观众都可以通过网络欣赏鲁迅文物数据库中的藏品、参观网上鲁迅纪念馆。

其次，可以打破馆藏文物的使用界限。如"三大"鲁迅纪念馆拥有较多的藏品，"三小"鲁迅纪念馆的藏品较少，从而只能在展厅中使用一些文物的复制品进行展示；而"三大"鲁迅纪念馆也因为展览场地面积、空间的限制，只能展出不多的藏品，大量的鲁迅文物只能保存在文物库房之中，观众也无法欣赏到。如果把六家鲁迅纪念馆所有的鲁迅文物、文献资料、图片等藏品通过数字化技术建立全国乃至全世界鲁迅文物的数据库（目前日本、美国，以及中国台湾的一些图书馆、私人藏家还保存一些鲁迅手稿）和网上鲁迅展览厅，不仅到鲁迅纪念馆参观的观众在参观鲁迅展览时可以通过移动设备或多媒体设备进入鲁迅文物数据库欣赏藏品，而且全国乃至全世界的感兴趣的网民都可以通过网络进入鲁迅文物数据库欣赏藏品，进入网上鲁迅展览厅观看鲁迅展览。另外观众即使不到现场参观，也可以通过虚拟技术参观网上鲁迅展厅，产生身临其境的感受。

最后，可以促进六家鲁迅纪念馆的共同发展。六家鲁迅纪念馆位于六个城市，分别归属于不同的业务系统，各馆的规模和发展水平也有明显的差异，虽然上海鲁迅纪念馆、北京鲁迅博物馆（两馆均是国家首批一级博物馆）、绍兴鲁迅纪念馆（国家首批二级博物馆）、广州鲁迅纪念馆从 1993 年每年轮流举办一次全国鲁迅纪念馆馆际交流会（厦门鲁迅纪念馆、南京鲁迅纪念馆后来也加入），交流各馆本年度的业务工作，协商下一年度的业务工作，但是六家鲁迅纪念馆目前的业务合作实际上只是联谊性的，联合举办展览、举办研讨会、举办征文活动、交换文物复制品、互相代售文创产品等相关业务合作在数量上显得比较少。通过共同建立"智慧鲁迅纪念馆"，就可以把六家鲁迅纪念馆凝聚起来，形成一股合力，发挥出各馆的资源优势，互通有无，共同做好宣传鲁迅、普及鲁迅的工作，从而更好地发挥出六家鲁迅纪念馆所承担的使命和任务。

四、上海和北京两家鲁迅纪念馆业务工作对中国人物类纪念馆未来发展的启示

国家文物局在 2008 年评选出 83 家首批国家一级博物馆，2011 年，国家文物局委托中国博物馆协会对 82 家首批国家一级博物馆（其中军事博物馆因为闭馆扩建未参加这次评估）的运行情况进行评估，考虑到这82家博物馆在类型方面有明显的不同，所以划分为历史综合类博物馆、自然科技类博物馆、遗址类博物馆和纪念类博物馆进行分类评估。其中纪念类博物馆有26家，包含北京鲁迅博物馆、上海鲁迅纪念馆、孙中山故居纪念馆、韶山毛泽东同志纪念馆、刘少奇同志纪念馆、周恩来邓颖超纪念馆、邓小平故居陈列馆、大庆铁人王进喜纪念馆、成都杜甫草堂纪念馆、成都武侯祠纪念馆10家人物类纪念馆。北京鲁迅博物馆和上海鲁迅纪念馆的相关评估数据的排名见如下四个表格①：

表一：北京鲁迅博物馆和上海鲁迅纪念馆的相关评估数据在82家一级博物馆中的总分排名表

序号	博物馆名称	博物馆类型	博物馆级别	年份	总分排名	定性总分排名	定量总分排名
22	上海鲁迅纪念馆	纪念类	省级及上	2011	22	21	54
48	北京鲁迅博物馆	纪念类	中央级	2011	51	44	46
				平均值	45	47.8	38.9

表二：北京鲁迅博物馆和上海鲁迅纪念馆的各细分项目的评估数据在82家一级博物馆中的排名表

序号	馆名	藏品搜集	藏品保护	藏品保管	学术活动	代表性研究成果	基本陈列	临时展览	博物馆讲解	教育项目	公共关系	观众服务	博物馆网站	发展规划	制度建设	安全管理	人才培养
22	上海鲁迅纪念馆	15	73	3	22	8	16	15	23	15	34	74	25	10	47	14	64
48	北京鲁迅博物馆	45	80	1	20	33	36	45	41	45	79	57	25	2	7	21	13

---

① 陈克伦：《人物类博物馆陈列展览与社会教育工作的启示——以2011年一级博物馆运行评估为中心》，《中国博物馆》，2013年第3期。

续表

序号	馆名	藏品搜集	藏品保护	藏品保管	学术活动	代表性研究成果	基本陈列	临时展览	博物馆讲解	教育项目	公共关系	观众服务	博物馆网站	发展规划	制度建设	安全管理	人才培养
	平均值	40.4	60	21.5	51.8	45	43.4	54.6	35.1	53.7	41.7	40.3	28.9	36.4	33.3	34.8	39.2

表三：北京鲁迅博物馆和上海鲁迅纪念馆的各细分项目的评估数据在 26 家
纪念类博物馆中的排名表

序号	馆名	藏品搜集	藏品保护	藏品保管	学术活动	代表性研究成果	基本陈列	临时展览	博物馆讲解	教育项目	公共关系	观众服务	博物馆网站	发展规划	制度建设	安全管理	人才培养
2	上海鲁迅纪念馆	2	20	3	4	1	2	2	6	2	9	24	3	2	11	5	18
10	北京鲁迅博物馆	13	23	1	3	5	6	9	13	9	26	13	3	1	2	6	3

表四：北京鲁迅博物馆、上海鲁迅纪念馆等 10 家人
物类纪念馆的相关评估数据在 26 家纪念类博物馆中的排名表

序号	博物馆名称	定性总分排名	藏品管理排名	科学研究排名	陈列展览与社会教育排名	公共关系与服务排名	博物馆管理与发展建设排名
2	上海鲁迅纪念馆	1	7	1	1	12	7
10	北京鲁迅博物馆	8	21	3	7	22	2
	平均值	10.9	11.9	12.7	13.2	9.8	10

从上述 82 家首批国家一级博物馆的数据中可以看出，上海鲁迅纪念馆的总

分排名22，比较靠前，北京鲁迅博物馆的总分排名51，位于中后端。在82家首批国家一级博物馆各细分项目的评估中，上海鲁迅纪念馆有3项排名进入前10："藏品保管"排名3，"代表性研究成果"排名8，"发展规划"排名10；北京鲁迅博物馆有3项排名进入前10："藏品保管"排名1，"发展规划"排名2，"制度建设"排名7。这表明两家鲁迅纪念馆的"藏品保管"工作和"发展规划"工作都做得比较好，另外，上海鲁迅纪念馆在学术研究方面取得了丰硕的研究成果，排名比较靠前，而北京鲁迅博物馆在"制度建设"方面做得比较好。

另外，上海鲁迅纪念馆有2项排名进入后10："藏品保护"排名73，"观众服务"排名74；北京鲁迅博物馆有2项排名进入后10："藏品保护"排名80，"公共关系"排名79。这表明两家鲁迅纪念馆都需要继续加强"藏品保护"工作，确保收藏的鲁迅文物及重要的文献资料都能得到较好的保护。此外，上海鲁迅纪念馆也需要加强"观众服务"工作，为观众提供更好的服务，北京鲁迅博物馆需要加强"公共关系"工作，营造良好的社会关系网络。

在26家纪念类博物馆中，上海鲁迅纪念馆有10项排名进入前5："藏品搜集"排名2，"藏品保管"排名3，"学术活动"排名4，"代表性研究成果"排名1，"基本陈列"排名2，"临时展览"排名2，"教育项目"排名2，"博物馆网站"排名3，"发展规划"排名2，"安全管理"排名5；北京鲁迅博物馆有7项排名进入前5："藏品保管"排名1，"学术活动"排名3，"代表性研究成果"排名5，"博物馆网站"排名3，"发展规划"排名1，"制度建设"排名2，"人才培养"排名3。这表明两家鲁迅纪念馆的"藏品保管""学术活动""代表性研究成果""博物馆网站""发展规划"和"安全管理"等方面的工作在纪念类博物馆中做得比较好，另外，上海鲁迅纪念馆在"基本陈列""临时展览""教育项目"排名比较靠前，而北京鲁迅博物馆在"制度建设""人才培养"方面做得比较好。

另外，上海鲁迅纪念馆有1项排名进入后5："观众服务"排名24；北京鲁迅博物馆有2项排名进入后5："藏品保护"排名23，"公共关系"排名26。这表明两家鲁迅纪念馆都需要加强"藏品保护"工作，上海鲁迅纪念馆还要加强"观众服务"，北京鲁迅博物馆还要加强"公共关系"工作。

在10家人物类纪念类博物馆中，上海鲁迅纪念馆有2项排名进入前3："科学研究"排名1，"陈列展览与社会教育"排名1；北京鲁迅博物馆有2项排名进入前3："科学研究"排名3，"博物馆管理与发展建设"排名2。这表明两家鲁迅纪念馆的"科学研究"工作都做得比较好，另外，上海鲁迅纪念馆在"陈列展览与社会教育"工作方面的成就突出，排名第一，而北京鲁迅博物馆则在

"博物馆管理与发展建设"方面做得比较突出。

综上所述，不仅可以看出上海鲁迅纪念馆和北京鲁迅博物馆的各项业务工作在国内82家首批国家一级博物馆中总的排名情况，也可以看出两馆在国内82家首批国家一级博物馆中的26家"纪念类"博物馆中，以及在26家"纪念类"博物馆中的10家人物纪念类博物馆中的分类排名情况。总的来说，上海鲁迅纪念馆之所以在国内82家首批国家一级博物馆中取得较好的排名，与该馆的"藏品保管""代表性研究成果""发展规划""基本陈列""临时展览""教育项目""安全管理"这几项的得分较高有关，均排名在前16位；北京鲁迅博物馆在国内82家首批国家一级博物馆中总分排名在中后部，在"藏品搜集""代表性研究成果""基本陈列""临时展览""教育项目"等方面的排名在33~45位，接近总分的排名，只有"藏品保管""发展规划""制度建设""人才培养"这几项得分较高，均排名在前16位。需要指出的是，北京鲁迅博物馆不仅有行政级别，而且工作人员的规模、藏品数量等均超过上海鲁迅纪念馆，但是在国内82家首批国家一级博物馆运行情况的综合评估中，北京鲁迅博物馆的综合排名却落后上海鲁迅纪念馆26名，显示出北京鲁迅博物馆的业务工作水平在总体上明显低于上海鲁迅纪念馆。考虑到学术研究在评估方面占有较大的比重，在国内82家首批国家一级博物馆的"代表性研究成果"排名中，上海鲁迅纪念馆排名8，北京鲁迅博物馆排名33，前者高于后者25名，大致接近两者总分排名差距26名的情况，因此，在某种程度上可以说，一个人物类纪念馆的学术研究水平也决定了该馆的各项业务工作的总体水平。

总之，人物类纪念馆仅仅保管丰富的藏品（北京鲁迅博物馆和上海鲁迅纪念馆的"藏品保管"的得分在国内82家首批国家一级博物馆中分别排名第1和第3）是不符合当代博物馆的发展趋势的，在博物馆现行的公益性事业单位的体制下（人员编制和每年的业务经费都是固定的），需要调动全馆业务人员的积极性，以藏品为基础，加强对所纪念人物的全面研究，不仅要在学术研究方面取得重要的学术成果，而且要将研究成果转化到纪念馆的基本陈列、临时展览、社会教育、观众讲解之中，从而以学术研究带动纪念馆各项业务工作的发展，发挥出纪念馆的各项职能，更好地承担起纪念馆的使命和任务，为中华民族的伟大复兴做出重要的贡献。

五、增强文化自信，创建国内一流的人物类纪念馆

随着国际交流的日益增多，特别是国际博物馆协会第22届大会于2010年11月在上海举行，中国博物馆界开始思考中国著名的博物馆与世界著名的博物

馆之间的差异以及中国著名的博物馆如何发挥出国际影响力成为世界著名博物馆的问题。具体到国家文物局在 2008 年评出的首批国家一级博物馆中的 10 家人物类纪念馆，其中有 6 家是政治伟人纪念馆（5 家是革命领袖纪念馆，1 家是古代政治人物诸葛亮的纪念馆），3 家是文化名人纪念馆（2 家是鲁迅纪念馆，1 家是古代诗人杜甫的纪念馆），1 家是工人代表王进喜的纪念馆。这 10 家人物类纪念馆是中国一流的人物类纪念馆，其发展水平也代表了当代中国博物馆中人物类纪念馆的发展水平。中国创建世界一流人物类纪念馆的任务也应当由这 10 家人物类纪念馆来承担。但是，相对来说，上述 10 位人物不一定在世界范围内具有一定的知名度，如鲁迅在国外汉学界具有一定的知名度，但是王进喜可能就很少有外国人知道。因此，创建世界一流的人物类纪念馆还需要所纪念的人物在世界上具有一定的知名度。

关于世界一流博物馆，目前不仅没有一个可以量化的评估指标，甚至还没有一个明确的定义。有的学者认为世界一流博物馆具有如下特征："馆藏文物的独特性""基本陈列的经典性""学术研究的创新性""管理运营的科学性""社会受众的满意度"[①]。很显然，这位学者提出的世界一流博物馆所应当具有的上述特征具有模糊性，缺乏可操作性，也就是缺乏一个国际博物馆界公认的可以量化的评估指标。不过，按照这位学者的观点，北京鲁迅博物馆和上海鲁迅纪念馆已经具有世界一流博物馆的基本特征了。其中上海鲁迅纪念馆在 2011 年的国家首批 82 家一级博物馆的评估中取得较好的成绩：总分在 82 家一级博物馆中排名第 22，在国内 26 家纪念类博物馆中排名第 2，在国内 10 家人物类纪念馆中也排名第 2，可以说上海鲁迅纪念馆不仅是中国一流的人物类纪念馆，也已经具有世界一流人物类纪念馆的基本特征了。因为北京鲁迅博物馆在首批 82 家一级博物馆的评估中排名第 51，在 26 家纪念类博物馆和 10 家人物类纪念馆中排名均为第 10，所以北京鲁迅博物馆作为中国一流的人物类纪念馆，也基本具有世界一流人物类纪念馆的基本特征了。需要指出的是，上海鲁迅纪念馆和北京鲁迅博物馆作为首批国家一级博物馆，在中国博物馆协会组织的国家一级博物馆的运行情况评估中，虽然取得了较好的名次，但是，通过这次评估，也可以看出两馆在业务工作方面所存在的一些问题和不足，两馆在今后的发展中，需要注意克服业务工作方面存在的短板和不足，进一步提高各项业务工作的水平，

① 李斌：《试论世界一流博物馆的基本特征》，《回顾与展望——2005 年中国博物馆学会学术研讨会论文集》，中国博物馆学会编，北京：紫禁城出版社，2005 年版，第 341—349 页。

从而在今后的国家一级博物馆评估工作中取得更好的名次。相信上海鲁迅纪念馆和北京鲁迅博物馆在成为国内排名靠前的国家一级博物馆之后，也会在不久的将来成为世界一流的博物馆。

最后需要强调的是，鉴于国际博物馆界目前还没有关于世界一流博物馆的权威评价体系，而中国博物馆协会通过对国家一级博物馆的运行情况进行首次评估已经探索出一套符合中国国情的博物馆评价体系，而这个博物馆评价体系是结合中国国情制定的，所以更适合于评估中国博物馆的运行情况。在当前不断变化的国际形势下，中国的人物类纪念馆最好先不要高谈或空谈创建世界一流博物馆的事情，要有文化自信，坚守中国特色的社会主义制度下的人物类纪念馆的发展方向，承担起国家所赋予的各项使命和任务，注重立足中国大地，加强自身各项业务建设，按照国家一级博物馆的评价体系，把建设目标设定为国内一流的人物类纪念馆。而在建设成为国内一流的人物类纪念馆之后，那么建设成为世界一流的博物馆也就水到渠成了。

国内六家鲁迅纪念馆大事记

[按：本年表中涉及北京鲁迅博物馆、上海鲁迅纪念馆、绍兴鲁迅纪念馆的大事记，参阅了《北京鲁迅博物馆五十年》《六十纪程（1951—2011）》，《一木一石：绍兴鲁迅纪念馆建馆六十周年纪念集》。]

1950 年

2 月，许广平和周海婴将位于北京市西城区西三条 21 号的鲁迅故居及故居中鲁迅的遗物捐献给国家。

6 月，华东军政委员会文化部文物处开始筹建鲁迅纪念馆。

10 月中旬，许广平专程赴沪整理鲁迅的遗物时，负责筹备鲁迅纪念馆的唐弢向许广平提出建议："将鲁迅的家具、衣被等用品全部捐献给国家，留在上海；鲁迅手稿除《毁灭》译稿等留在上海，其余暂存北京图书馆；鲁迅收藏的版画、故居的案头原存放的工具书、鲁迅逝世消息报道以及纪念鲁迅的报刊等留在上海。"

1951 年

1 月 8 日，鲁迅故居及陈列室开始对外开放，免费参观。馆址设在大陆新村 10 号（包括大陆新村 9 号的鲁迅故居）。

6 月，绍兴专署文教科决定筹建绍兴鲁迅纪念馆，并指定由浙江省立鲁迅文化馆负责筹建工作，同时调来浙江省立一中教师方杰负责筹建绍兴鲁迅纪念馆。

1952 年

10 月 19 日，在厦门大学时任校长王亚南的支持下，中文系教师陈梦韶在厦门大学映雪楼中的一个房间建立了"鲁迅纪念室"。

12 月 20 日，华东军政委员会文化部正式将鲁迅纪念馆移交上海市文化事业管理局（简称上海市文化局）管辖，鲁迅纪念馆也由此更名为上海鲁迅纪念馆。

1953 年

1 月，绍兴鲁迅纪念馆正式建立。

1 月 4 日，绍兴鲁迅纪念馆在收到许广平寄来的《绍兴存件及付款簿》，并据此开始征集有关鲁迅的物品。

5月4日，绍兴鲁迅纪念馆为突出展示鲁迅幼年在绍兴时期的生活，对鲁迅展览进行修改，将鲁迅幼年部分扩充为在两个房间展出。

秋，厦门大学决定把鲁迅在集美楼上居住过的宿舍恢复原貌，作为新的"鲁迅纪念室"。陈梦韶邀请时任全国人大常委会副委员长郭沫若为"鲁迅纪念室"题写了室名。

11月2日，绍兴鲁迅纪念馆为满足观众要求，增加参观场所的开放时间，除鲁迅故居只限节假日和纪念日开放外，三味书屋及老台门全天开放，文物陈列室的鲁迅展览每星期开放七个半天。

1954年

4月14日，绍兴鲁迅纪念馆鉴于鲁迅生平事迹陈列室设在楼上，不方便观众参观，于是决定将鲁迅展览搬到原鲁迅文化馆的大礼堂内进行展示。

9月25日，绍兴鲁迅故居、百草园、三味书屋、陈列室全部开放。

本年，文化部开始筹建鲁迅博物馆。

1955年

11月19日，毛泽东主席题字"鲁迅先生之墓"手迹原件交给上海鲁迅纪念馆保存。

1956年

10月10日，上海鲁迅纪念馆在虹口公园新建了馆舍，并负责管理大陆新村9号鲁迅故居和鲁迅墓。

10月19日，上海鲁迅纪念馆新的鲁迅生平陈列于10月19日正式对外开放，原来设立在大陆新村10号的鲁迅展览由此撤销。

10月19日，北京鲁迅博物馆正式建成对外开放，包括鲁迅故居、鲁迅展览厅，隶属于文化部文物事业管理局。

10月19日，绍兴鲁迅纪念馆修改后的鲁迅生平陈列正式对外开放。

10月19日，厦门大学把鲁迅宿舍西边的房间改为"鲁迅文物陈列室"，陈梦韶邀请国家副主席宋庆龄为"鲁迅文物陈列室"题写了室名。

1957年

3月，绍兴市将绍兴鲁迅故居（含百草园、三味书屋）列为第一批市级重点文物保护单位。

9月25日至10月25日，绍兴鲁迅纪念馆利用馆藏的有关资料，举办了《阿Q正传》和《祝福》专题展览。

10月27日，上海鲁迅纪念馆为了纪念"十月革命"40周年，举办"鲁迅与苏联"专题展览。这也是上海鲁迅纪念馆首次举办专题展览。

11 月，中共广东省委和广东省人民政府决定在鲁迅曾经居住过的大钟楼建立广州鲁迅纪念馆，并把广州鲁迅纪念馆的筹备工作交给广东省博物馆。

1958 年

夏季，北京鲁迅博物馆响应文化部文物事业管理局的号召，制作了三套可以在街头悬挂的"鲁迅生平展览"，并派出工作人员一组赴东北的辽宁、吉林、黑龙江三省，一组赴山西、陕西、四川、湖北等省，一组赴京津地区进行巡回展出。

7 月，文化部将北京鲁迅博物馆下放给北京市文化局领导，不久北京市又将北京鲁迅博物馆下放给西城区领导。

1959 年

5 月，上海鲁迅故居被列为上海市文物保护单位。

7 月，北京鲁迅博物馆以内部资料的形式印刷了《鲁迅手迹和藏书目录》（三卷）。

10 月 1 日，广州鲁迅纪念馆与广东省博物馆一起作为广东省向新中国成立十周年献礼的重点工程正式开放。

10 月，绍兴鲁迅纪念馆结合庆祝中华人民共和国成立十周年的活动，举办了"鲁迅笔下的故乡变了样"专题展览。

本年，北京鲁迅博物馆积极与全国各省的博物馆联系，制作了 15 套中型的"鲁迅生平展览"的展板，分别寄送到河北、河南、山东、浙江、安徽、江西、陕西、山西、贵州、甘肃、广东、广西等 15 个省、自治区，由各地的博物馆负责在当地进行"鲁迅生平展览"巡回展出，此外，北京鲁迅博物馆也派工作人员携带"鲁迅生平展览"在京津地区继续巡回展出。

1960 年

10 月，北京鲁迅博物馆对"鲁迅生平展览"做了一些修改，并交给文物出版社出版《鲁迅生平事迹展览》的挂图，从而方便全国各地的学校、厂矿、农村等用挂图自行举办鲁迅生平展览。

1961 年

4 月 6 日，浙江省人民委员会公布绍兴鲁迅故居为全省重点文物保护单位。

9 月 23 日，上海鲁迅纪念馆发动本馆职工修改的鲁迅生平陈列正式对外开放。

本年，北京鲁迅博物馆对鲁迅生平陈列进行了修改 。

10 月，上海鲁迅纪念馆编辑的《鲁迅诗稿》由上海人民美术出版社出版，分线装本、普及本两种。

1962 年

12 月，《绍兴鲁迅纪念馆馆刊》以油印的形式出版，每期只印 100 份，在 1964 年 7 月印刷第 3 期后就停刊。

1963 年

10 月，为了纪念鲁迅诞生 80 周年暨中国新兴木刻运动 30 周年，北京鲁迅博物馆与上海鲁迅纪念馆从 1961 年开始联合编辑的《鲁迅收藏中国现代木刻选集》一书，由人民美术出版社出版。

1964 年

2 月 13 日，绍兴鲁迅纪念馆陆续举办了"'闰土'子孙的今昔"和"'祥林嫂'绝处逢生"等专题展览。

1965 年

本年，北京鲁迅博物馆对陈列进行修改，突出鲁迅"革命家"的形象。

1966 年

5 月 16 日，"文化大革命"爆发之后，陈梦韶被打倒，厦门大学"鲁迅纪念室"和"鲁迅文物陈列室"也遭到红卫兵的冲击，遗失了一些藏品。

6 月 30 日，文化部文物事业管理局副局长张恩起等人持公函通过北京市委宣传部和北京市文化局"文革"小组到鲁迅博物馆，将收藏在鲁迅博物馆中的鲁迅书信 1054 封（1524 页）和鲁迅亲笔修改过的《答徐懋庸并关于抗日民族统一战线问题》一文的手稿（15 页）调走，转移到文化部保存。

8 月 1 日，广州鲁迅纪念馆修改鲁迅生平陈列，制定了新的鲁迅生平陈列大纲。

1967 年

4 月 1 日，上海鲁迅纪念馆闭馆，直至 1975 年 12 月 17 日才重新开馆。

春季，北京鲁迅博物馆闭馆，直至 1974 年 9 月 24 日才重新对外开放。

1968 年

3 月 2 日，北京鲁迅博物馆的职工得知戚本禹在 1967 年春季从文化部取走上述鲁迅书信和文稿的消息，立即通知许广平，并联名上书中央"文革"小组，希望中央采取措施，保护这些鲁迅书信和文稿免遭破坏。许广平也在 3 月 2 日上书中央"文革"小组，希望追查这些鲁迅手稿的下落，并保护好这些鲁迅手稿。3 月 3 日，许广平受此事刺激突发心脏病，不幸逝世。在有关领导的指示下，北京卫戍区在 3 月 15 日派出部队战士到鲁迅博物馆守卫鲁迅文物库房。直到 1982 年 8 月，这些鲁迅书信手稿和文稿才由中央档案馆交还给北京鲁迅博物馆继续保存。

8月6日，绍兴鲁迅纪念馆闭馆，直到1974年1月23日才重新开馆。

本年，广州鲁迅纪念馆鲁迅生平陈列的部分内容也因为政治形势的不断变化而无法公开展出，不得不闭馆。

1969年

9月，驻上海鲁迅纪念馆的工宣队、军宣队为了"突出政治"的需要，对鲁迅故居的陈设进行了大量的改动。

1970年

6月，因为政治运动的需要，绍兴鲁迅纪念馆开始重新制作新的鲁迅生平展览，经过多次修改，终于在1974年1月23日重新对外开放。

1971年

7月10日，国务院图博口领导小组负责人王冶秋在北京鲁迅博物馆视察时指出：今年是鲁迅诞生90周年，准备搞展览，出版《鲁迅杂文选》《鲁迅书信选》等鲁迅著作。

1972年

7月，绍兴市拆除了纪念馆原来砖木结构的陈列厅（利用位于原周家新台门中"新磐庐"的大厅改建的），仿照杭州"红太阳"展览馆的建筑风格新建了钢筋混凝土结构的陈列厅。

1973年

5月，广州鲁迅纪念馆再次修改了鲁迅生平陈列，并对外开放。这次开放是按照广东省革委会在1972年年底的指示，为了教育广大工农兵群众，也为了给前来广州参加商品交易会的外宾提供一个可以参观的文化场所。

1974年

1月23日，绍兴鲁迅纪念馆制作的新的鲁迅生平展览正式对外开放。

9月24日，北京鲁迅博物馆制作的新的鲁迅生平陈列，通过预展的审查，正式对外开放。这个展览是在军代表的领导下，从1969年3月开始设计，经过多次的修改，最后按照工农兵代表的修改意见，制作完成的。

1975年

12月17日，经上级批准，上海鲁迅纪念馆重新对外开放。上海鲁迅纪念馆接受来馆参观的工、农、兵的意见，在1974年10月对鲁迅生平陈列的内容做了一些修改，在1975年12月17日对外开放。

1976年

1月1日，按照毛泽东主席的批示，北京鲁迅博物馆在1976年重新划归国家文物事业管理局管理。

1月，署名为广州鲁迅纪念馆、《鲁迅在广州》连环画创作组的《鲁迅在广州》（60开国画黑白版）由人民美术出版社，首印150万册，很快销售一空；同年9月，第二次印刷100万册（部分是60开国画棕色版）。同时，还出版了24开国画彩版，首次印刷7.25万册。

2月27日，李何林到任，担任北京鲁迅博物馆馆长并兼任鲁迅研究室主任。

5月，鲁迅研究室成立了《鲁迅研究资料》编辑部，10月，《鲁迅研究资料》第一辑由文物出版社出版，内部发行。

10月19日，厦门鲁迅纪念馆正式建成并对外开放。厦门大学为纪念鲁迅逝世40周年暨来厦门大学执教50周年，决定把"鲁迅纪念室"扩建为鲁迅纪念馆，并把集美楼上二层的六个房间都交给厦门鲁迅纪念馆使用。

10月19日，《中华人民共和国鲁迅展》在仙台博物馆开幕，此后在东京、京都、名古屋、神户、广岛等地继续展出，为时四个月。展品在1977年2月运回上海。上海市革委会的领导、周海婴及上海鲁迅纪念馆，北京鲁迅博物馆、绍兴鲁迅纪念馆的代表共7人组成的鲁迅展览代表团赴日。

10月19日，绍兴市举行了由各界代表2000多人参加的纪念鲁迅逝世40周年的大会，修改后的鲁迅生平事迹陈列经过各级领导审查后也同时对外开放。

1977年

2月11日，《鲁迅手稿全集》编辑委员会召开了编辑会议，确定了《鲁迅手稿全集》的编辑体例，决定出版书信两函、日记两函、文稿两函，其中文稿部分参照鲁迅自编的文集的顺序编排。《鲁迅手稿全集·书信卷》两函在1979年12月由文物出版社出版，《鲁迅手稿全集·日记卷》两函在1981年2月由文物出版社出版，《鲁迅手稿全集·文稿卷》两函在1986年10月由文物出版社出版。原计划中的鲁迅翻译手稿、辑录古籍的手稿因为文物出版社的经济压力较大，最后没有整理出版。

1978年

2月，上海鲁迅纪念馆开始闭馆修改鲁迅生平陈列。

10月1日，作为纪念中华人民共和国成立29周年的活动之一，北京鲁迅博物馆和中国出国展览公司联合制作的"鲁迅——中国最伟大的文学家"展览在瑞典国家艺术博物馆开幕，国家文物事业管理局局长王冶秋、北京鲁迅博物馆馆长李何林、鲁迅之子周海婴组成的中国代表团参加了展览的开幕式。

11月7日，上海鲁迅纪念馆清除了鲁迅生平陈列中存在的极"左"政治错误，重新开放。

1979 年

1 月，上海市文化局批准上海鲁迅纪念馆创办馆刊《纪念与研究》（内部发行）。第一辑在 1979 年下半年印出。

4 月 23 日，"鲁迅——中国现代最伟大的文学家"展览，由中国驻瑞典大使馆负责转运到挪威，在奥斯陆的蒙克博物馆展出，展期一个月。

8 月 21 日，鲁迅故居被北京市人民政府评定为"北京市重点文物保护单位"。

10 月 1 日，绍兴鲁迅纪念馆新修改的鲁迅生平陈列正式对外开放。

本年，北京鲁迅博物馆闭馆，开始扩建研究楼、办公楼等场所，并将鲁迅故居纳入北京鲁迅博物馆院内。

1980 年

年初，在挪威的"鲁迅——中国现代最伟大的文学家"展览又转运到联邦德国的各大城市巡回展出。1981 年 6 月 29 日，展览的全部展品安全运回北京鲁迅博物馆。

1 月，绍兴鲁迅纪念馆开始修改鲁迅生平陈列。

1 月，北京鲁迅博物馆开始筹备新的鲁迅生平陈列。

4 月 5 日，鲁迅研究室编辑的《鲁迅研究动态》（内部发行）第 1 期出版。

5 月，广州鲁迅纪念馆修改了鲁迅生平陈列，并对外开放。

6 月 15 日，上海鲁迅纪念馆举办"鲁迅与瞿秋白革命友谊文献展览"。

1981 年

4 月 12 日，上海鲁迅纪念馆闭馆，开始重新制作新的鲁迅生平陈列。

7 月，上海鲁迅纪念馆联合上海人民美术出版社用宣纸影印鲁迅编印的 10 种美术画册的初版本，包括《艺苑朝华》（五辑）、《梅斐尔德木刻士敏土之图》《引玉集》《木刻纪程》《凯绥·珂勒惠支版画选集》和《〈死魂灵〉一百图》。同年 9 月，上海人民美术出版社为方便普通读者欣赏鲁迅编印的美术画册，将这套书易名为《鲁迅编印画集辑存》（1~4）出版了平装本。

9 月 19 日，绍兴鲁迅纪念馆从 1980 年 1 月开始重新设计的鲁迅生平展览通过领导审查后提前对外开放。

9 月 19 日，北京鲁迅博物馆在完成扩建工程后重新对外开放，同日，鲁迅生平陈列也对外开放。

9 月 19 日，由鲁迅诞辰 100 周年纪念委员会、北京图书馆、国家出版局版本图书馆、文物出版社和北京鲁迅博物馆联合举办的"鲁迅著作版本展览"在北京鲁迅博物馆的报告厅正式展出。

9月，李何林主编的《鲁迅年谱》第一卷由人民文学出版社出版，到1984年9月，全部四卷出齐。这是国内外第一套大型的鲁迅年谱。

1982年

3月4日，绍兴鲁迅纪念馆决定所有开放场所实行天天对外开放，中午也不闭馆，这一制度一直坚持到现在。

本年，时任北京鲁迅博物馆馆长的李何林被北京师范大学聘为中国现当代文学博士生导师，先后招收了8位博士和硕士研究生，其中的王富仁、金宏达等人还撰写了鲁迅研究方面的博士学位论文。此后，时任北京鲁迅博物馆馆长的王士菁也被北京师范大学聘为中国现当代文学博士生导师，先后招收了几位博士和硕士研究生。

1983年

7月，绍兴鲁迅纪念馆与绍兴市鲁迅研究会合编的内部刊物《绍兴鲁迅研究》第1期出版，基本上每年出版一期，每期大约10万字。2005年，《绍兴鲁迅研究》（内部刊物）在出版第26期之后停刊。

1984年

3月，唐弢等6位全国政协委员在全国政协六届二次会议上提出将鲁迅生前编就和整理的辑录古籍与所搜集的汉画像拓片等编辑出版的提案。北京鲁迅博物馆与上海鲁迅纪念馆负责落实这项政协提案，从1985年到1993年联合编辑出版了《鲁迅辑校石刻手稿》（三函十八册）。

1985年

1月11日，上海鲁迅纪念馆举办"鲁迅与内山完造友谊文献展览"。

5月，《鲁迅研究动态》（内部发行）改为月刊，定期出版。

1986年

3月，北京鲁迅博物馆举行了纪念鲁迅研究室成立十周年的学术座谈会，林默涵、戈宝权、唐弢、林辰、周海婴、李何林、王士菁，鲁迅研究室的研究人员，以及曾经在鲁迅研究室工作或进修的研究人员参加会议。

4月21日，上海鲁迅纪念馆决定在1986年闭馆修改鲁迅生平陈列。

9月8日至12日，厦门大学为了纪念鲁迅逝世50周年暨来厦门大学任教60周年，举办了"鲁迅与中外文化"学术研讨会。

9月20日，绍兴鲁迅纪念馆重新修改的鲁迅生平事迹陈列对外开放。

10月14日，上海鲁迅纪念馆联合上海市文联、中国作协上海分会、上海市社科界联合会、上海市社科院文学研究所等机构，举办了上海市纪念鲁迅逝世50周年大会。

10月29日，上海鲁迅纪念馆与东京内山书店联合举办了纪念鲁迅逝世50周年演讲会，由东京内山书店社长内山篱邀请的竹内实、丸山昇、伊藤虎丸、木山英雄等4位日本著名的鲁迅研究学者分别做了演讲。

10月19日，北京鲁迅博物馆在对鲁迅故居进行修缮之后重新对外开放鲁迅故居，同时对外开放了"鲁迅文物珍品展览"。

10月，广州鲁迅纪念馆再次修改了鲁迅生平展览，并对外开放。

1987年

1月7日，北京鲁迅博物馆因筹建新的陈列厅而停止对外开放鲁迅展览（鲁迅故居正常开放），直至1996年10月16日重新对外开放。北京鲁迅博物馆陈列部决定重新制作一个"鲁迅生平展览"到全国各地巡回展出，从1987年9月在新疆乌鲁木齐展出开始，至2000年以前，先后到过青海省西宁市、甘肃省兰州市和天水市、贵州省贵阳市、广东省深圳市、湖南省长沙市、广西壮族自治区南宁市和梧州市、湖北省武昌市、广东省佛山市、内蒙古自治区呼和浩特市、宁夏回族自治区银川市、陕西省西安市、河南省郑州市和开封市、云南省昆明市，在每个城市的展览时间短则一个月，长则半年，极大地促进了鲁迅在全国各地特别是边疆省份的传播。

5月，《鲁迅研究动态》获得国家新闻出版署的批准，成为国内外公开发行的正式刊物。

10月8日，上海鲁迅纪念馆联合上海市文联、上海市社科界联合会等21个机构，共同举办了"鲁迅抵沪定居60周年纪念会暨学术讨论会"，包括一个由中央和上海市领导参加的纪念座谈会，一个有100多位上海学者参加的学术研讨会，一个"馆藏文物珍品展"。

1988年

1月，国务院公布绍兴鲁迅故居（含三味书屋、周家老台门）为第三批全国重点文物保护单位。

9月25日至10月14日，上海鲁迅纪念馆举办"许广平与鲁迅文献展览"。

9月，《上海鲁迅研究》第一期由上海学林出版社出版发行。上海鲁迅纪念馆在1988年决定将《纪念与研究》改名为《上海鲁迅研究》，每年出版一期。

1989年

2月28日，绍兴鲁迅纪念馆与绍兴市文管处、绍兴市文物公司共同在新修缮的周家老台门建立了绍兴民俗博物馆。1999年8月6日，周家老台门划归绍兴鲁迅纪念馆管理，从而与鲁迅故居、百草园、三味书屋等景点实行一体化管理，方便了观众参观。

7月，上海鲁迅纪念馆编辑的《鲁迅与书籍装帧》一书在1989年在莱比锡国际图书展上获得荣誉奖。

10月15日，北京鲁迅博物馆与北京计算机三厂联合研制的"《鲁迅全集》微机检索系统"通过专家组验收。这也是首次建立《鲁迅全集》的检索系统，先后获得了北京市科学技术协会颁发的"1988—1989年北京地区优秀软件二等奖"，国家文物局颁发的"1990年文物科学技术进步奖"三等奖。

1990年

1月，《鲁迅研究动态》更名为《鲁迅研究月刊》，所设的栏目也基本稳定下来。

1991年

4月，上海鲁迅纪念馆为了纪念鲁迅诞辰110周年，再次闭馆修改了鲁迅生平陈列。

6月，上海鲁迅纪念馆与上海文艺出版社联合影印出版了《呐喊》《彷徨》《故事新编》《野草》《朝花夕拾》五种鲁迅著作的初版本，受到了鲁迅研究者和一些读者的欢迎。此后，上海文艺出版社又在1992年陆续影印出版了《且介亭杂文》等，最后一共出版了25种鲁迅著作的初版本。

9月17日，绍兴鲁迅纪念馆重新设计制作的鲁迅生平事迹展览重新对外开放。

10月，上海鲁迅纪念馆为了纪念鲁迅诞生110周年暨中国新兴木刻运动60周年，联合江苏古籍出版社出版了《版画纪程——鲁迅藏中国现代木刻全集》。该书在1992年12月荣获第六届中国图书奖一等奖。

9月24日，北京鲁迅博物馆赴仙台举办"鲁迅与日本"文物展。

本年，广州鲁迅纪念馆按照上级机关的要求，在钟楼大礼堂恢复了国民党一大的会议场景，并在大礼堂左侧的附属建筑内设立了"国民党一大展览"。

1992年

1月，北京鲁迅博物馆赴印度新德里举办了"鲁迅生平著作展"。

3月，北京鲁迅博物馆获得全国哲学与社会科学研究重点课题"鲁迅藏书研究"。

4月28日，北京鲁迅博物馆被北京市人民政府命名为"北京市青少年教育基地"。

9月1日至11月3日，上海鲁迅纪念馆为纪念中日邦交正常化20周年，举办"鲁迅与日本文物史料展"。

1993 年

本年，上海鲁迅纪念馆结合在 1991 年新修订的鲁迅生平陈列，制作了"鲁迅生平"流动展览，在上海各区县博物馆及复旦大学、华东师范大学等高校，宝山少年宫，金山石化总厂等单位流动展出，获得了较好的反响。

10 月 24 日，全国鲁迅纪念馆首次馆际交流会在上海鲁迅纪念馆举行，此后每年由各馆轮流举办。

本年，北京鲁迅博物馆被北京市西城区人民政府命名为西城区青少年"两史一情"（中国近代史、中国革命史和国情）教育基地。

1994 年

4 月 10 日—5 月 15 日，上海鲁迅纪念馆在日本町田市国际版画美术馆举行"鲁迅与木刻版画展"。5 月 21 日—6 月 26 日，"鲁迅与木刻版画展"在山梨县美术馆继续展览。

9 月 6 日，绍兴鲁迅纪念馆开始实行系列文库工程，设立专门的房间作为"潘渊文库"来收藏潘渊家属捐赠的藏品。此后，又在 1996 年建立了"马蹄疾文库"，在 1997 年建立了"刘岘文库"和"许钦文文库"，在 1999 年建立了"孙席珍文库"，在 2007 年 4 月 11 日设立了"话说鲁迅先生——赵延年'鲁迅文学作品插图展'"陈列馆。

本年，绍兴鲁迅纪念馆在 1994 年被国家文物局评为"全国优秀社会教育基地"。

1995 年

2 月，绍兴鲁迅纪念馆被评为浙江省爱国主义教育基地。2 月 21 日，绍兴鲁迅纪念馆举行德育教育基地建设工作会议，研讨如何加强德育教育工作。

1996 年

10 月 4 日—13 日，上海鲁迅纪念馆与上海电视台、虹口区文化局、中国鲁迅研究会联合举办了北京、上海、绍兴三地鲁迅中学学生参赛的京沪浙中学生学习鲁迅知识竞赛。

10 月 16 日，北京鲁迅博物馆扩建之后正式对外开放，新设计制作的鲁迅生平陈列也同时对外展出。

10 月 20 日—21 日，为纪念鲁迅逝世 60 周年，上海鲁迅纪念馆与中国鲁迅研究会联合举办了全国鲁迅研讨会，会议的主题是"民族魂——世纪之交的鲁迅"，来自全国 20 多个省、市的 120 多位鲁迅研究学者参加会议。

10 月，广州鲁迅纪念馆再次对鲁迅生平展览进行了修改，并对外开放。

10 月，绍兴鲁迅纪念馆再次修改鲁迅生平陈列，并对外开放。

本年，绍兴鲁迅纪念馆被国家教委、民政部、文化部、国家文物局、共青团中央、解放军总政治部六部委授予"全国中小学爱国主义教育基地"，同年也被浙江省文物局授予"浙江省文明示范博物馆"。

1997 年

6 月，绍兴鲁迅纪念馆被中央宣传部授予"全国百个爱国主义教育示范基地"。

本年，北京鲁迅博物馆被北京市人民政府命名为"北京市爱国主义教育基地"。

本年，上海鲁迅纪念馆因业务发展的需要，开始对原来的馆舍进行改扩建，并于 1999 年 10 月 19 日建成新的馆舍。

1998 年

本年，上海鲁迅纪念馆利用闭馆改扩建馆舍的时间，制作了"鲁迅生平"专题展览，不仅到上海的各大中学校、各区县的博物馆进行展览，还走出上海到浙江、江苏等外省市展出。

1999 年

3 月 20 日，北京鲁迅博物馆被评为"北京市青少年教育先进单位"。

6 月 5 日，绍兴鲁迅纪念馆从绍兴市文化局划归绍兴市文化旅游投资发展有限公司管辖。

9 月 25 日，上海鲁迅纪念馆举行新馆落成典礼，同日，新的鲁迅生平陈列也在新建的展览厅中正式对外开放。

本年，上海鲁迅纪念馆改扩建之后，设立了"朝华文库"，陆续建立了 24 位鲁迅友人以及著名木刻家、鲁迅研究专家的 23 个个人专库。

10 月 8 日—29 日，上海鲁迅纪念馆与上海东方电视台联合制作了文献专题片《民族魂》在上海东方电视台第一频道播出。该片在 2000 年 8 月获得了上海市第七届哲学社会科学优秀成果三等奖。

2000 年

6 月，北京鲁迅博物馆荣获"1999 年中央国家机关文明单位"称号。

7 月 10 日—9 月 30 日，上海鲁迅纪念馆与日本藤野严九郎纪念馆合办的"藤野先生纪念展"在上海鲁迅纪念馆开幕。此后展览又到绍兴鲁迅纪念馆和苏州革命博物馆巡回展出。

10 月 1 日，绍兴鲁迅纪念馆再次对鲁迅生平陈列做了修改，并在鲁迅故居附属建筑新增加了"周家三兄弟"和"周氏房族兴衰"两个专题陈列。

本年，上海鲁迅纪念馆结合中小学语文课本中的鲁迅作品，面向中小学生制作"中学课文鲁迅作品辅导展"。

本年，鲁迅研究室的研究人员对《鲁迅年谱》进行修订，出版了《鲁迅年谱》（增订本）。

本年，宋庆龄故居、北京鲁迅博物馆、郭沫若纪念馆、老舍纪念馆、梅兰芳纪念馆等6家名人故居在郭沫若纪念馆举行会议，决定发起组建北京名人故居联盟。

2001 年

1月8日—11日，上海鲁迅纪念馆为纪念建馆 50 周年，联合《中国文物报》举办了"全国人物类博物馆、纪念馆现状与发展前瞻学术研讨会。

4月4日，北京鲁迅博物馆被北京市委宣传部评为"北京市 1999—2000 年度优秀爱国主义教育基地"。

5月24日，北京鲁迅博物馆被评为"中央国家机关思想教育基地"。

9月，《鲁迅研究月刊》改为彩色封面并扩版。

9月19日，为纪念鲁迅诞辰 120 周年，中国作协、中国现代文学馆、北京鲁迅博物馆联合在中国现代文学馆举行纪念座谈会，首都文学界的 200 多人出席。

本年，上海鲁迅纪念馆被中宣部命名为"全国爱国主义教育示范基地"。

2002 年

5月17日，北京名人故居联盟结合 5月 18 日的国际博物馆日，在宋庆龄故居举行了"世纪名人万里行"展览开幕式，由此拉开了北京名人故居联盟在国内巡回展览的序幕。

本年，绍兴市对鲁迅故里历史街区进行统一规划建设，拆除了原来位于周家新台门的绍兴鲁迅纪念馆，并在原来绍兴鲁迅图书馆的旧址新建了一座具有绍兴水乡建筑风格的新的绍兴鲁迅纪念馆。

2003 年

2月24日，绍兴鲁迅纪念馆停止开放陈列大厅，开始了拆除陈列大厅的工作。

7月18日，北京鲁迅博物馆时任副馆长孙毅面向青年学生设计的"鲁迅的读书生活"展览，在国家图书馆举行了全国巡回展览的开幕式，此后在北京各大高校及全国各地巡回展出，在 2004 年还分别赴香港、澳门地区展出，此后还赴韩国、新加坡、日本等国展出。

9月25日，绍兴鲁迅纪念馆为庆祝建馆 50 周年暨新馆开放，举办了"鲁迅纪念馆建馆 50 周年回顾展"和"鲁迅故里摄影展"。

10 月 19 日，新建的绍兴鲁迅纪念馆正式建成。

2004 年

1 月 10 日，上海鲁迅纪念馆对团体参观的学生实行免费开放。

3 月 5 日—14 日，上海鲁迅纪念馆与日本福井县"鲁迅展"实行委员会联合在福井县国际交流会馆举办"鲁迅纪念展——中国文豪，友好使者"展览。

4 月 28 日，绍兴鲁迅纪念馆新馆开始试运营，新的鲁迅生平陈列也由此对外开放。

6 月，北京鲁迅博物馆实行免费对外开放。

6 月 9 日，北京名人故居联盟策划制作的"中华世纪名人展览"代表团赴新加坡、马来西亚举办展览，此后陆续赴韩国、日本、巴基斯坦、土耳其、肯尼亚、埃及、加拿大、澳大利亚等国巡回展出，较大地促进了包括鲁迅在内的中华名人在世界各国的传播。

9 月 25 日—10 月 24 日，上海鲁迅纪念馆为纪念鲁迅赴日本仙台医专留学100 周年，联合日本仙台的有关机构举办了"鲁迅·仙台 1904—2004"展览。

11 月 13 日—12 月 12 日，上海鲁迅纪念馆与上海市学联、上海电影家协会，虹口区学联联合在"树人堂"报告厅举行"2004 年上海市中学生课本剧比赛"，来自全市 42 所中学的学生参加。此后又陆续组织了几次面向全市中学生的鲁迅课本剧比赛。

2005 年

3 月 27 日，北京鲁迅博物馆与北京日报报业集团同心出版社联合在北京鲁迅博物馆多功能厅举办了"在鲁迅身边听讲座"的系列活动。到 2006 年 5 月 28日，一共举办了 29 场讲座。

10 月 13 日，北京鲁迅博物馆被北京市爱国主义教育基地领导小组评为"2001—2004 年北京市爱国主义教育基地先进工作单位"。

11 月 14 日—21 日，北京鲁迅博物馆应邀赴韩国首尔中国文化中心举办"鲁迅的读书生活"展览，中国驻韩国大使馆文化参赞出席展览开幕式并致辞。这次展览还与韩国学者合作特别设立了鲁迅在韩国的传播与研究的展板。

本年，上海鲁迅纪念馆决定将每年出版一期的《上海鲁迅研究》，改为每年出版四期。

2006 年

4 月 3 日—6 日，厦门大学举办了"鲁迅纪念馆重修开馆仪式暨鲁迅国际学术研讨会"。同时，厦门鲁迅纪念馆邀请上海鲁迅纪念馆负责设计新的鲁迅生平展览并对外开放。

4月27日，南京鲁迅纪念馆正式成立。

5月25日，国务院公布北京鲁迅故居为国家第六批重点文物保护单位。

9月25日，绍兴鲁迅纪念馆为纪念鲁迅诞辰125周年，隆重举办了"纪念鲁迅诞辰125周年——文学巨匠故里（纪念馆）论坛"。

10月17日，北京鲁迅博物馆与中国现代文学研究会、绍兴市人民政府联合主办的"鲁迅：跨文化对话"国际学术研讨会在绍兴市举行，上海鲁迅纪念馆、绍兴鲁迅纪念馆、绍兴文理学院作为协办单位也参与了这次会议的筹办工作。

10月19日，上海鲁迅纪念馆为纪念鲁迅逝世70周年，与有关机构合作举办了"我读鲁迅"全国中学生征文大赛，并在"树人堂"报告厅举办了"'我读鲁迅'全国中学生征文大赛颁奖大会"和"'鲁迅活着'诗文朗诵会"。

10月，《绍兴鲁迅研究》改版，并由上海文艺出版社以"以书代刊"的形式正式出版。

本年，为了纪念鲁迅与藤野先生在仙台"惜别"100周年，北京鲁迅博物馆与藤野先生的故乡日本福井县芦原市政府商定将鲁迅铜像和藤野先生的铜像互赠对方，并分别将一尊鲁迅铜像和一尊藤野先生铜像赠送给鲁迅留学过的日本东北大学。

2007年

9月25日，北京鲁迅博物馆举行了藤野先生铜像的揭幕典礼，中日两国的100多位代表参加了仪式。

10月19日，为纪念鲁迅定居上海80周年，上海鲁迅纪念馆与上海市文联、上海市作协等机构联合举行了"纪念鲁迅定居上海80周年大会暨学术研讨会"。

本年，因为大钟楼维修，广州鲁迅纪念馆闭馆。

2008年

3月10日，上海鲁迅纪念馆正式实行免费对外开放。

4月，北京鲁迅博物馆在清明节策划了"鲁迅纪念周"活动，组织观众向鲁迅献花。

6月1日，绍兴鲁迅纪念馆正式实行免费对外开放。近年来每年参观的观众都在200万人左右。

10月，北京鲁迅博物馆编辑的《鲁迅译文全集》由福建教育出版社出版。该书在2011年获得中国政府出版奖提名奖。

本年，上海鲁迅纪念馆和北京鲁迅博物馆被国家文物局评为首批国家一级博物馆。

2009 年

6 月 15 日，绍兴鲁迅纪念馆被国家文物局评为国家二级博物馆。

9 月 5 日，北京鲁迅博物馆与北京新文化运动纪念馆联合在新加坡国家图书馆举办了"新潮澎湃，英杰辈出"——纪念五四新文化运动 90 周年的展览。

9 月 24 日—26 日，厦门大学联合日本东北大学、北京鲁迅博物馆在厦门大学举办了"中、日视野下的鲁迅"国际学术讨论会。

10 月 10 日，中国文化部与中国驻尼泊尔大使馆联合在尼泊尔首都加德满都举办"中国文化节"，北京鲁迅博物馆举办了"鲁迅生平展览"。

10 月 17 日—2010 年 2 月，中国文化部、比利时欧罗巴艺术节组委会联合主办、中国美术馆承办的"怒吼吧，中国——鲁迅与中国先锋派艺术展"在比利时根特美术馆开幕，这次展览由中国美术馆、比利时根特美术馆、北京鲁迅博物馆、上海鲁迅纪念馆共同承办。

10 月 19 日，北京鲁迅博物馆为了展示鲁迅在艺术方面的成就，在多功能厅展出了"鲁迅的艺术世界"展览。此后，又到全国各地巡回展览。

2010 年

本年，绍兴鲁迅纪念馆充分发挥拥有鲁迅故居、百草园、三味书屋、鲁迅笔下风情园等著名旅游景点的优势，结合中小学生修学游，策划了"鲁迅故里——三味书屋修学游"的参观路线，成为绍兴鲁迅纪念馆社会教育的知名品牌活动。

2011 年

1 月 8 日—9 日，由中国博物馆学会、上海市文化广播影视管理局、上海市文物局指导，上海鲁迅纪念馆等单位联合举办了"新中国人物博物馆 60 周年学术研讨会"。

9 月 25 日，上海鲁迅纪念馆新修改的鲁迅生平陈列正式对外开放。

10 月，北京鲁迅博物馆为纪念鲁迅诞生 110 周年暨中国新兴版画运动 80 周年，在多功能厅举办了"鲁迅的版画世界"展览。

2012 年

3 月，北京鲁迅博物馆决定深化纪念鲁迅的活动，将"鲁迅纪念周"扩大为"鲁迅纪念月"，在每年的 3 月 5 日到 4 月 5 日，举行纪念鲁迅的系列活动。

5 月 10 日，为庆祝中国与希腊建交 40 周年，绍兴鲁迅纪念馆在绍兴咸亨酒店举行与希腊卡赞扎斯基博物馆缔结友好博物馆的仪式，共同推动中、希文化交流。

6 月，上海鲁迅纪念馆馆长王锡荣联合上海交通大学、复旦大学、华东师范大学等机构成功申请了 2012 年度国家社科基金重大项目"《鲁迅手稿全集》文献整理与研究"（B 卷）。同时，北京鲁迅博物馆也联合北京大学、中国社会科学院文学研究所等机构获得了 2012 年度国家社科基金重大项目"《鲁迅手稿全集》文献整理与研究"（A 卷）的研究项目。

11 月 15 日—22 日，北京鲁迅博物馆赴印度参加"印度鲁迅文化周"，举办了"鲁迅生平"展览和鲁迅著作改编的电影招待晚会。

本年，南京鲁迅纪念馆在重修扩建后，对原来的展览内容进行修改补充，并结合建设江苏省的"走进鲁迅"课程基地的需要，增设了"鲁迅图书阅览室"等学生活动的空间。

本年，由兼任南京鲁迅纪念馆馆长的倪峰老师作为课程基地的负责人，并以南京鲁迅纪念馆作为课程基地的硬件设施，成功申报了江苏省的"走进鲁迅"课程基地。

本年，广州鲁迅纪念馆脱离广东省博物馆单独建制，成为独立的法人机构。

2013 年

1 月，绍兴市文化旅游投资发展有限公司决定鲁迅故里景区与沈园景区进行一体化运营，由绍兴鲁迅纪念馆管理沈园。

5 月 17 日，上海鲁迅纪念馆主办了"鲁迅在台港澳地区的接受与传播"学术研讨会。

5 月 28 日，绍兴鲁迅纪念馆与丹麦王国欧登塞市安徒生纪念馆签订友好博物馆协议书。

5 月，北京鲁迅博物馆牵头组织了北京名人故居联盟 2013 年的主题活动，策划了"20 世纪文化名人的中国梦"展览，开始在全国各地巡回展览。此外，还结合北京市西城区的爱国主义教育月活动，策划了"访文化名人 看传统老宅 赏古树名木——走进北京八家名人故居"展览，在北京 8 家名人故居中巡回展出。

10 月 2 日，北京鲁迅博物馆应马来西亚创价学会的邀请，在马来西亚吉隆坡举办了"鲁迅生平展览"。

10 月 12 日—20 日，"鲁迅—和光：中日儿童版画展"在日本东京举行。这次展览由日本东京学校法人和光学园（简称：和光学园）、上海市人民对外友好协会、上海鲁迅纪念馆和北京鲁迅博物馆联合举办。

12 月 6 日，北京鲁迅博物馆应尼泊尔德夫科塔—鲁迅学会的邀请在尼泊尔学院举办了"鲁迅生平与创作展览"。

本年，绍兴鲁迅纪念馆对"鲁迅故里——三味书屋修学游"进行升级优化，面向青少年学生策划了"走近鲁迅"主题教育活动。该教育活动在 2016 年获得浙江省"首届博物馆十佳青少年教育项目"（2015 年度）。

本年，北京鲁迅博物馆策划了"现代作家经典品读系列"教育活动，包括"三味书屋读鲁迅""中小学鲁迅作品双师教学课"等活动。

2014 年

6 月 14 日—18 日，上海鲁迅纪念馆与法国巴黎阿波琳中学为纪念中法建交 50 周年，合作举办了"重返与再现——鲁迅 1934 年组织的中国新兴版画重返巴黎回顾展"。

7 月 11 日，北京鲁迅博物馆与北京新文化运动纪念馆合并，新的单位名称是北京鲁迅博物馆（北京新文化运动纪念馆）。

8 月，上海鲁迅纪念馆作为上海市"完善博物馆青少年教育工作"的试点单位，结合上海市制定的 2014 年未成年人暑期工作的主题"体验文化之旅 畅享快乐暑期"，设计了"我是未来文艺家"青少年暑期活动项目，组织青少年到上海鲁迅纪念馆进行以鲁迅为主题的多种形式的教育活动。这个教育活动成为上海鲁迅纪念馆的社会教育活动品牌。

10 月 15 日，鲁迅文化基金会为庆祝中法建交 50 周年，在绍兴举行了"鲁迅与雨果对话"的系列活动，包括以雨果与鲁迅为中心的学术对话会，以及绍兴鲁迅纪念馆与法国滨海塞纳省雨果博物馆的业务交流。

本年，北京鲁迅博物馆退休的研究员李允经与湖南美术出版社总编李小山合作主编了《鲁迅藏外国版画全集》，由湖南美术出版社出版。

本年，北京鲁迅博物馆与浙江越生文化创意公司合作，将北京鲁迅博物馆保存的鲁迅收藏的金石拓片以《鲁迅藏拓本全集》为名全部影印出版，该书已经出版了"汉画像卷"（西泠印社出版社，2014 年出版）、"砖文卷"（西泠印社出版社，2015 年出版）、"瓦当卷"（西泠印社出版社，2016 年出版），后续各卷也将陆续出版。

2015 年

5 月 4 日，北京鲁迅博物馆制作的"旧邦新命——新文化运动百年纪念展"在多功能厅正式对外展出。

10 月 14 日，鲁迅文化基金会发起的"鲁迅与托尔斯泰对话会"在绍兴举行，活动包括在绍兴文理学院举办的"鲁迅与托尔斯泰"研讨会，以及在绍兴鲁迅纪念馆举办的绍兴鲁迅纪念馆与托尔斯泰庄园博物馆缔结友好博物馆的签约仪式。

2016 年

1 月 25 日，绍兴鲁迅纪念馆的"鲁迅故里—三味书屋"被国家旅游局评为首批 20 家"全国研学旅游示范基地"。

6 月 25 日，北京鲁迅博物馆与匈牙利裴多菲文学博物馆联合举办的"诗的力量——鲁迅、裴多菲文学生涯展"在裴多菲文学博物馆举行开幕式。

8 月 25 日—11 月 30 日，为纪念鲁迅诞生 135 周年暨逝世 80 周年，上海鲁迅纪念馆举办了"灯火——鲁迅与文艺展"。

9 月，由南京鲁迅纪念馆馆长倪峰老师和南京师范大学附属中学语文教研组长张小兵老师牵头以"建设走进鲁迅课程基地，丰富学生学习方式"为题成功申报了南京市的教育科研课题。

9 月 19 日—10 月 30 日，北京鲁迅博物馆为纪念建馆 60 周年暨鲁迅逝世 80 周年，举办了"含英咀华：北京鲁迅博物馆馆藏文物精品展"。

9 月 19 日，北京鲁迅博物馆为纪念建馆 60 周年暨鲁迅逝世 80 周年，独立主办了"鲁迅遗产与当代中国"国际学术研讨会。

10 月 13 日，上海鲁迅纪念馆主办了"纪念鲁迅诞辰 135 周年、逝世 80 周年学术研讨会"。

10 月 10 日—14 日，南京鲁迅纪念馆、南京师范大学附属中学语文组与江苏省"走进鲁迅"课程基地为了纪念鲁迅诞辰 135 周年及逝世 80 周年，共同策划了南京师范大学附属中学 2016 年度的"鲁迅周"纪念活动，包括全校纪念鲁迅的主题晨会、学生创作的鲁迅题材的文创展览、中学语文鲁迅作品教学的学术论坛、鲁迅研究专家讲座、鲁迅题材图书的校园书市等活动。

10 月 19 日，广州鲁迅纪念馆扩建改造后正式对外开放，同日，新的鲁迅生平陈列也对外开放。

10 月 19 日，北京鲁迅博物馆举行"纪念鲁迅诞辰 135 周年、逝世 80 周年暨建馆 60 周年座谈会"，文化部部长雒树刚、国家文物局局长刘玉珠出席会议并讲话。

同日，2016 年度全国鲁迅纪念馆馆际交流会在北京鲁迅博物馆举行。

参考文献

一、图书

B

北京鲁迅博物馆编：《鲁迅手迹和藏书目录》（三卷），1959 年，油印本。

北京鲁迅博物馆编：《鲁迅博物馆》，北京：文物出版社，1959 年出版。

北京鲁迅博物馆编：《鲁迅（1881—1936）》，北京：文物出版社，1976 年出版。

北京鲁迅博物馆编著：《鲁迅藏书研究》，北京：中国文联出版公司，1991 年出版。

北京鲁迅博物馆编：《北京鲁迅博物馆四十年（1956—1996）》，铅印本，1996 年印刷。

北京鲁迅博物馆编著（李文儒执笔）：《鲁迅文献图传》，开封：河南大象出版社，1998 年出版。

北京鲁迅博物馆编：《鲁迅的读书生活》，北京：人民日报出版社，2003 年出版。

北京鲁迅博物馆编：《北京鲁迅博物馆五十年（1956—2006）》，铅印本，2006 年印刷。

北京鲁迅博物馆编：《鲁迅藏外国版画百图》，北京：国家图书馆出版社，2011 年出版。

C

陈漱渝：《鲁迅在北京》，天津：天津人民出版社，1978 年出版。

陈漱渝：《鲁迅史实求真录》，长沙：湖南文艺出版社，1987 年出版。

陈漱渝主编：《世纪之交的文化选择——鲁迅藏书研究》，长沙：湖南文艺出版社，1995 年出版。

陈梦韶：《鲁迅在厦门》，北京：作家出版社，1954 年出版。

陈元胜：《陈梦韶评传》，香港：东西文化事业有限公司，2016 年出版。

G

广州鲁迅纪念馆、《鲁迅在广州》连环画创作组（夏晔、李瑞祥、潘晋拔绘画）：《鲁迅在广州》（60 开国画黑白版），北京：人民美术出版社，1976 年出版。

广东省文物局、广州鲁迅纪念馆编：《对话鲁迅馆》，广州：广东经济出版社，2014 年出版。

广州鲁迅纪念馆编：《在钟楼上——鲁迅与广东》，广州：岭南美术出版社，2016 年出版。

L

李何林：《关于鲁迅及中国现代文学》，天津：天津人民出版社，1996 年出版。

李允经：《鲁迅与中外美术》，太原：书海出版社，2005 年出版。

刘丽华、郑智：《寻找伟人的足迹——鲁迅在北京》，北京：北京工业大学出版社，1996 年出版。

刘丽华、赵丽霞：《北京鲁迅博物馆》，北京：北京燕山出版社，2001 年出版。

M

（美）马斯汀编：《新博物馆理论与实践导论》，钱春霞等译，南京：江苏美术出版社，2008 年出版。

缪君奇：《旧影寻踪——鲁迅在上海》，上海：上海文化出版社，2010 年出版。

N

南京师范大学附属中学编：《"走进鲁迅"课程项目专家论证会交流资料》，2013 年 5 月印刷。

Q

钱振文主编：《大家风范 中国精神——北京八家名人故居联合活动十五年》，北京：社会科学文献出版社，2015 年出版。

裘士雄、黄中海、张观达：《鲁迅笔下的绍兴风情》，杭州：浙江教育出版社，1985 年出版。

裘士雄：《鲁迅与他的乡人》，杭州：西泠印社出版社，2014 年出版。

S

上海鲁迅纪念馆编：《四十纪程（1951—1991）》，铅印本，1991 年。

上海鲁迅纪念馆编：《上海鲁迅纪念馆馆藏文物珍品集》，上海：上海古籍出版社，1996 年出版。

上海鲁迅纪念馆编：《六十纪程（1951—2011）》，上海：上海社会科学院出版社，2011 年出版。

上海鲁迅纪念馆编：《人物类博物馆、纪念馆现状与发展前瞻"学术研讨会论文集》，上海：百家出版社，2002 年出版。

上海鲁迅纪念馆编：《鲁迅知识 ABC》，上海：中国福利会出版社，2010 年出版。

上海鲁迅纪念馆编：《新中国人物博物馆 60 年学术研讨会论文集（1951—2011）》，上海：上海社会科学院出版社，2011 年出版。

绍兴鲁迅纪念馆编：《鲁迅在绍踪迹掇拾》，杭州：杭州大学出版社，1991 年出版。

绍兴鲁迅纪念馆编：《绍兴鲁迅纪念馆大事记（1949—2002）》，2003 年，铅印本。

绍兴鲁迅纪念馆、绍兴鲁迅研究中心编：《中学语文鲁迅作品赏析》，杭州：浙江教育出版社，2006 年出版。

绍兴鲁迅纪念馆编：《一木一石：绍兴鲁迅纪念馆建馆六十周年纪念集》，杭州：西泠印社出版社，2013 年出版。

孙瑛：《鲁迅在教育部》，天津：天津人民出版社，1979 年出版。

W

王得后：《〈两地书〉研究》，天津：天津人民出版社，1982 年出版，1995 年修改再版。

王宏均主编：《中国博物馆学基础》（修订本），上海：上海古籍出版社，2008 年出版。

文化部文物局主编：《中国博物馆学概论》，北京：文物出版社，1985 年出版。

王锡荣、乔丽华编：《藏家鲁迅》，上海：上海文化出版社，2006 年出版。

吴美华：《上海鲁迅纪念馆·鲁迅的故事》，南京：南京出版社，2014 年出版。

X

厦门大学中文系：《鲁迅在厦门》，福建人民出版社，1976 年 9 月出版。

萧振鸣：《鲁迅和他的北京》，北京：北京燕山出版社，1995 年出版。

徐昭武主编：《追寻鲁迅在南京》，北京：中国画报出版社，2007 年出版。

Y

叶淑穗、杨燕丽：《从鲁迅遗物认识鲁迅》，北京：中国人民大学出版社，1998年出版。

Z

赵英：《籍海探珍——鲁迅整理祖国文化遗产撷华》，北京：中国文史出版社，1991年出版。

张竟：《鲁迅在广州》，广州：广东人民出版社，1977年11月出版。

周令飞主编：《鲁迅社会影响调查报告》，北京：人民日报出版社，2011年出版，

周国伟：《鲁迅著译版本研究编目》，上海：上海文艺出版社，1996年出版。

中国博物馆协会陈列艺术委员会、上海鲁迅纪念馆编：《2013年中国人物类博物馆、纪念馆陈列艺术学术研讨会论文集》，上海：上海社会科学院出版社，2013年出版。

中国博物馆协会编：《国家一级博物馆运行评估报告（2011年度）》，南京：译林出版社，2013年出版。

庄钟庆、庄明萱编撰：《〈两地书〉集注》，厦门大学出版社，2008年出版。

朱水涌、王烨主编：《鲁迅：厦门与世界》，厦门：厦门大学出版社，2008年出版。

二、期刊

北京鲁迅博物馆编：《鲁迅研究月刊》杂志，全部。

北京鲁迅博物馆编：《鲁迅研究资料》丛刊，全部。

上海鲁迅纪念馆编：《上海鲁迅研究》丛刊，全部。

绍兴鲁迅纪念馆编：《绍兴鲁迅研究》丛刊，全部。

中国博物馆学会编：《中国博物馆》杂志，全部。

后　记

　　我于 2000 年 7 月 23 日到北京鲁迅博物馆研究室工作至今，主要从事鲁迅研究。受当时网络热的影响，我从 2000 年 7 月到 2012 年主要从事鲁迅在中文网络中传播与接受状况的研究，在 2008 年获批了国家社科基金一般项目"网络鲁迅研究"，在 2009 年获得了中国博士后科研基金二等资助项目"鲁迅在中文网络中传播与接受状况研究"。在做完上述研究工作之后，我感到学术研究不能只朝前看，只关注热点问题，需要回顾历史，因此必须转变研究方向，要继承北京鲁迅博物馆重视鲁迅史料研究的学术传统，于是开始做鲁迅生平与史实的考证研究，并于 2013 年出版了《鲁迅生平与文稿考证》（北京师范大学出版集团安徽大学出版社）一书。

　　全国哲学社会科学工作办公室发布的 2014 年国家社科基金项目选题指南中有"中国作家纪念馆与作家传播的关系研究"的选题，我作为在北京鲁迅博物馆工作过十多年的研究人员。对此选题很感兴趣，所以就设计了研究课题"国内六家鲁迅纪念馆的历史和现状研究（1951—2016）"，并很幸运地得到了国家社科基金通讯评审专家和会议评审专家的认可，顺利地获得了 2014 年度国家社科基金一般项目。在此也向我至今都不知道具体姓名的各位国家社科基金通讯评审专家和会议评审专家致以诚挚的感谢！

　　我按照课题研究计划于 2014 年 7 月开始搜集六家鲁迅纪念馆的史料，不仅在北京鲁迅博物馆资料室查阅了大量的资料，还多次赴上海鲁迅纪念馆、绍兴鲁迅纪念馆、广州鲁迅纪念馆、厦门鲁迅纪念馆、南京鲁迅纪念馆搜集研究资料，在此要特别感谢几家鲁迅纪念馆的领导和老师们的大力支持！北京鲁迅博物馆的叶淑穗研究馆员、张杰研究馆员、刘思源副研究馆员，上海鲁迅纪念馆的李浩研究馆员、乔丽华研究馆员，绍兴鲁迅纪念馆的裘士雄研究馆员、徐东波研究馆员、顾红亚研究馆员、周玉儿研究馆员，广州鲁迅纪念馆的吴武林研究馆员、刘丹副研究馆员，厦门大学中文系的庄钟庆教授、王晔教授、苏永延副教授和曾任厦门鲁迅纪念馆负责人的林宗熙先生，以及曾创建厦门大学"鲁迅纪念室"的陈梦韶先生之子陈元胜教授，南京鲁迅纪念馆的徐昭武老师、龚修森老师、倪峰老师，或提供研究资料，或解答有关问题，使得本课题的研究得以顺利的进行。另外，我在本课题的研究过程中，参阅了几家鲁迅纪念馆在不同时期出版的一些图书、内部资料集、展览大纲等资料（其中有不少图书和内部资料集只署上单位名称，没有署上具体作者或编者的大名），在此也向上述各位老师和这些没有在图书及内部资料集上署上大名的作者或编者表达诚挚的感谢！

我的爱人谷红梅老师不仅承担了大量的家务，让我可以专心从事这项课题的研究工作，而且利用假期帮助我搜集、整理研究资料，也为本课题的研究做出了一定的贡献，特此致谢！

需要说明的是，本课题的顺利结项（在此也特别感谢负责鉴定这一课题研究成果的几位专家所提出的修改意见），对于我来说只是完成了一个阶段性的课题研究。正是因为从事"国内六家鲁迅纪念馆的历史和现状研究"，我才有机会对几家鲁迅纪念馆进行调研，发现几家鲁迅纪念馆的藏品还有不少值得研究的空间，因此我又在 2022 年申请并顺利获得了国家社科基金一般项目"北京鲁迅博物馆藏稀见及未刊文献整理与研究"的课题，我今后会继续从事关于六家鲁迅纪念馆的学术研究，为鲁迅纪念馆的继续发展贡献一份力所能及的力量。